Torsten Stapelkamp

Interaction- und Interfacedesign

Web-, Game-, Produkt- und Servicedesign

Usability und Interface als Corporate Identity

 Springer

Prof. Torsten Stapelkamp
Maas + Co
Münsterer Straße 55
51063 Köln
Deutschland
ts@maas-co.com
www.maas-co.com
www.designismakingsense.de

ISSN 1439-3107
ISBN 978-3-642-02073-5   e-ISBN 978-3-642-02074-2
DOI 10.1007/978-3-642-02074-2
Springer Heidelberg Dordrecht London New York

Die Deutsche Nationalbibliothek verzeichnet diese Publikation in der Deutschen Nationalbibliografie;
detaillierte bibliografische Daten sind im Internet über http://dnb.d-nb.de abrufbar.

Einbandentwurf: KuenkelLopka GmbH, Heidelberg

Layout und Satz: Martin Mellen, Torsten Stapelkamp

Gedruckt auf säurefreiem Papier

Springer ist Teil der Fachverlagsgruppe Springer Science+Business Media (www.springer.com)

Inhaltsverzeichnis

Dieses Buch ist Handbuch, Nachschlagewerk und Referenz in einem. Es beschreibt die Möglichkeiten und die Bedeutung von **Interactiondesign** und **Interfacedesign** und erläutert ihr Zusammenwirken sowohl bei Hardware- und Software-Produkten als auch bei Dienstleistungen. Zudem kommentiert dieses Buch die Alltäglichkeit und geschichtliche Entwicklung von Interaction- und Interfacedesign anhand zahlreicher Beispiele, die vom 11. Jahrhundert bis heute reichen. Dabei findet sowohl die Guidonische Hand des Mönches Guido von Arezzo aus dem 11. Jahrhundert als Instrument der Mnemotechnik und Vermittlung von Musiknoten Erwähnung als auch Betriebssysteme, die aktuellsten Bestrebungen im Internet und die zukünftigen Möglichkeiten zahlreicher Produkte und Dienstleistungen.

Das vorliegende Buch richtet sich sowohl an **Anfänger** als auch an **Fortgeschrittene** und **Experten** in den Bereichen **Webdesign, Gamedesign, Produktdesign Produktentwicklung, Marketing, Usability** und **Informatik.** Zu diesem Zweck liegt ein sehr ausführlicher Text vor, der dem Anfänger alle erforderlichen Informationen bietet, der aber auch so gegliedert und mit markierten Überschriften und Stichworten versehen ist, dass die wesentlichen Aspekte des Inhaltes, wie beim Lesen einer gut gegliederten Internetseite, schnell erfasst werden können. So können Fortgeschrittene und Experten bereits beim Überblicken des Textes jene Aspekte schnell auffinden, die für sie relevant sind und selbst für sie noch etwas Neues darstellen. Außerdem sind alle Beschreibungen mit zahlreichen Abbildungen, Grafiken und Hinweisen versehen und belegt, so dass dieses Buch sowohl in Hinblick auf meine Definitionen, Erläuterungen und Feststellungen, als auch wegen der dokumentarischen Repräsentanz der aufwändig recherchierten und aufbereiteten Abbildungen als Referenzwerk dienen kann.

Unabhängig davon, ob man Funktionen, Informationen, Produkte oder Dienstleistungen nutzbar machen bzw. vermitteln möchte, ist es erforderlich, zwischen Angebot und Anwender eine Beziehung herzustellen. Solch ein Angebot kann die Information oder Funktion eines realen Gegenstands sein, den man fühlen, riechen und/oder schmecken kann, oder die eines virtuellen Gegenstands. Hardware- und Software-Produkte erfordern dabei nahezu identische Mechanismen zur Schaffung einer Beziehung zum Anwender bzw. eines Dialogs mit ihm. Interactiondesign macht diesen Dialog möglich und Interfacedesign stellt – neben der Funktion – den Dialog dar. Um ein Funktionsangebot oder einen Inhalt zu verstehen bzw. seine Absicht zu identifizieren, ist es erforderlich, Informationen hierüber zu erhalten. Mindestens genauso wichtig ist es, wie diese Informationen zum Ausdruck gebracht werden. Es geht demnach einerseits darum, Daten verwertbar zu machen, sie zu strukturieren, zu ordnen und einzuteilen, damit sie durch Gestaltung überhaupt erst zu Informationen und zu Inhalten werden können, und andererseits geht es um die Inszenierung dieser Inhalte. Den genannten Designthemen übergeordnet ist **Servicedesign** bzw. **Experience Design,** auf das in einem eigenen Kapitel näher eingegangen wird.

Neben den Funktionsangeboten von Hardware-Produkten gibt es noch die der Funktionssoftware- und der Informationssoftware-Produkte. Unter Funktionssoftware versteht man z. B. Computer-Betriebssysteme, Textverarbeitungssoftware oder Grafiksoftware. Mit Informationssoftware hingegen sind Darstellungssysteme wie Internetseiten, CD-ROM-Produktionen und lineare, nonlineare und/oder interaktive Formen von Erzählungen bzw. Wissensvermittlungen gemeint.

Interaktive Produkte	
Software-Produkte	
Informationssoftware	Websites; CD-ROM Produktionen; interaktive DVDs, Blu-ray Disc; Multimedia Kiosksysteme etc.
Unterhaltungssoftware	Websites; CD-ROM Produktionen; interaktive DVDs, Blu-ray Disc; Multimedia Kiosksysteme; Games etc.
Funktionssoftware	Betriebssysteme (PC, Mobiltelefon, PDA etc.); Texteditoren, Grafikprogramme, Autorensoftware (Flash, Director etc.); Warenwirtschaftssystem-Software; Bediensoftware von Hauselektronik, von Haushaltsgeräten; Bediensoftware von Automaten jedweder Art, von Produktionsmaschinen etc.
Hardware-Produkte	
niederkomplexe Hardware-Produkte	Anrufbeantworter; Wecker; Autoradio; MP3-Player; Selbstbedienungsautomaten z. B. für Lebensmittel etc.
komplexe Hardware-Produkte	Unterhaltungselektronik; medizinische Geräte; Mobiltelefon; Fahrkartenautomat; Steuerung von Produktionsmaschinen etc.

Im Buch werden im Kapitel **Interactiondesign** die Bedeutung und die wesentlichen Interpretationsvarianten von Interaktion erläutert und zahlreiche Möglichkeiten, die sich erst durch Interaktion ergeben, beschrieben. Außerdem wird insbesondere auf Erzählformen und Wissensvermittlungen eingegangen. Eine interaktive Erzählung bzw. Wissensvermittlung besteht aus optischen und/oder akustischen Darstellungs- und Vermittlungsformen, die über ein Interface anwählbar und kombinierbar sind. Das Interface ist dabei dafür zuständig, wie Funktionalitäten zur Verfügung gestellt und wie diese wahrgenommen werden. Mit dem Interactiondesign wird festgelegt, wie die Verbindungen und Übergänge ermöglicht und inszeniert werden.

So wie mit Screendesign und Informationdesign dem Anwender Visualisierungen angeboten und dadurch Vorstellungen angeregt werden, so wird mit dem Interfacedesign die Benutzbarkeit und Funktion repräsentiert und zur Verfügung gestellt. Gerade für das Erzählen einer Geschichte oder für die Vermittlung von Wissen kann es wichtig sein, nicht nur einen direkten Weg zum Ziel wählen zu können, sondern den Weg zum Ziel gleichermaßen Teil der gestalterisch/erzählerischen Absicht werden zu lassen. Mit Hilfe des Interactiondesigns lässt sich der Zugang direkt, indirekt oder komplex gestalten und somit die Struktur der Funktionsangebote beeinflussen. Durch die Gestaltung der Funktionsstruktur kann somit nicht unwesentlich auch auf die Wahrnehmung des Inhalts bzw. der Dienstleistung eingewirkt werden, weshalb Interface- und Interactiondesign über ihren rein funktionalen Gebrauch auch Teil einer Gesamtgestaltung sind.

Mit diesem Buch wird die Absicht von **Interfacedesign** aufgezeigt und ausführlich die Bedeutung beschrieben, die es für den gesamtgestalterischen Eindruck hat. Das Interfacedesign definiert, steuert und ermöglicht den Dialog und die Dialogfähigkeit zwischen Mensch und Maschine bzw. zwischen Sender und Empfänger. Dies gilt gleichermaßen für analoge wie für digitale Produkte. Dass ein Interface und dessen Gestaltung nicht nur ein Produkt oder eine Maschine, sondern auch eine

Situation repräsentieren kann, wird ebenso erläutert. Interfacedesign dient nicht nur dazu, Kommunikation und Information auf Basis einer formalen Gestaltung zu ermöglichen, sondern auch dazu, selbst Verhalten auszulösen und darauf dynamisch reagieren zu können. Letztendlich hat jedes Produkt und jede Dienstleistung ein Interface bzw. bildet selbst eine Dialogoberfläche – auch jene Produkte, die man nicht direkt mit Interaktionsmöglichkeiten in Verbindung bringt. Ein Interface ist die Grundlage, sogar die Voraussetzung für Interaktion. Grundsätzlich gilt, dass die Qualität des Interfacedesigns die Deutung und die Art und Weise bestimmt, wie der Anwender ein Produkt interpretiert, sich angesprochen fühlt und mit dem Produkt umgeht, aber auch, ob er überhaupt mit ihm umgehen will bzw. kann. Mit dem Interfacedesign wird erheblich mehr vermittelt als nur Funktionen. Interfacedesign ermöglicht und repräsentiert **Produkterfahrung** und **Produktsprache** und somit das **Corporate Design** und **Branding** eines Unternehmens und seiner Produkte bzw. Dienstleistungen.

Im Kapitel **Zielgruppenanalyse und -ansprache** werden Strategien vorgestellt, wie Analysen durchgeführt und wie Zielgruppen ermittelt und angesprochen werden können. Was im Einzelnen unter Interaction- und Interfacedesign verstanden wird und wie das Zusammenwirken dieser Gestaltungsarten optimiert werden kann, beschreiben die jeweiligen Rubriken. Dass es Regeln gibt, die dieses Zusammenwirken sicherstellen und sogar eine **barrierefreie Gestaltung** ermöglichen und wie man dieses durch Evaluierungen nachprüfen kann, wird ausführlich im Kapitel **Usability** beschrieben.

Der Nutzer, Konsument, Zuschauer = Anwender Für den Konsumenten interaktiver Produkte wird in diesem Buch in erster Linie der Begriff ›Anwender‹ gebraucht, da er am ehesten die Bezeichnungen Nutzer (User), Spieler, Mitspieler, Konsument und Zuschauer subsumiert.

Ein Zuschauer lehnt sich bequem zurück und konsumiert passiv. Er lässt sich gerne durch die Emotionen der Charaktere und der dargestellten Situationen leiten. Für den Zuschauer steht die narrative Komponente im Vordergrund.

Ein Nutzer ist wesentlich besser vorbereitet als der Zuschauer. Er weiß, dass er handeln muss und er will auch handeln und selbst eingreifen können. Er unterhält sich durch sein eigenes Handeln ebenso, wie durch das, was ihm dadurch geboten wird. Interaktive Angebote schließen lineare Momente des Innehaltens und des Konsumierens nicht aus. Der Nutzer ist nicht an das interaktive Medium gefesselt. Er schätzt auch das Lineare und wechselt, je nach Angebot, gerne zwischen den Zuständen des Nutzers und des Zuschauers. Emotionalität entsteht dabei nicht nur durch die Charaktere, sondern ebenso aus der Interaktion heraus. Den Nutzer treibt aber eher der Anreiz im Spiel oder die Herausforderung, in einer Wissensvermittlung weiterzukommen und dort erfolgreich zu sein, als der Konsum der rein narrativen Komponente.

Ein Konsument kann sowohl Zuschauer als auch Nutzer oder beides in einer Person sein. Mal konsumiert er die Inhalte passiv, mal ist er je nach Angebot der Interaktionsmöglichkeiten umso aktiver.

Der Begriff ›Anwender‹ wird in allen folgenden Texten als bevorzugte Alternative verwendet. Dass dabei nur die männliche Form von ›Anwender‹ eingesetzt wird, beabsichtigt nicht die Geringschätzung von Frauen im Allgemeinen oder den

Ausschluss von Leserinnen bzw. Anwenderinnen im Besonderen. Da, wo es möglich ist, wird der Plural verwendet, um Konstrukte, die den Lesefluss stören könnten, wie z. B. »AnwenderInnen« oder »Anwenderinnen/Anwender« oder »… für die Anwenderinnen und die Anwender …«, zu vermeiden.

Integrierte Publikation Es lässt sich nicht leugnen, dass Printmedien nur eine begrenzte Form von Interaktion bieten können. Im Kapitel Interactiondesign werden allerdings einige Beispiele von Interaktion vorgestellt, auch welche mit Printmedien, die deutlich machen, dass Interaktion nicht nur am Medium selbst stattfindet, sondern einen Zustand, einen Gedankenaustausch bzw. einen Dialog zwischen Sender und Empfänger darstellt, wobei einer von beiden durchaus undynamisch bleiben kann, ohne dadurch die Interaktion als solche zu gefährden. Die einfachste Interaktionsform, die Angabe von Verweisen, ist als Fußnote bei Quellenangaben bekannt. Bereits das Inhaltsverzeichnis repräsentiert diese Form. Wer nun annimmt, dies sei keine ›echte‹ Interaktion, der sei auf das Kapitel *Vorgetäuschte Interaktion – ›echte‹ und ›falsche‹ Interaktion* (S. 110) verwiesen, mit dem beschrieben wird, warum es nicht wichtig ist, ob eine Interaktion ›echt‹ ist oder nur die Illusion eines Dialogs.

Wichtig ist bei einer Interaktion in erster Linie, ob und was durch sie beim Anwender ausgelöst wird, ob seine Wahrnehmung sensibilisiert wurde, welche Anregung bzw. Antizipation bei ihm freigesetzt wurde.

Nicht zuletzt deswegen erhoffe ich mir, dass dieses Buch von Ihnen einerseits als Bereicherung und Erkenntnisgewinn, aber andererseits auch als Diskussionsaufforderung verstanden wird. Beteiligen Sie sich und machen Sie dieses Printmedium zur integrierten Publikation, bestehend aus Buch und Internetportal.

Ich freue mich auf Sie im Portal: www.designismakingsense.de

Torsten Stapelkamp
ts@maas-co.com

PS
Dieses Buch ist eines von drei Büchern, die zusammen die erweiterte Nachfolge des Buches *Screen- und Interfacedesign* darstellen. Die gemeinsame Klammer der drei neuen Bücher ist das übergeordnete Thema ›Servicedesign‹ bzw. ›User Experience Design‹. Die beiden weiteren Bücher sind *Informationsvisualisierung* und *Web X – Erfolgreiches Webdesign, professionelle Webkonzepte.*
Auf Anfragen und Bitten zahlreicher Leser und weil die Neuauflage mindestens 1400 Seiten umfasst hätte, entschied ich mich, den Inhalt meines Buchs *Screen- und Interfacedesign* in drei Bücher aufzuteilen.

1 Einführung
Form und Funktion

Auch wenn die Bezeichnungen Screendesign, Information-, Interface- und Interactiondesign denselben Gestaltungsbezug bereits im Titel tragen, bestimmen die einen mehr die formale und die anderen mehr die funktionale Gestaltung. Dabei spielt es keine Rolle, ob es sich um die Gestaltung von Hardware oder Software handelt. Es gibt kein Produkt, das nicht interaktiv ist bzw. das keine Interaktion auslöst.

Mit Screen- und Informationsdesign wird die Form und mit Interface- und Interactiondesign die Funktion eines Produkts beschrieben und bestimmt. Obwohl Interaktion zunächst als rein funktionaler Aspekt erscheint, der sich in der Regel als das Ausüben einer Bedienfunktionen darstellt und sich seine Repräsentation in der Darstellung eines Interfaces, einer Bedienoberfläche, ausdrückt, so ist Interface und Interaktion nicht nur Teil einer funktionalen, sondern auch Teil einer formalen Gestaltung. Interaktion ist in seinen Ursprüngen mehr und für die Gestaltung interaktiver Produkte bedeutsamer als nur eine rein funktionale Absicht.

Bei der Gestaltung von interaktiven Produkten gibt es sechs wesentliche Aspekte, insbesondere dann, wenn Auswahlmöglichkeiten bzw. Interaktivität berücksichtigt werden. Das Grundgestaltungskonzept wird mit einem Funktionslayout, mit einem Drehbuch, mit einem Flowchart und einem Styleguide beschrieben bzw. definiert. Es werden dadurch die Gestaltungsabsicht und das Zusammenwirken folgender Aspekte festgelegt:

a) Gestaltung von Standbildern; Typo/Layout; Illustration; Metaphern; Icons	**Screendesign**
b) Gestaltung von Daten zu Informationen; Visualisierung	**Informationdesign**
c) Gestaltung von Funktionselementen	**Interfacedesign**
d) Inszenierung von Interaktion. Dynamik und Entwicklung, Struktur und Gestaltung der Repräsentanz von Interaktion	**Interactiondesign**
e) Gestaltung von Bewegtbildern	**Film-/Video-/Animationsdesign**
f) Musik, Tongestaltung	**Ton/Musik/Sounddesign**

Screendesign (a) umschreibt die Erstellung eines Layouts unter Berücksichtigung der Erzähl- und der Interaktionsabsicht. Dies setzt ein Grundgestaltungskonzept voraus, bestehend aus Drehbuch, Funktionslayout, Flowchart und Styleguide.

Nicht selten werden bei der Gestaltung interaktiver Produkte die Aspekte (a) bis (d) unter dem Begriff Screendesign zusammengefasst, wobei Interfacedesign (c) und Interactiondesign (d) als reine Funktion und Technik missverstanden werden.

Form

Screendesign
Informationsdesign

grafikdesign

typografie/layout

icon/metapher

illustration

fotografie

text

film

animation

video

Bewegtbild

musik

stimme

ton

sounddesign

Audio

Funktion

Interactiondesign

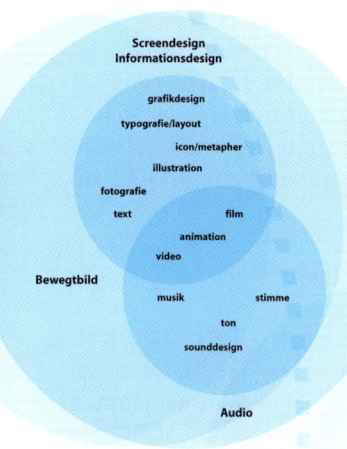

Screendesign
Informationsdesign

grafikdesign
typografie/layout
icon/metapher
illustration
fotografie
text   film
animation
video
Bewegtbild
musik   stimme
ton
sounddesign

Audio

Usability

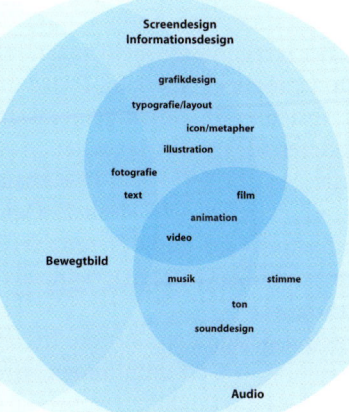

Screendesign
Informationsdesign

grafikdesign
typografie/layout
icon/metapher
illustration
fotografie
text   film
animation
video
Bewegtbild
musik   stimme
ton
sounddesign

Audio

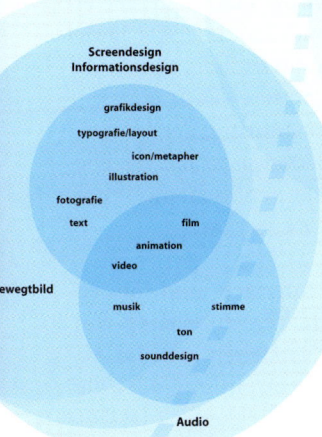

Screendesign
Informationsdesign

grafikdesign
typografie/layout
icon/metapher
illustration
fotografie
text   film
animation
video
Bewegtbild
musik   stimme
ton
sounddesign

Audio

Interfacedesign

Abb. 1
Ein interaktives Produkt ergibt
sich aus der Gestaltung von
Form und Funktion. Die sechs
Gestaltungsaspekte a) Screendesign, b) Informationsdesign,
c) Interfacedesign, d) Interactiondesign, e) Film-/Video-/
Animationdesign und f) Ton/
Musik/Sounddesign wirken
direkt aufeinander und stärken
bzw. schwächen sich gegenseitig. Je nach Absicht können
deren Prioritäten und Mengenverteilung stark variieren und
je nach Produkt überschneiden
sich die einzelnen Aspekte
mehr oder weniger und bewegen sich eher im Bereich der
Form oder der Funktion. Dies
ließe sich am besten mit einem
dynamischen Diagramm dar-
stellen, dessen Elemente sich
den Zuordnungen und den
Eigenschaften des jeweiligen
Produkts entsprechend im
Diagramm verschieben würden.
(Grafik: Torsten Stapelkamp).

Diese Vereinfachung führt dazu, dass die zusätzlichen Gestaltungsmöglichkeiten, die sich durch die Berücksichtigung des Interface- und Interactiondesigns als Gestaltungsaspekte ergeben können, erst gar nicht erkannt und demnach nicht genutzt werden können.

Es ist stets ratsam, sich bei der Gestaltung interaktiver Produkte nicht nur auf die äußere Erscheinung, das Layout, zu konzentrieren, sondern auch auf dessen interaktive Repräsentanz und Inszenierung mit Hilfe einer interaktiven und somit dynamischen Struktur. Ansonsten entgehen einem interessante Gestaltungs- und Dialogmöglichkeiten.

Das Zusammenwirken der sechs Gestaltungsaspekte (a)–(f) wirkt sich wie folgt aus: Ein Thema bzw. ein vorgegebener Inhalt wird zu einer Funktions-, Informationsbzw. Erzählform oder einer Wissensvermittlung strukturiert. Daraus ergeben sich ein Drehbuch, ein Flowchart und ein Funktionslayout. Das Drehbuch und das Flowchart legen die Kapitel, die Reihenfolge und die Funktionsaspekte (Interfacedesign, (c)) fest und das Funktionslayout beschreibt deren Position und Inszenierung (Interactiondesign, (d)). Ansonsten gibt das Funktionslayout zudem Anregungen bzw. Vorgaben zum Layout, zur Standbildgestaltung (Screen- und Informationdesign (a), (b)), zur Bewegtbildgestaltung (Film-/Video-/Animationdesign, (e)) und zur Musik/Tongestaltung (Ton/Musik/Sounddesign, (f)).

Das Screendesign bildet sich einerseits aus den Gestaltungsvorgaben für Bild und Ton, andererseits aber auch unter Einbeziehung des Interface- und des Interactiondesigns. Das Screendesign stellt zusammen mit dem Interfacedesign sicher, ob eine Interaktionsmöglichkeit erkannt wird und ob alle optischen und funktionalen Aspekte und Absichten in einem gemeinsamen Zusammenhang wahrgenommen werden. Das Screendesign kann dabei sowohl eine gestalterische als auch eine informationelle Absicht verfolgen. Die Absichten von Screendesign und Informationsdesign sind bisweilen sehr ähnlich. Dennoch stellt Informationdesign eine eigene Gestaltungsform dar und differenziert sich vom Screendesign in erster Linie dadurch, dass es weniger ästhetisierende als viel mehr strukturierende, ordnende Absichten verfolgt.

Das Interactiondesign definiert die Inszenierung und Ausführung der Interaktion und beeinflusst, wie sie empfunden wird. Das Interfacedesign ist die visuelle Repräsentation der Funktionalität, wobei die Gestaltung dieser Repräsentation vom Screen-, Information- und Interactiondesign abhängig ist.

Vorausgesetzt, man ist sich des Gestaltungspotenzials von Interface- und Interactiondesign bewusst, sollte man Screendesign als geschickte Verschmelzung von Layout, Bildgestaltung, Interface- und Interactionsdesign verstehen, um die Absicht eines Produktes, die Zielgruppenansprache, die Inhaltsvermittlung oder die gewünschte Form der Unterhaltung zu erreichen. Um die Möglichkeiten, das Differenzieren aber auch das Zusammenwirken von Screendesign, Informationdesign, Interfacedesign und Interactiondesign näher kennen zu lernen, wurden diesen Themen jeweils ein eigenes Kapitel gewidmet.

2 Interactiondesign

»Design ist unsichtbar.«

Lucius Burckhardt

Mit dem Theorem »Design ist unsichtbar« löste Lucius Burckhardt (schweizer Architektursoziologe und Theoretiker) den Designbegriff aus dem Objekthaften und verwies auf den gesellschaftlichen Bezug des Designs. Gerade weil sich Lucius Burckhardt damit auf klassisches Produktdesign bezog, lässt sich Interactiondesign kaum treffender beschreiben. Interactiondesign beschreibt einen Funktionsvorgang, den Weg der Durchführung einer Funktion bzw. die Art und Weise, wie der Anwender dazu angeregt wird, zu agieren bzw. zu interagieren. Interactiondesign ist aber auch eine Form der Kommunikation.

Das Interfacedesign kommuniziert bei einer Funktionalität das ›Was‹ und das ›Wie‹ (was ist es, wie funktioniert etwas, wie ist es zu bedienen) und das Interactiondesign kommuniziert das ›Auf welchem Weg‹. Durch die Gestaltung der Interaktionsstruktur kann wesentlich auf die Wahrnehmung eines Inhalts eingewirkt werden. Das heißt, die funktionalen Aspekte einer interaktiven Arbeit sind nicht Selbstzweck, sondern Bestandteil des Inhalts und der Gesamtgestaltung. Durch Interactiondesign kann beim Anwender neue Erfahrung ermöglicht und vorhandene abgerufen werden.

»Sag es mir – und ich werde es vergessen. Zeige es mir – und ich werde mich daran erinnern. Beteilige mich – und ich werde es verstehen.«

Lao Tse

So wie man beim Produktdesign gute Gestaltung im Einklang von Form und Funktion versteht, so ist Interaktivität selbst auch zu differenzieren in die Gestaltung der Interaktionsform und der Interaktionsfunktion. Die Interaktionsform ist gleichbedeutend mit Interactiondesign und die Interaktionsfunktion ist die funktionale Darbietung von Interaktivität mit Hilfe des Interfacedesigns. Eine wesentliche Variante, mit der Interaktionsform und Interaktionsfunktion repräsentiert werden, ist das Menü, mit dem man Themen bzw. Kapitel auswählen kann. Des Weiteren gibt es verschiedenartige nonlineare und interaktive Erzählformen, deren Qualitäten und Möglichkeiten entscheidend durch Interactiondesign bestimmt werden und die über die Einfachheit und die vorgegebenen Auswahlmöglichkeiten klassischer Menüs weit hinaus gehen können. Ohnehin gibt es eine große Varianz an Interaktionsformen und deren Darbietung, auf die hier im Einzelnen eingegangen wird.

Ein Menü ist dadurch gekennzeichnet, dass es dem Anwender einige vorgegebene Auswahlmöglichkeiten anbietet. Diese Auswahlmöglichkeiten sind im klassischen Fall mit Begriffen oder Icons bezeichnet. Allerdings lässt in der Regel der jeweils ausgewählte Begriff oder das jeweils ausgewählte Icon im Menü lediglich vermuten, was einen nach der Auswahl erwartet. Das Angebot der Auswahl kann dabei rein funktional sein, harmonisch der jeweiligen Thematik entsprechend in die Erzählform integriert oder Teil der Erzählform selbst sein. Die Art, wie das Menü dem Anwender zur Verfügung gestellt wird, wird durch die Interaktionsform, also das Interactiondesign bestimmt. Dies ist auch der wesentliche Grund, weshalb in diesem Kapitel über Menü-Varianten geschrieben wird und nicht im Kapitel Interfacedesign. Das Menü könnte als Auflistung von Bezeichnungen auf einem Hintergrund dargestellt werden oder in Form eines Registers bzw. als ein Menü, wie es als Pull-Down-Menü von Computer-Betriebssystemen her bekannt ist. Das Menü kann aber auch ein elementarer Bestandteil einer Erzählform sein. Im Folgenden werden einige weitere Menüvarianten vorgestellt und auf deren Besonderheit in Hinsicht ihrer interaktiven Funktionsweisen eingegangen.

Menü-Hintergrund-Integration

Die Menüpunkte bilden den Hintergrund, sind auf einem Hintergrund abgebildet oder in ihm integriert.

Hintergrund Menü Hintergrund Menü Hintergrund Menü
Hintergrund Hintergrund Menü Hintergrund Hintergrund
Hintergrund Hintergrund Hintergrund Hintergrund Menü
Hintergrund Hintergrund Hintergrund Menü Hintergrund
Hintergrund Hintergrund Hintergrund Hintergrund Menü
Hintergrund Menü Hintergrund Hintergrund Hintergrund
Menü Hintergrund Menü Hintergrund Hintergrund Menü
Hintergrund Hintergrund Menü Hintergrund Hintergrund
Hintergrund Menü Hintergrund Menü Hintergrund Menü

Abb. 2
Die Abbildung zeigt die Self-promotion-DVD von Tsunami, einer Agentur für Design, Postproduktion und interaktive Medien in Köln (www.tsunami-post.de). Die DVD wurde in Zusammenarbeit mit group-of-pictures erstellt. (www.groupofpictures.de)

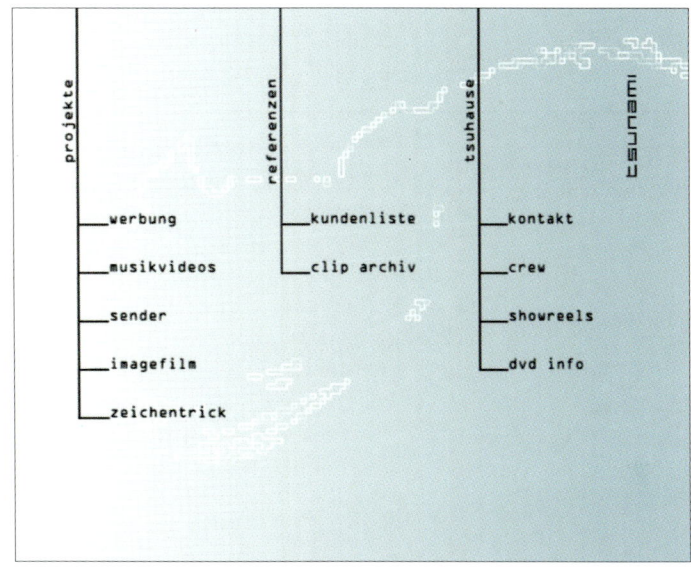

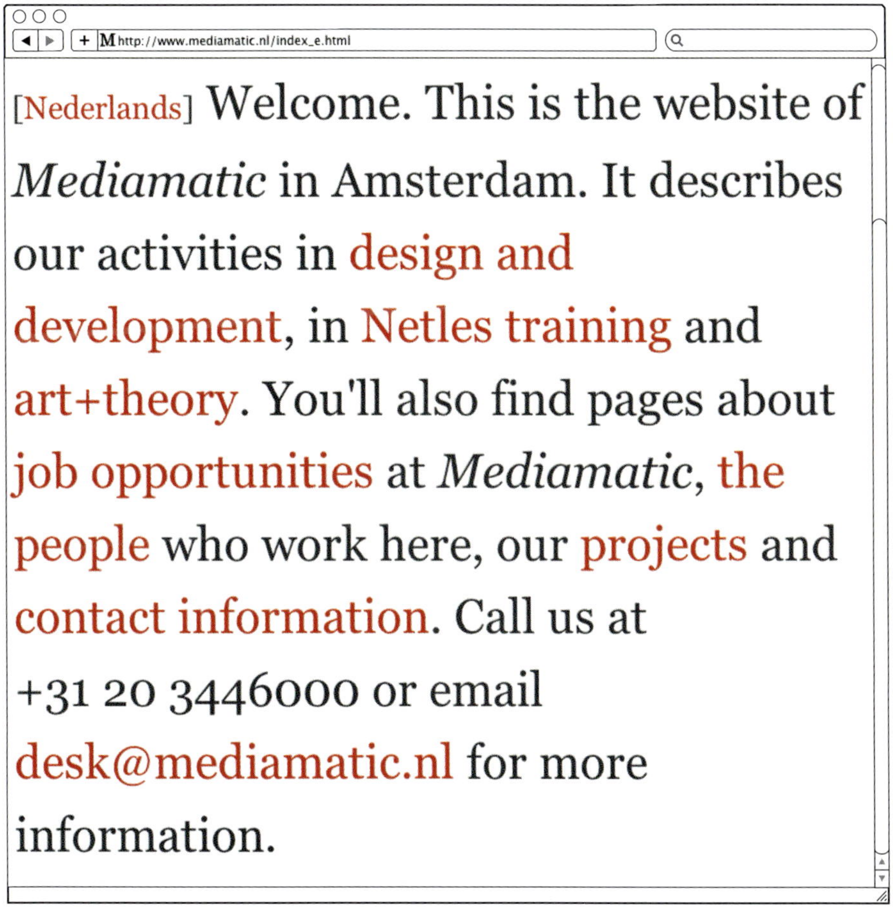

Abb. 3
www.mediamatic.nl

[Nederlands] Welcome. This is the website of *Mediamatic* in Amsterdam. It describes our activities in design and development, in Netles training and art+theory. You'll also find pages about job opportunities at *Mediamatic*, the people who work here, our projects and contact information. Call us at +31 20 3446000 or email desk@mediamatic.nl for more information.

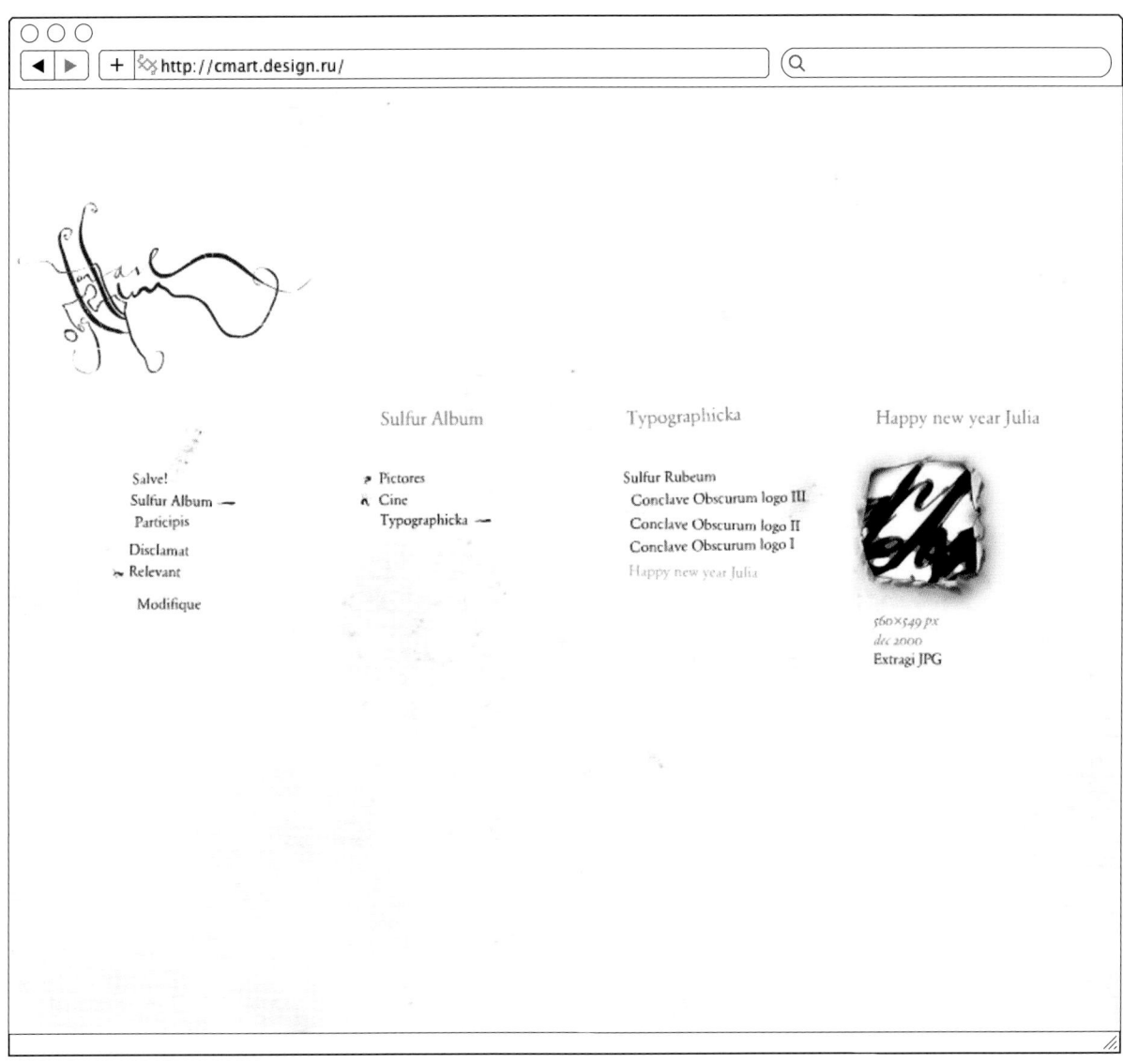

Abb. 4
http://cmart.design.ru

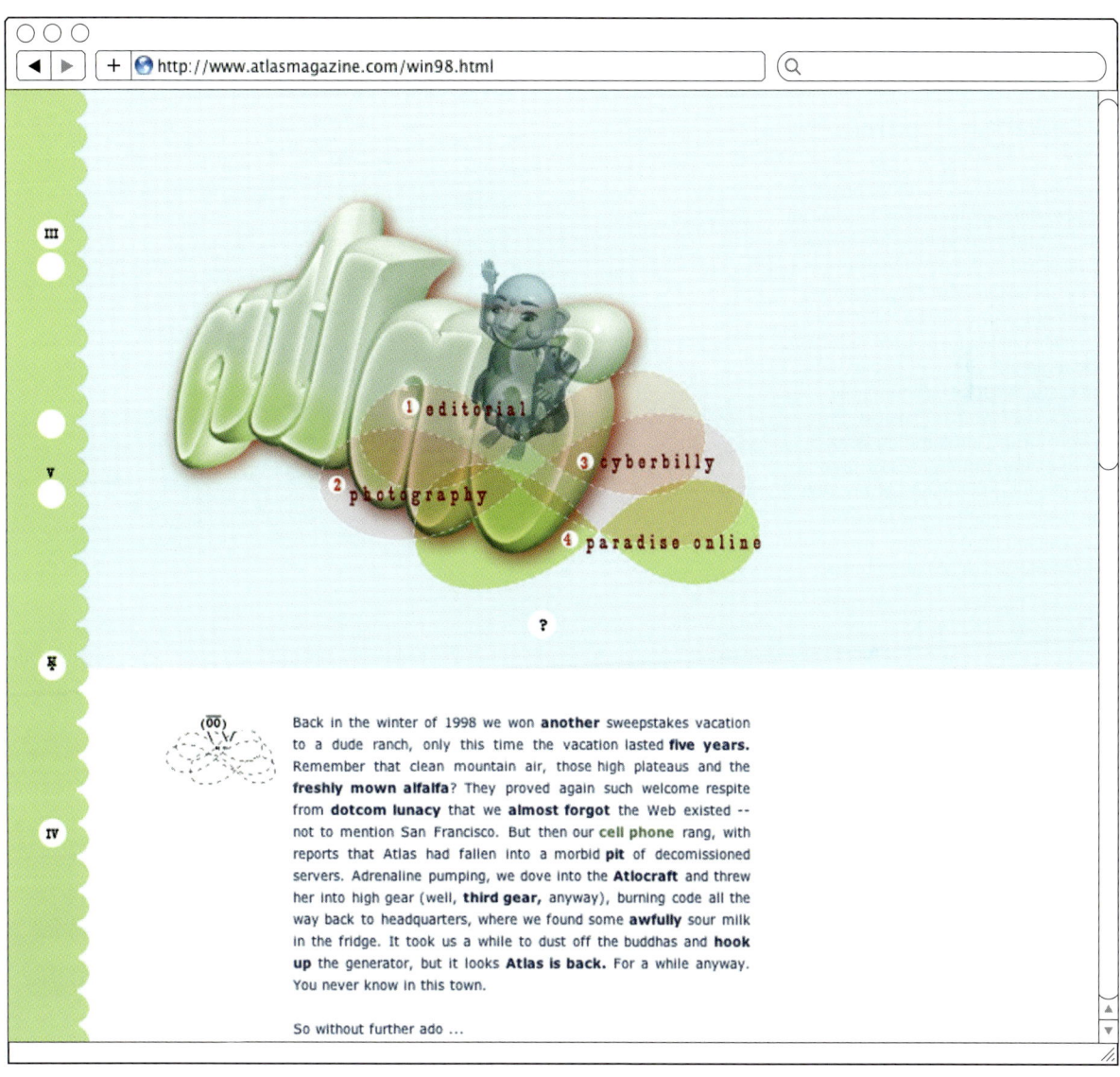

Abb. 5
www.atlasmagazine.com/
win98.html

Karteikarten-Register

Auswahl-Menüs als Karteikarten-Register darzustellen ist eine bei Computerbetriebssystemen und Software oft verwendete Gestaltungsform. Ein Karteikarten-Register suggeriert bereits auf Grund der Erfahrung, die man eventuell beim Suchen in Bibliotheksregistern gemacht haben mag, eine systematische Ordnung, die sogleich die Erwartung weckt bzw. die Vermutung aufkommen lässt, sich hier zurechtfinden zu können. Ein Pull-Down-Menü hingegen setzt eine neuere Erfahrung voraus, die man, wie mit dem Register auch, erst einmal gemacht haben muss.

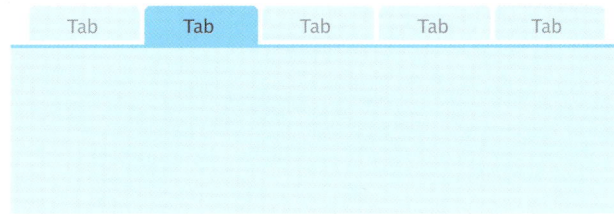

Abb. 6
Bei Internetbrowsern machen es Tabs möglich, zahlreiche Links gleichzeitig geöffnet zu haben, ohne entsprechend viele einzelne Browserfenster offen haben zu müssen.

Abb. 7 a–b
www.dasgoldenevlies.de

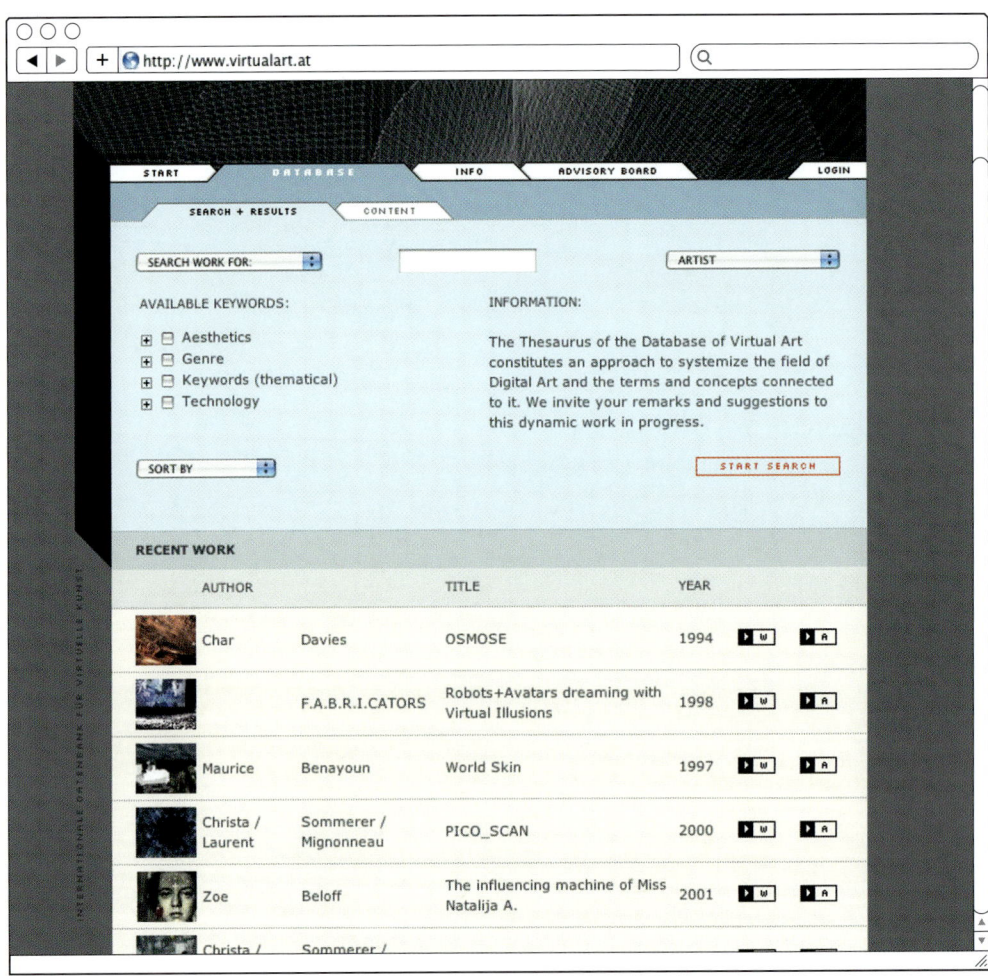

Abb. 8
www.virtualart.at

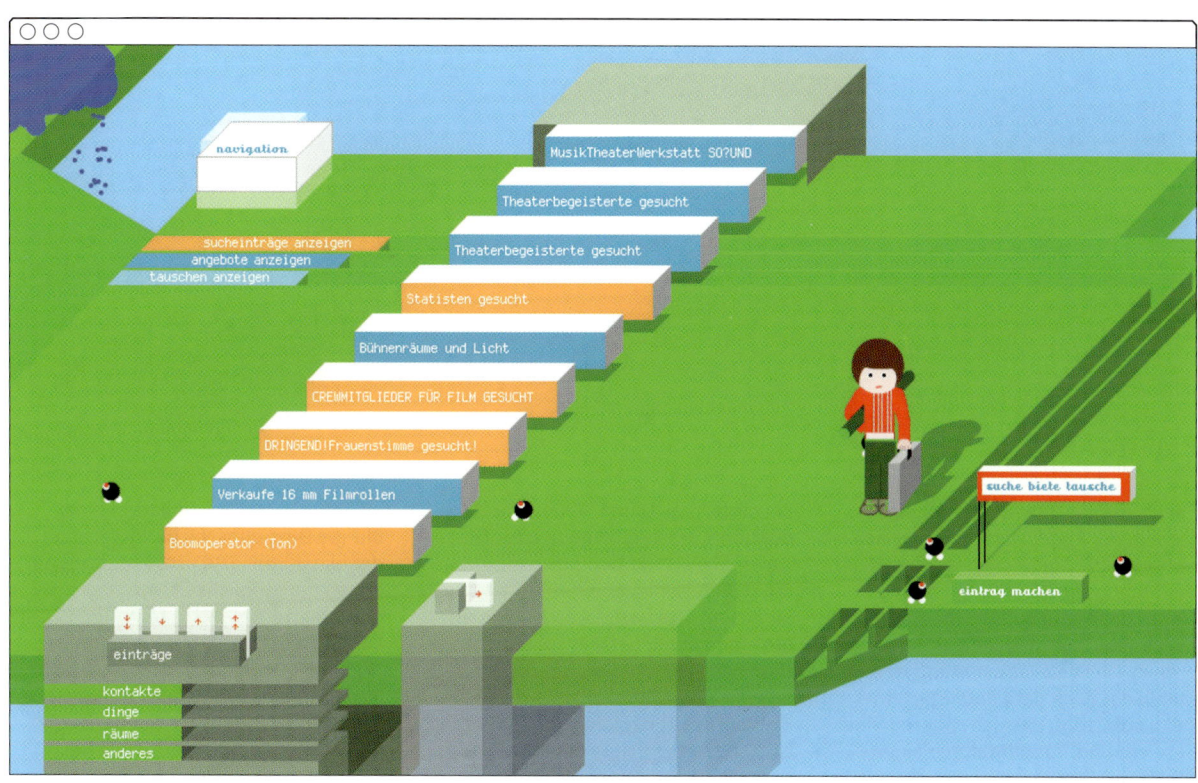

Abb. 9
Das Karteikarten-Register
und das Pull-Down-Menü sind
sich in ihrer Erscheinungsform
bisweilen sehr ähnlich. Dieses
Beispiel zeigt auch, wie sehr
Gestaltung funktionale Aspekte
unterstützen bzw. Komplexität
verbergen kann.
(www.theaterblut.ch)

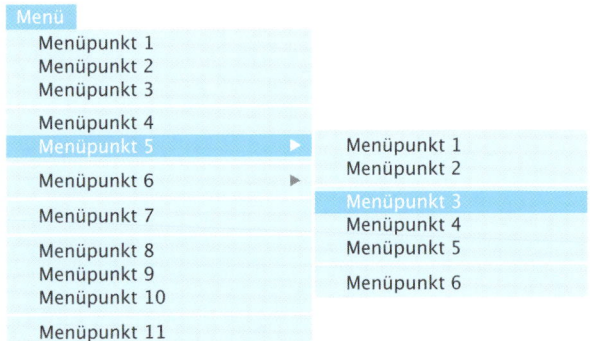

Pull-Down-Menü

Ein klassisches **Pull-Down-Menü** besteht in der Regel aus Kapitelbezeichnungen bzw. Funktionsbegriffen. Nach der Betätigung einer Bezeichnung klappt das Menü auf. Die Menüpunkte sind unter- bzw. nebeneinander angeordnet. Ein **Drop-Down-Menü** ist ein Menü, das nach dem Betätigen einer Taste aufklappt, die nicht nur mit einer Bezeichnung, sondern durch Eigenschaften gekennzeichnet ist, die aus der realen Welt von Tasten bekannt ist (z.B. Schattenkanten, Symbole etc.). Beide Menü-Arten, die an sich sehr ähnlich funktionieren, sind nur mit dynamisch veränderbaren Systemen realisierbar.

Anhand der Möglichkeiten einer interaktiven DVD-Video-Produktion wird nun gezeigt, welchen Einschränkungen man ausgesetzt wäre, wenn man aus purer Gewohnheit, Pull-Down-Menüs auch für nicht dynamische Medien anwenden möchte.

Bei einer klassischen DVD-Video-Produktion wären Pull-Down- bzw. Drop-Down-Menüs nur bedingt realisierbar. Die dynamische Veränderbarkeit des Menüs müsste vorgetäuscht werden, um einen ähnlichen Eindruck zu erwecken, wie man ihn vom Computer her gewohnt ist. Dann sind allerdings die Reaktionszeiten relativ lang. Außerdem ist zu bedenken, dass die Interaktion bei einer DVD über eine Fernbedienung erfolgt und nicht zuletzt deswegen etwas träge ist. Bei einer DVD wählt man einen gewünschten Menüpunkt aus, indem man die Markierung horizontal mit den Pfeil-Tasten bewegt. Dann bestätigt man mit der Enter-Taste und löst dadurch eine Aktion aus, mit der eine Animation gestartet werden könnte, die dann z.B. ein sich herunterklappendes Menü mit Kapitelbezeichnungen simuliert. Um ein weiteres Unterverzeichnis zu öffnen, muss man dann aber auch wieder mit den Pfeiltasten die Markierung bewegen und bei der gewünschten Kapitelbezeichnung erneut die Enter-Taste betätigen. Die Möglichkeit, vom Hauptmenü in die weiter verzweigten Unter- und Unter-Unter-Menüs zu ›gleiten‹, ist mit der DVD-Video nicht realisierbar.

Im Rahmen der Spezifikation einer Blu-ray Disc, dem Nachfolgeformat der klassischen DVD, ist allerdings auf Grund der Möglichkeit, mit Java programmierte Ereignisse realisieren zu können, auch die Darstellung und Nutzung von dynamischen Pull-Down-Menüs umsetzbar. Bei der Blu-ray Disc sind wie bei Internetseiten oder einer CD-ROM-Produktion oder wie bei jedem Betriebssystem dynamisch veränderbare Menüs möglich.

Unter dem Begriff Pull-Down-Menü hat sich allerdings jede Form der Menüs etabliert, die nach dem Anwählen eines Themas aufgeklappt oder wie auch immer dargestellt werden; sei es, das dass Menü dynamisch aufklappt oder in Form eines neuen Bildes ergänzend dargestellt wird

Abb. 10
Drop-Down-Menü.
(www.jungundpfeffer.de)

Abb. 11
Bei dieser Internetseite öffnet
sich das Pull-Down-Menü
nicht nur mit Themenbegriffen,
sondern zusätzlich mit Bildern.
Auch wenn es nicht wie ein
klassisches Pull-Down-Menü
aussieht, beinhaltet es all seine
Eigenschaften.
(www.dyrdee.com)

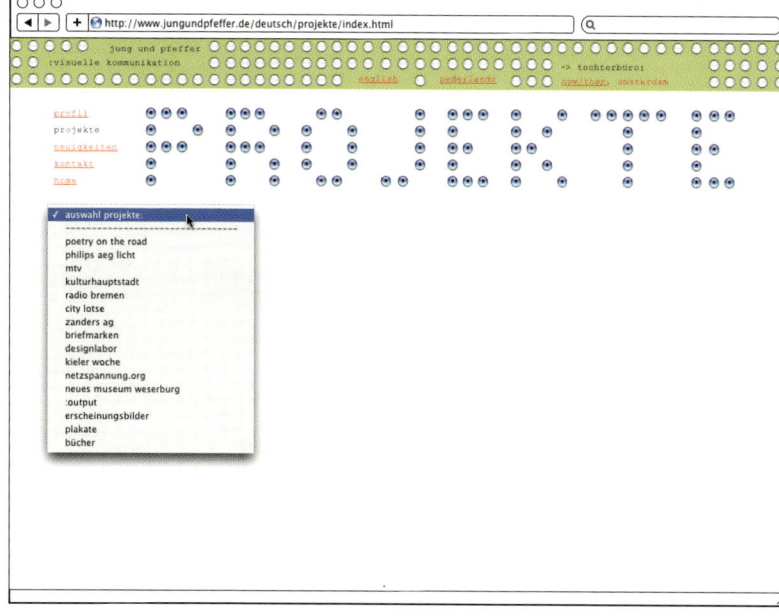

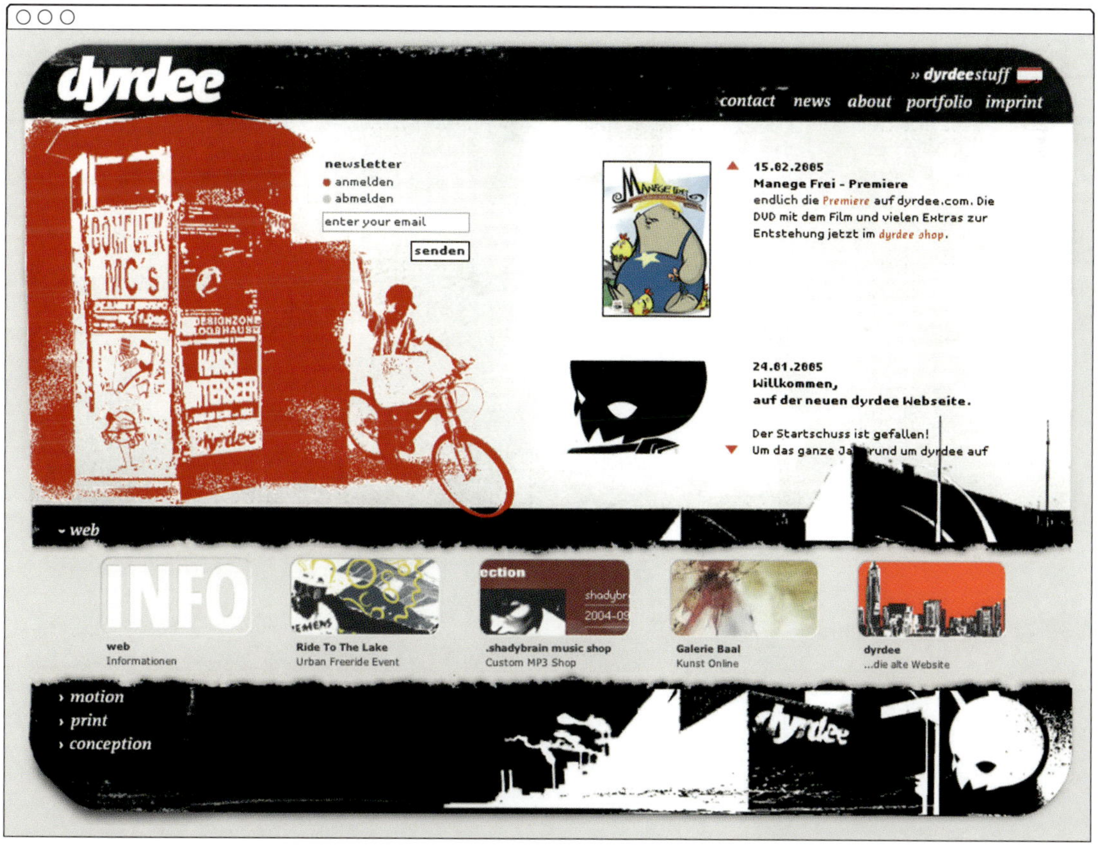

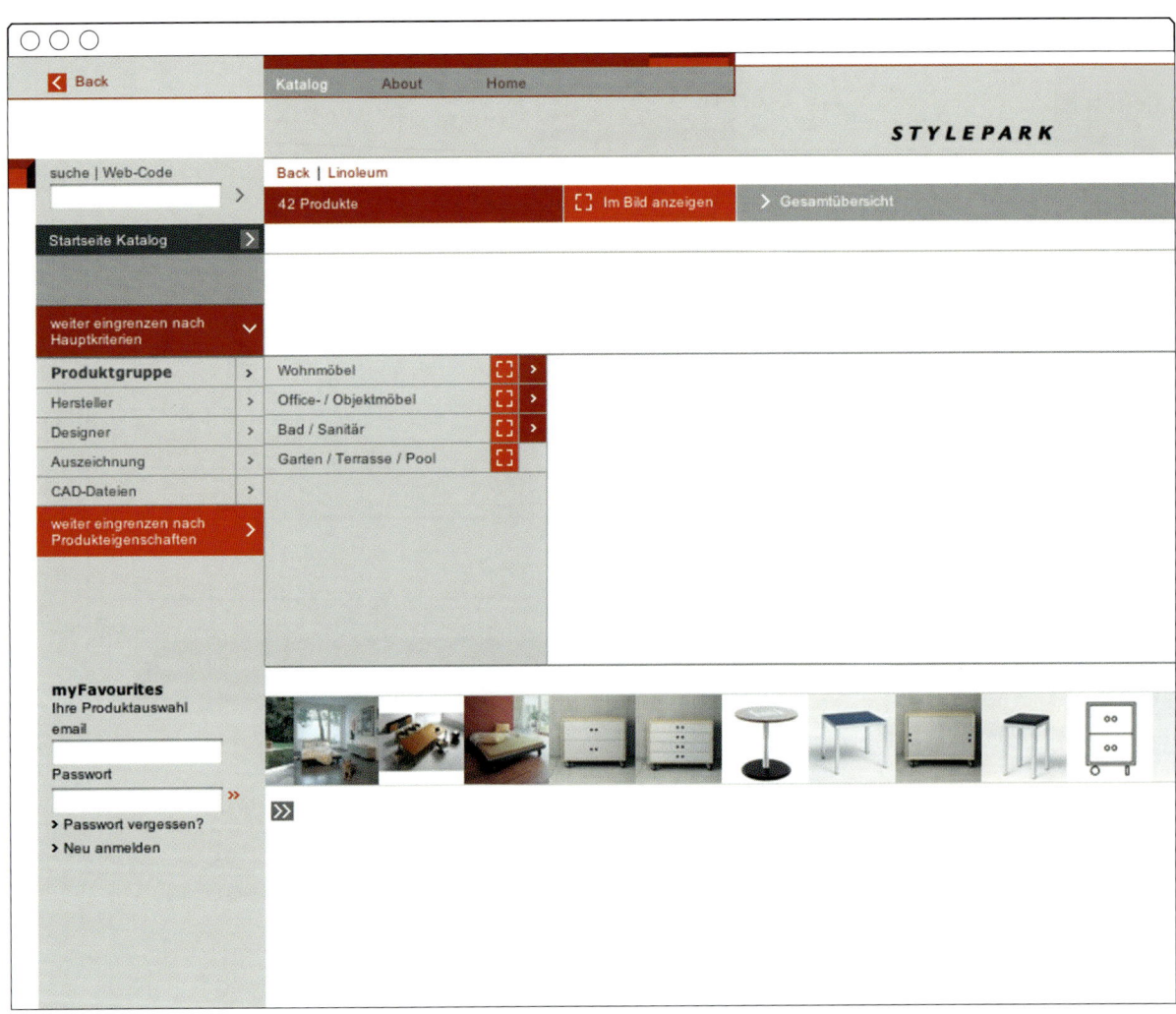

Abb. 12
www.stylepark.de

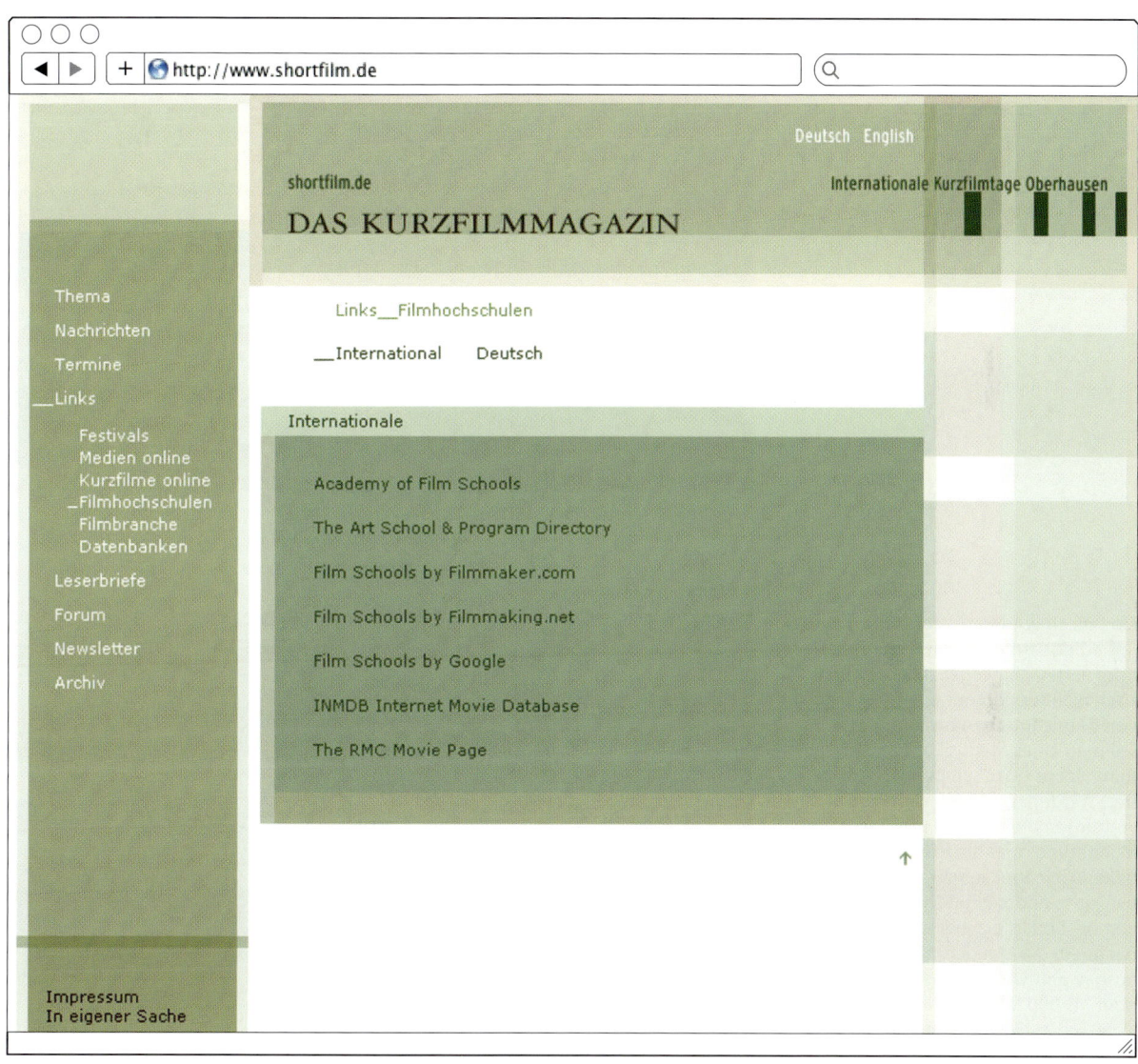

Abb. 13
www.shortfilm.de

Abb. 14 a–b
*Das Verkehrslernspiel – Fred und
das Flaschenfahrrad,* CD-ROM.
Illustration von Theo Kerp,
© Tivola Publishing GmbH,
www.tivola.de.

Ein Pull-Down-Menü muss sich nicht
unbedingt aus einem Register heraus
oder vertikal bewegen, und es muss
auch nicht unbedingt aus einer Liste
von Bezeichnungen bestehen. Die
Themen eines Menüs können auch
durch Icons oder Symbole repräsentiert werden. Ein Menü kann auch
verborgen bleiben und nur durch eine
Markierung oder ein Icon als verfügbar
gekennzeichnet sein. Es würde dann,
wie jedes andere Pull-Down-Menü,
erst bei Bedarf erscheinen, indem es,
nachdem die Markierung oder das Icon
ausgewählt wurde, eingeblendet wird
oder ins Bild fährt.

Abb. 15 a–b
Internetportal des Studien-
gangs Kommunikationsdesign
des Fachbereich Gestaltung
an der Fachhochschule für
Technik und Wirtschaft Berlin.
www.kd.fhtw-berlin.de
Design+Umsetzung: Mark
Engelhardt, Jan Frenzel;
Betreuung: Prof. Thomas Born).

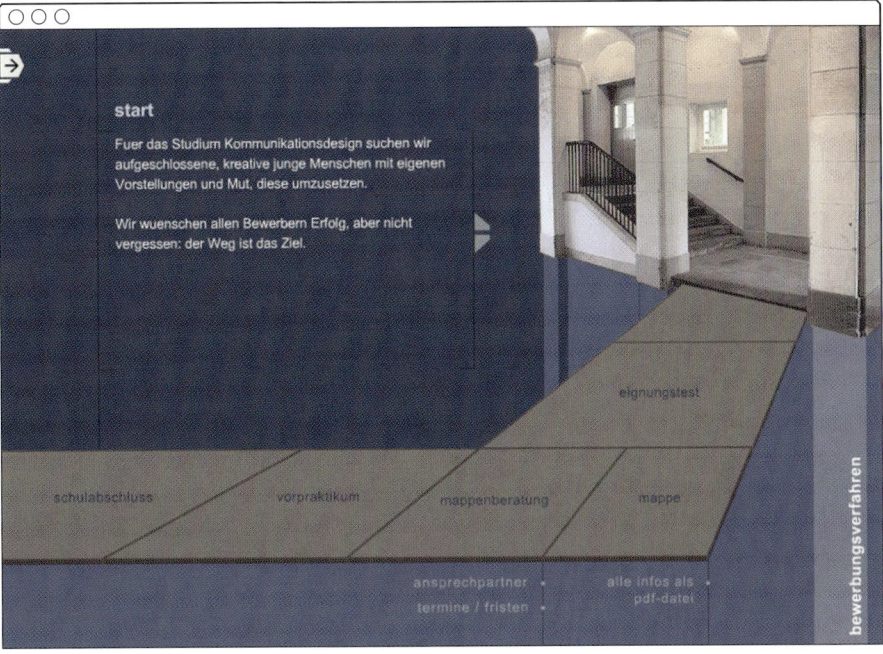

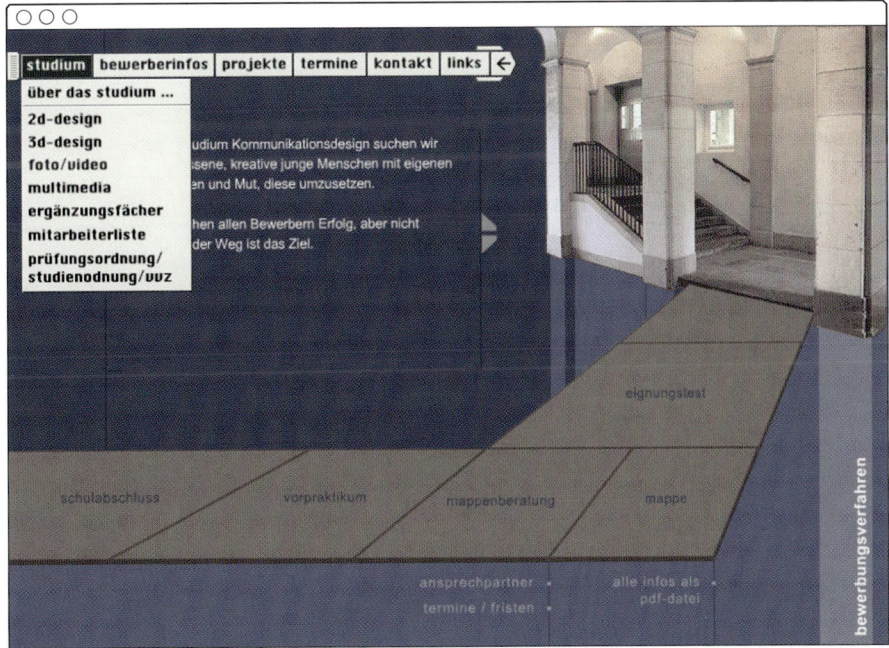

Menü als Bestandteil der Erzählform

In der Gestaltung und der Inszenierung der Funktion und Auswählbarkeit können sich die Menüs stark unterscheiden. Ein Menü kann auch fester Bestandteil der Themeninszenierung sein, um Teil des Inhalts zu werden, wodurch der Anwender stärker in das Geschehen involviert und nicht so sehr durch technologische und funktionale Aspekte abgelenkt würde. So wie ein Autofahrer nicht stets daran erinnert werden möchte, wie komplex die Funktionalität seines Fortbewegungsmittels ist und was es gerade z. B. bei regennasser und unebener Fahrbahn an computergesteuerten Brems- und Federungsberechnungen leistet, um trotz eines Tempos von 180 km/h in der Spur zu bleiben, so sollte auch ein Anwender von Hard- und Software-Interfaces nicht stets von deren Funktionalitäten und Möglichkeiten abgelenkt werden. Gerade bei Erzählmedien ist es umso wichtiger, den Anwender zum Mitspieler werden zu lassen, ihn in das Geschehen mit einzubeziehen und im Idealfall in den Bann der Erzählung zu ziehen. Die dabei aufzubauende Illusion könnte gestört werden oder erst gar nicht in Gang kommen, wenn sich die Interaktionsfunktionen nicht ausreichend zurücknehmen.

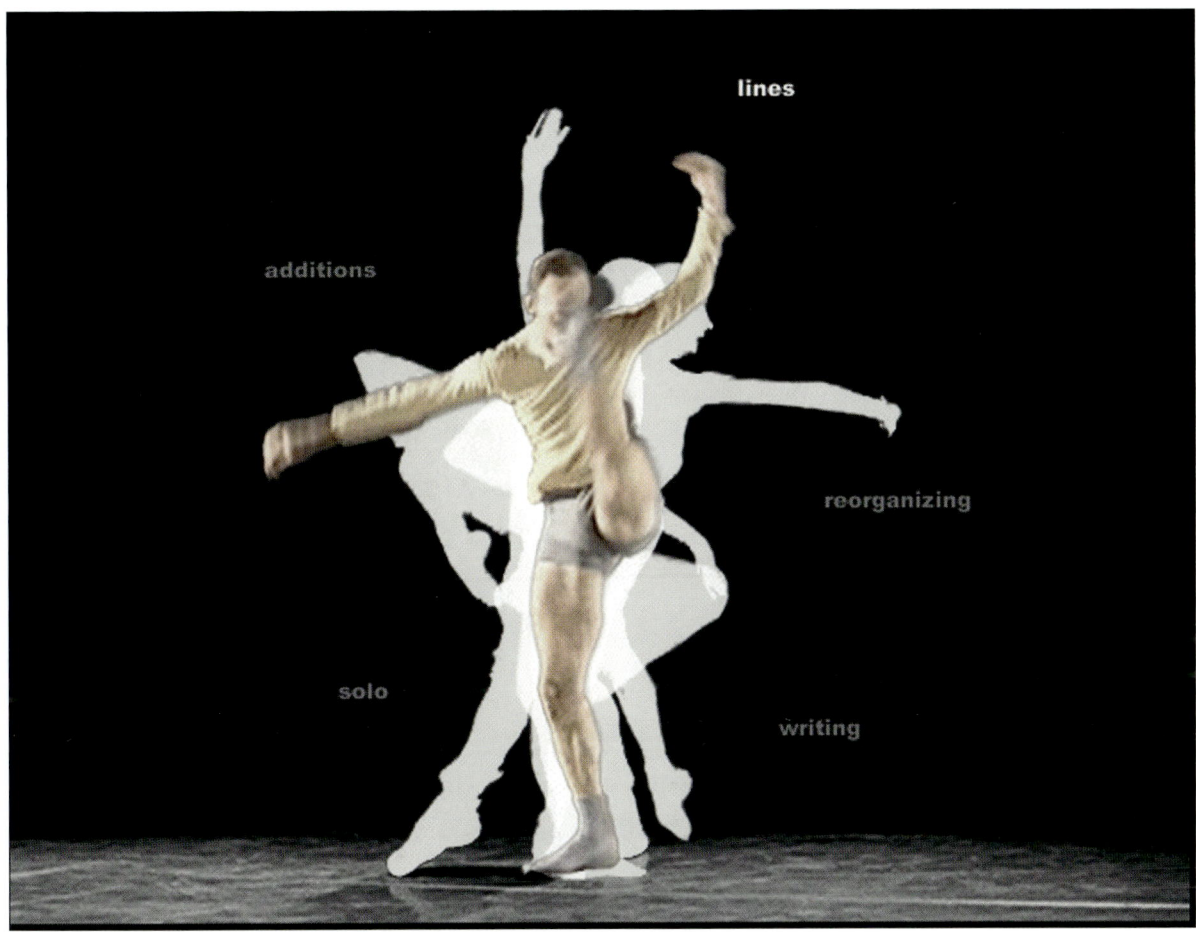

Abb. 16
*William Forsythe: Improvisation
Technologies – A Tool for Analyti-
cal Dance Ey*e, CD-ROM. Hg. vom
ZKM Karlsruhe und dem Deutschen Tanzarchiv Köln/SK Stif-
tung Kultur, ISBN 3-7757-0850-2.

Abb. 17 a–b
Berlin Connection. Ein interaktiver Dokumentar-Thriller von
Eku Wand aus dem Jahr 1999
auf CD-ROM. Parallel zum interaktiven Dokumentar-Thriller
erschien das Buch *Gefährliches
Spiel* und die Website.
(www.berlin-connection.de)

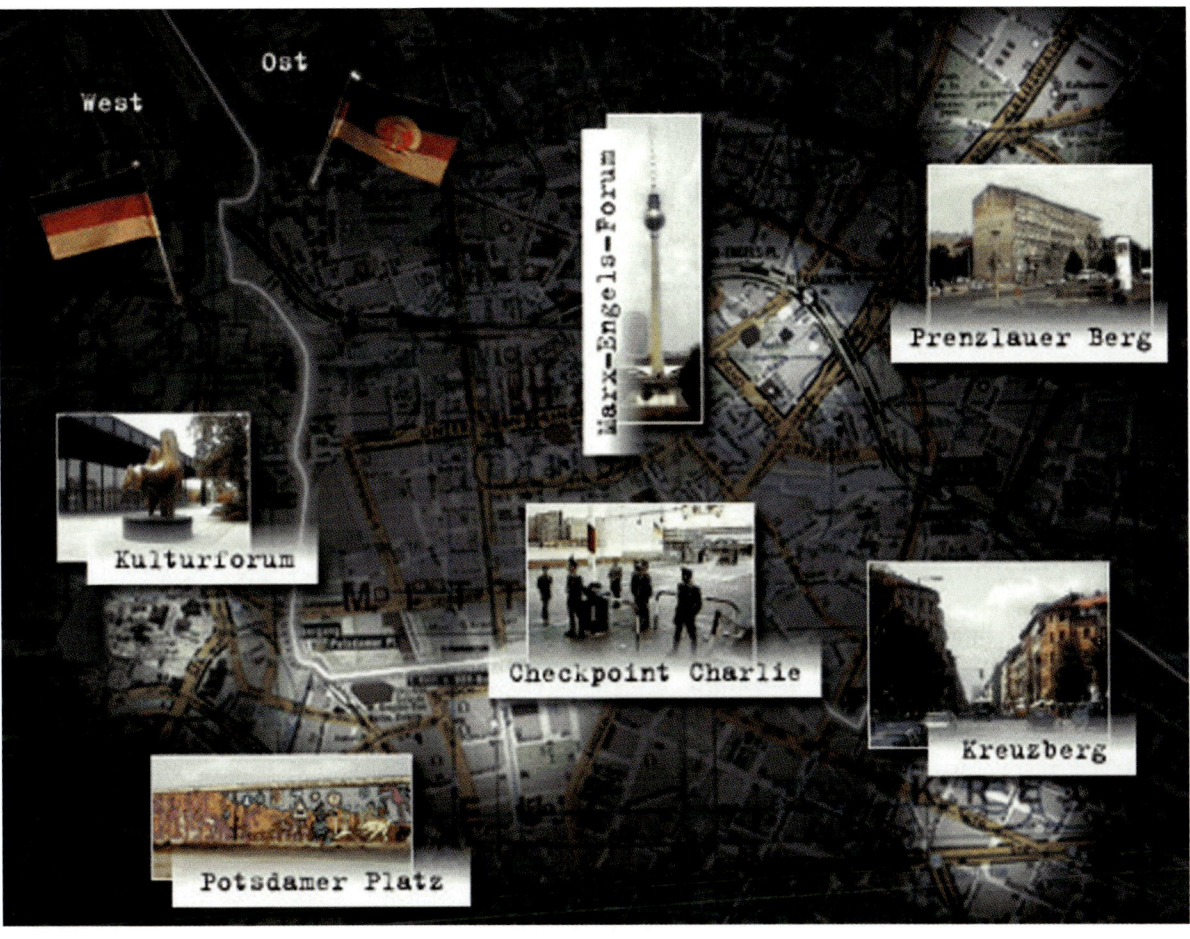

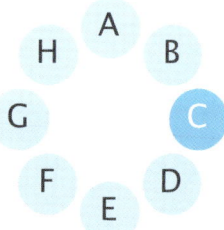

Pie Menu

Bei dem so genannten **Pie Menu** sind die Auswahlbereiche bzw. Themen kreisförmig angeordnet. Das Pie Menu wird daher auch kreisförmiges Popup-Menü genannt. Im Vergleich zur Auflistung der auswählbaren Funktionen bzw. Menüpunkte, wie es bei Pull-Down-Menüs der Fall ist, sind die Navigationswege bei einer kreisförmigen Anordnung kürzer und auch immer gleich lang. Zudem ist es einfacher, sich eine Position innerhalb eines Kreises zu merken als innerhalb einer Liste. Es ist kein Zufall, dass kreisförmige Menüs bei Computerspielen (z.B. *The Sims*) und bei komplexen Softwareprogrammen (z.B. *Modo 3D*-Software) Anwendung finden. Bei Software-Produkten fallen das Pie Menu und seine Vorteile gar nicht so sehr auf, weil es so softwaregeeignet und softwaretypisch wirkt. Größere Aufmerksamkeit bewirkt das Prinzip des Pie Menus aber bei Hardware-Interfaces. Der Joystick kommt dem Prinzip bereits sehr nahe. Die wohl bekanntesten Hardware-Pie-Menu-Interfaces sind der *i-Drive*-Controller beim BMW und das Interface des *iPod* von Apple (siehe auch unter *Scrollrad, Drehrad* im Kapitel *Interfacedesign*, S. 230 f.)

Mit dem *i-Drive* beim BMW können bis zu 900 Funktionen gesteuert werden, womit deutlich wird, welch ein Potential eine kreisförmige Anordnung der Menüpunkte bieten kann. Es sollte allerdings nicht verschwiegen werden, dass sich die meisten BMW-Fahrer mit dieser Menge an Möglichkeiten und mit dem *i-Drive*-Controller als Interface überfordert fühlten. Dennoch war es von BMW ein mutiger und interessanter Versuch, der die Möglichkeiten, aber auch die Grenzen eines kreisförmigen Menüs bzw. eines **Drehrad-Interfaces** aufzeigte. Für den *iPod* bot sich wie eigentlich für alle mobilen Geräte, deren Interfaces mit dem Daumen gesteuert werden, eine kreisförmige Anordnung schon deshalb an, weil man mit dem Daumen grundsätzlich keine rechtwinkligen, sondern kreisförmige Bewegungen vollzieht. Eine kreisförmige Anordnung der Steuerungselemente kann mit einem Daumen entsprecht besser bedient werden, als horizontal und vertikal angeordnete Tasten, weshalb nicht nur das Drehrad ein für solche daumengesteuerten Geräte ein geeignetes Interface ist, sondern auch eine kreisförmige Anordnung von Hardware-Tasten, inklusive der alphabetischen Tasten. Im Kapitel *Interfacedesign* finden sich dazu unter *Scrollrad, Drehrad*, S. 233 weitere Informationen und Beispiele.

Für mobile Geräte, deren Eingaben per Stift (Stylus) erfolgen, bietet das Pie Menu softwareseitig zudem den Vorteil, dass die Auswahlfläche eines Kreissegments in der Regel größer ist als die bei einem Listenmenü und daher leichter getroffen werden kann. Dies würde die Bedienung auch mit einem Finger ermöglichen oder zumindest erleichtern, falls der Stift mal nicht zur Hand ist. Solch ein Stift wird allgemein Stylus genannt. Er wird zum Auswählen, Klicken und zum Schreiben verwendet, da man mit seiner abgerundeten und kleinen Spitze besser auswählen und auf der kleinen Fläche des Displays eines mobilen Gerätes besser agieren kann, als mit dem Finger. Vom Prinzip her könnte man auch einen Zahnstocher verwenden.

Abb. 18
Anhand dieser Beispiele von
Pie Menus aus dem Jahr 1987
von Don Hopkins wird der
Unterschied eines gelisteten
zu einem kreisförmigen Menü
deutlich, aber auch, dass das
Pie Menu schon seit einiger
Zeit Anwendung findet.
(www.donhopkins.com)

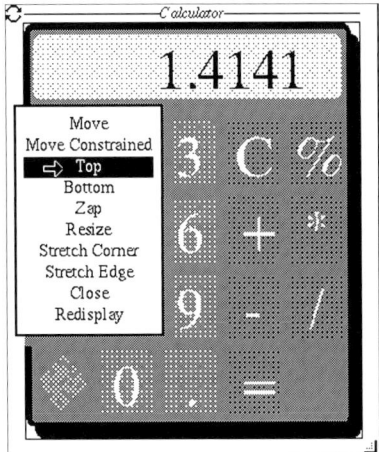
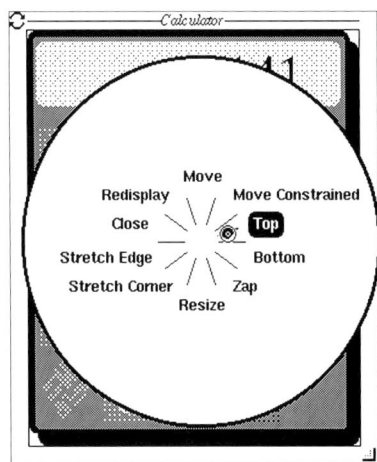

Wenn man erkannt hat, dass sich ein
kreisförmiges Menü zur Auswahl
von einzelnen Funktionen bzw. Themen eignet, kann man auch zum
Schluss gelangen, auf diesem Wege
auch Buchstaben einer Tastatur anwählen zu können, um so eine neue Variante der Software-Tastatur zu erhalten.
Jennifer Mankoff und Gregory D. Abowed veröffentlichten 1998 CIRRIN (the
CIRculaR INput device), entwickelt am
GVU Center, College of Computing,
Georgia Institute of Technology in
Atlanta. Dies ist eine Texteingabetech-
nik, bei der man in einem Zug ganze
Worte an einem drucksensitiven Display schreiben kann, ohne den Stylus
absetzen zu müssen. So können die
Vorteile eines Pie Menus für eine neue
Form der Software-Tastatur genutzt
werden. Häufig aufeinander folgende
Buchstaben sind im Kreis nebeneinander angeordnet. Solch eine Anordnung
hängt selbstverständlich von der jeweiligen Sprache ab. Bei diesem
Beispiel fehlen auch noch die Großbuchstaben, die Sonderzeichen und
die Interpunktionszeichen.

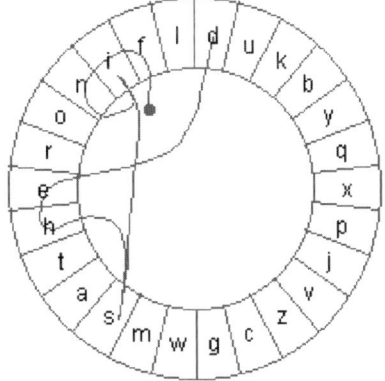

Abb. 19
Tastaturen und andere taktile
Interfaces siehe Kapitel *Inter-
facedesign* und dort unter
Das taktile Interface, S. 224.

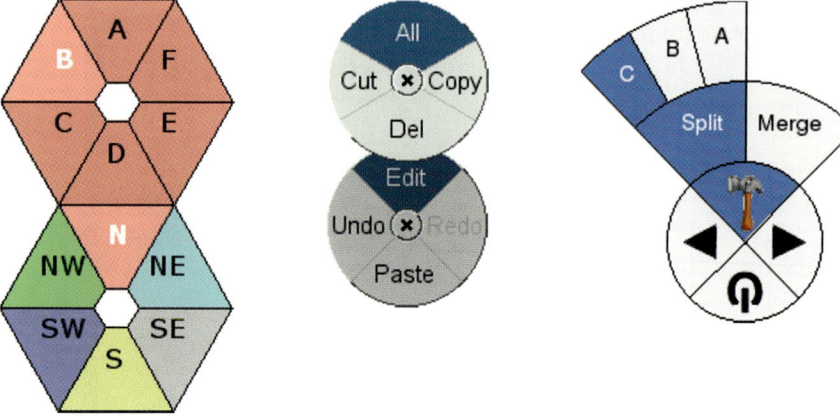

Abb. 20 a–c
Das QtPieMenu von Andreas
Aardal Hanssen zeigt, dass
auch das kreisförmige Menü
ein Popupmenü ist bzw. über
die direkt im Kreis angeordneten
Menüpunkte hinaus weitere
Untermenüpunkte beinhalten
kann.
(http://doc.trolltech.com)

Abb. 21
Das kreisförmige Popupmenü
›RadialContext‹ von Optimoz
kann man als Erweiterung
für den *Firefox*- bzw. Mozilla-
Browser installieren. Man kann
es mit der rechten bzw. linken
Computer-Maus-Taste bzw.
in Kombination mit einer Taste,
z. B. Strg, als Kontextmenü
erscheinen lassen. Die im Kreis
angeordneten Menüpunkte
werden ausgewählt, indem für
kurze Zeit mit dem Computer-
Maus-Cursor auf ihnen verweilt
wird. Daraufhin erscheint ein
Untermenü. Der jeweilige Punkt
wird ausgewählt bzw. die Funktion wird ausgelöst, sobald
die Computer-Maus-Taste los-
gelassen wird.
(www.radialthinking.de)

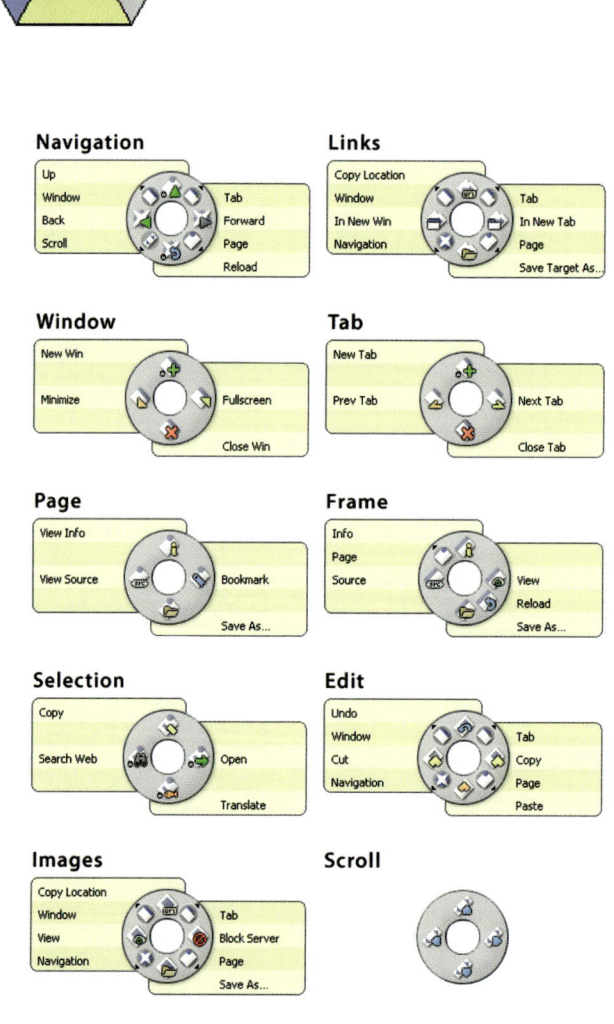

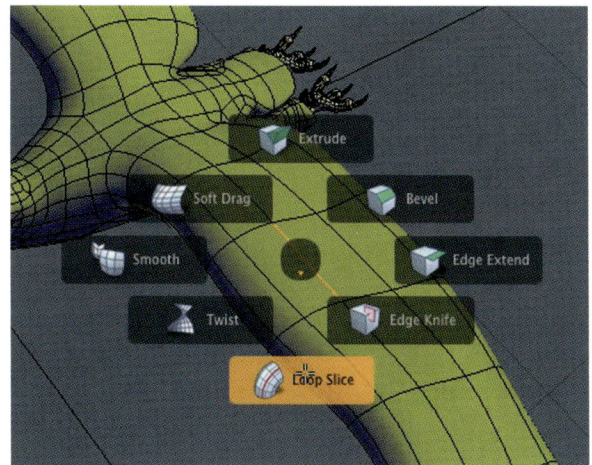

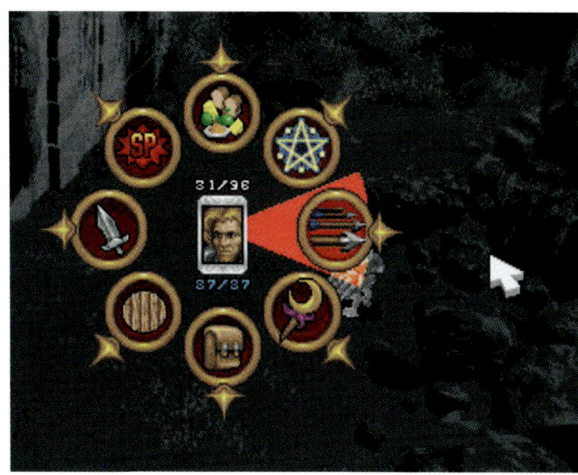

Abb. 22
Bei komplexen Software-
Produkten, wie z. B. 3D-Software
bieten sich die Vorteile eines
Pie Menus geradezu an, hier
am Beispiel der 3D-Software
Modo von Luxology.
(www.modo3d.com,
www.mars-inc.net)

Abb. 23
Silver von Spiral House/Infogra-
mes: (www.silvergame.com).
Für Computerspiele bietet sich
das Pie Menu einerseits an,
weil es eine schnellere Auswahl
ermöglicht als ein Listenmenü
und andererseits passt es sich
besser in die Gesamtgestaltung
eines Spieles ein.

Abb. 24
In Analogie zur Navigations-
thematik und der Eigenschaft,
dass ein Kompass rund ist, bot
sich ein Pie Menu bei der Thematik dieser Internetseite an.
©Toyota; http://ebay.toyota.com
/special/Gone___ing.html

Formfeld

Bei einem **Formfeld** kann der Anwender in vorgefertigten Eingabefeldern per Tastatur Werte und Zeichen eingeben. Das Eingabefeld für ein Passwort oder für eine Textergänzung innerhalb einer Lern- oder Informationssoftware ist solch ein typisches Formfeld. Durch das Ausfüllen des Formfeldes kann das Weiterkommen innerhalb einer Produktion ermöglicht bzw. beeinflusst werden. Im Rahmen dynamisch veränderbarer Medien, wie z. B. Internet-, CD-ROM- oder DVD-ROM-Produktionen, bieten sich hierfür zahlreiche Möglichkeiten, für dynamisch kaum veränderbare Medien, wie z. B. bei interaktiven DVD-Video-Produktionen dagegen nur sehr eingeschränkte.

Abb. 25
Eingabefeld einer GPS-Software. (www.navigon.de)

Abb. 26
Über eine alphabetische
Auswahl kann bei Nachschlagewerken bzw. Lernsoftware
eine Liste von Worten gefiltert
werden, aus der dann der
gewünschte Begriff ausgewählt
werden kann.
(http://on1.zkm.de/zkm/artists)

Drag and Drop

Eine weitere, ganz wesentliche Interaktionsfunktion ist das so genannte
Drag and Drop. Bei ihr kann der
Anwender durch das Ziehen und das
Bewegen eines Elementes an einen
vorbestimmten Platz eine oder mehrere Funktionen auslösen. Diese direkte
Manipulation ist sicher die interes-
santeste Form der Interaktivität. Dinge
scheinbar greifen und verschieben zu
können, stellt ein gewohntes Verhalten
dar, wie z. B. das Greifen einer Datei
und ihr Ablegen in einen Papierkorb
oder das Verschieben eines Reglers,
um z. B. die Lautstärke einzustellen.
Auch dies ist allerdings bei dynamisch
kaum veränderbaren Medien nur eingeschränkt möglich. Wenn man sich
z. B. erneut auf die Möglichkeiten einer
interaktiven DVD-Video-Produktion
beschränken würde, wäre eine ›drag
and drop-Funktion‹ nicht möglich. Da
DVD-Video-Produktionen nur über die
Fernbedienung des DVD-Players bzw.
durch die Pfeil-Tastatur am Computer
steuerbar sind, entfällt die Möglichkeit
des Greifens und Verschiebens. Ange-
sichts der Tatsache, dass über den
Fernseher immer mehr Interaktionsangebote bereitgestellt werden sollen,
anstatt ausschließlich am Computer,
sind diese Einschränkungen durchaus
zu berücksichtigen.

Abb. 27
Auf dieser Internetseite können
Musikstücke ausgewählt und
abgespielt werden, indem
Tonbänder virtuell aus ihren
Verpackungen heraus auf ein
Tonbandgerät gezogen werden.
(www.filigrooves.com)

Schieberegler
oder Drehregler

Schieberegler oder **Drehregler** sind
Werkzeuge, die eine direkte Einfluss-
nahme erwarten lassen. Anhand des
DVD-Beispiels ist nachvollziehbar, wie
sehr es stört, gerade bei einem solchen
Werkzeug gehemmt zu werden.

Abb. 29
Die Abbildung zeigt einen
Schieberegler, so wie er für eine
interaktive DVD-Video-Produktion vorbereitet würde, inklusive der Masken (unten dargestellt) für die einzelnen Marken,
in die man per Pfeiltasten auf
der Fernbedienung wechseln
müsste. Zudem müsste jede
Position mit der ›Enter-Taste‹
bestätigt werden, um den
Regler jeweils eine Position
weiter zu bewegen. Eine
dynamische Veränderbarkeit
ist nicht möglich.

Abb. 28
Auf dieser Internetseite wird
eine Software angeboten, mit
der man direkt über mehrere
Regler eine Schrift erstellen und
verändern kann. Die Erwartungen, dynamische Veränderungen vornehmen zu können,
werden erfüllt. Jede denkbare
Skalierung ist anwählbar und
das Bedienen der Regler ermöglicht ein direktes Eingreifen.
(www.robmeek.com)

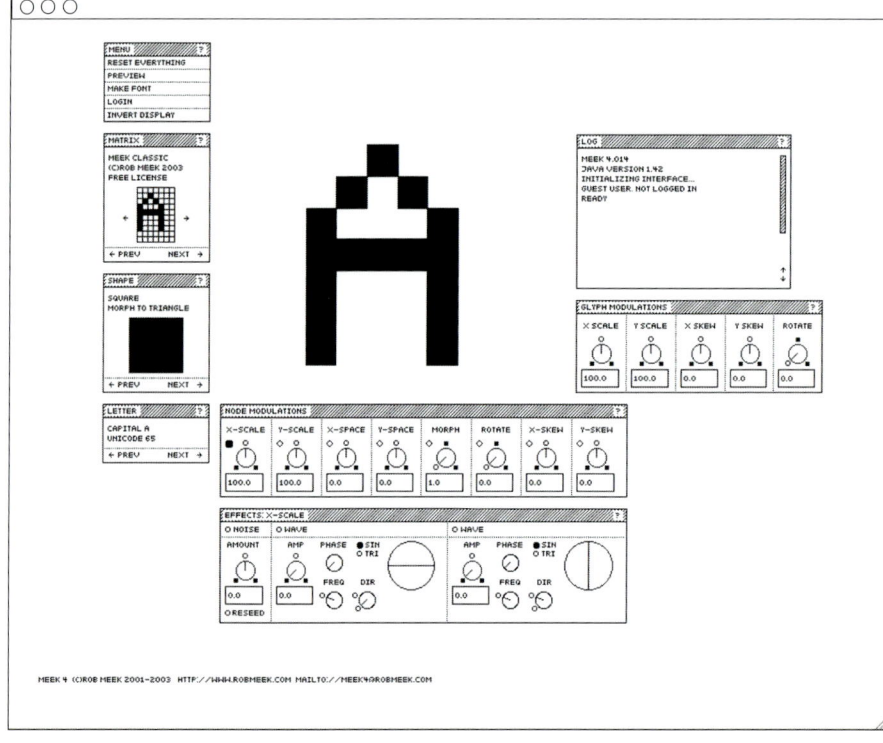

Dynamische Veränderbarkeit

Um die Bedeutung von **dynamischer Veränderbarkeit** für den Eindruck von Interaktion nachvollziehbar zu machen, soll zunächst anhand eines virtuellen Schiebereglers exemplarisch aufgezeigt werden, wie man ihn für eine interaktive DVD-Video-Produktion erstellen müsste bzw. ihn als Anwender mit einer DVD-Player-Fernbedienung erleben würde. Da eine interaktive DVD-Video-Produktion eine dynamische Veränderung auf Grund ihrer stark einschränkenden Spezifikationen kaum zulässt, kann man mit ihr gut demonstrieren, was mit dynamischer Veränderbarkeit beabsichtigt ist, und welche Bedeutung sie für Interaktionsvorgänge hat. Die Spezifikationen einer interaktiven DVD-Video-Produktion ermöglichen nicht den Zustand, etwas Ausgewähltes zu greifen und zu verschieben. Deshalb kann man dort einen Schieberegler nur bewegen, wenn man mit den Pfeiltasten der Fernbedienung die Markierung des Reglers jeweils um eine Marke weiterbewegt und dieses Weitersetzen mit der Enter-Taste bestätigt. Ein stufenloses Einstellen des Schiebereglers ist über die Fernsteuerung des DVD-Players demnach nicht möglich. Siehe zur Steuerung mit der Fernbedienung hier im Kapitel auch unter *Interaktionsformen* und dort unter *Interaktive Steuerung per Fernbedienung bzw. Player-Software*, S. 100.

Abb. 30
Die Schieberegler zur Justierung der Bild- und Tonqualität bei der Software *QuickTime* 6.5.2 für das ältere Mac OS X 10.3.9 ermöglichen eine direkte und dynamische Interaktion.

Durch die Einschränkungen, wie sie am Beispiel einer interaktiven DVD-Video-Produktion deutlich werden, kann nie die Vielfalt an Interaktivität erreicht werden, wie sie bei einer DVD-ROM- bzw. CD-ROM-Produktion oder gar mit internet-basierten Produktionen oder mit dynamisch veränderbaren Softwareprodukten möglich ist. Dies muss aber nicht immer ein Nachteil sein.

Egal in welchen Grenzen man sich innerhalb funktionaler Möglichkeiten bewegt, Kernziel eines guten Interactiondesigns bleibt es, den Anwender so intensiv wie möglich in das Angebot eines interaktiven Produktes einzubeziehen, so dass er kaum mehr wahrnimmt, über ein Interface Funktionen in Gang zu setzen, sondern nur noch damit beschäftigt ist, seine Aufgaben zu lösen, seine Ziele zu erreichen und Spaß am Benutzen zu empfinden. Auch ohne dynamische Interaktionsangebote kann eine interaktive Produktion interessant sein.

Dafür geeignete Beispiele sind die DVD-Video-Produktion *Ansichtssache – Anamorphosen und Guckkästen* (Abb. 31), das Internetprojekt *[kleine welt]* des Medienkünstlers Florian Thalhofer und die Adventure-Games *Myst* der Brüder Miller und *Berlin Connection* von Eku Wand. Die beiden letztgenannten Arbeiten sind als CD-ROM Produktion realisiert, mit *Myst* wurde das Adventure-Spiele-Genre ›erfunden‹. Die vier exemplarischen Produktionen nutzen Interactiondesign zur Unterstützung der Erzählung und der Dramaturgie, bieten dabei aber keine komplexen Interaktionsformen an, sondern lassen vorrangig nur Auswahlmöglichkeiten zu. Dennoch entsteht nie der Eindruck, nur eingeschränkt interagieren zu können, weil es gelang, die Inhalte, Absichten und die Erzählweise und nicht die technischen Möglichkeiten in den Vordergrund rücken zu lassen. Dies ist bei inhaltlichen und rein funktionalen Produkten und auch bei Dienstleistungen gleichermaßen erstrebenswert.

Interactiondesign ist dadurch gekennzeichnet, dass es den Anwender zum Mitspieler werden lässt und im Idealfall nicht nur dafür sorgt, dass ein Dialog zwischen Mensch und Maschine stattfindet, sondern dass der Mitspieler sich selbst in der Umgebung und ebenso die Umgebung individuell wahrnimmt. Der Spaß an einer Erzählung, an der Interaktivität oder an einer Dienstleistung nimmt dabei in dem Umfang zu, mit dem die Maschine bzw. Software in den Hintergrund tritt. Dynamische Veränderbarkeiten können dabei behilflich sein, sind aber, wie die Beispiele zeigen, nicht zwingend erforderlich.

Die Interaktion mit einem Fahrkartenautomat oder einem Geldautomaten wird wohl nie so perfekt und unterhaltsam sein, dass man diesen Umgang als Erlebnis wahrnehmen würde. Es sollte aber dennoch gelingen, den Dialog zwischen Maschine und Anwender so ansprechend zu gestalten, dass der Anwender zufrieden ist und sich nicht als Opfer dieser Maschine fühlt. Gerade die Kombination von Hardware- und Software-Interfaces, wie sie z. B. bei Fahrkartenautomaten oder mobilen Telefonen selbstverständlich sind, stellen eine Herausforderung für die Entwicklung eines geeigneten Interactiondesigns dar.

Interactiondesign ist entweder nur der funktionale Ablauf eines Interaktionsangebotes, mit all seinen Eigenschaften, oder es bildet innerhalb einer Erzählung einen entscheidenden Bestandteil als Bindeglied zwischen Interaktionsangebot und Erzählabsicht. Sowohl die lineare, nonlineare und interaktive Erzählform als auch der Begriff der Interaktivität wird unter dem Titel *Erzählformen: Lineare, nonlineare, interaktive Erzählformen* (S. 93) ausführlich erläutert.

Abb. 31
Ansichtssache – Anamorphosen und Guckkästen, DVD-Video. Ein Prototyp von Andrea Schreiber, entstanden am Fachbereich Gestaltung der FH Bielefeld (Betreuung: Torsten Stapel-kamp).

Abb. 32
Das Design und die Fotos
von ›My Social Fabric‹
stammen von © Steven Blyth.
(www.stevenblyth.com)

Abb. 33
Mit einer 14-stufigen Skala an
Körperhaltungen wird dem
Anwender die Beziehung zur
jeweiligen Kontaktperson signalisiert: von positiv zugewandt
bis ablehnend abgewandt.

Interactiondesign bedeutet, eine Beziehung zwischen Produkt und Anwender aufzubauen und diese aufrechtzu-
erhalten. Das folgende Beispiel macht
dies nicht zuletzt auch im übertragenen Sinn sehr deutlich. Bei der studentischen Arbeit **My Social Fabric** von
Steven Blyth, entstanden am ›Interaction Design Institute‹ in Ivrea (www.
interaction-ivrea.it), werden alle privaten Kontakte in Gestalt von Avataren
dargestellt. Genutzt werden könnte
solch eine Kontaktdatenbank mit mobilen Geräten, aber auch am stationären Computer. Das Interactiondesign
repräsentiert hier alle Varianten der
Beziehungseigenschaften, die man zu
Personen haben kann. Ursprünglich
beabsichtigte Steven Blyth, Blumen als
Metapher zu verwenden, da diese am
ehesten das Wachsen und auch das
Absterben eines Kontaktes versinnbildlichen könnten. Auch der Begriff der

Pflege, in diesem Fall der Kontakt-
pflege, wäre da mit inbegriffen. Steven
Blyth entschied sich dann aber doch
für die Menschengestalt als Repräsentation von Personen, auch unter der
Bezeichnung Avatar bekannt. Jeder
Kontakt wird demnach mit einer eigenen Menschengestalt symbolisiert,
bei deren Gestaltung sich Steven Blyth
nach eigenem Bekunden durch den
Künstler Julian Opie beeinflussen ließ
(www.julianopie.com). Diese Avatare
drücken mit ihrer Körperhaltung aus,
in welcher Beziehung sie zum Anwender dieser Kontaktverwaltung bzw.
der Anwender selbst zu ihnen steht.
Die Beziehungszufriedenheit und die
damit zusammenhängenden Körperhaltungen werden mit einer 14-stufigen
Skala festgelegt. So werden z. B. regelmäßig gepflegte Kontakte mit einer
positiven Zuwendung signalisiert, man
könnte auch von honorieren sprechen.

Löst sich der Kontakt zunehmend, was
durch abnehmenden Dialog festgestellt wird, so verblasst auch die Darstellung des jeweiligen Avatars. Zuvor
jedoch verwandelt sich der Körper des
Avatars zunächst in eine wartende
Haltung, z. B. eine hockende oder sitzende Haltung. Die letzte Stufe vor
dem Verblassen ist das Zuwenden des
Rückens als Geste des Abgewiesen-
seins. Steven Blyth entwickelte eine
interessante Form des Interactiondesigns zwischen Gerät und Anwender.
Es erinnert an das berühmte Tamagot-
chi, eine Erfindung der Japanerin Aki
Maita aus dem Jahr 1996. Wie die Wortschöpfung aus ›tamago‹ [japanisch, Ei]
und ›watch‹ verrät, ging es bereits da
um die Pflege, damals allerdings um
die eines Wesens mit vorprogrammier-
ten Eigenschaften.

Abb. 34
Der Kontakt wird aufgenommen, indem ein Avatar ausgewählt und der damit repräsentierten Person eine Nachricht zugesendet wird. Der zuvor selten kontaktierte Avatar, dargestellt durch die den Rücken zuwendende, abweisende Körperhaltung, wendet sich dem Anwender nach dem Zusenden einer Nachricht wieder Kontaktbereitschaft signalisierend zu.

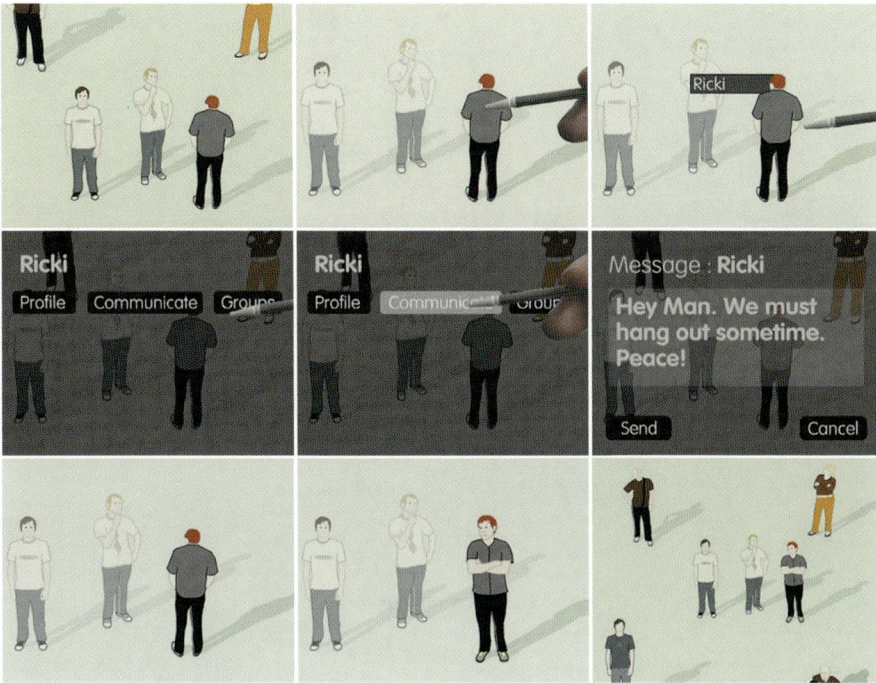

Abb. 35
Jeder Kontakt kann mit Eigenschaften belegt werden. Und jedes Zusammentreffen kann dauerhaft oder temporär zusammengefasst werden. Ein solches Treffen könnte auch als Einladung an andere verschickt werden. (Fotos: © Steven Blyth, teilweise aus einem Video, geschnitten und co-directed von Andrea Clemente)

Abb. 36
Trifft eine Nachricht ein, wird diese akustisch und optisch angezeigt. Der hier blinkende Avatar signalisiert durch seine sitzende Haltung, dass er bereits seit längerer Zeit nicht mehr kontaktiert wurde oder sich selbst seit geraumer Zeit nicht mehr gemeldet hat. Der Kontakt drohte zu verblassen.

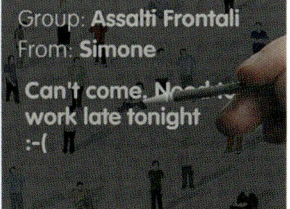

Abb. 37
Personen können zusammen-
geschoben werden, um sie als
Gruppe zu definieren. Durch
eine rotierende Bewegung wird
Platz geschaffen, in den die
ausgewählten Personen hinein-
gezogen werden. Übrigens ein
weiteres Beispiel für ›Drag and
Drop‹ (s.o. unter *Drag and Drop*).
Daraufhin wird die Personenan-
sammlung mit dem Stift (Stylus)
eingekreist, um sie als Gruppe
zu definieren.

Der Einsatz von Metaphern ist ein gängiger Versuch, komplizierte Vorgänge, Themen, Umgebungen und Erzählabsichten zu versinnbildlichen. Der Begriff Metapher stammt vom griechischen *metaphora* ›Übertragung‹ und lässt sich vielleicht bereits mit den folgenden Beispielen verdeutlichen: ›Wüstenschiff‹ gilt als Metapher für Kamel und ›Segler der Lüfte‹ für Wolken. Mit Sprachbildern wie ›die kalte Schulter zeigen‹, ›warm empfangen werden‹, ›himmelhoch jauchzend‹ und ›tief betrübt sein‹ illustrieren Metaphern emotionale Zustände. Bei interaktiven Produkten werden mit Metaphern oft Umgebungen beschrieben, deren Eigenschaften und Funktionen den anvisierten Zielgruppen vertraut sind. Diese können dann auf eigene Inhalte und Erzählabsichten übertragen werden, ohne dass der ursprüngliche Träger dieser Eigenschaften gezeigt werden braucht. So kann das, was dem Anwender bekannt ist, metaphorisch mit etwas Neuem verbunden werden, ohne Erzählabsichten oder Funktionalitäten aufwendig einführen und erklären zu müssen. Die Darstellung einer Pinwand könnte z. B. als Metapher innerhalb eines interaktiven Produkts für mehr stehen, als nur für einen Platz zur Vermittlung von Informationen. Sie könnte gerade dort für Eigenschaften stehen, die eher typisch für computerbedingte Umgebungen sind, wie z. B. als Menüverzeichnis oder auch als ein sich dynamisch veränderndes Diskussionsforum. Diese Umgebung wäre dann zwar nicht mehr nur eine Pinwand, könnte aber die für sie typischen Funktionseigenschaften, die dann auf neue Möglichkeiten übertragen wurden, nutzen, ohne dass sie näher erklärt werden muss. Ein weiteres Beispiel für ein metaphorisches Verbinden von Eigenschaften und Funktionen einer bekannten Umgebung mit den Erzählabsichten und Inhalten eines interaktiven Produkts ist die Nutzung des Theaters als Metapher.

Die wohl bekanntesten Metaphern bei interaktiven Produkten sind das Karteikasten-Reiter-Prinzip und die Schreibtisch-Metapher. Textdateien mit einem Papier-Icon zu versehen und die Möglichkeit, diese Dateien in Ordnern zu sortieren oder bei Bedarf in einem Papierkorb zu entsorgen sind Beispiele für einen sinnvollen Einsatz von Metaphern und dafür, dass Metaphern zum Verständnis von Gebrauchsformen und Funktionsabläufen beitragen können. Es sollte aber auch bedacht werden, dass damals nur deshalb eine Schreibtischmetapher gewählt wurde, da man davon ausging, dass in erster Linie Sekretärinnen am Computer arbeiten würden und das deshalb alle Assoziationen und Funktionen möglichst simpel sein sollten. Mit dieser Sichtweise zeigten einige der damaligen männlichen Ingenieure und Programmierer aber eher, wie gering ihre eigene Fähigkeit zu assoziieren bzw. antizipatorisch zu denken war. Douglas C. Engelbart, der unter anderem die Computer-Maus und eine einhändig bedienbare Tastatur mit fünf Tasten erfand, hatte damals vergebens darauf hingewiesen, dass mit einem Computer vielmehr diejenigen umgehen würden, die künftig Informationen verarbeiten und realisieren werden.

Die Wahl einer passenden Metapher ergibt sich selbstverständlich aus dem Bedarf und den Fähigkeiten des Anwenders. Wenn man allerdings an die falsche Zielgruppe denkt oder entscheidende Bedürfnisse und Fähigkeiten möglicher Zielgruppen nicht erkennt oder ausschließt, kann dies zwangsläufig dazu führen, ungeeignete Metaphern zu verwenden, die dann nur noch aus der Gewohnheit heraus akzeptiert werden. Metaphern sollen eigentlich dazu dienen, Sinnzusammenhänge herzustellen. Für interaktive Produkte werden sie aber oft nur als Platzhalter eingesetzt, die dann nicht selten entweder zu sehr eingrenzend vordefiniert oder zu beliebig in ihrer Interpretierbarkeit sind. Dies sieht man besonders deutlich an manchen Metapher-Icons von Betriebssystemen und an der Darstellung nahezu aller virtuellen Städte.

Abb. 38
Von rechts können Bühnen-
bilder auf die Bühne gezogen
werden, um in die unterschiedlichen Kapitel zu gelangen.
Dieser Vorgang dient auch als
Vorschau zum jeweils gewählten Thema.

Bei der CD-ROM Produktion **Perspektive und Raumdarstellung** werden
z. B. die Eigenschaften einer Bühne als
Metapher für den Zugang zu den unterschiedlichen Jahrhunderten und
Jahrtausenden und als Auswahlmöglichkeit zu den einzelnen Kapiteln und
Inhalten verwendet. Die Bühne kann
man betreten und bis nach hinten
durchschreiten und man erhält die
Möglichkeit, Bühnenbilder von der
Seite auf die Bühne ziehen zu können.
Diese Bühnenbilder repräsentieren
die jeweiligen untergeordneten Kapitel
und dienen in ihrer Eigenschaft auch
als Vorschau zum gewählten Thema.

Das Theater bot sich natürlich auch
thematisch an. Zahlreiche Aspekte der
Perspektive bis hin zur vorgetäuschten
Perspektive finden Anwendung in
Theaterbühnen. Zudem ist der einäu-
gige Blick der konzentrierten Zentralperspektive typisch für viele Theaterbühnen und auch für dreidimensionale
Computerraumwelten. Nicht zuletzt
das Ideal, den Anwender eines interaktiven Produkts zum Mitspieler werden
zu lassen, schafft die Nähe zum Theater
als Metapher, ohne dass ein Theater
mit all seinen Eigenschaften präsent
sein müsste.

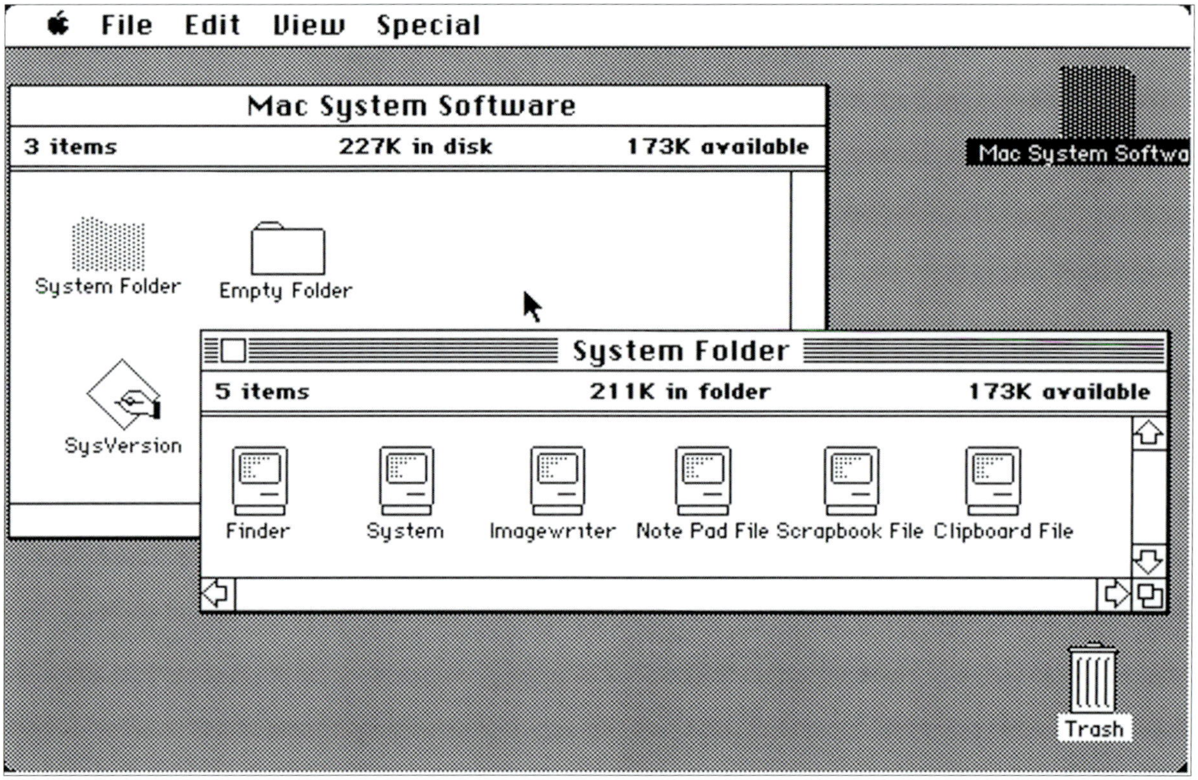

 File   Edit   View   Special

Mac System Software

3 items   227K in disk   173K available

System Folder   Empty Folder

Mac System Softwa

SysVersion

System Folder

5 items   211K in folder   173K available

Finder   System   Imagewriter   Note Pad File   Scrapbook File   Clipboard File

Trash

Abb. 39
Schreibtisch-Metapher,
Macintosh System 1.0.
www.jeremyreimer.com/
apple_screens.html

Abb. 40
Karteikasten-Reiter-Prinzip
bei der CD-ROM *Klasse Kamp
1995/2005, Kunstakademie
Düsseldorf* von Prof. Ute Hörner
und Marthias Antelfinger.

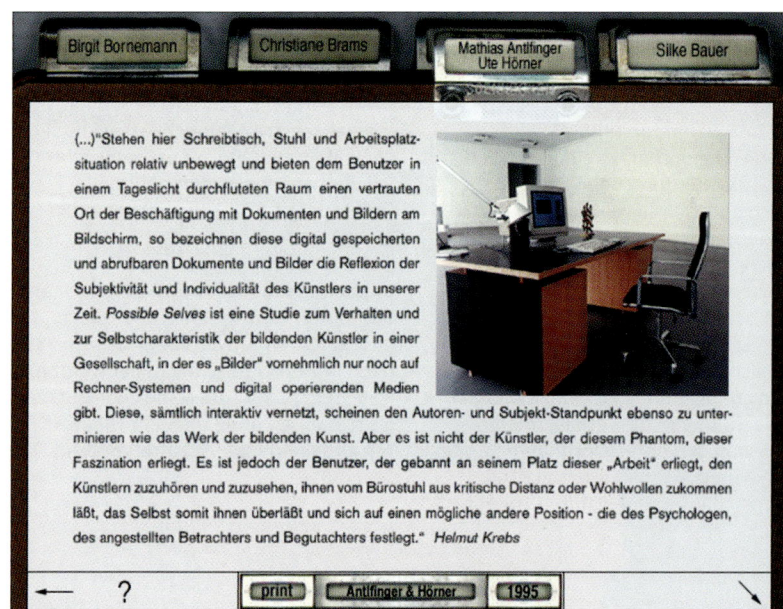

Birgit Bornemann   Christiane Brams   Mathias Antlfinger Ute Hörner   Silke Bauer

(...)"Stehen hier Schreibtisch, Stuhl und Arbeitsplatz-situation relativ unbewegt und bieten dem Benutzer in einem Tageslicht durchfluteten Raum einen vertrauten Ort der Beschäftigung mit Dokumenten und Bildern am Bildschirm, so bezeichnen diese digital gespeicherten und abrufbaren Dokumente und Bilder die Reflexion der Subjektivität und Individualität des Künstlers in unserer Zeit. *Possible Selves* ist eine Studie zum Verhalten und zur Selbstcharakteristik der bildenden Künstler in einer Gesellschaft, in der es „Bilder" vornehmlich nur noch auf Rechner-Systemen und digital operierenden Medien gibt. Diese, sämtlich interaktiv vernetzt, scheinen den Autoren- und Subjekt-Standpunkt ebenso zu unter-minieren wie das Werk der bildenden Kunst. Aber es ist nicht der Künstler, der diesem Phantom, dieser Faszination erliegt. Es ist jedoch der Benutzer, der gebannt an seinem Platz dieser „Arbeit" erliegt, den Künstlern zuzuhören und zuzusehen, ihnen vom Bürostuhl aus kritische Distanz oder Wohlwollen zukommen läßt, das Selbst somit ihnen überläßt und sich auf einen mögliche andere Position - die des Psychologen, des angestellten Betrachters und Begutachters festlegt." *Helmut Krebs*

←   ?   print   Antlfinger & Hörner   1995

Die dort verwendeten Icons sind keine Metaphern, sondern nur Imitationen von Objekten und Funktionen, weshalb die beabsichtigten Aussagen nicht erreicht werden.

An Stelle von Metaphern sollten keine Imitationen eingesetzt werden. Stattdessen sollte Abstraktion angestrebt werden und die Einsicht, dass sich nicht für jeden Bedarf eine geeignete Metapher finden lässt. Es ist schwierig, passende Metaphern zu finden und es ist noch schwieriger diese gut darzustellen. Metaphern sind aber weder zwingend erforderlich, und auch nicht immer die beste Lösung. Solange versucht wird, mit Abläufen und Funktionen, die aus der Realität bekannt sind, die Möglichkeiten interaktiver Produkte versinnbildlichen und somit die realen Möglichkeiten unmodifiziert in die virtuellen, computerbedingten Umgebungen übertragen zu wollen, wird die Suche nach einer Metapher lediglich dazu verleiten, die äußere Realität mit Hilfe des Computers zu imitieren. So kann die Suche nach einer Metapher zur Inspirationsbremse werden.

Man sollte nicht annehmen, Metaphern wären nur dann dienlich für die Nutzung eines interaktiven Produkts, solange sie genau dasselbe leisten wie die Vorlage in der Realität. Oft genügt das Auslösen von Assoziationen, um der Verwendung von Metaphern eine Daseinsberechtigung zu geben. Wenn es nur darum geht, Funktionalitäten eines interaktiven Produkts nachvollziehbar darzustellen und somit der Erlernbarkeit und der Bedienbarkeit von Programmen und Systemen zu dienen, sind Metaphern durchaus geeignete Hilfsmittel. Es erscheint bereits aus ergonomischer und ökonomischer Sicht wichtig, dass ein Anwender den Umgang mit einem interaktiven Produkt möglichst schnell erlernt, um anschließend einen möglichst schnellen Arbeitsablauf zu gewährleisten. Die Komplexität interaktiver Produkte ist allerdings häufig so hoch, dass es unwahrscheinlich ist, ihre Möglichkeiten, deren Zustände und den Umgang mit ihnen mit Hilfe von Metaphern erschöpfend versinnbildlichen zu können. Mit Metaphern kann man zwar das Prinzip des Gebrauchs beschreiben, so wie es von der Schreibtisch-Metapher der Computer-Betriebssysteme bekannt ist, aber nicht auch noch alles, was in Folge der Bedienung in Gang gesetzt wird.

Die bei einer inhaltlich orientierten interaktiven Produktion darzustellenden Emotionen, Abläufe, Funktionen und Erzählabsichten sind oft zu vielschichtig, als dass sie sich sinnvoll in Metaphern pressen ließen. Und solange man keine in jeder Hinsicht passende und von jedem potentiellen Anwender sinnvoll zu interpretierende Metapher findet, setzt man besser erst gar keine ein. Des Weiteren lassen sich bereits oft verwendete Metaphern, wie die Schreibtisch-Metapher oder eine Pinwand, nicht ständig wiederholt einsetzen, ohne den Anwender zu langweilen oder sich selber dem Vorwurf des Plagiats oder der Einfallslosigkeit auszusetzen. Und jene Metaphern, die zwar der Beschreibung von Funktionen dienen, sind nicht unbedingt dafür geeignet zum Verständnis von Inhalten, Dramaturgien oder Erzählabsichten beizutragen. Oft ist es so, dass sie von der eigentlichen Absicht des Produkts ablenken, da der Fokus zu sehr auf die Funktionalitäten oder Eigenschaften der äußeren Realität gerichtet wird. Auch die Gestaltungsabsicht kann durch einen ungeeigneten Einsatz von Metaphern leiden, wenn sie dadurch trivialisiert wird und sich infolgedessen unter Umständen die angestrebte Zielgruppe nicht mehr angesprochen fühlt.

Es ist nicht ratsam und auch gar nicht notwendig, bereits zu Beginn der ersten Überlegungen für ein neues Screen- und Interfacedesign, verbissen nach Metaphern zu suchen. Außerdem leben Anwender nicht in einer Metaphern-Welt. Und die Computer-Welt entspricht nicht der realen Welt, weshalb es oft keinen Sinn macht, mit Hilfe von Metaphern so zu tun, als wäre dem so.

Abb. 41
Mit ›eWorld‹ nutzte der Hard-
und Software-Entwickler Apple
die Metapher einer virtuellen
Stadt, um Online-Dienst anzubieten. Das Angebot startete im
Juni 1994 und endete bereits
am 31. März 1996. Der Entwurf
stammt von Bruce Mewhinney/
Diosa Design (www.diosa.com).
Sobald man E-Mails empfangen
hatte, erschien in der unteren
linken Ecke eine Internet-Auf-
fahrt auf der ein rotes Postauto
angefahren kam.

Abb. 42
1995 publizierte Stern-Online
seine erste Website im Internet.
Die Gestaltung erfolgte durch
Pixelpark. Mit der Metapher
›Cockpit‹ wurde wohl beabsich-
tigt, Begriffe wie Navigation,
Cyberspace, Internet und Com-
puterspiel in einem einzigen
Sinnbild zusammenzufassen.

Metaphern sollen komplexe Zusammenhänge in Strukturen und Funktionen deutlich machen. Dabei sollen logische Beziehungen zwischen Dokumenten, Begriffen und Abläufen nicht nur erkannt, sondern der Umgang mit ihnen auch schneller, gar intuitiver, ermöglicht werden. Dabei ist zu bedenken, dass jeder Mensch über mentale Modelle verfügt, wie seiner Ansicht bzw. seinem Bewusstsein und Unterbewusstsein nach Dinge, Ereignisse und Funktionen zu erfolgen haben. Die mentalen Modelle eines jeden Menschen werden durch seine Erfahrungen, durch Anleiten und Lernen geprägt.

1   Johnson-Laird, Philip: "Mental Models (*Cognitive Science*, No 6)"

Der Begriff **Mental Models** entstammt dem gleichnamigen Buch von Philip N. Johnson-Laird von 1983.[1] Mentale Modelle repräsentieren die Welt so, wie wir sie wahrnehmen. Demnach bildet sich jeder Mensch für alles, was er benutzt und erlebt, für jeden Gegenstand und jeden Handlungsablauf mentale Modelle. Er folgt also in jeder Situation zunächst den einmal dafür erlernten Mustern bzw. vergleicht diese mit neuen Erlebnissen und neuen visuellen Eindrücken. Auch hier gilt, dass der Mensch nicht mit den Augen, sondern mit dem Gehirn ›sieht‹, weshalb seine Wahrnehmung eine Konstruktion auf Basis seiner bisherigen Erlebnisse darstellt. So entwickelt ein Anwender auch entsprechende Erwartungen, die er an alles richtet, was dem bisher Erlernten ähnelt. Diese erwarteten Möglichkeiten eines Produktes oder einer Dienstleistung können durch Tests ermittelt werden, um sie anschließend bei der Planung, Entwicklung und Gestaltung zu berücksichtigen (siehe Abb. 43 von eResult).

2   Gibson, J. J.: "The Theory of Affordances", Kapitel 8 in *The ecological approach to visual perception*. Boston: Houghton Mifflin. (Seiten 127–143), 1979.

Diese Erwartungen werden in der Usability mit dem Begriff Affordance benannt. Die Einführung dieser Bezeichnung geht auf Gibson zurück,[2] aber Donald A. Norman, wandte sie auch auf Prinzipien bildschirmbasierter Gestaltung an und erweiterte somit die physischen Affordances um die wahrgenommenen Affordances:

"*... the term affordance refers to the perceived and actual properties of the thing, primarily those fundamental properties that determine just how the thing could possibly be used. [...] Affordances provide strong clues to the operations of things. Plates are for pushing. Knobs are for turning. Slots are for inserting things into. Balls are for throwing or bouncing. When affordances are taken advantage of, the user knows what to do just by looking: no picture, label, or instruction needed.*" (Norman, Donald A.: *The Design of Everyday Things*. New York, 1988).

Norman beschäftigte sich somit zur selben Zeit wie Philip N. Johnson-Laird mit mentalen Modellen. Ganz im Sinne des gestalterischen Grundsatzes "form follows funktion"[3] und der Funktionsweise mentaler Modelle können – wo es möglich ist – Produkte so gestaltet werden, dass bereits durch ihre Form eine Funktionsweise suggeriert und dadurch erkannt wird. Für Produkte einer physisch anfassbaren Welt ist dies selbstverständlich einfacher als für die virtuelle Welt der Softwareentwicklung. Der Gestaltungsgrundsatz "form follows function" ist aber bereits aus verschiedenen Gründen überholt. Mechanische Funktionselemente treten in den Hintergrund und viele Produkte sind miniaturisiert und mit digitalen Displays ausgestattet. Dadurch können sich Gestaltungsgrundsätze hin zu "form follows emotion" und "form follows content" wandeln. Einerseits ergibt sich daraus für die Gestaltung ein breiteres Spektrum, andererseits ist der Gestaltungsgrundsatz "form follows emotion" für die Erfüllung mentaler Modelle nicht immer hilfreich. Für virtuelle Produkte sind entweder einfache, wieder erkennbare Hinweise erforderlich, um Funktion und Absicht schnell und sicher identifizieren zu können, oder aber

3   Zitat von Henri Louis Sullivan, amerikanischer Architekt, 1856–1924. Erneuerer der internationalen Architektur. Er schuf die ersten funktionalen Bauten in den USA und legte damit den Typus des Wolkenkratzers, des Geschäfts- und des Warenhauses fest.

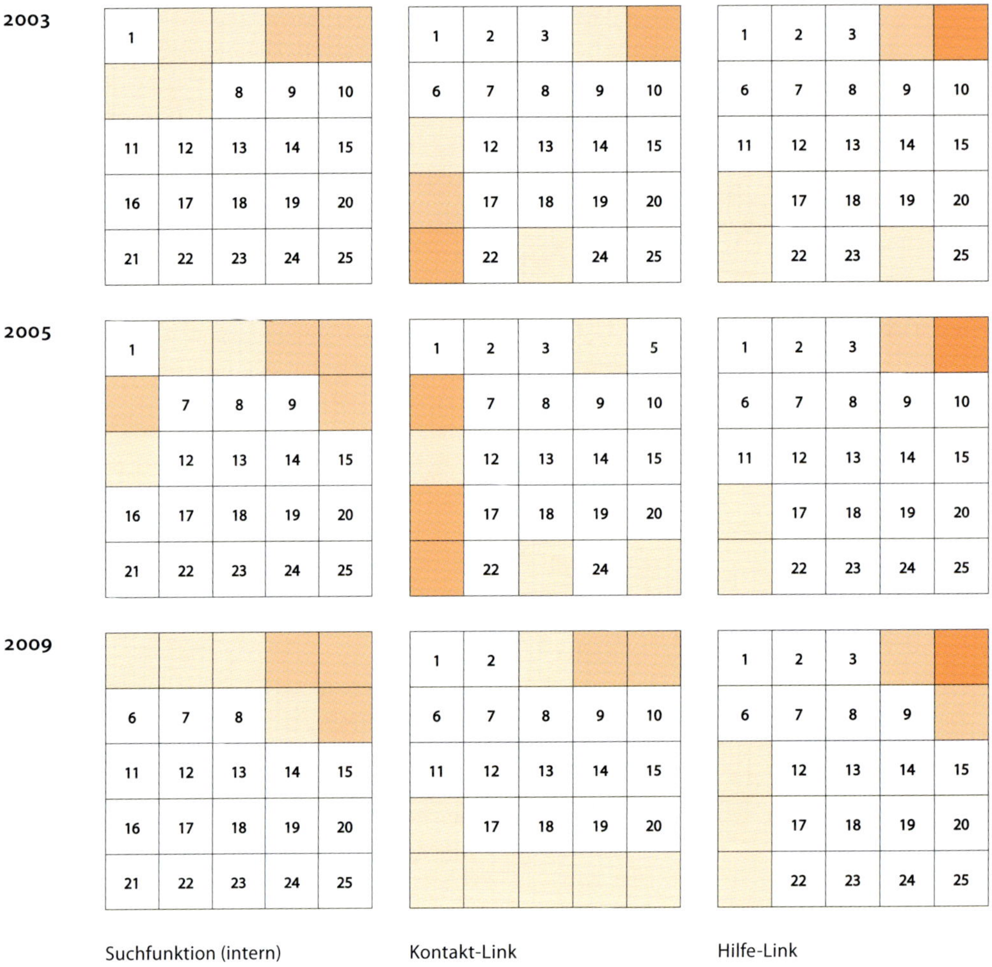

2003

1				
		8	9	10
11	12	13	14	15
16	17	18	19	20
21	22	23	24	25

1	2	3		
6	7	8	9	10
	12	13	14	15
	17	18	19	20
	22		24	25

1	2	3		
6	7	8	9	10
11	12	13	14	15
	17	18	19	20
	22	23		25

2005

1				
	7	8	9	
	12	13	14	15
16	17	18	19	20
21	22	23	24	25

1	2	3		5
	7	8	9	10
	12	13	14	15
	17	18	19	20
	22		24	

1	2	3		
6	7	8	9	10
11	12	13	14	15
	17	18	19	20
	22	23	24	25

2009

6	7	8		
11	12	13	14	15
16	17	18	19	20
21	22	23	24	25

1	2			
6	7	8	9	10
11	12	13	14	15
	17	18	19	20

1	2	3		
6	7	8	9	
	12	13	14	15
	17	18	19	20
	22	23	24	25

Suchfunktion (intern)   Kontakt-Link   Hilfe-Link

Abb. 43
Vergleichende Gegenüber-
stellung der Positionierungs-
erwartungen bezüglich der
Gliederung einer Internetseite
in den Jahren 2003, 2005, 2009;
ermittelt durch die eResult
GmbH. (www.eresult.de)

es wird eine Einarbeitungszeit erforderlich, in der dem Anwender ein Prozess des Lernens für den Umgang mit dem virtuellen Produkt angeboten wird.

Abbildungen von Gegenständen wie eine Lupe, ein Zirkel, eine Schere, ein Stuhl, ein Gefäß, ein Einkaufswagen, ein Schalter, ein Schieberegler etc. erfüllen die Affordance bei virtuellen Produkten aber auch in Form von Metaphern. Die durch das Design suggerierten Möglichkeiten – die Affordances eines Produktes – können dabei sehr vielfältig sein und je nach Interpretation der Metaphern Missverständnisse auslösen. Die Metapher eines Einkaufwagens dient z. B. bei Internetshops als Warenkorb und soll die Möglichkeit des Einsammelns von Produkten suggerieren. Ein Einkaufskorb könnte darüber hinaus aber noch weitere Interpretationen auslösen: z. B. Transport, Sammeln und sich merken, Button zum Shop-Bereich einer Internetseite, Bezahlen, Supermarkt etc.

Da beim mentalen Modell davon ausgegangen wird, dass jeder Anwender neue Erlebnisse zwangsläufig mit seinen bisherigen Erfahrungen abgleicht, scheint der Gebrauch von Metaphern nur naheliegend, da sie durch diese unterstützt werden könnten. Mentale Modelle sind allerdings eventuell zu subjektiv, als dass sie als Rechtfertigung für den Einsatz von Metaphern geeignet erscheinen können. Die Qualität einer Metapher lässt sich zudem nur schwer messen. Zudem benötigt sie als bildliche Darstellung relativ viel Platz im Interface und verlängert unter Umständen die Dauer der Informationsverarbeitung. Oft lässt sich eine Metapher auch nicht losgelöst vom Kontext innerhalb eines Produktes nutzen, wodurch sie schwer übertragbar ist bzw. umgekehrt ihre Bedeutung im Kontext ihrer Anwendung eventuell erst gelernt werden muss. Ein Abgleichen mit mentalen Modellen könnte hierbei erschwert sein. Außerdem sind beim Einsatz von Metaphern, insbesondere zur begleitenden Unterstützung mentaler Modelle, kulturelle und interkulturelle Aspekte zu berücksichtigen.

Solch einer Vielfalt an Interpretationsmöglichkeiten stehen Einschränkungsnotwendigkeiten gegenüber. **Contraints** ergänzen die Affordance, indem durch Begrenzung eine falsche Benutzung vermieden wird und Informationen durch Minimierung besser zu merken sind. Es gibt zahlreiche unterschiedliche Varianten von Constraints. Sie können mechanisch, visuell, durch Programmierungseigenschaften oder durch Bedeutungen bedingt sein. **Semantic Constraints** verwenden z. B. logische Schlussfolgerungen, um bestimmte Lösungen auszuschließen, und berücksichtigen dabei mentale Modelle und das Wissen über die Bedeutung bekannter Situationen: Der rechte Drehschalter am Herd sollte z. B. die rechte Herdplatte meinen; der linke Schalter in einer Reihe von Lichtschaltern sollte die linke Lampe im Raum einschalten; die Zugangsklappe zu den elektronischen Bauteilen eines Desktoprechners sollte sich erst dann öffnen lassen, wenn der Stromstecker vom Gerät abgezogen wurde; der Rewind-Button sollte links, der Forward-Button rechts und der Play-Button sollte zwischen diesen beiden platziert werden etc.

Durch seine Fähigkeit, bisherige Erfahrungen vergleichen zu können, ist es dem Menschen aber auch möglich, sich unbekannten Ereignissen stellen zu können und für sie neue Interpretations- und Verhaltensmuster aus den bisher bekannten Mustern zu konstruieren. Dadurch kann er sich selbst vollkommen neuen, ihm bisher nicht vertrauten Systemen anpassen und diese nutzen. Dabei unterstützen ihn auch seine Neugier, seine Bereitschaft, nicht sofort nach jedem Fehlschlag aufzugeben und seine Fähigkeit, aus Misserfolgen und Fehlern lernen zu können.

Dies erklärt den Vorteil, den Jugendliche für den Umgang am Computer vorzuweisen haben. Mit einem Wissensvorsprung oder gar mit Gestaltungs- oder Methodenkompetenz hat dies aber nichts zu tun. Sie haben lediglich neben einer extremen Neugierde zudem noch viel Zeit. Diese Bereitschaft, sich selbst an Neuem erproben zu wollen, lässt mit dem Alter nach. Nicht zuletzt deswegen sollten Hürden, die der Absicht eines Produktes hinderlich sind, vermieden werden. Zudem sollte dem Anwender möglichst viel Feedback gegeben werden, damit er erfahren kann, ob er in seiner Art der Anwendung richtig liegt. So kann seine Neugierde eine Bestätigung erfahren bzw. in die richtige Richtung geleitet werden. Zudem sollte sein Interesse, Neues kennenlernen zu wollen, mit einem Interface unterstützt werden, das durch geeignete Gestaltung seine Lust am Erproben weiter herausfordert. Die Berücksichtigung von Zielgruppenbedürfnissen, deren Kompetenzgrade und deren mentale Modelle sind dafür sehr wesentlich.

So wird jedes Interface, sei es ein realer Gegenstand oder eine Softwarebenutzeroberfläche, beim Betrachten in ähnlicher Weise nach bekannten Strukturen und Funktionsangeboten visuell abgetastet. Gehen vom Interface Signale aus, die dem Betrachter nicht bekannt sind, oder werden unvertraute Benutzungsarten und Funktionsabläufe erforderlich, so hängt es von der Neugier des Anwenders ab oder von der Dringlichkeit, eine Lösung herbeiführen zu müssen, ob er sich der Herausforderung stellt und dabei seine mentalen Modelle um weitere Erkenntnisse erweitert oder ob er einfach aufgibt. Sind hingegen die vom Interface ausgehenden Signale, Zeichen und Funktionsanforderungen mit den mentalen Modellen des Anwenders erklärbar, so kann direkt ein Dialog zwischen Anwender und Interface stattfinden.

4   Norman, Donald A.: *Design Principles for Human-Computer Interfaces*, Proceedings of the SIGCHI conference on Human Factors in Computing Systems table of contents, Boston, Massachusetts, United States, 1983.

Die von Philip N. Johnson-Laird rein theoretisch abgehandelten Zusammenhänge hinsichtlich mentaler Modelle wurden zur selben Zeit von Donald A. Norman[4] in einer praxisnahen Weise beschrieben. Dennoch führten die Versuche, mentale Modelle wissenschaftlich zu erfassen und auf deren Basis formalisierbare Richtlinien für die Gestaltung von Interfaces zu entwickeln, zwangsläufig in eine Sackgasse. Mentale Modelle bilden nur eines von vielen Elementen, die die Wahrnehmung des Menschen ausmachen.

Allein für sich betrachtet können Theorien zum Thema ›Mentale Modelle‹ bei der Planung und Gestaltung von Interfaces nicht weiterhelfen. Schließlich muss bei den Anwendern zusätzlich z. B. der jeweilige Kompetenzgrad berücksichtigt werden. Ein sogenannter Laie innerhalb eines Themen- oder Nutzungsbereich hat unter Umständen zwar eine geringere Anzahl mentaler Modelle zur Auswahl, geht aber eventuell offener an ein Gebrauchsschema heran als ein Experte, der sich auf Grund seines Expertstatus bereits nach von ihm selbst manifestierten, für ihn unumstößlichen Konzepten orientiert.

Donald A. Norman unterscheidet zwar zwischen den von Laien entworfenen mentalen Modellen und den konzeptuellen Modellen von Experten. Dies allein genügt aber nicht. Ebenso sind die Motivationen zu beachten und die Erwartungen, die den Anwender dazu bewegen, sich mit einem Interface zu beschäftigen. Lust, Unlust und Spaß sind weitere unkalkulierbare Faktoren, die die Beziehung zwischen Anwender und Interface (Produkt, Dienstleistung) beeinflussen und so Lern-, Konzentrations- und Abstraktionsbereitschaft mitbestimmen. Insbesondere die Fähigkeit zu abstrahieren, zu antizipieren und ebenso die Fähigkeit zur Intuition lassen sich wissenschaftlich nicht erfassen.

Konzeptuelle Modelle sind im Gegensatz zu mentalen Modellen genau vordefiniert. Im Marketing und bei der Produktentwicklung werden mit ihnen konkrete Absichten eines Produktes beschrieben. Die Produktsprache und die komplette Aussage eines Produkts sollen dabei dem Image des Unternehmens entsprechen und die festgelegte Gebrauchsqualität gewährleisten. Die Produktsprache soll dabei sicherstellen, dass jeder Reaktion ein Feedback folgt und dass Einschränkungen (Constraints) im Gebrauch gezielt Einsatz finden, um Fehler beim Benutzen zu verhindern. So sind z. B. die Gehäuse von Akku-Batterien so geformt, dass sie nur in der einzigen, Funktion versprechenden Laufrichtung in den Batterieschacht geführt werden können.

Fragen und Empfehlungen zur Entscheidungsfindung und Gestaltung von Metaphern

Komplexität der Metapher an die Komplexität der Produktion angleichen
- Ist die Metapher thematisch orientiert?
- Imitiert die Metapher die äußeren Realität?
- Wie komplex ist die Welt, aus der die Metapher entlehnt wurde?
- Wie viel kann aus der Welt, aus der die Metapher entlehnt wurde, übernommen werden?
- Ist die Metapher geeignet, Kontexte zu bilden?
- Ist die Metapher geeignet, Inhalte zu transportieren?
- Kann die Metapher Sachverhalte veranschaulichen und Orientierung bieten?
- Dient die Metapher nur als Mittel, Dinge zu repräsentieren, anstatt diese zu organisieren?

Struktur der Metapher an die Struktur der Produktion angleichen
- Inwieweit ist die Struktur des Inhalts bzw. der Dienstleistung auf eine Metapher anwendbar oder die Metapher auf die Struktur?
- Welche Aspekte sind wichtig?
- Welche Aspekte können verwirren?
- Welche Funktionen sind die relevanten?
- Welche Funktionen sind erklärungsbedürftig?
- Ist die Metapher einfach zu interpretieren, ohne trivial zu wirken?

Gut darstellbare Metaphern verwenden
- Ist die Metapher angemessen?
- Eine virtuelle Stadt als Metapher erfordert z. B. einen beträchtlichen Aufwand und bietet in der Regel nur eine extrem umständliche Navigation.
- Ist die Art der Interaktion der Metapher angemessen?
- Ist die Metapher gut darzustellen?
- Wie aufwändig ist eine gute Darstellung?
- Ist die Metapher implementierbar in die Gesamtgestaltung, dem Screen- und Informationdesign?
- Ist die Metapher implementierbar in die Funktionsprinzipien, dem Interaction- und Interfacedesign?

Metaphern verwenden, die die Anwender kennen
- Inwieweit wird die Metapher von den Anwendern verstanden?
- Setzen die Metaphern beim Anwender Erfahrung voraus?
- Aus welchem Fachgebiet kommt die Metapher?
- Wie viel historischen Ballast hat die Metapher?

Offene Metaphern benutzen
- Kann die Metapher eine Eigendynamik entwickeln, die die Benutzung des Systems in positiver Weise verändert?
- Erschweren die Metaphern die Einführung von grundlegend neuen Ideen?
- Schränkt die Metapher die medialen Ausdrucksmöglichkeiten ein?

Grundsätzlich gibt es eine ganze Reihe unterschiedlicher Formen der Navigation und Interaktion, die einem das Durchqueren, Durchleben und Durchsuchen von Funktionen, Datenansammlungen, Informationsangeboten und Inhalten ermöglichen. Je nach Eigenschaften der jeweiligen Medien und deren Technologien variieren diese Navigationsformen und deren Qualitäten. Mit Medien sind nicht nur elektronische und digitale Medien gemeint. Produkte mit mechanischen Funktionen sind hierbei ebenso zu berücksichtigen. Auch Printmedien bieten Formen der Navigation und Interaktion an. So bietet ein Buch in der Regel einen eindeutigen Startpunkt und mit seinem Inhaltsverzeichnis, den Kapitelnamen und den Seitenzahlen eine klare Navigationsstruktur. Außerdem vermittelt die Dicke eines Buches die Menge an Daten, aber auch die Stelle, an der man sich gerade beim Lesen befindet. Die jeweils gewünschten Stellen lassen sich bei Bedarf zudem mit Stift, ›Eselsohr‹ oder Lesezeichen markieren, um jederzeit zur gewünschten Stelle zurücknavigieren zu können oder um Marken für Bezüge und Verlinkungen zu setzen. Fußnoten und Literaturlisten erweitern diese Form der Navigationsverlinkung. Die Navigation durch Printmedien muss demnach nicht zwangsläufig linear vollzogen werden, sondern kann und muss bisweilen über Hyperlinks erfolgen. In diesem Zusammenhang wäre noch der Talmud zu erwähnen (Abb. 44). Im Kern besteht er aus Mischna, jenem Teil der Tora, den Gott Moses am Berg Sinai mündlich offenbarte, und Gemara, der zweiten Schicht des Talmud, die aus Kommentaren und Analysen zur Mischna besteht und somit eine direkte Verlinkung zur Mischna darstellt. Die Kommentare sind Ergebnis umfangreicher Diskussionen unter jüdischen Gelehrten, weshalb zusätzlich zur direkten Verlinkung der Texte noch zu erwähnen ist, das man in Talmud-Schulen das Lesen selbst nicht auf ein passives Empfangen reduziert sehen wollte, sondern als methodischen Zugang zum heiligen Text empfahl, um aktiv, genauer gesagt, um interaktiv zu lesen. Die Chavruta, das traditionelle jüdische Torastudium, setzt einen sozialen Zusammenhang voraus. Der Talmud verlangt: »Findet euch zum Torastudium in Gruppen zusammen, da die Weisheit der Tora ausschließlich gemeinsam erlangt werden kann.« (Berakhot 63b). Demnach sind Teile des Talmud das Ergebnis interaktiven Handelns und die Interpretation seiner Inhalte erschließen sich dem Leser durch nonlineare Navigation.

Eine weitere Form des nonlinearen Lesens stellt das Fotoreading dar, welches insbesondere Comics bieten können. Womit ein weiteres Mal deutlich wird, dass auch mit und durch Printmedien die Möglichkeiten linearer, nonlinearer und interaktiver Navigationsformen genutzt werden können.

Im Folgenden werden alle wesentlichen Navigationsformen aufgelistet und kurz erläutert. Für die Wahl der passenden Navigationsform ist es eigentlich fast nie wesentlich, welches Medium zum Einsatz kommt, sondern nur, welche Absicht man verfolgt bzw. welchen Inhalt man vermitteln oder in welchem Kontext man ihn darstellen möchte. Daher werden die idealtypisch anzuwendenden Medien nur vereinzelt vorgestellt.

Abb. 44 ▶
Talmudseite aus dem
Steinsalz-Talmud.

משנה השולח. והגיע. והשיג — פשוט. בראשונה — לא היו מבטלין נפני השליח ולא בפני האשה, אלא במקום שהיה עומד מבטלו בפני שלשה. מפני תיקון העולם — שהשלם, שאינו יודע מדכך, מולידין נו היוק. וזו נסף כו.

גמרא הגיעו — הוי משמע שדרף אמרי וספינ. ואפילו ממילא — שמשמעות שלית בדכך, והיה לו לוה דרך לסם, ורלהו. ואפילו הכי נטל. ולא אמרינן — אין דעתו לבטל אלא לצעורה בעלמא, חדש או חדשים שאמ היה בדעתו לבטלו. שליהותא דקמא — דאמרינן גט לא עפים מיניה. איהו הוא דלא טרח — כי בטלים הוא בעלמו נטל. וליכא לצעורה משום לצעורה. אבל שליח — כי שלח שליח אמרינן, ומשום טירחא דשליח אחרון — לא איכפת ליה.

שולח *גט לאשתו, והגיע בשליח, או ששלח אחריו שליח, ואמר לו "גט שנתתי לך בטל הוא" — הרי זה בטל; קדם אצל אשתו או ששלח אצלה שליח, ואמר לה "גט ששלחתי לך בטל הוא" — הרי זה בטל; אם משהגיע גט לידה, שוב אינו יכול לבטלו. בראשונה היה עושה בית דין ממקום אחר ומבטלו, התקין רבן גמליאל הזקן שלא יהו עושין כן, מפני תיקון העולם.*

גמרא "הגיעו" לא קתני, אלא "הגיע". ואפילו ממילא, ולא אמרינן לצעורה הוא דקא מיכוין. "או ששלח אחריו שליח" למה לי? מהו דתימא, לא אלימא שליחותא דבתרא משליחותיה דקמא דלבטליה, קא משמע לן. "קדם הוא אצל אשתו" למה לי? מהו דתימא, כי לא אמרינן לצעורה הוא דקא מיכוין הני מילי לשליח, אבל לדידה, ודאי לצעורה קא מיכוין, קא משמע לן. "או ששלח אצלה שליח" למה לי? מהו דתימא, איהו הוא דלא טרח אדעתא לצעורה, אבל שליח לצעורה הוא דקא מיכוין, קא משמע לן. "אם משהגיע גט לידה — אינו יכול לבטלו", פשיטא! — לא צריכא, דמהדר עליה מעיקרא לבטלי;

תוספות

השולח. גט שנתתי לך בטל הוא — לרני דאמר: בטלו מבוטל נקט "והגיע בשליחו" או דלמא. דאז מותר לבטלו, ורגיל הוא לבטלו, אבל לפני בית דין שלא בפני השליח — אסור לבטלו מדרבנן, משוב תקנת רבן גמליאל. ועוד לו "הגיע" בשליחו — דהאשתינו אין צריך בח דין. אי נמי: היא גופה אתו לאשמעינן, שאינו יכול לבטלו קא מיכוין, כדאמרינן בגמרא. ולא לומר דדוקא בכי האי גוונא בטל.

ולא אמרינן לצעורה קא מיכוין — דאם תאמר: פשיטא מילתא דבטל היאך היה לנו לומר שאינו נטל, והו עומד וצווח? ויש לומר: דההו אמינא כיון שאינו מביא עדו על כך — או כן אינו רוצה לבטלו. אי נמי: מהו חיישינן לחומרא, משוב דלמ?

איהו דלא טרח אדעתא דלצעורה — משמע דיקה אצל אשתו לא חו ממילא, אלא בטירחא. ותימא: דאמאי לא נקט רבותא טפי נזדמן אצל אשתו ממילא, או שלוחו, דלא אמרינן לצעורה קא מועיל ביטול.

מהו דתימא אינלימא מילתא למפטר דבטליה קא משמע לן — ורבא דאמר דאמר לשמה לקמן ביטא מלתא היא — היינו שנודע קודם שהגיע גט לידה. אבל אם לא נודע אותו גילוי דעת

לצעורה קא מיכוין, קא משמע לן אדעתא אצל אשתו לא חו ממילא, אלא בטירחא. ותימה: דאמאי לא נקט רבותא טפי נזדמן אצל אשתו ממילא, או שלוחו, דלא אמרינן לצעורה קא מועיל ביטול.

אורח ההלכה

ביטול גט השולח גט לאשתו, וביטל הגט בפני השליח, או שביטלו בפני האש

דמהדר עליה מעיקרא — אינם דברים שבכל מקו אומרים לבטלו שאינו — אלא אמר ולא אמרו (או נקט עצמים כרוב לבטלו) — א שהיה בלבו של אדם ולא היו דבריו מתחשבות בתוכאי שלא פרט שלא יודעים את ההסתיינות (התנאי) למרות שלא נאמרה כלל.

א משנה השולח גט לאשתו, והגיע (השיג) הבעל עצמו את השליח, או ששלח אחריו שליח אחר, ואמר לו: "גט שנתתי לך בטל הוא" — הרי זה בטל ואין האשה מתגרשת בו. וכיוצא בזה, אם קדים הבעל אצל אשתו והגיע הגט לידה או ששלח אצלה שליח, ואמר לה: "גט ששלחתי לך בטל הוא" — הרי זה בטל. אבל אם משהגיע כבר גט לידה, ושלח אחריו שליח או בא אחר כך בעצמו — שוב אינו יכול לבטלו שהרי חלו כבר הגירושין. סופר שבראשונה היה בעל המבקש לבטל גט ששלח עושה בית דין ממקום אחר ומבטלו את הגט בפניהם לפני שהיה מגיע לאשה, התקין רבן גמליאל הזקן שלא מפני תיקון העולם, שהרי השליח יכול בינתיים למסור את הגט והאשה לא תדע והיא עלולה להינשא מבלי לדעת שהבעל ביטל בינתיים את הגט.

ב גמרא מדייקים בלשון המשנה. נאמר שהשולח גט לאשתו והגיע בשליח וביטלו — הגט בטל. ונדייק: "הגיע" (השיג אותו) לא קתני (שנה) כמשנה שמשמעו שהשליח כדי להשיג אלא "הגיע", משמע ואפילו ממילא (מעצמו) פגש, שלא השתדל להשיגו אלא במקרה פגש, ואמר לו שהגט בטל הרי זה בטל, ולא אמרינן לצעורה [ואין אנו אומרים שבמבקש כזה לצער את אשתו בלבד] הוא דקא מיכוין [שמתכוון] ואין הוא באמת מבטל הגט. ושואלים: מה ששנינו "או ששלח אחריו שליח" למה לי לומר? הרי בכל ענין שלוחו של אדם כמותו, וכשם שהוא יכול לבטל את הגט עם שליח הראשון כך גם שליח יכול לבטל! ומשיבים: מהו דתימא [שתאמר] לא אלימא שליחותיה דבתרא משליחותיה דקמא דלבטליה [אינ חזקה שליחותו של האחרון יותר משליחותו של הראשון שיוכל זה האחרון לבטלו]. וכיון שמינה את הראשון כשליח — רק הוא עצמו יכול לבטל את השליחות, קא משמע לן [משמיע לנו] ששליחותו של האחרון יכולה לבטל את שליחות הראשון! ועוד שואלים: מה ששנינו "קדם הוא אצל אשתו" למה לי לומר? ומשיבים: מהו דתימא [שתאמר] כי לא אמרינן לצעורה קא מיכוין [כאשר אין אנו אומרים שרק לצער אותה הוא מכוון] (וכפי שדייקנו לעיל) הני מילי [דברים אלה אמורים] כשנאמר זאת לשליח, אבל לדידה [לה עצמה], ודאי לצעורה קא מיכוין [לצער אותה הוא מכוון] [אם אמר לה] כשהוא רוצה לבטל את הגט, קא משמע לן [משמיע לנו] שביטול זה גמור הוא. ושואלים עוד: "או ששלח אצלה שליח" למה לי לומ? [מהו דתימא [שתאמר] הוא שלא טרח לצער רק אדעת לצעורה בטל, אבל שליח שלא איכפת ליה [כן] לבעל כי טרח [שהוא טורח] לריק, ודאי לצעורה קא מיכוין [רק לצער אותה הוא מכוון] קא משמע לן [משמיע לנו] שבכל אלה הגט בטל. עוד שנינו: אם משהגי גט לידה — אינו יכול לבטלו, פשיטא [פשוט] מאליו, שהרי כבר נעשה מעשה הגירושין בפועל! ומשיבים: לא צריכא [נצרכה] אלא במקרה דמהדר עליה מעיקרא לבטולי [שהיה מחזר עליה מתחילה לבטלו], מו

ב גמרא

הגיע לא קתני לפני הגרסה אחרת. גרסה אחרת היתה למאירי "הגיע" לא קתני אלא אבל עיקרא לפני המאירי גרסה שלמנו. שכן מלשון המשנ (יהגיע) נראה שמדובר בגשישה אקרא עם השלית, ולא במאמצי מכוון.

לצעורה רש"י מסביר לצעורה — שהוא מתכוון רק מתוך רשע לצער לבטל בחוסר וודאות, שלא תרע אם ראוי לגרשה אם לאו. ובתוס' מסבירים מדוע רש"י מעלים על דעתנו שמתכוון לצער, במבודה שרצונו לבטל הגט באמת חשוב בעיניו. תעד מבטרין שאף אם לא היו עדים היו ראש כסף גירשה לפחות תחיבל לגרשה שאין המשנ לנו ש לה גט בדעתו לגרשה ודתימ מזחר לגט, שכיון ששלח

עיונים

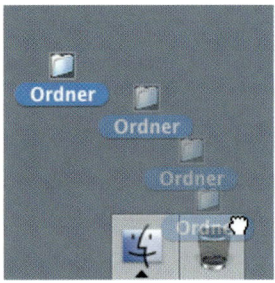

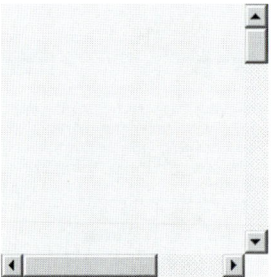

Abb. 45
Drag and Drop. Manipulation durch **Greifen** und **Verschieben** von Elementen bzw. Werkzeugen.

Abb. 46
Scrollbalken. Manipulation durch Greifen und Verschieben auf einer horizontalen bzw. vertikalen Achse am Beispiel von Scrollbalken.

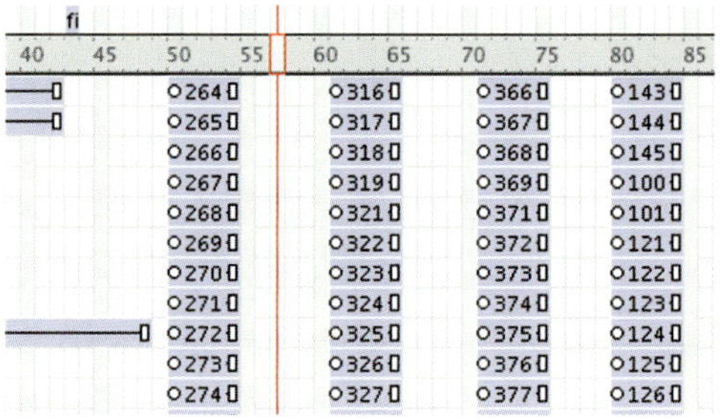

Abb. 47
Navigations-Matrix. Sie ermöglicht das Verschieben einer Arbeitsfläche bzw. kann das Verschieben innerhalb einer Zeitachse symbolisieren.

Direkte Manipulation

Die direkte Manipulation ist die unmittelbarste Form der Navigation. Die grafische Benutzeroberfläche eines Computerbetriebssystems, die Tastatur und insbesondere die Maus bieten dem Anwender diese Illusion, direkt eingreifen zu können. Quasi mit verlängertem Arm, da die physikalisch greifbare Computer-Maus und der virtuelle Cursor als eine Einheit wahrgenommen werden. Der Computer-Maus-Cursor steigert diese Illusion durch seine Iconsymbolik. Mal wird der Cursor als offene Hand dargestellt, die zugreift, sobald man die Maus-Taste betätigt, und mal wird der Cursor z. B. in Grafikprogrammen als das vorher ausgewählte Werkzeug dargestellt, mit dem die beabsichtigten Funktionen ausgeübt werden können. Direkter kann eine Manipulation wohl kaum interpretiert, umgesetzt bzw. wahrgenommen werden.

Wesentliche direkte Manipulationen stellen das **Greifen** von Gegenständen bzw. Werkzeugen und das **Verschieben** von vertikalen, horizontalen und diagonalen Achsen dar. Dies wird auch Drag 'n Drop-Manipulation genannt (siehe auch S. 44).

Mit dem Verschieben in allen Achsen kann entweder eine Arbeitsfläche verschoben werden, die größer ist, als der durch den Monitor eingeschränkte sichtbare Bereich, oder es kann das **Rotieren** eines Objektes in alle Richtungen ermöglicht werden bzw. das Bewegen einer Textfläche, das so genannte scrolling. Das Werkzeug zum Bewegen des Ausschnitts wird Scrollbar bzw. Scrollbalken genannt und die Verschiebungsrichtung findet bei Texten in der Regel in Leserichtung vertikal von oben nach unten statt. Die Weiterentwicklung des einfachen Scrollbalkens lautet **proportionaler Scrollbalken** und zeigt nicht nur die Position eines Ausschnittes an, sondern zusätzlich durch die Länge des anzufassenden Bereichs auch die relative Menge des sichtbaren Bereichs.

Das vertikale Verschieben einer Achse kann dabei ebenso das Verschieben einer Zeitachse symbolisieren. Dabei ist zu berücksichtigen, dass sich in Abhängigkeit des Kulturkreises die Leserichtungen unterscheiden und dass je nach Leserichtung eine horizontale Bewegung nach recht bzw. nach links als Bewegen in die Zukunft oder in die Vergangenheit interpretiert werden kann.

Das Verschieben in eine diagonale Achse könnte als Zoom, als ein Verschieben in einen Raum hinein oder aus ihm heraus gedeutet werden. Mit einer Zoom-Funktion kann eine Abbildung als **Vergrößerung** oder **Verkleinerung** dargestellt werden oder dem Anwender die Illusion vermitteln, dass er sich innerhalb eines Umfeldes räumlich hineinbegeben kann.

Diese **Raum-Illusion**, die Bewegung in einen Raum hinein, kann z. B. dadurch vorgetäuscht werden, dass sich ein Gegenstand verkleinert oder vergrößert, je nachdem, ob man ihn in einem virtuellen Raum in den Vordergrund oder nach hinten bewegt. Verstärken lässt sich eine räumliche Täuschung noch durch ein Verblassen der Farben, je tiefer ein Gegenstand in den virtuellen Raum hinein verschoben wird. Auch dies stellt eine direkte und unmittelbar erlebbare Manipulation dar. Für die Illusion einer direkten Manipulation ist bei all diesen Manipulationsangeboten entscheidend, dass eine sofortige **Rückkopplung** zwischen der **Aktion** des Anwenders und der **Reaktion** des Mediums gewährleistet ist. Nur dann ist ein zeitnahes Reagieren und korrigierendes Eingreifen des Anwenders möglich.

Abb. 48
Zoom. Manipulation durch
Greifen und Verschieben auf
einer diagonalen Achse bzw.
scheinbar in den virtuellen
Raum hinein. Diese Illusion
wird hier durch die Veränderung der Größen des Rings
und der Cursor-Hand erreicht,
wenn diese in den Raum
hinein bewegt werden.
(Design: Torsten Stapelkamp)

Abb. 49
Zoom durch Lupe. Mit einem
Lupenwerkzeug kann man
in einen Raum hineinzoomen
bzw. sich Details vergrößert
darstellen lassen.

Hierarchische Navigationssysteme

Bei einem hierarchischen Navigationssystem sind die Kapitel entweder in einer Bedeutungs- oder in einer Themenreihenfolge sortiert. Beim vertikalen und horizontalen Menü lassen sich mehrere Hierarchieebenen gleichzeitig abbilden. Üblich sind zwei Ebenen, die der Haupt- und die der Unterthemen.

A Horizontales Menü
B Vertikales Menü
C Pulldown-Menü
D Generische Navigation
E Textlinks
F Navigationspfad

Das **horizontale (A)** und **vertikale Menü (B)** lassen sich mit einem **Pulldown-Menü (C)** ergänzen. Dieses ist in der Regel Teil eines hierarchischen Navigationssystems und stammt ursprünglich aus der Menüsteuerung von Betriebssystemen. Ein Pulldown-Menü kann das vorhandene Menü erweitern, ohne optisch im Wege zu sein, solange es eingerollt ist, muss aber nicht unbedingt Teil eines horizontalen oder vertikalen Menüs sein. Es kann auch z. B. als Schubladenmetapher in ein Screendesign integriert sein und mit Hilfe von Abbildungen mehrere Auswahlmöglichkeiten anbieten.

Das Angebot eines Pulldown-Menüs wird immer erst angezeigt, wenn Bedarf besteht bzw. wenn es ausgewählt wurde. Ein Pulldown-Menü ist demnach platzsparend und stellt zudem für den Anwender eine bewusste Auswahlentscheidung dar, allerdings nur, wenn er weiß, was er mit Hilfe des Pulldown-Menüs auswählen kann bzw. es auf Grund seines Beschriftung oder seiner Abbildungen unmissverständlich antizipieren kann. Ansonsten stellt ein Pulldown-Menü ein unübersichtliches Navigationshilfsmittel dar, das zudem nur eine verlangsamte Form der Navigation ermöglicht, wenn der Anwender erst überprüfen muss, ob es für ihn überhaupt relevante Navigationsangebote bietet.

D **Generische Navigation** Eine generische Navigation bietet eine Auswahlmöglichkeit, die trotz wechselnden Menüs und Inhaltsebenen immer identisch ist und an derselben Stelle erscheint. Eine solche Navigation besitzt stets die gleichen Funktionen oder wirkt zumindest im gleichen Kontext. Die häufigsten generischen Navigationsthemen bzw. -elemente bei Informations- und Funktionssoftware sind:

• Home
• Kontakt
• Service
• Druckansicht
• Login
• Suche
• Warenkorb
• Impressum
• Haftungsausschluss
• Sitemap
• Forum
• AGB

E **Textlinks** Die in einem Text befindlichen Verweise stellen die Urform des Hyperlinks dar. Sie ermöglichen ein Verzweigen von Sachzusammenhängen, die im befindlichen Text nicht ausreichend dargelegt sind oder sie führen zum Beleg bzw. Beispiel des gerade Beschriebenen. Textlinks ermöglichen aber auch, Gedankengänge nachvollziehbar zu machen. Dies kann zu einer sehr komplexen Vernetzung von Informationen führen, aber auch zu dem bekannten ›lost in cyberspace‹. Textlinks sind zwar leicht durch Farbe und Unterstreichung zu identifizieren, und auch die bereits besuchten Textlinks lassen sich automatisch farblich markieren. Dennoch sind die vollzogenen Navigationspfade nur schwer zu merken und lassen sich zu einem späteren Zeitpunkt kaum mehr erneut durchstreifen.

F **Navigationspfad/›Brotkrumen-Navigation‹** Mit der Auflistung des Navigationspfads wird dem Anwender verdeutlicht, welchen hierarchischen Pfad er innerhalb einer interaktiven Publikation bis zum Ziel gegangen ist. Dem Anwender wird damit das genaue Verzeichnis angezeigt, in dem sich die aktuelle Ansicht befindet. Diese Form der Navigation wird bevorzugt bei Internetseiten eingesetzt. Jeder einzelne Pfad kann in dieser Liste angewählt werden, um so in jede Ebene des Verzeichnisses zurückkehren zu können.

A
Horizontales
Menü

B
Vertikales
Menü

F
Navigations-
pfad

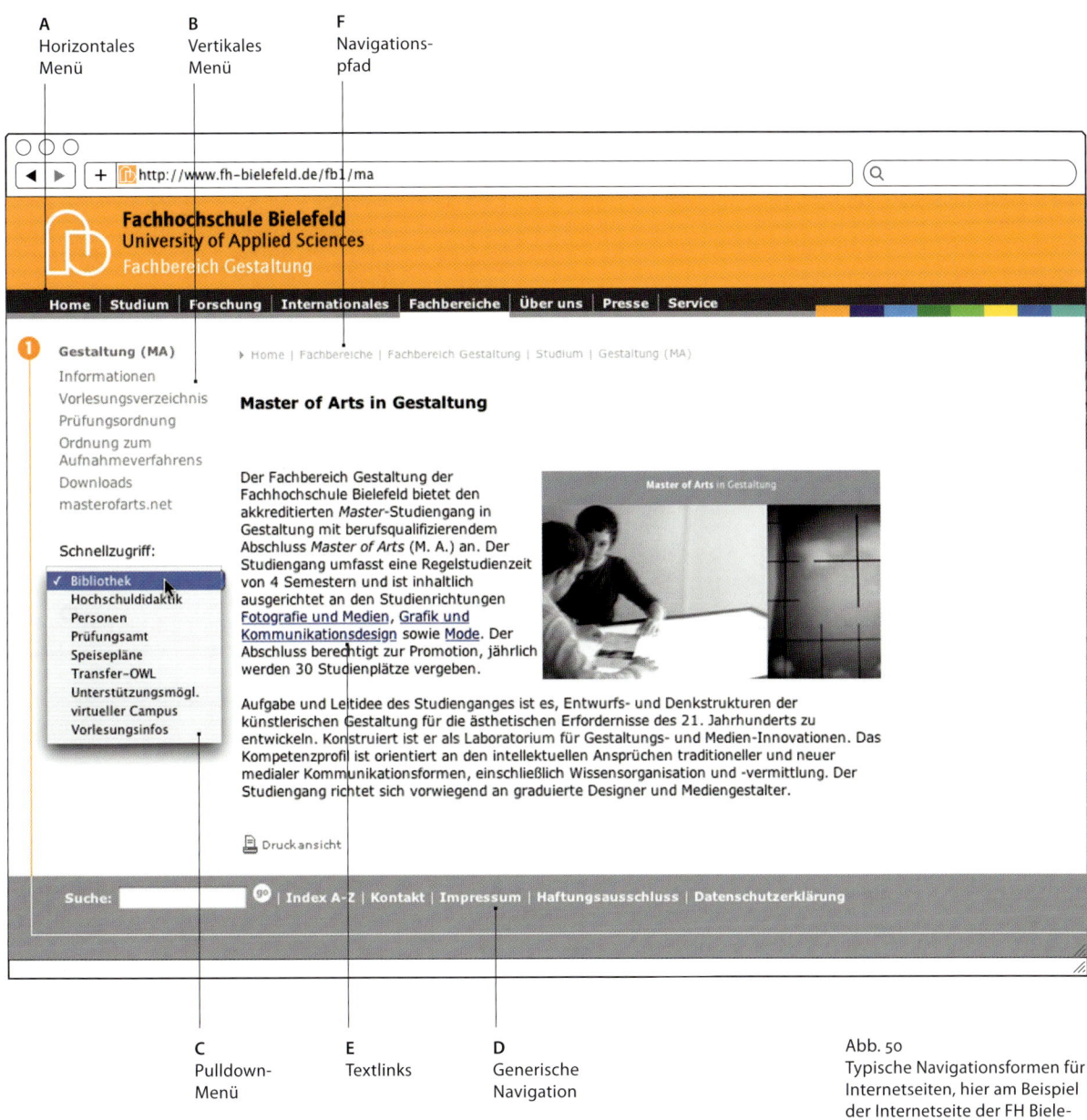

C
Pulldown-
Menü

E
Textlinks

D
Generische
Navigation

Abb. 50
Typische Navigationsformen für
Internetseiten, hier am Beispiel
der Internetseite der FH Bielefeld. (www.fh-bielefeld.de/fb1)

Sitemap

Eine Sitemap wird häufig bei komplexen Multimedia-Produktionen (Internetseite, CD-ROM, Kiosksystem etc.) angeboten, um, wie mit dem Inhaltsverzeichnis eines Printerzeugnisses, einen leicht überschaubaren Überblick über alle Inhalte zu ermöglichen. Mit einer Sitemap wird gleichermaßen eine Informationshierarchie abgebildet, die entweder alphabetisch sortiert ist oder Haupt- und Unterkapitel erkennen lässt. Sollte der Anwender allerdings den Eindruck gewinnen, dass eine Sitemap zwingend erforderlich wird, um einzelne Themenbereiche überhaupt erst finden zu können, so kann diese unbeabsichtigt zum Indiz für eine geringe Qualität des Interfacedesigns des interaktiven Produkts werden oder auch nur als ein solches Indiz missverstanden werden.

Eine Sitemap kann allerdings über die Gewährleistung von Übersichtlichkeit hinaus noch eine erweiterte Funktion haben, wenn mit ihr z. B. dargestellt wird, welche Bereiche bereits besucht wurden und welche sich darüber hinaus sonst noch anbieten.

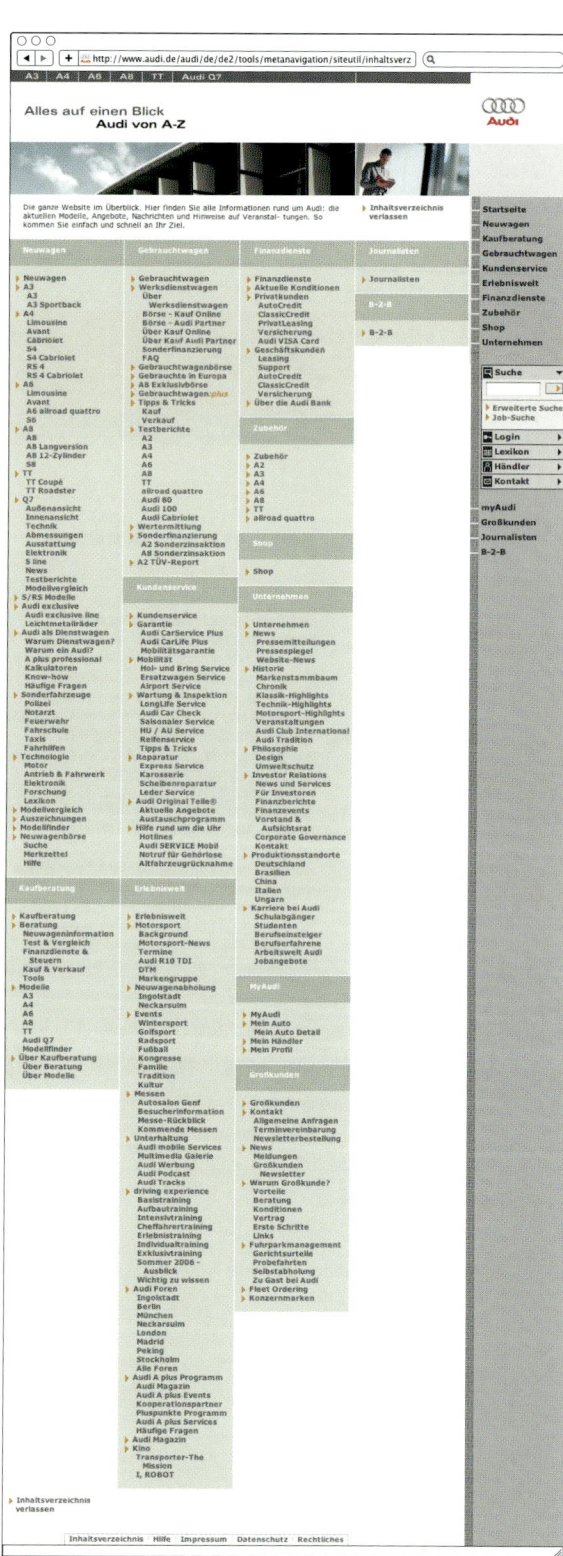

Abb. 51
Die Sitemap der Internetseite von Audi (www.audi.de) ist unterteilt in die Bereiche ›Neuwagen‹, ›Gebrauchtwagen‹, ›Finanzdienste‹ und ›Journalisten‹ und ähnelt strukturell sehr dem Inhaltsverzeichnis eines Buches.

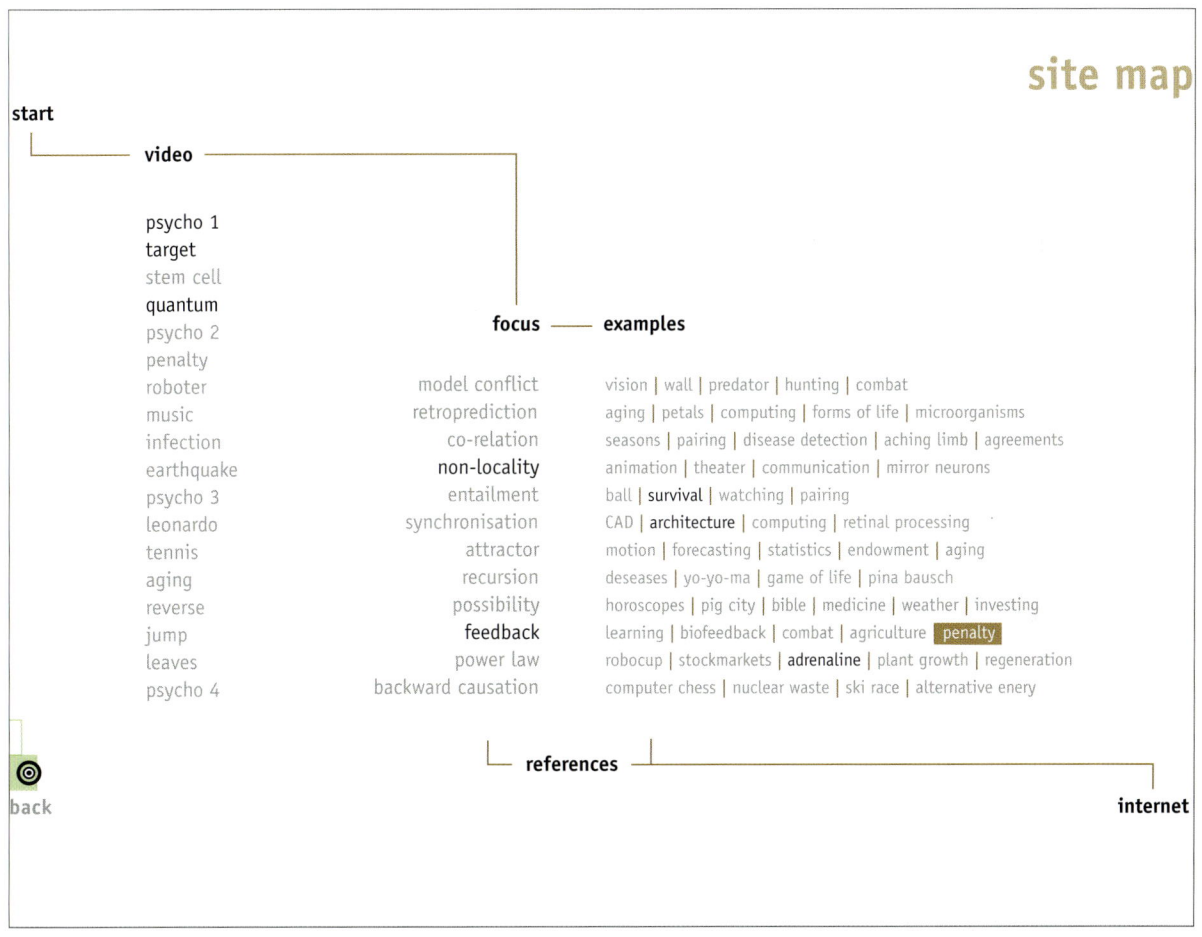

site map

start

    video

psycho 1
target
stem cell
quantum
psycho 2
penalty   **focus** —— **examples**
roboter
music   model conflict   vision | wall | predator | hunting | combat
infection   retroprediction   aging | petals | computing | forms of life | microorganisms
earthquake   co-relation   seasons | pairing | disease detection | aching limb | agreements
psycho 3   **non-locality**   animation | theater | communication | mirror neurons
leonardo   entailment   ball | **survival** | watching | pairing
tennis   synchronisation   CAD | **architecture** | computing | retinal processing
aging   attractor   motion | forecasting | statistics | endowment | aging
reverse   recursion   deseases | yo-yo-ma | game of life | pina bausch
jump   possibility   horoscopes | pig city | bible | medicine | weather | investing
leaves   **feedback**   learning | biofeedback | combat | agriculture | penalty
psycho 4   power law   robocup | stockmarkets | **adrenaline** | plant growth | regeneration
                           backward causation   computer chess | nuclear waste | ski race | alternative enery

                         references

back   **internet**

Abb. 52
Die Sitemap der DVD-Produk-
tion *Antizipation – Die Ursache
liegt in der Zukunft*. Der Inhalt
wird auf den drei Ebenen
›Video‹, ›Focus‹ und ›References‹
behandelt. ›Examples‹ sind
Unterkapitel von ›Focus‹.
Das ›Video‹ setzt sich aus 18
einzelnen Videos zusammen.
Entsprechende Anteile dieses
Projekts finden Sie unter S. 146,
S. 167. (www.anticipation.info)

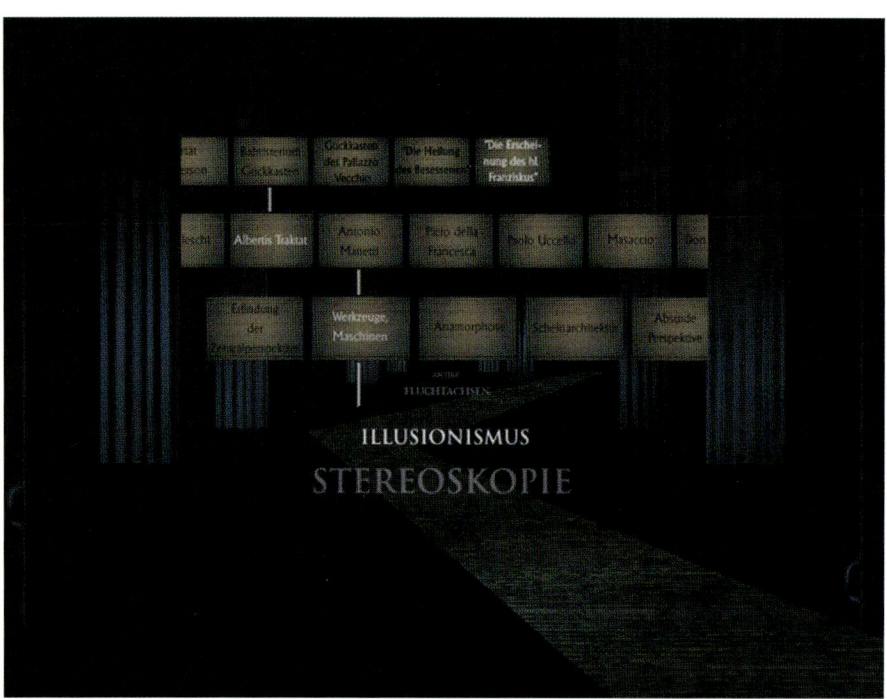

Abb. 53
Eine hierarchisch strukturierte Sitemap der CD-ROM *Perspektive und Raumdarstellung* (von Torsten Stapelkamp). Durch Anwählen der Hauptthemen im unteren Bereich bewegt man sich in den virtuellen Raum hinein und erhält dort in den jeweiligen Tiefenebenen die Angabe der Unterkapitel. Die Themenbereiche, die bereits besucht wurden, sind hell markiert. Je nachdem, welches Kapitel angeklickt wurde, bauen sich darüber die jeweiligen Kapitelverzweigungen auf. Durch Überrollen der vorderen Vorhänge mit dem Computer-Curser werden die Kapitelreihen nach links bzw. rechts verschoben und somit auch die verdeckten Kapitel sichtbar.

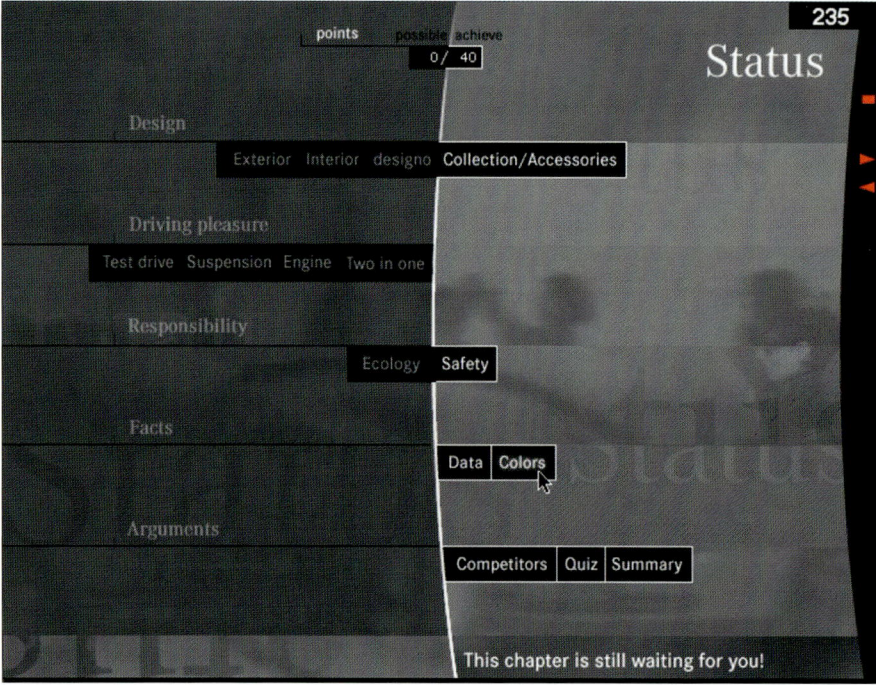

Abb. 54
Die Sitemap der CD-ROM *SLK-Klasse* zeigt nicht nur an, welche Kapitel und Unterkapitel man auswählen kann, sondern auch, welche man bereits gesehen hat. Sobald ein Unterkapitel besucht wurde, wird es in der etwas dunkleren linken Seite angezeigt. Die Themen auf der rechten Seite wurden noch nicht besucht (›SLK-Klasse‹, CD-ROM für Mercedes Benz, Scholz&Volkmer, www.s-v.de).

Abb. 55 ▸
Sitemap und zugleich Menü der interaktiven Dokumentation der New Yorker U-Bahn. Der Anwender navigiert sich sprichwörtlich von Schicht zu Schicht. (www.nationalgeographic.com/ nyunderground)

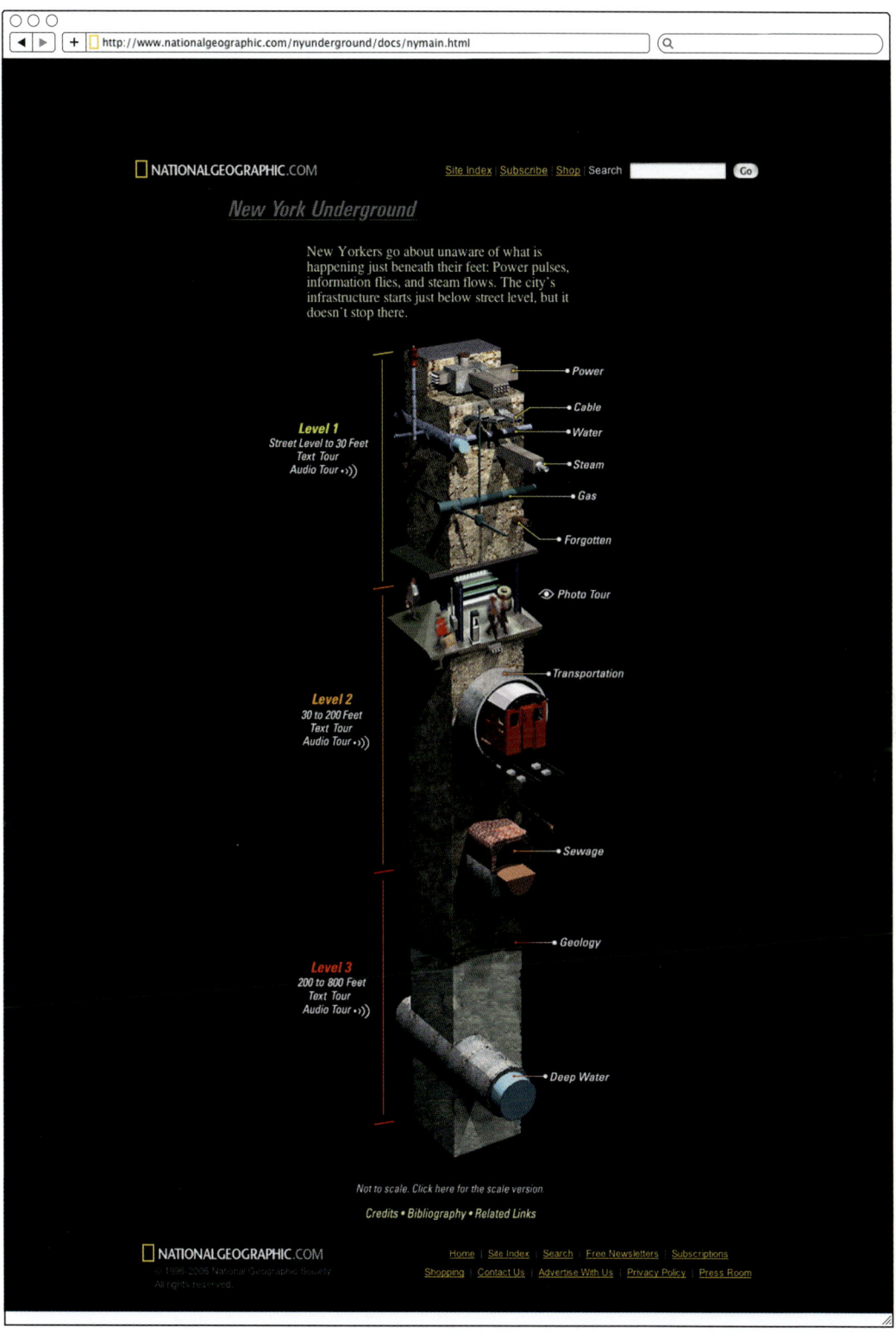

Imagemap

Imagemaps sind im Allgemeinen Darstellungen, die in einzeln erläuterte oder bezeichnete Bereiche aufgeteilt sind, wie z. B. die schematische Darstellung eines Schweins beim Metzger, die zeigt, von welchem Körperteil des Tieres das jeweilige Fleischstück stammt. Auch in Gebrauchsanleitungen werden die einzeln zu erläuternden Bauteile oft ebenso schematisch dargestellt. Da dem Anwender die fachbegrifflichen Bezeichnungen oft nicht bekannt sind, ist die Suche mit Hilfe einer Imagemap in der Regel einfacher als über eine Auflistung von Begriffen. Die Bandbreite an Imagemaps ist dementsprechend groß. Nahezu jede Form von Informationsvisualisierung kann als Imagemap bezeichnet werden, sofern sie bildbezogen und in einzelne erläuternde Bereiche aufgeteilt ist und sich nicht direkt als Mengen-Diagramm oder Tabelle zuordnen lässt. Imagemaps sind z. B. Stadtpläne, Streckennetze von Busse und Bahnen, schematische Darstellungen etc.

Bei interaktiven Medien und insbesondere bei Internetseiten bezeichnet man Bilder als Imagemap, die in Themenbereiche aufgeteilt sind, die jeweils mit einem Computer-Maus-Klick ausgewählt werden können. Solche Imagemaps werden oft als Menü genutzt. Damit der Anwender die anwählbaren Bereiche erkennen kann, verändert sich in der Regel das Computer-Cursor-Icon zu einem entsprechenden Symbol (z. B. Klickfinger), sobald die jeweiligen Bereiche mit dem Cursor überrollt werden. Je nach Inhalt und Zielgruppe kann mit einem Erklärungstext darauf hingewiesen werden, welche der im Bild befindlichen Bereiche anwählbar sind und welche Inhalte sie repräsentieren.

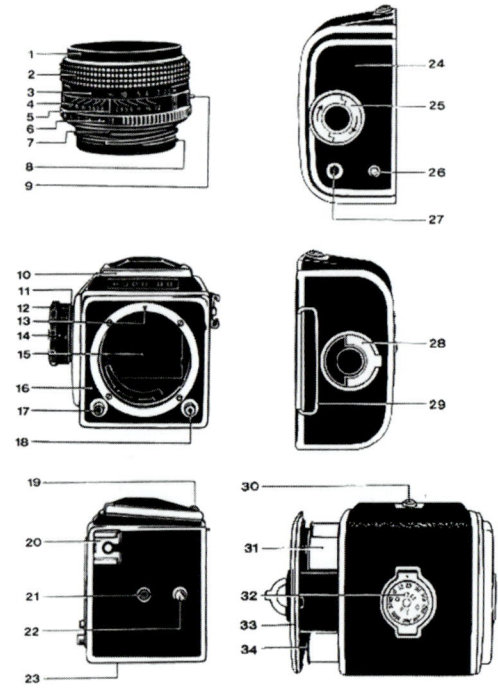

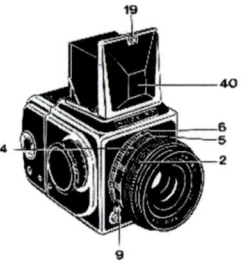

Abb. 56
Abbildung aus der Gebrauchsanweisung der 6 × 6 Spiegelreflexkamera *Kiev 88*. Die schematische Darstellung von Gebrauchsgegenständen erleichtert quasi als Inhaltsverzeichnis die Navigation durch deren Funktionen. Die Nummern weisen den Weg zur jeweiligen Erläuterung und von dieser zum jeweiligen Bauteil bzw. Funktionselement.

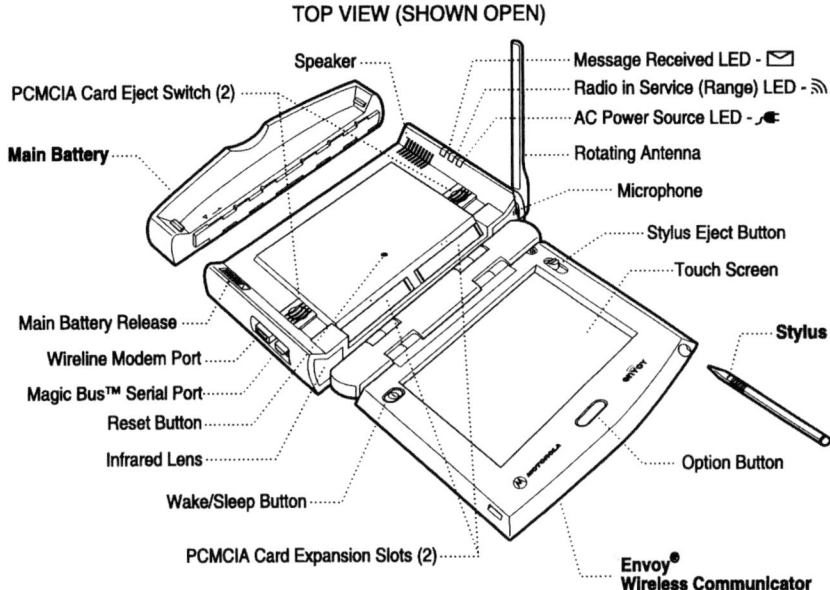

TOP VIEW (SHOWN OPEN)

PCMCIA Card Eject Switch (2)
Speaker
Main Battery
Message Received LED - ✉
Radio in Service (Range) LED - 🔊
AC Power Source LED - 🔌
Rotating Antenna
Microphone
Stylus Eject Button
Touch Screen
Stylus

Main Battery Release
Wireline Modem Port
Magic Bus™ Serial Port
Reset Button
Infrared Lens
Wake/Sleep Button
PCMCIA Card Expansion Slots (2)
Option Button
**Envoy®
Wireless Communicator**

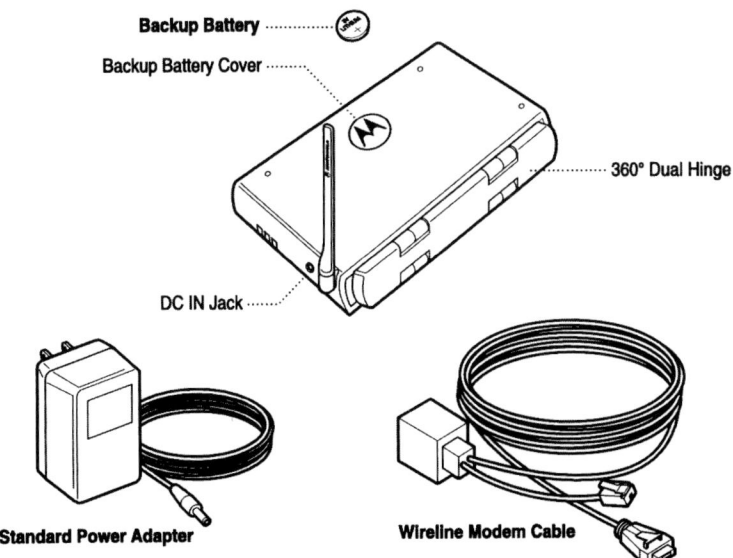

BOTTOM VIEW (SHOWN CLOSED)

Backup Battery
Backup Battery Cover
360° Dual Hinge
DC IN Jack

Standard Power Adapter

Wireline Modem Cable

Abb. 57
Gebrauchsanleitung des
Envoy Wireless Communicators
von Motorola, der das Magic
Cap Betriebssystem nutzt.

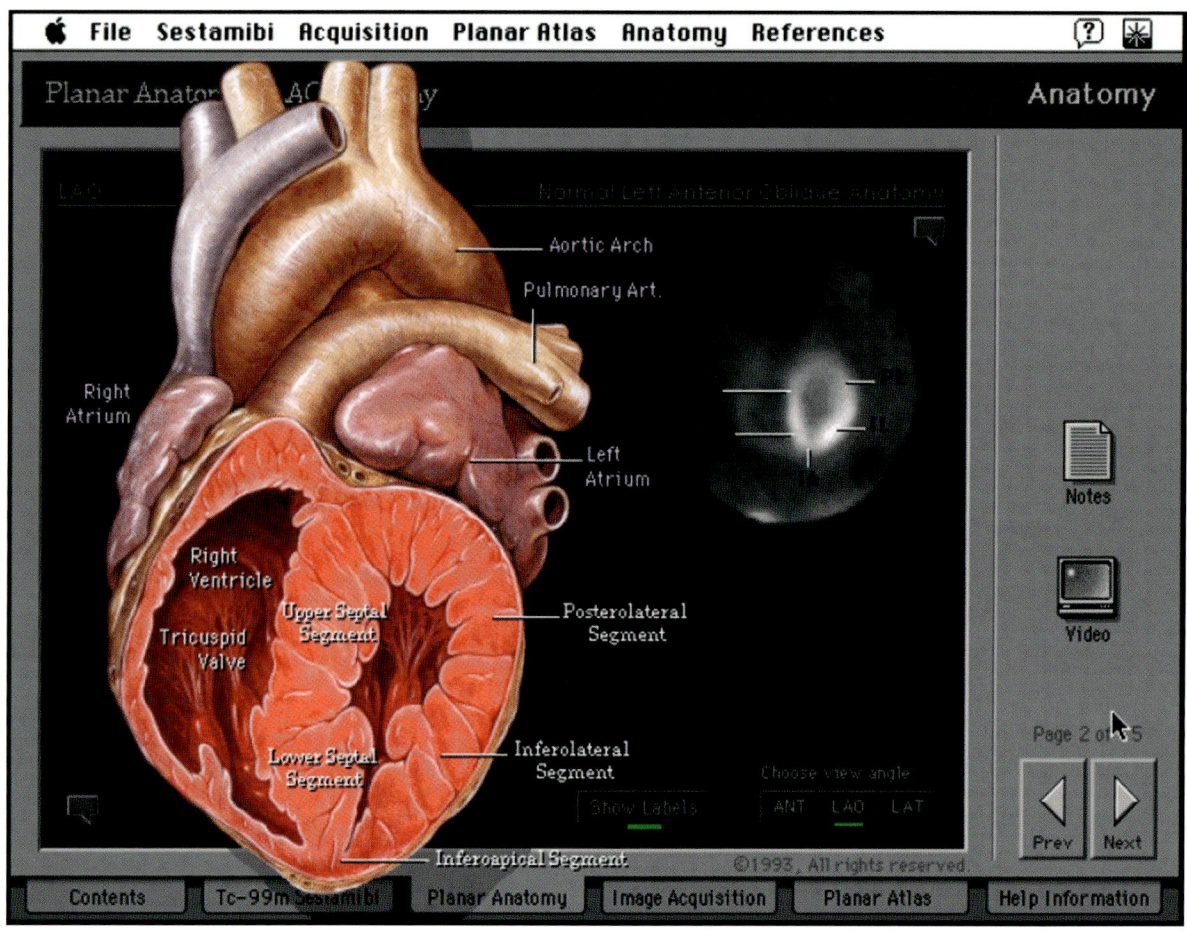

Abb. 58
Mit dieser Darstellung und
Aufteilung eines Herzens wird
die Navigation durch bestimmte
Themenbereiche ermöglicht
(© Patrick J. Lynch, Yale Univer-
sity School of Medicine).

Abb. 59 ▸
www.plumcreektx.com

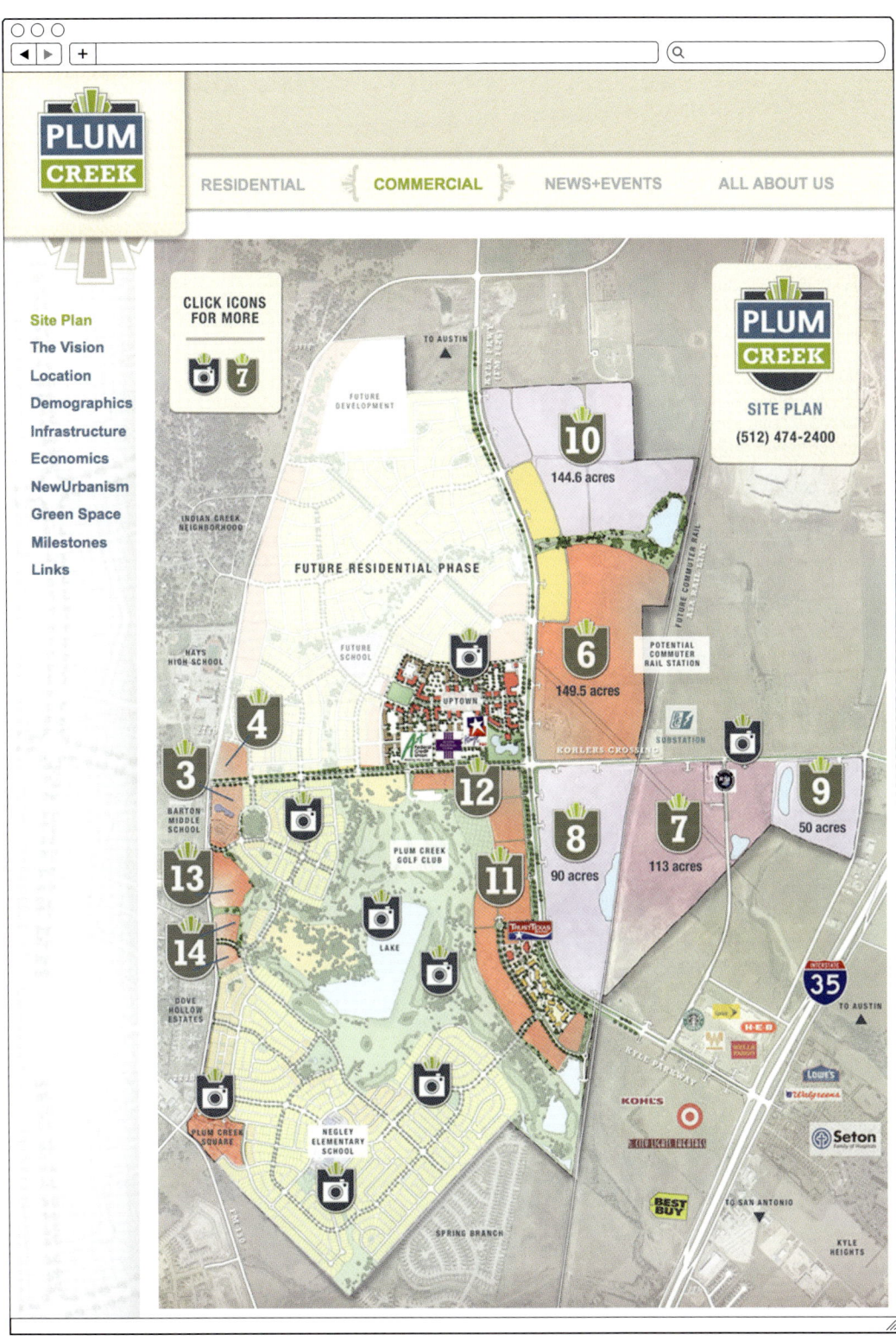

Abb. 60 ▶
Durch Anwählen der Themen im Themenverzeichnis des Newsletters links neben dem Text kann man zu den jeweiligen Inhaltsabschnitten navigieren. Der Text scrollt dann zum entsprechenden Ankerpunkt der Internetseite, wo sich dann ein ›Top-Button‹ befindet, mit dem man an den Anfang der Internetseite gelangt und somit zurück zum Themenverzeichnis. (www.interactions.de)

Anker-Navigation

Internetseiten besitzen zur Gliederung häufig Inhaltsverzeichnisse mit den Überschriften der einzelnen Textabschnitte. Diese Überschriften bzw. Bezeichnungen führen direkt zum Ankerpunkt, zu der entsprechenden Stelle im Text bzw. auf der Internetseite. Diese Form der Navigation ist in erster Linie von langen Internetseiten her bekannt, lässt sich aber auch für alle anderen interaktiven Darstellungsmedien nutzen, bei denen die Notwendigkeit, Text und Flächen scrollen zu müssen, mit Hilfe der Anker-Navigation vermieden werden soll. In der Regel befindet sich auf solchen Seiten in regelmäßigen Abständen zusätzlich ein Button, mit dem man direkt an den Anfang einer Seite, zum Inhaltsverzeichnis bzw. zum Hauptmenü zurück navigieren kann. Als Alternative kann das Inhaltsverzeichnis ständig parallel zum Inhalt angezeigt sein, so dass jederzeit zwischen den Kapiteln bzw. Inhaltsabschnitten navigiert werden kann.

```html
<html>
<head>
<title>Anker-Navigation</title>
</head>
<body>

<h1><a name="anfang">Lange Seite</a></h1>

<h2><a name="kapitel1" href="#kapitel1">Kapitel 1</a></h2>

<h2><a name="kapitel2">Kapitel 2</a></h2>

<p><a href="#anfang">Seitenanfang</a>, <a
href="#kapitel2">Kapitel 2</a> </p>

</body>
</html>
```

Abb. 61
Die CD-ROM Produktion *Digital Design 2000+* beinhaltet neben der interaktiv ansteuerbaren, dreistündigen Diskussion mit 18 Teilnehmern unter anderem ausführliche Lebensläufe der Redner des gleichnamigen Symposiums. Die Texte der Lebensläufe sind zum Lesen an selbstleuchtenden Medien (Display, Monitor, etc.) eigentlich viel zu lang.

Es wäre allerdings auch schade gewesen, deswegen die interessanten Lebensläufe zu kürzen. Die Anker-Navigation ist hier ein Kompromiss. Mit Hilfe des Verzeichnisses, links neben dem scrollbaren Text, kann sich der Anwender den Bereich des Textes auswählen, für den er sich besonders interessiert.

Suche

Für Archive und Lexika sind Suchfunktionen ein selbstverständliches und wesentliches Werkzeug, um Informationsmengen nach konkreten Kriterien zu durchsuchen. Dazu werden je nach Thematik und Absicht Filter und Suchfunktionen angeboten. Filter können z. B. vorgegebene Suchthemen sein, die der Anwender nur noch aus Listen auszuwählen braucht. So können Ergebnisse z. B. nach Preishöhe, Größe, Ort o. ä. ausgewählt und/oder sortiert werden.

Mögliche Suchfunktionen sind z. B. boolsche Operatoren, durch die Textinhalte nach mehreren Worten mit ›AND‹ bzw. ›+‹ miteinander kombiniert durchsucht, durch ›OR‹ in einer Eventualität mit einbezogen oder mit ›–‹ ausgeschlossen werden können. Mit ›XOR‹ kann ein ›entweder oder‹ zwischen zwei Suchbegriffen, mit ›NEAR‹, ›BEFORE‹ und ›AFTER‹ die Nähe oder Position zweier Suchbegriffe zueinander definiert werden. Je nach Suchmaschine gibt es weitere Kombinationsformen und Kriterien. Die Eingabefelder von Suchfunktionen wirken zwar einfach, ihre wahre Potenz entfalten sie erst mit den boolschen Operationen. Sie sind quasi das verborgene Interface der Suchfunktion. Es ist leicht nachvollziehbar, dass eine Suchfunktion bei Nachschlagewerken und bei großen Textinhalten ein Bedürfnis darstellt, das sich in erster Linie auf die Menge der zur Verfügung gestellten Daten begründet. Die Ursache für das Benutzen einer Suchfunktion kann aber auch dadurch begründet sein, dass das Interfacedesign eines interaktiven Produkts so unübersichtlich ist, so dass der Anwender es vorzieht, über die Suchfunktion die gewünschten Bereiche zu finden, um zu vermeiden, sich einer schlecht durchdachten Struktur des Hauptmenüs aussetzen zu müssen.

Neben der Textsuche gibt es auch die Möglichkeit, nach Bild- oder Toninhalten zu suchen. Worte lassen sich leicht nach Deckungsgleichheit überprüfen und finden. Bei Bedeutungen, Bildern, Musik und Tönen wird dies erheblich schwieriger. Es gibt Suchmaschinen im Internet, die eine Bildersuche nach Begriffen anbieten, die sich entweder in einer vorher definierten Nähe zum Bild befinden oder im Titel der jeweiligen Bilddatei. Für die Suche nach Musik kann man z. B. bei www.hifind.com auch Stimmungen angeben, um einer semantischen Suche etwas näher zu kommen. Pandora ist hingegen eine Art interaktives Internetradio, das die gehörte Musik analysiert und daraufhin Musik spielt, die der zuvor gehörten Musik ähnlich ist. Anhand einer Playlist und einigen Angaben, die man auf www.pandora.com eingegeben hat, sucht eine Datenbank nach geeigneten Alternativen. Zusätzlich kommt eine Software zum Tragen, mit der Melodie, Harmonie, Rhythmus, Instrumentierung, Gesang und anderes von über 10 000 Musikstücken verschiedenster Eigenschaften und Geschmacksrichtungen analysiert wurde. Die Entwickler von Pandora.com nennen ihre Entwicklung ›The Music Genome Project‹. Der Entwicklungsaufwand erklärt, weshalb dieser Service kostenpflichtig ist. Die Navigation verläuft bei einer solchen Suche nach der entsprechenden Justierung quasi automatisch bzw. besteht in der zuvorigen Festlegung von Einstellungen bzw. Kriterien. Suchangebote wie Pandora funktionieren aber erst dann gut, wenn sich möglichst viele Anwender beteiligen, die zudem einen möglichst unterschiedlichen Geschmack haben sollten. Die Datenbank analysiert nämlich nicht nur die Klänge und Eigenarten der einzelnen Musikstücke,

sondern auch die vergleichenden Einträge bzw. das Nutzungsverhalten der einzelnen Zuhörer. Ganz nach dem Prinzip des Internet-Händlers amazon, der Alternativen anbietet, die sich aus den Verkaufsstatistiken ergeben: ›Wer dieses Produkt gekauft hat, hat auch folgendes gekauft‹.

Exemplarisch für den Navigationsvorgang einer Suche mit Hilfe einer darauf spezialisierten Software ist hier ein Screenshot der Software DEVONagent zu sehen, mit der man in bis zu 500 Suchmaschinen gleichzeitig im Internet suchen kann. Da eine Suche oft mit tausenden Treffern endet, zeigt diese Software mit Hilfe einer Grafik die Zusammenhänge und Nähe bestimmter Trefferbegriffe an. Um die Trefferquote möglichst niedrig zu halten und möglichst nur das Gesuchte zu finden, erfolgte die Suche über boolsche Operatoren. Um Screen- und Interfacedesign im Bereich von Hardware-Produkten zu finden und Treffer bezüglich Internetseiten und CD-ROM Produktionen zu vermeiden, wurden Begriffe mit folgenden boolschen Operatoren gewählt: ›screendesign XOR interfacedesign AND product XOR hardware NOT webdesign NOT cd-rom‹.

Abb. 62 ▸
Screenshot der Suchmaschinen-Software *DEVONagent* (www.devon-technologies.com). Es wurde nach den Begriffen ›Screendesign‹ und ›Interfacedesign‹ gesucht. Allerdings bezogen auf Hardware-Produkte. Das Auffinden von Treffern aus den Bereichen ›Internet‹ und ›CD-ROM‹ sollte mit dem Einsatz von boolschen Operatoren vermieden werden.

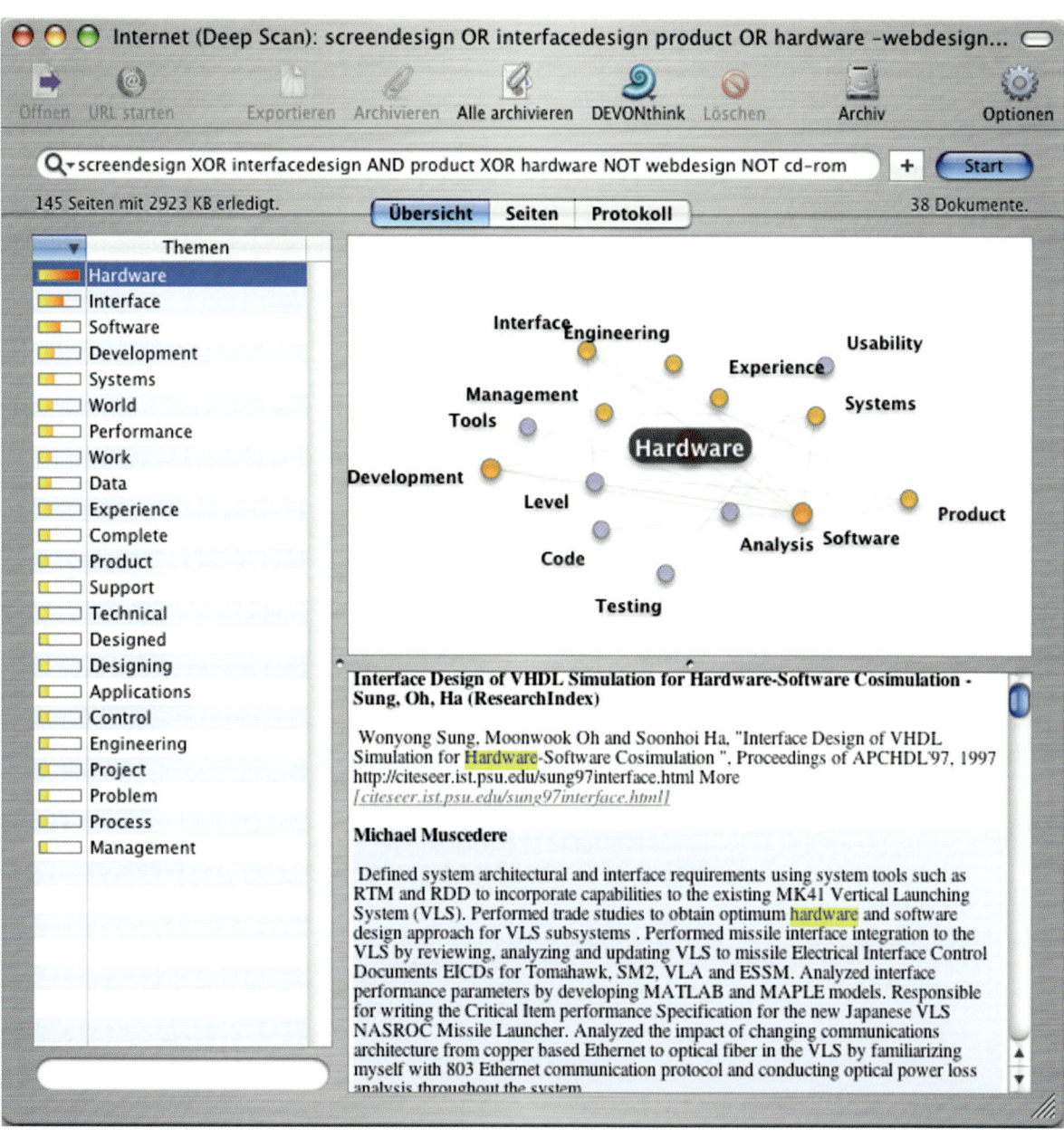

Alphabetische Index-Navigation

Die einfachste Form der Suche stellt jene innerhalb eines alphabetischen Indexes dar. Im jeweiligen Register setzt sich dann die alphabetische Suche fort, so wie es von gedruckten Nachschlagewerken bekannt ist.

Guided Tour

Die Guided Tour bietet die geringste Form an Navigation. Bei ihr bleibt oft nur das Auswählen von Themen, die dem Anwender dann vorgeführt werden. Es ist eine bequeme Art und Weise, sich Informationen anbieten zu lassen, ähnlich wie beim Fernsehen. Nur dass der Anwender Thema, Reihenfolge und Tempo noch selbst bestimmen kann. Diese Form der Navigation eignet sich besonders für Medien mit einem geringen Interaktionsangebot, wie z. B. DVD-Produktionen, oder für Zielgruppen, die nicht viel interagieren möchten. Oft sind Guided Tours auch nur ein kleiner Teil einer Multimedia-Produktion, die als Hilfefunktion bei komplexen Funktionen bzw. Inhalten weiterhelfen (siehe auch im Kapitel *Zielgruppenanalyse und -ansprache* und dort unter *Benutzergruppen – Kompetenzgrade*, S. 336).

Geleitete bzw. manipulierte Navigation

Mit Hilfe einer Guided Tour bzw. einer vorgegebenen Navigationsstruktur wird es möglich, Inhalte in didaktischer Reihenfolge anzubieten. Dies entspricht zwar zunächst nicht den Eigenschaften interaktiver Produkte, ist aber nicht grundsätzlich ein Widerspruch, wenn solche geleiteten Navigationen nur dann zum Tragen kommen, wenn es sich z. B. bei Lehr-/ Lernplattformen temporär bzw. in ausgewählten Bereichen empfiehlt, bestimmte Reihenfolgen einzuhalten. Eine solche geleitete Navigation ist in gewisser Hinsicht aber auch immer eine manipulierte, allerdings in der Regel ohne negative Absichten. Der Entdecker des so genannten Mere Exposure-Effekts, Robert Zajonc, stellte eine Verhaltensweise des Menschen fest, die eine Manipulation der Navigation ermöglicht[5]. In seinen Studien präsentierte Robert Zajonc seinen Probanden chinesische Schriftzeichen so kurz und in so schneller Abfolge, dass die Versuchspersonen sich dieser gar nicht bewusst werden konnten. Zu einem späteren Zeitpunkt wurden den Probanden diese Zeichen erneut vorgelegt und es konnte festgestellt werden, dass ihnen jene am besten gefielen, die ihnen am häufigsten präsentiert wurden. Verwunderlich ist besonders, dass die Probanden versicherten, diese Zeichen zuvor noch nie gesehen zu haben. Vergleichbare Experimente wurden von anderen Forschern bisher zahlreich wiederholt und führten stets zum selben Ergebnis. Diese Vorlieben lassen sich übrigens nicht nur mit komplexen Zeichen, sondern auch mit Farben durchführen.

Eigenwillige Navigationsformen

Neben den alltäglichen Navigationsformen gibt es auch welche, die vom Durchschnitt abweichen. Mal sind sie schwer zu durchschauen, mal sind sie gerade so, wie es der zu vermittelnde Inhalt fordert. Eigenwillige Inhalte machen bisweilen entsprechende Navigationsformen erforderlich oder zumindest sinnfällig. Oft stellen sie allerdings einen Widerspruch zur vom Anwender gewünschten Schaffung von Klarheit dar. Der Grund für die Einführung einer solchen Navigation sollte nie nur ein geschmäcklerisches Interesse an den jeweiligen ästhetischen und funktionalen Eigenschaften des gerade bevorzugten Navigationsangebots sein, sondern diese sollten in einem Zusammenhang mit den Inhalten stehen oder andere relevante Eigenschaften des Produkts unterstützen.

Um ein möglichst individuell personalifiziertes Ergebnis beim Suchen von Inhalten zu erzielen, eignet sich eine Suchmatrix als Navigationsangebot. Mit einer solchen Matrix kann z. B. eine Schnittmenge aus Ereignissen und Zielgruppen gebildet werden. Exemplarisch zeigt dies das studentischen Projekt *Compath*[6]. Piktogramme repräsentieren dabei ›Livemusik‹, ›Sehenswürdigkeiten‹, ›Kneipe/Bar‹ und ›Restaurant‹. Die Zielgruppenkategorien sind definiert mit ›jung‹ (blau), ›aktiv‹ (rot) und ›klassisch‹ (violett). Die Kategorien dienen dazu, sich selbst zu den Ereignissen und die Ereignisse zu sich selber zuzuordnen, um so Orientierung im Sinne von Zuordnung zu schaffen.

[5]   Zajonc, R. B.: The attutidinal effects of mere exposure. In: *Journal of Personality & Social Psychology, Monograph Supplement 9* (1968), Nr. 2, Pt. 2.

[6]   *Compath* ist ein studentisches Projekt von Jochen Braun und Daniel Rieber, betreut von Torsten Stapelkamp, Fachbereich Gestaltung, FH Bielefeld.

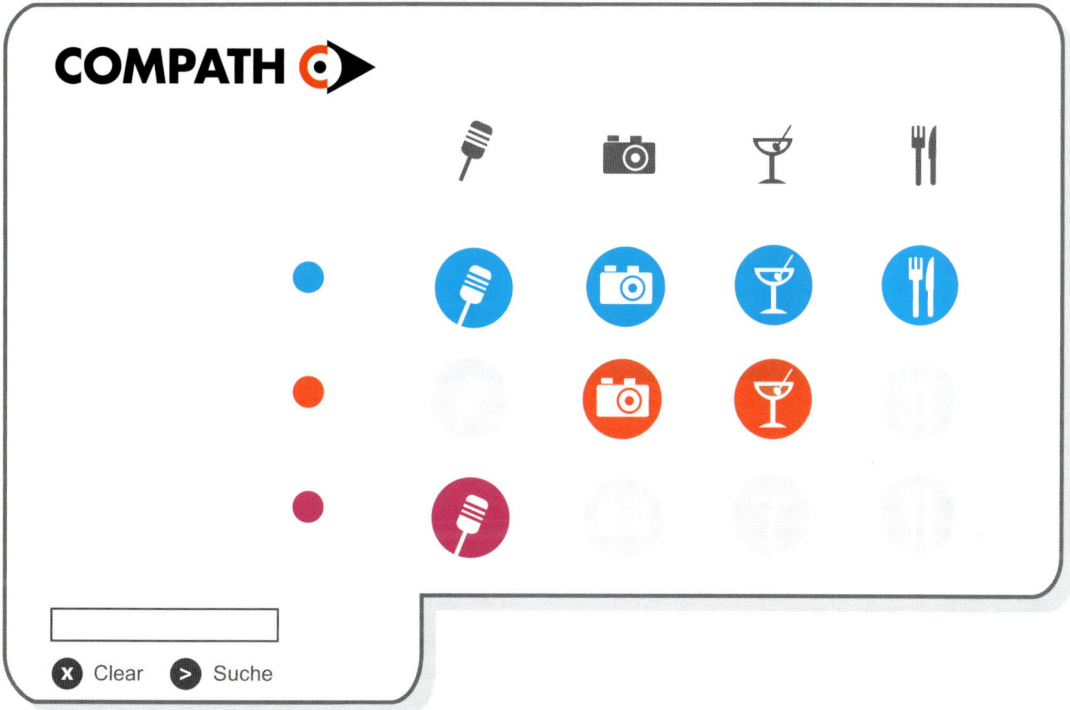

Abb. 63
Mit einer solchen Matrix kann
eine Schnittmenge aus Ereignissen und Zielgruppen gebildet
werden. Diese Matrix ist Teil
des studentischen Projekts
Compath von Jochen Braun
und Daniel Rieber, betreut von
Torsten Stapelkamp, Fachbereich Gestaltung, FH Bielefeld.
Entsprechende Anteile dieses
Projekts finden Sie unter S. 346,
S. 351.

Abb. 64 a–b
Die Absicht dieses Navigations-
angebots lag in der Minimie-
rung des Menüs (CD-ROM
*Machine-Phantasies – Phantasy-
Machines*. Der Prototyp wurde
1995 von Studierenden an der
Kunsthochschule für Medien
Köln (KHM) nach einem Konzept
von Klaus Gasteier und Philipp
Heidkamp erstellt).

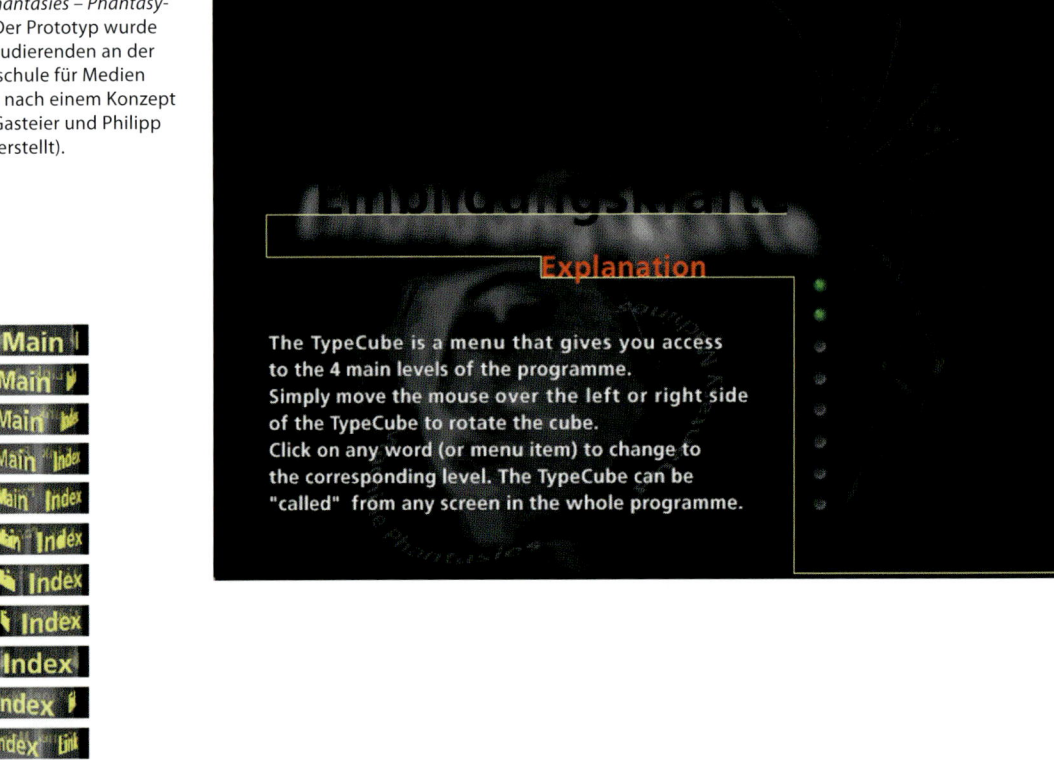

Die Absicht, ein möglichst kleines Menü anzubieten, kann zu einer entsprechend eigenwilligen Navigationsform führen, wie exemplarisch das Hauptmenü der CD-ROM-Produktion **Machine-Phantasies – Phantasy-Machines** zeigt. Es besteht aus einem flachen rotierenden Würfel, auf dessen vorderen Seiten vier auswählbare Themenbereiche stehen. Die Rotation wirkt dreidimensional und setzt ein, sobald man den flachen Würfel mit dem Computer-Maus-Cursor überrollt. Dann gilt es solange zu warten, bis das gewünschte Thema erscheint, um es dann mit einem Mausklick auszuwählen.

Eine besondere Art der Navigation durch Inhalte wird bei dieser CD-ROM zudem durch Fragebögen geboten. Die CD-ROM *Machine-Phantasies – Phantasy-Machines* ist eine experimentelle Dokumentation des gleichnamigen Symposiums, bei dem alle Redner denselben Fragebogen erhielten. Je nachdem, wie der Anwender der CD-ROM diesen Fragebogen selber beantwortet, werden ihm im Kapitel ›Link‹ jene Redner aufgelistet, deren Antworten seinen am ähnlichsten sind. So kann die Auswahl der Redner, aber auch deren Themen individuell auf den Anwender zugeschnitten sein. Über einen Index können alle Redner aber auch alphabetisch sortiert ausgewählt werden. Wer bereits besucht wurde, ist in der Liste farbig markiert.

Abb. 65 a–b
Die Navigation durch die Inhalte
dieser CD-ROM-Produktion wird
durch Fragebögen den Interessen und Kenntnissen des Anwenders angepasst (CD-ROM
Machine-Phantasies – Phantasy-Machines).

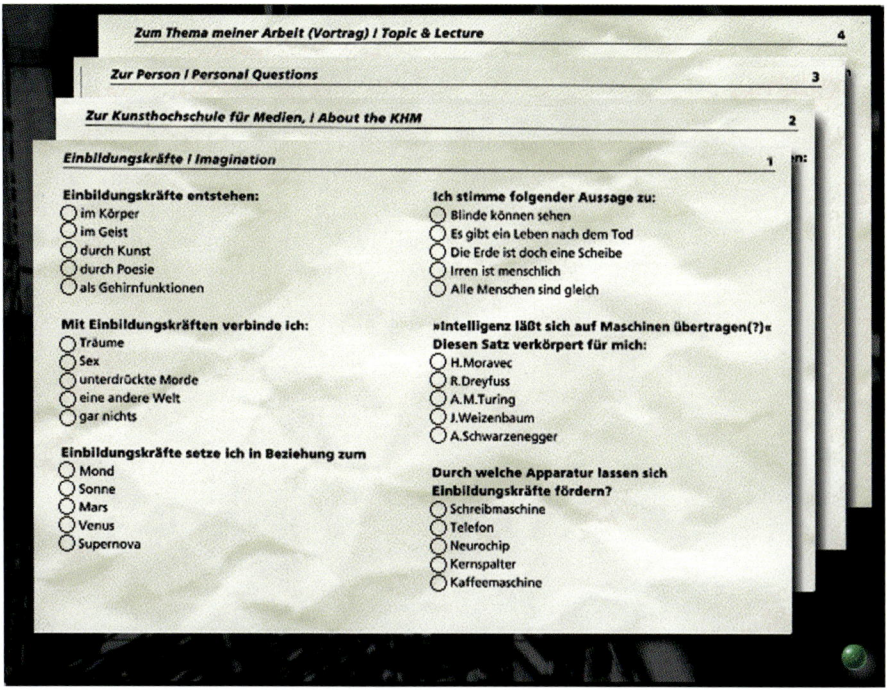

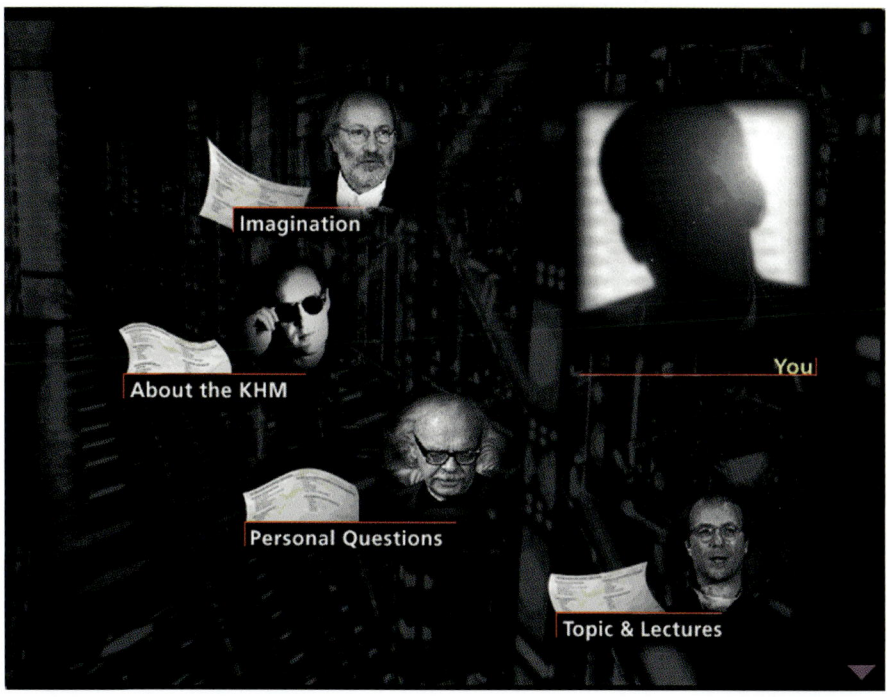

2.4.1 Exemplarischer Navigationsablauf

Mit Navigation bewegt man sich sowohl im Raum, als auch in den sich bietenden Möglichkeiten. Das Navigieren und der Gebrauch von Funktionen werden dabei zu einem identischen Ablauf. Der Ablauf einer Navigation wird zum Funktionsablauf, sobald man in die Navigation aktiv eingreift, Funktionsmöglichkeiten miteinander kombiniert und deren Eigenschaften nutzt. Die Bezeichnungen ›Navigationsablauf‹ und ›Funktionsablauf‹ entsprechen sich in diesem Zusammenhang gegenseitig und können deckungsgleich verwendet werden.

Passepartout

Anhand des Projekts *Passepartout*[7] wird exemplarisch ein Funktionsablauf, sprich die Navigation durch die funktionalen Möglichkeiten eines interaktiven Produkts, detailliert beschrieben. *Passepartout* ist Reiseplaner und Reiseführer in einem. Vorbereitet wird die Reise mit einem gedruckten Reiseführer, der alle klassischen Informationen bereithält. Aktualisiert werden die Informationen mittels einer Internetseite und genutzt werden die ausgewählten Informationen über ein PDA. Mit dem PDA werden sowohl aktuelle Informationen von der Internetseite empfangen, als auch Informationen an die Internetseite abgegeben. Auf diesem Wege können sich Reisende gegenseitig Informationen zukommen lassen und z. B. Reiserouten empfehlen.

Der PDA besitzt zudem einen GPS-Empfänger, um die genaue Position zu bestimmen, und eine Kamera. Diese wird benötigt, um Barcodes einlesen zu können und um Schriftzeichen und Texte aufzunehmen, die mit einer bereits vorinstallierten Software gescannt und in die gewünschte Sprache übersetzt werden. Der PDA beinhaltet alle Daten, die sich auch im gedruckten Reiseplaner befinden, allerdings ergänzt um jene Medienanteile, die sich nicht mit Printmedien, aber mit einem PDA darstellen lassen (Animation, Video, Ton, über das Internet dynamisch veränderbare Inhalte etc.). Entsprechende Anteile dieses Projekts werden auf S. 352 f. vorgestellt.

7 *Passepartout* ist ein Projekt des Studenten Andreas Nickel, das im einsemestrigen Seminar ›Crossmedia Publishing‹ bei Torsten Stapelkamp im Fach ›Gestaltung interaktiver Medien‹ an der FH Bielefeld entstand.

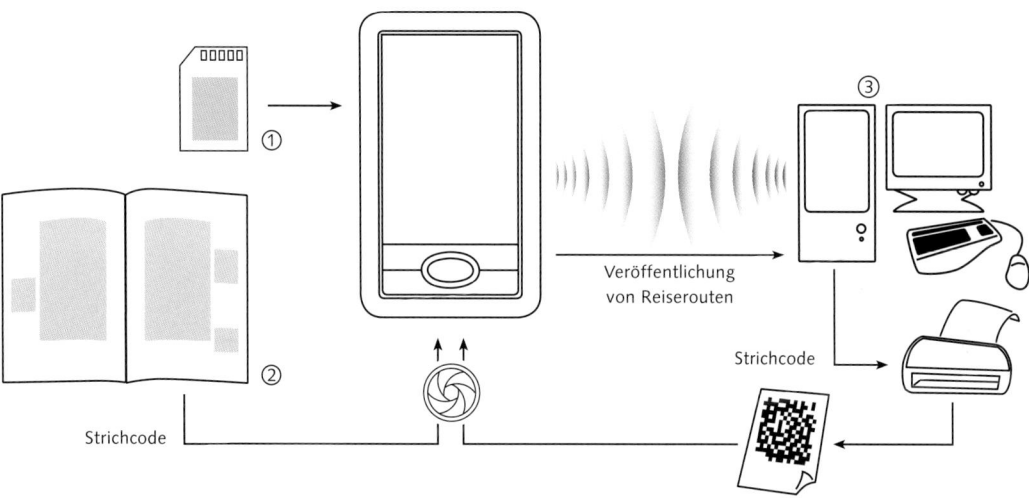

Veröffentlichung
von Reiserouten

Strichcode

Strichcode

Abb. 66
Die einzelnen Funktions-
elemente sind
1) mobile Speicherkarte
2) gedruckter Reiseplaner
3) Computer mit Bluetooth-
Empfangsgerät und Internet-
zugang
4) PDA mit GPS Empfangs-
einheit und Kamera

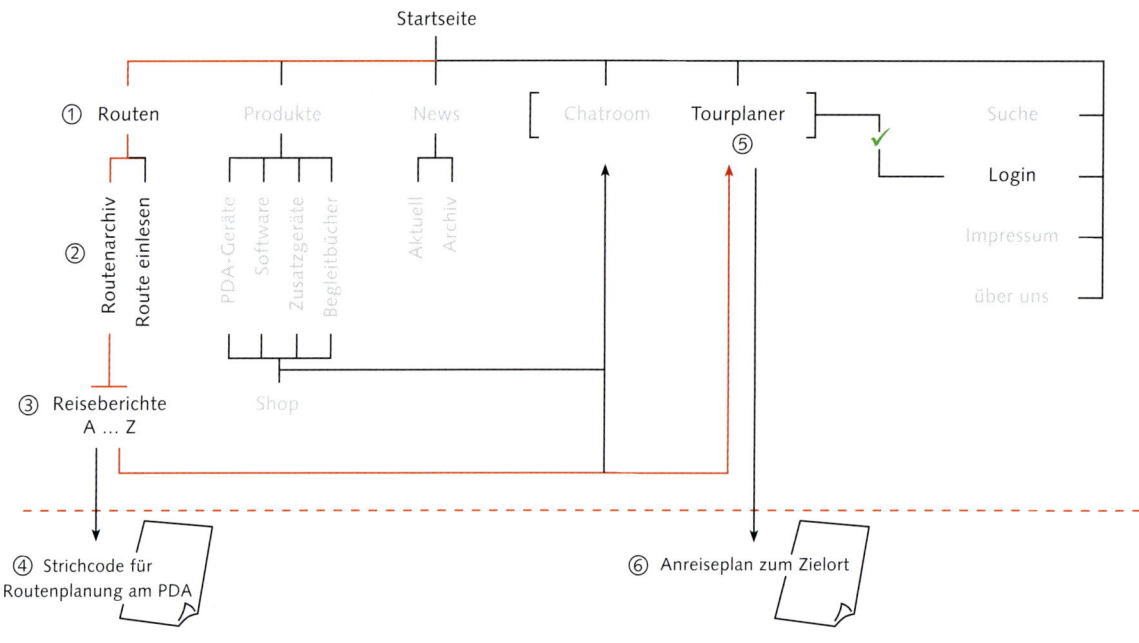

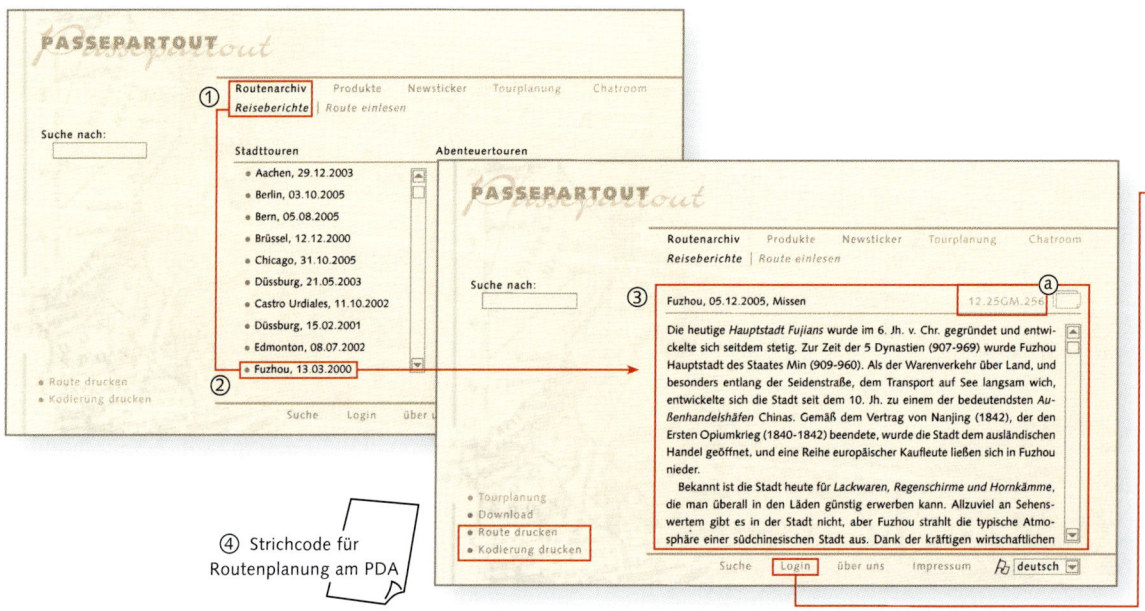

Abb. 67 a–b

Hier wird am Projekt *Passepartout* schematisch gezeigt, wie eine bereits vorhandene Route aus dem Internet geladen und zu einem Tourenplan erweitert werden kann. Zunächst wird über das Routenarchiv ein Reisebericht geladen (1, 2). Dieser beinhaltet eine Art Tagebuch bzw. Bericht über eine bereits von anderen Reisenden erlebte und kommentierte Reise (3). Diese Berichte sind im Internet mit einem Code versehen, der in den PDA eingegeben werden kann, um so alle im Bericht beschriebenen Routen und Beschreibungen per Internet auf den PDA zu übertragen (siehe (a) bei der Abbildung der Website). Im gedruckten Reiseplaner sind empfohlene Reiserouten ebenfalls mit einem Strichcode abgebildet, der über die Kamera des PDA eingelesen werden kann, um in den auf ihm gespeicherten Daten nur die gerade erforderlichen herauszusuchen (siehe (b) in den Abbildungen des gedruckten Reiseplaners).

Die auf der Internetseite beschriebenen Routen können vom Anwender gelesen und deren Eigenschaften und Daten in Form eines Strichcodes kodiert bzw. mit dem PDA übernommen werden (4). Mit dem Tourenplaner (5) kann die optimale Reiseroute und Reisemethode ermittelt und anschließend ausgedruckt (6) werden. Die Bestimmung der Verkehrsmittel auf der Internetseite vervollständigt den Tourenplan (siehe (b) in der Abbildung der Internetseite). Mit dem Erwerb des Reiseplaners und der dazu gehörigen Speicherkarte erhält der Käufer das notwendige Passwort, das ihn dazu berechtigt, sich auf der Internetseite einloggen zu können (siehe (c) in der Abbildung der Internetseite).

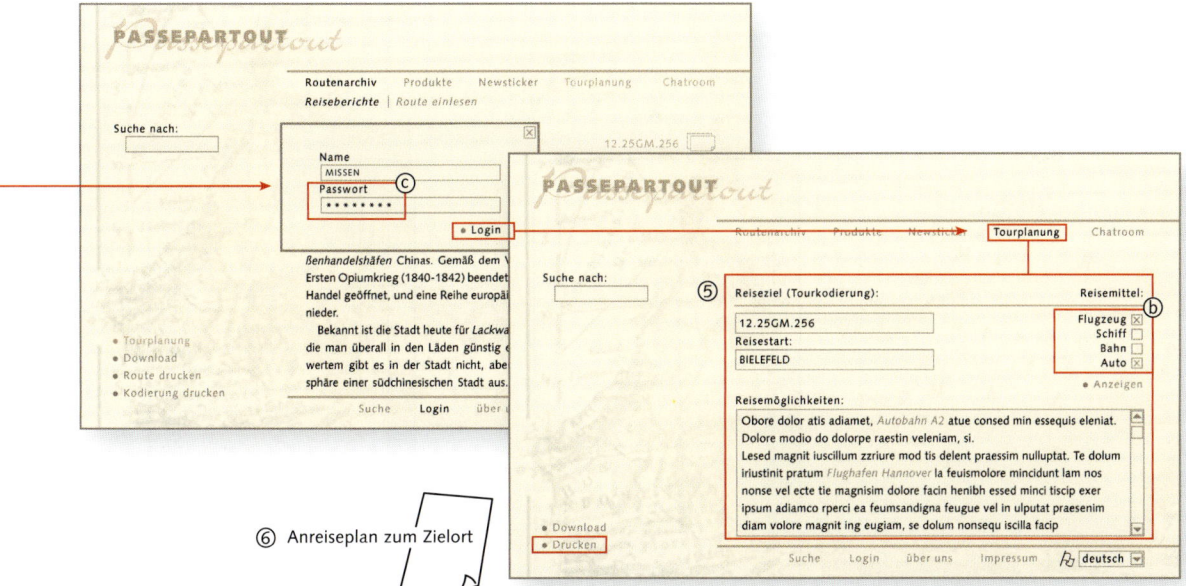

⑥ Anreiseplan zum Zielort

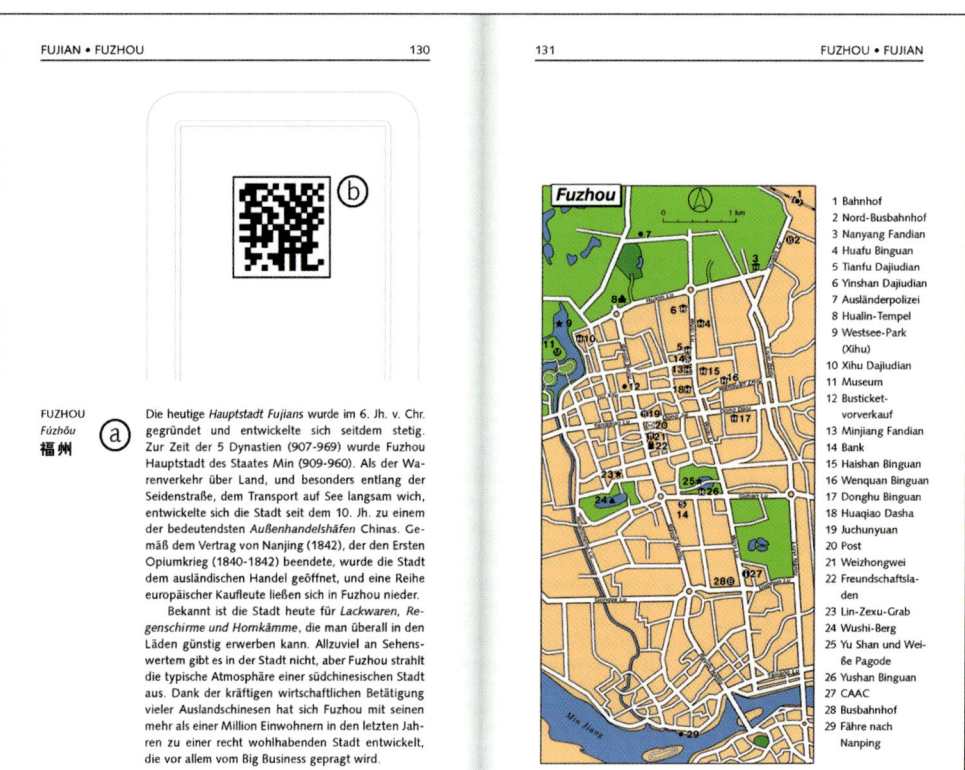

FUZHOU
Fúzhōu
福州

Die heutige *Hauptstadt Fujians* wurde im 6. Jh. v. Chr. gegründet und entwickelte sich seitdem stetig. Zur Zeit der 5 Dynastien (907-969) wurde Fuzhou Hauptstadt des Staates Min (909-960). Als der Warenverkehr über Land, und besonders entlang der Seidenstraße, dem Transport auf See langsam wich, entwickelte sich die Stadt seit dem 10. Jh. zu einem der bedeutendsten *Außenhandelshäfen* Chinas. Gemäß dem Vertrag von Nanjing (1842), der den Ersten Opiumkrieg (1840-1842) beendete, wurde die Stadt dem ausländischen Handel geöffnet, und eine Reihe europäischer Kaufleute ließen sich in Fuzhou nieder.

Bekannt ist die Stadt heute für *Lackwaren, Regenschirme und Hornkämme*, die man überall in den Läden günstig erwerben kann. Allzuviel an Sehenswertem gibt es in der Stadt nicht, aber Fuzhou strahlt die typische Atmosphäre einer südchinesischen Stadt aus. Dank der kräftigen wirtschaftlichen Betätigung vieler Auslandschinesen hat sich Fuzhou mit seinen mehr als einer Million Einwohnern in den letzten Jahren zu einer recht wohlhabenden Stadt entwickelt, die vor allem vom Big Business geprägt wird.

1 Bahnhof
2 Nord-Busbahnhof
3 Nanyang Fandian
4 Huafu Binguan
5 Tianfu Dajiudian
6 Yinshan Dajiudian
7 Ausländerpolizei
8 Hualin-Tempel
9 Westsee-Park (Xihu)
10 Xihu Dajiudian
11 Museum
12 Busticketvorverkauf
13 Minjiang Fandian
14 Bank
15 Haishan Binguan
16 Wenquan Binguan
17 Donghu Binguan
18 Huaqiao Dasha
19 Juchunyuan
20 Post
21 Weizhongwei
22 Freundschaftsladen
23 Lin-Zexu-Grab
24 Wushi-Berg
25 Yu Shan und Weiße Pagode
26 Yushan Binguan
27 CAAC
28 Busbahnhof
29 Fähre nach Nanping

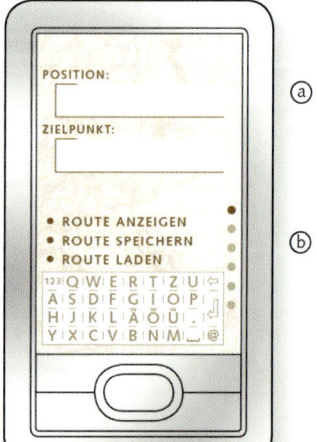

Abb. 68 a–b

Die Funktion der GPS-Navigation befähigt den Anwender jederzeit seine eigene Position zu bestimmen und gegebenenfalls eine Route zum Zielort errechnen zu lassen (a) (siehe PDA-Abbildung links). Eine Route kann im Vorfeld vorbereitet und bei Bedarf wieder aufgerufen werden (b). Die GPS-Navigation bietet die Möglichkeiten einer konventionellen Karte (c) mit dem zusätzlichen Service eines Wegweisers. Hierzu wird beispielsweise eine Stadtkarte geladen, die alle Sehenswürdigkeiten enthält. Der Anwender hat nun die Wahl, welche Objekte er sehen möchte (d). Die ausgewählten Objekte werden zu einer Route (e) zusammengestellt, diese wird gespeichert und kann jederzeit bearbeitet werden. Hat der Anwender seinen Reiseort erreicht, registriert die GPS-Software seine Position und dirigiert ihn zum nächstgelegenen Objekt. Dort angekommen, richtet der Anwender seinen PDA auf die Sehenswürdigkeit,

die entweder über die Kamera im PDA durch einen Strichcode am Objekt oder per Funk identifiziert wird. Sobald die Sehenswürdigkeit erkannt wurde, zeigt der virtuelle Reiseführer alle betreffenden, in ihm abgespeicherten Informationen an und kann z. B. einen Vortrag starten und den Anwender von Objekt zu Objekt führen. Verlässt der Anwender die Route, unterbricht der Reiseführer seinen Vortrag und macht erst dann weiter, wenn der Anwender seinen PDA erneut auf ein Objekt richtet. Dabei behält der Anwender jederzeit die Übersicht über seine eigene Position und die der in der Nähe befindlichen Objekte (g).

Dieses Angebot kann zudem mit dem Konzept von Semapedia.org kombiniert werden. Mit dem sich reale Orte mit den Informationen von Wikipedia.org verbinden lassen, indem entsprechende Barcodes an realen Orten hinterlegt werden.

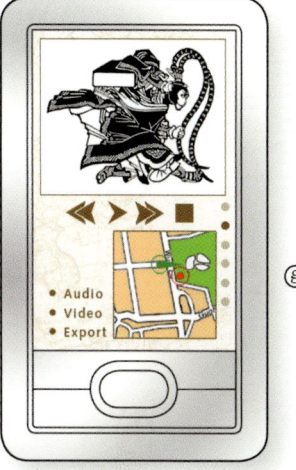

Wesentliche Eigenschaften einer Navigation

Das Umfeld der Navigationsangebote sollte als ein zusammenhängendes visualisiert sein.

Es kann auf Erfahrungen aus dem Umfeld der Anwender zurückgegriffen werden.

Die Gesamtgestaltung sollte nachvollziehbar und konsistent sein.

Es hilft, wenn Landmarks angeboten werden, vorausgesetzt, diese sind selbsterklärend.

Folgende Fragen sollten mit kurzen Antworten geklärt werden können:
- Wo befindet man sich?
- Wie kommt man zur Startseite?
- Wie kommt man zu einer Übersicht (Sitemap)?
- Welche Orte/Inhalte hat man bereits gesehen?
- Auf welchem Weg erreichte man diesen Ort/Inhalt?
- Mit welchen Hilfsmitteln erreicht man diesen Ort/Inhalt?
- Was wird bzw. welche Inhalte werden einem an diesem Ort angeboten?
- Welche vergleichbaren Orte/Inhalte gibt es sonst noch?
- Welche vom aktuellen Ort/Inhalt abweichende Orte/Inhalte gibt es sonst noch?
- Was wird einem an alternativen Orten angeboten?
- Wie erreicht man alternative Orte/Inhalte?

Unabhängig von den Kompetenzen und Erfahrungen der jeweiligen Anwender ist deren Navigationsverhalten in einer virtuellen Umgebung identisch mit dem in einer natürlichen. Navigation ist und bleibt ein Problemlösungsprozess, bei dem sich für einen Anwender im Wesentlichen drei Fragen stellen:

- Wo gibt es das, was man benötigt bzw. finden will?
- Wie kommt man dorthin?
- Welche Hilfsmittel werden dazu benötigt?

»… aus dem Verb her-zählen abgeleitet bezieht sich das Wort ›Erzählen‹ vermutlich auf prähistorische magische Rituale, bei denen Runenstöckchen zuerst geworfen, dann vom Boden auf ›gelesen‹ wurden, wobei eine Er-zählung entstand. Erzählen ist also der Herleitung nach an sich ein numerischer Vorgang. Zumindest im deutschen Alltagssprachgebrauch hat sich die historische Vorrangstellung von Zahl, Maß und Gewicht überliefert. Dahinter verbergen sich keineswegs nur kabbalistische Vorstellungen, sondern möglicherweise die Einsicht, dass lineares Erzählen den Beobachtungen entspreche, die Menschen in der Welt gemacht haben. Künstlerische Versuche, diese anthropologische Konstante als verrückbar erscheinen zu lassen, verweisen u. a. in die Anfänge des Avantgarde-Films …«[8]

[8] Zitat aus dem Textbeitrag Maja rennt von Prof. Dr. Anna Zika für das Buch *DVD-Produktionen gestalten, erstellen und nutzen – DVD interaktiv: Erzählformen, Wissensvermittlung und e-Learning mit DVD, Blu-ray Disc und HD DVD* von Torsten Stapelkamp.

Lineare, nonlineare und interaktive Erzählformen lassen sich einzeln für sich oder in Kombination miteinander einsetzen. Die lineare Form der Erzählung ist z. B. bekannt als Buch oder Film. Die Handlungsreihenfolgen sind vorbestimmt und erfolgen nacheinander. Der Leser bzw. der Betrachter erhält keine Möglichkeit, in die Handlung einzugreifen. Somit ist es der Autor, der über Reihenfolge, Geschwindigkeit und Dramaturgie bestimmt.

Es gibt zwar lineare Filme, die mehrere Varianten aufzeigen, diese allerdings in der Regel nicht zur Auswahl stellen. Tom Tykwer spielte 1998 in seinem Film *Lola rennt* mit der Frage »Was wäre, wenn …?«, indem er vier Versionen innerhalb eines Films zeigt, die jeweils unterschiedlich enden. Der Film *Der Zufall möglicherweise*, den Krzysztof Kieslowski 1981 drehte, spielt im gleichen Maße mit der Frage, wie sehr unterschiedlich Situationen je nach Veränderung einiger Ereignisse oder Parameter verlaufen können. Für das Publikum gibt es in beiden Fällen keine Gelegenheit, selbst interaktiv einzugreifen. Es stellt sich noch die Frage, ob ›Lola rennt‹ genau so erfolgreich gewesen wäre, wenn der Film als nonlineare oder gar interaktive Erzählform gezeigt worden wäre.

Bei einer nonlinearen Erzählform kann der Betrachter über seine Rolle als passiver Beobachter hinaus aktiv in die Erzählstruktur eingreifen – allerdings nur in einem vom Autor vorbestimmten eingeschränkten Rahmen, der ihm verschiedene Auswahlmöglichkeiten bietet. Die Nonlinearität beschränkt sich in der Regel auf eine vorgegebene Auswahlmöglichkeit zur Veränderung von Reihenfolgen. Bereits dieses noch sehr stark eingeschränkte Angebot der Mitbestimmung und Einflussnahme lässt den Beobachter zum Anwender werden.

Eine interaktive Erzählform setzt voraus, dass die Handlungs- und Auswahlmöglichkeiten nicht vorbestimmt sind, sondern sich durch die Aktion des Betrachters immer wieder neu bilden und ihn somit zum Anwender werden lassen. In einem Gespräch erleben wir täglich Interaktion als ein Ereignis, bei dem wir auf das reagieren, was uns unser Gegenüber erzählt, ohne dass je gänzlich voraussehbar wäre, wie wir oder unser Gegenüber reagieren. Diese Unkalkulierbarkeit und Offenheit für Erzählformen nutzbar zu machen ist sehr verlockend, aber mit Hilfe von Maschinen oder Software kaum zu erreichen. Es ist allerdings möglich, sich dem Eindruck dieser Offenheit, dieser Uneingeschränktheit anzunähern, d.h. diesen Eindruck vorzutäuschen. Illusion war stets eine Strategie der Erzählung und mit ihr kann selbst ein eingeschränktes Auswahlangebot zum Mittel der Dramaturgie bzw. Erzählstrategie werden, wenn der Anwender sein Handeln als Teil einer Interaktion wahrnimmt.

Es genügt allerdings nicht, zwischen linearer, nonlinearer und interaktiver Erzählform zu unterscheiden, um das Wesen des Erzählens mittels interaktiver Medien
hinlänglich erfassen zu können. Es ist ebenso wichtig zu verstehen, wie Interaktivität interpretiert und angewandt werden kann. Dazu wird anschließend das Zusammenwirken von Interaktion und Erzählformen bei Computerspielen erläutert. Es
folgt eine Beschreibung verschiedener Arten von Interaktion und ein Kommentar
zu zahlreichen interaktiven Produkten, mit denen man sich auseinandersetzen
sollte, wenn man die Möglichkeiten digitaler Medien und deren Interaktionsarten
für Erzählformen bzw. Wissensvermittlung kennen lernen und nutzen möchte.

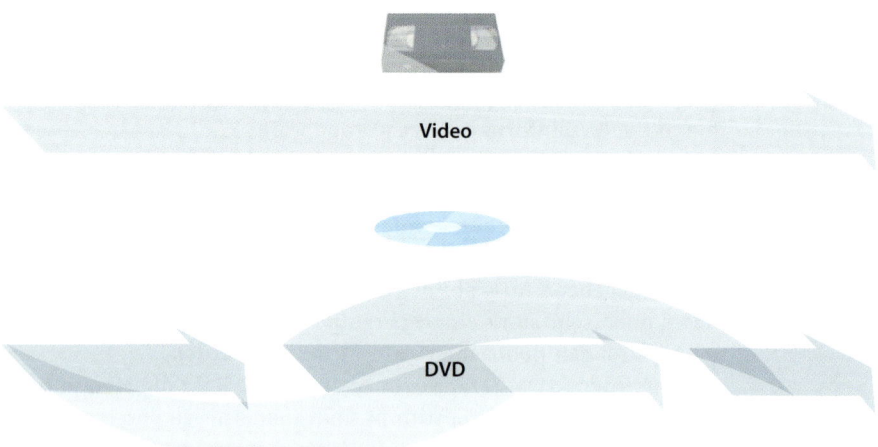

Spielen ist grundsätzlich eine kommunikative Auseinandersetzung und somit eine Interaktion zwischen Spielzeug und Spieler bzw. zwischen den Mitspielern untereinander, und zwar unabhängig davon, ob es sich um analoge oder digitale Spiele handelt. Spiele sind stets ein Pool an Erzählformen und Interaktion.

Es sind die Interaktionsmöglichkeiten, die sicherstellen, dass selbst die analogen, bisweilen anachronistisch wirkenden Brettspiele, den Verlockungen eines Computers trotzen können und sich eher steigender als sinkender Beliebtheit erfreuen. Es ist eben nicht immer entscheidend, wie groß die Möglichkeiten an strategischer und kommunikativer Komplexität sind. In dieser Hinsicht wäre der Computer stets überlegen. Entscheidend ist es, die richtigen Formen der Kommunikation und den richtigen Grad an strategischen Möglichkeiten in einer geeigneten Mischung anzubieten. Immer mehr Spiele kommen auf den Markt, die eine Kombination aus Analogem und Digitalem darstellen. Die hier gezeigte kleine Auswahl an Spielen ist im Rahmen der Buchthematik *Interaction- und Interfacedesign* besonders erwähnenswert.

Der Markt für **Kinderspiele** wird zunehmend mit Lernsystemen bereichert, die analoge mit digitalen Medien mal mehr, mal weniger gut miteinander kombinieren. Im Idealfall werden die individuellen Eigenschaften der jeweiligen Medien sinnstiftend vereint, so dass jedes sein Potenzial ausschöpfen kann und sich in der Kombination ein Mehrwert eröffnet. Analoge **Brettspiele**, wie z. B. *Mensch ärgere dich nicht*, *Back Gammon* oder *Schach* bieten bereits zahlreiche Formen der Interaktion. **Computerspiele** bilden einen großen Pool an interessanten Interaktionstechniken und Repräsentationen von Bedienelementen. Sie nutzen alle Erzählvarianten und schaffen es, den Anwender mental fast vollständig in ihre virtuelle Umgebung zu involvieren. Dank der Dramaturgie und des Umstandes, dass der Anwender herausgefordert wird, identifiziert er sich mit den Figuren und dem Sachverhalt. Dieser emotionale Zustand wird durch folgende Elemente beeinflusst:

1. Kontraste und Paradoxien: Aufwerfen von interessanten und widersprüchlichen Problemen
2. Überraschung: unterschiedliches Feedback bei Navigations- und Dialogsituationen
3. Neugierde: zum Erkunden anregen
4. Erregung: Ansprechen persönlicher Emotionen
5. Humor

Spiele unterscheidet man traditionell in ›Play‹ und ›Game‹. ›Play‹ steht dabei für schauspielerische Darbietungen und für Spiele aller Art für Kinder wie für Erwachsene. Hingegen geht es beim ›Game‹ in erster Linie darum, den Stärkeren festzustellen, was für das Kämpfen bzw. gemeinsame Spielen die Aufstellung von Regeln voraussetzt. Die Regeln und der daraus resultierende Wettkampf bzw. Auseinandersetzung stehen bei ›Game‹ im Gegensatz zum ›Play‹ im Vordergrund. Es werden aber zunehmend Spiele entwickelt, die ›Game‹ und ›Play‹ miteinander verbinden. Somit muss eine Dramaturgie des Computerspiels die narrativen Elemente des ›Play‹, die interaktiven Konflikte des ›Games‹ und die Integration von ›Game‹ und ›Play‹ implizieren. Dadurch zeigt sich, dass gerade beim Computerspiel das Interactiondesign, die Inszenierung einer Interaktionsmöglichkeit, wichtiger Bestandteil der Erzählung und somit auch der Gestaltung ist. Computerspiele können sehr komplex sein und bieten dem Anwender dann sich immer wieder verändernde Eindrücke. Deren Repräsentanz und Bedeutung für ihn müssen mit entsprechenden Darstellungen und Interfaces nachvollziehbar gemacht werden, damit er seinen Wünschen und den Notwendigkeiten des Spiels entsprechend reagieren, aber auch agieren kann. Es gilt, die Illusion einer echten Beeinflussbarkeit des Spielverlaufs zu vermitteln.

Um die jeweiligen Zugänge zum Spielinhalt und den einzelnen Funktionen zu erleichtern und um die Erzählung zu unterstützen und den Spieler in den Bann des Spieles zu ziehen, sind die einzelnen Interaktionsformen komplex und oftmals dynamisch verfügbar oder sogar individuell inszeniert. Damit eine Funktion oder ein Ereignis ausgelöst wird, genügt es nicht, einen Knopf zu drücken. Der Spieler muss Zusammenhänge erkennen und diese kombiniert einsetzen, um die gewünschte Funktionalität in Gang setzen zu können. Interactiondesign erzeugt und nutzt die Erfahrung des Spielers. Dies findet auch bei dem bereits erwähnten Adventure-Game *Myst* seine Anwendung. Dort finden sich Spuren menschlicher Wesen, seltsame Apparaturen, deren Sinn sich erst mit der Zeit durch logische Kombinationen erschließen. So wie sich der gesamte Plot erst mit der Zeit durch Suchen und Finden von Informationen und Werkzeugen erschließt.

Die Erfüllung im Spiel ergibt sich durch das Erforschen und Entdecken einer Interaktion zwischen Aufgabensteller (in der Regel der Autor des Spiels) und Spieler und dem Lösen von Aufgaben. Wird das Spiel in Gruppen gelöst, erweitert sich die Interaktion um die echte zwischenmenschliche Interaktion. Diese kann live und direkt durch das gemeinsame Spielen im Internet oder über Foren und Chats erfolgen, die parallel zum Spiel bedient werden. Durch die dynamischen Möglichkeiten einer Internetanbindung lassen sich sowohl die Inhalte als auch die Interaktionsformen erweitern.

Abb. 69 a–b
Entertaible von Philips Research
(Entertaible is a trademark of
Royal Philips Electronics; Fotos:
Philips Eindhoven).

Philips Research entwickelte mit dem **Entertaible** einen Spieltisch, der die Eigenschaften eines klassischen Brettspieles mit den Möglichkeiten eines Computers und eines Flachbildschirms miteinander vereint. Durch eine Weiterentwicklung der Touchscreentechnologie zum Multi-Touch-Screen ist eine gleichzeitige Interaktion mehrerer Finger bzw. Personen am Brettspielmonitor möglich. Die Interaktionsmöglichkeiten zwischen den Spielern untereinander bzw. zwischen Spieler und Brettspiel können durch Bildwechsel, Bewegtbild, Ton, Geräusche, Musik und durch die computerbedingten Eingriffsvarianten enorm gesteigert werden.

Die Positionen der einzelnen Spielerfiguren können erfasst werden und je nach Spiel und Thema erhalten die Spieler Aufgaben, erfahren Unterstützung oder werden Hindernissen ausgesetzt. Die Spieler können sich gegenseitig bewusst behindern oder sich wichtige taktische Informationen zuspielen, um als Team eher zum Ziel zu gelangen. Das erste realisierte Spiel ist *Yellow Cab*, bei dem die Spieler als Taxifahrer den Schwierigkeiten des Straßenverkehrs ausgesetzt sind und in diesem Umfeld Aufgaben lösen und Hindernisse überwinden müssen.

Abb. 70
LeapPad-Lernsystem von
Leapfrog (www.leapfrog.de).

Das *LeapPad*-Lernsystem ist für Kinder
im Alter von 4 bis 8 Jahren und besteht
aus einem Computerelement, auf das
Bücher eingelegt werden, die Teil des
Lernspielzeugs sind. Mit dem Stylus
lassen sich Worte, Texte und Abbildungen auswählen, die über einen Lautsprecher mit Stimmen, Musik oder
Klängen erläutert werden bzw. deren
Erläuterung begleiten.

2.7 Unterschiede der Interaktion am Fernseher und am Computer

Am Fernseher erfolgt die Interaktion ausschließlich über die Tasten der Fernbedienung und am Computer mit Hilfe der Computer-Maus, einer Tastatur bzw. direkt am Monitor über einen Touchscreen. Die beiden Darstellungs- und Nutzungsplattformen Fernseher und Computer wirken auf potentielle Anwender auf sehr unterschiedliche Weise. Vermittelt der Fernseher in erster Linie das Angebot des passiven Konsumierens, so suggeriert ein Computer bereits durch die Vielzahl an Eingabemöglichkeiten über Tastatur, Betriebssystem und Computer-Maus ein ›Mehr‹ an Eingriffs- und Mitbestimmungsmöglichkeiten. Hier wirken Produktsprache und erlebte bzw. suggerierte Produkterfahrung ineinander. Am Fernseher kann und will der Anwender gar nicht so intensiv interagieren, so wie er vom Computer geradezu herausgefordert wird und es selbst auch erwartet. Diese Haltung sollte man berücksichtigen bei der Überlegung, welche Inhalte man wie vermitteln möchte, und ob eine reduzierte oder eine vielseitige Interaktionsmöglichkeit als das geeignetes Mittel erscheint, die jeweilige Zielgruppe und den beabsichtigten Nutzen zu erreichen.

Der Fernseher kann z. B. in Kombination mit einem DVD-Player durchaus als barrierefreie interaktive Informations- und Lehr/Lernplattform empfohlen und noch als solche entdeckt werden. Die Entwicklungen im Bereich des interaktiven Fernsehens, auch iTV genannt, werden aber zur Zeit stark vorangetrieben und werden es sehr bald als selbstverständlich erscheinen lassen, dass auch am Fernseher zunehmend interagiert werden wird, quasi als Begleitung parallel zum ›Couch potato-Dasein‹. Erste Geräte zeigen, dass die Hersteller beabsichtigen, den Fernseher zum Computer bzw. den Computer zum Fernseher umzuwandeln. Sollte dies beim Kunden Anklang finden, werden die Unterschiede zwischen Fernseher und Computer, die Interaktionsmöglichkeiten am Gerät und die Interaktionsbereitschaft des Anwenders zunehmend verschwimmen. Es wird selbstverständlicher werden, am und mit dem Fernseher Hausaufgaben zu erledigen, Börsenberichte online abzufragen, zwischendurch fernzusehen, um dann interaktive Filme, Dokumentationen, Lern-DVDs oder Spiele zu konsumieren bzw. zu nutzen. Für MHP (Multimedia Home Plattform), das Fernsehen zum Mitmachen, für das Fernsehen per Internet und für die Möglichkeiten der DVD (DVD, Blu-ray-Disc) – alles Technologien, die bereits zur Verfügung stehen – tun sich dann noch größere Möglichkeiten auf.

Abb. 71
Der Fernseher verführt
zum passiven Konsumieren.

Abb. 72
Ein Computer lädt durch eine
Vielzahl an Eingabemöglich-
keiten zur Interaktion ein.

2.8 Interaktive Steuerung per Fernbedienung bzw. Player-Software

Je nach Fernbedienung kann es unterschiedliche Tastenbezeichnungen geben und auch die Anzahl der Tasten schwankt. Gerade bei der Fernbedienung eines DVD-Players kann es Unterschiede geben, entweder durch die Bezeichnungen der einzelnen Tasten, durch verschiedene Icons oder dadurch, dass gar keine Icons zur Unterstützung der Interaktion abgebildet werden. Im Folgenden werden exemplarisch die Tasten einer DVD-Player-Fernbedienung und die sich durch diese Tasten ergebenden Möglichkeiten erläutert.

Mit den Tasten **Previous** und **Next** kann man zum vorherigen (Previous) und zum nächsten (Next) Kapitel wechseln. Als Kapitel können Menü-Kapitel gemeint sein oder aber Teile eines Films, die zuvor mit Kapitelmarkern festgelegt wurden, um den Film in vorher definierten Kategorien Schritt für Schritt zugänglich zu machen. Man könnte diese Zugangsform auch als strukturiertes Vor- und Zurückspulen bezeichnen. Diese Kapitelsprünge können dazu dienen, schnell durch ein Menü bzw. einen Film zu navigieren. Der Autor einer DVD kann aber auch Sprünge in das nächstfolgende Kapitel bewusst unterbinden. So könnte nach Betätigung der ›Next‹-Taste die Aufforderung erscheinen, erst die Aufgabe des vorherigen Kapitels zu erfüllen, um ins nächste Kapitel wechseln zu können (zu dürfen). Es wäre aber auch möglich, die Tasten und deren Abfrage so zu programmieren, dass der Anwender nicht linear vor- und zurückspringen kann, sondern jeweils individuell gesteuert, stets eine neue Erzählreihenfolge geboten bekommt. Durch die zwar bescheidene, aber dennoch mögliche Programmierung mit Hilfe der DVD-Autorensoftware können Wiederholungen und Sackgassen vermieden und vom Autor entsprechende unterschiedliche Erzählreihenfolgen vorbereitet werden. Diese Möglichkeit könnte mit denen der ›Angle‹ Taste (s.u.) kombiniert werden. Leider bieten nur sehr wenige DVD-Autorensoftwarepakete die Möglichkeit der Programmierung, so wie sie von den DVD-Spezifikationen vorgesehen sind. Möglich ist diese Programmierung z. B. mit den Autorensoftwarepaketen *DVD-Studio-Pro* von Apple-Macintosh und ›Creator‹ von Sonic Solution.

Pfeil-Tasten. Damit findet die Navigation zu den interaktiven Bereichen am Monitor statt, die zur Auswahl bereitgestellt werden. Mit den Pfeil-Tasten an der Fernbedienung (hoch, runter, links, rechts) kann die Markierung dieser anwählbaren Bereiche im Fernsehbild angesteuert und ausgewählt werden, wobei diese Auswahl in der Regel durch Veränderung der Form oder Farbe bemerkbar gemacht wird. Nun muss die markierte Auswahl durch die ›Enter‹-Taste (siehe weiter unten) bestätigt werden. Diese Taste kann je nach Hersteller auch mit den Bezeichnungen ›OK‹ bzw. ›Play‹ gekennzeichnet sein.

Play, **Pause**, **Stop**, **Vorspulen**, **Zurückspulen** sind die klassischen Tasten, um ein Video zu starten, zu stoppen, vor- bzw. zurückzuspulen.

Die **Titel**-Taste (manchmal auch mit **Top** bezeichnet) sollte direkt zum Hauptmenü zurückführen. Auch hier gilt, dass der Autor die Tastenbelegung über die DVD-Autorensoftware entsprechend programmieren kann.

Mit der **Subtitel**-Taste kann man alternative Untertitel anwählen. Diese Untertitel liefern in der Regel eine Übersetzung des gesprochenen Textes in verschiedene Sprachen. An Stelle eines Untertitels können auch Grafiken dargestellt werden.

Mit der **Audio**-Taste kann man alternative Ton- bzw. Sprachspuren anwählen. Werden keine angeboten, so erscheint ein entsprechender Hinweis, der nicht vom Autor der DVD vorbereitet werden muss (kann). Er wird automatisch vom DVD-Player gesteuert.

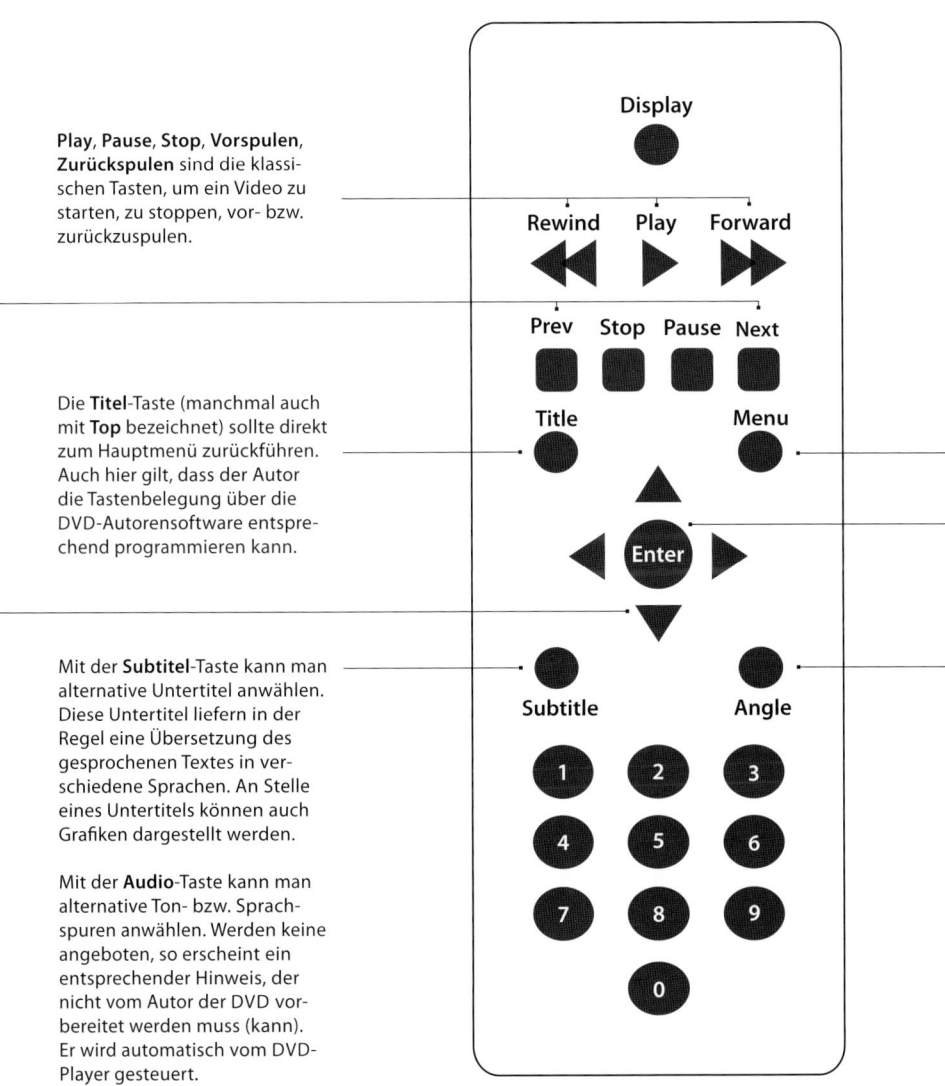

Mit der **Return**-Taste kehrt man einen Schritt zurück.

Mit der **Menü**-Taste kommt man zum nächsterreichbaren Untermenü zurück. Da dies nicht selbstverständlich und automatisch stattfindet, ist zu empfehlen, dass der Autor die Tastenbelegung über die DVD-Autorensoftware entsprechend programmiert.

Mit der **Enter**-Taste (manchmal auch mit **OK** bzw. **Play** bezeichnet) wird eine Auswahl bestätigt bzw. der Film gestartet.

Mit der so genannten **Multi-Angle-Funktion** ist eigentlich vorgesehen, ein Geschehen von verschiedenen Blickwinkeln betrachten zu können. Bis zu 9 Bildspuren können belegt werden. Natürlich ist es auch möglich, sich ein und dieselbe Erzählung aus verschiedenen Betrachtungsweisen erzählen und zeigen zu lassen und ständig zwischen diesen Sichtweisen wechseln zu können. Es bleibt dem Autor überlassen, ob und in welcher Weise er diese Auswahlmöglichkeit anbietet und in seiner Erzähl- bzw. Vermittlungsabsicht nutzen möchte.

Abb. 73
Schematische Darstellung einer
DVD-Player-Fernbedienung.

Es gibt verschiedene Formen von Interaktivität, die sich in Qualität und Komplexität unterscheiden. Im Folgenden werden verschiedene Kategorien vorgestellt, die zur Anregung dienen aber auch verdeutlichen sollen, dass es keine richtige oder falsche Interaktion gibt, sondern lediglich unterschiedliche Nutzungs- und Anwendungskonzepte.

Interaktion und Interaktivität sind keine neuzeitlich technologischen Begriffe, sondern sie haben ihren Ursprung in der Soziologie und der Kommunikationspsychologie. Sie sind aus dem lateinischen abgeleitet (*inter*: zwischen; *agere*: handeln) und beschreiben die Wechselbeziehung zwischen Individuen, einschließlich der Kommunikation. Jeder der Teilnehmer ist sowohl Sender als auch Empfänger. Wenn man sich mit jemandem unterhält, sei es durch Gestik, Mimik oder Sprache, ändert sich das Gegenüber gleichzeitig mit einem selbst, jede Seite wird etwas erfahrener. Das würde zunächst bedeuten, dass eine Interaktion mit Maschinen, sprich die zwischen Mensch und Computer bzw. der darauf installierten Software nicht möglich wäre. Die Maschine bzw. die Software ändert sich in der Regel nicht, während man sie bedient. Sie gibt einem lediglich die Auswahlmöglichkeiten, die ihr zuvor einprogrammiert wurden. Dies muss zwangsläufig zu dem Eingeständnis führen, dass es (noch) keine Interaktion mit Maschinen gibt.

Außerdem liegt es im Wesen des Menschen, dass er zumindest die Illusion haben möchte, die Wahl zu haben, selbst entscheiden zu können und der autonome Auslöser einer Interaktion zu sein, zumindest gegenüber einer Software oder Maschine. Umso wichtiger ist die Illusion der direkten Manipulation, wie sie z. B. mit Icon-basierten Computer-Betriebssystemen möglich ist. Bei ihnen kann der Computer-Maus-Cursor als Verlängerung des eigenen Arms empfunden werden, wenn per Drag and Drop (siehe zur Erläuterung weiter oben unter *Drag and Drop*, S. 44) virtuelle Gegenstände, wie Ordner und Daten, mit gedrückter Computer-Maus-Taste gegriffen, festgehalten und z. B. in den virtuellen Papierkorb gezogen werden.

Interessant wäre die Frage, ob man dieselbe Illusion der direkten Manipulation empfindet, wenn man nicht ›zugreifen‹ könnte, was ja ohnehin nur virtuell und nicht real ist. Oder wenn das ›Klicken‹ überhaupt nie eine Auswirkung hätte, sondern alle Funktionalitäten nur per rollover, durch das Überrollen mit dem Computer-Maus-Cursor über ein entsprechendes Aktionsfeld, möglich wären. Wenn es darum geht, Interaktion als Element einer Erzählform bzw. einer Wissensvermittlung einzusetzen, sollte man den Begriff der Interaktivität möglichst weit fassen. Die folgende Beschreibung, was nun echte, falsche oder was nur eine scheinbare Interaktion darstellt, soll der Anregung dienen.

Der Begriff Interaktion findet in verschiedenen Kontexten Verwendung, weshalb seine Bedeutung entsprechend variiert. Die ideale Bedeutung dieses Begriffs soll an dieser Stelle nicht vorgegeben werden, denn Dogmen widerstreben der Absicht dieses Buches. Stattdessen wird die Vielzahl an Interpretationsformen in kommentierter Form vorgestellt.

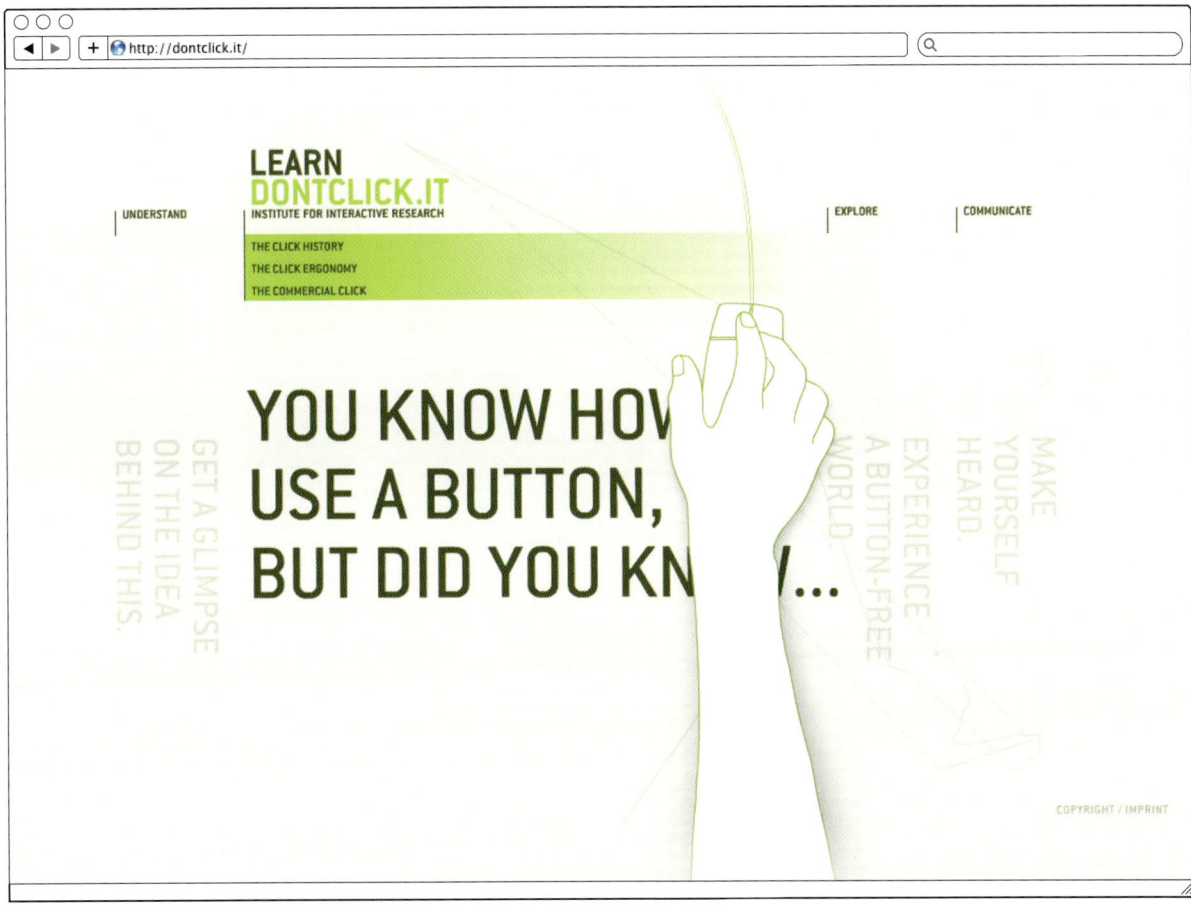

Abb. 74
In seinem Projekt ›Dontclick‹ hat Alex Frank im Selbstversuch die Notwendigkeit, klicken zu können bzw. zu müssen, erforscht. Alle Aktionen werden tatsächlich nur per rollover ausgelöst. (www.dontclick.it)

Auf der Internetseite **www.dontclick.it** von Alex Frank kann man ausprobieren, ob und wie wichtig es ist, sich durch das ›Klicken‹ zu vergegenwärtigen, dass nicht die Maschine, sondern man selbst aktiv ist und die Maschine nur reagiert und dieser Vorgang deshalb auch als direkte Manipulation empfinden wird. Hierbei ist selbstverständlich zu berücksichtigen, wie wichtig lieb gewonnene Gewohnheiten sind und ob es nicht nur eine Gewöhnungszeit erfordert, um auch ohne Klicken auszukommen.

Abb. 75
Beim Schreiben einer E-mail
bzw. beim Wechseln von
Eingabefeld zu Eingabefeld
kommt man auch ohne Klick
aus, benötigt allerdings die
Tab-Taste der Tastatur.

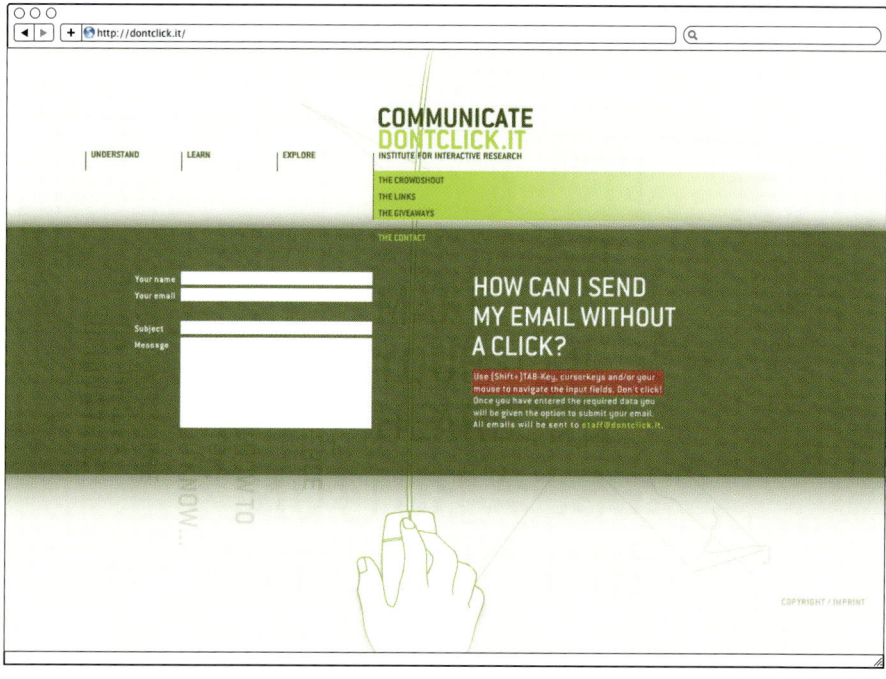

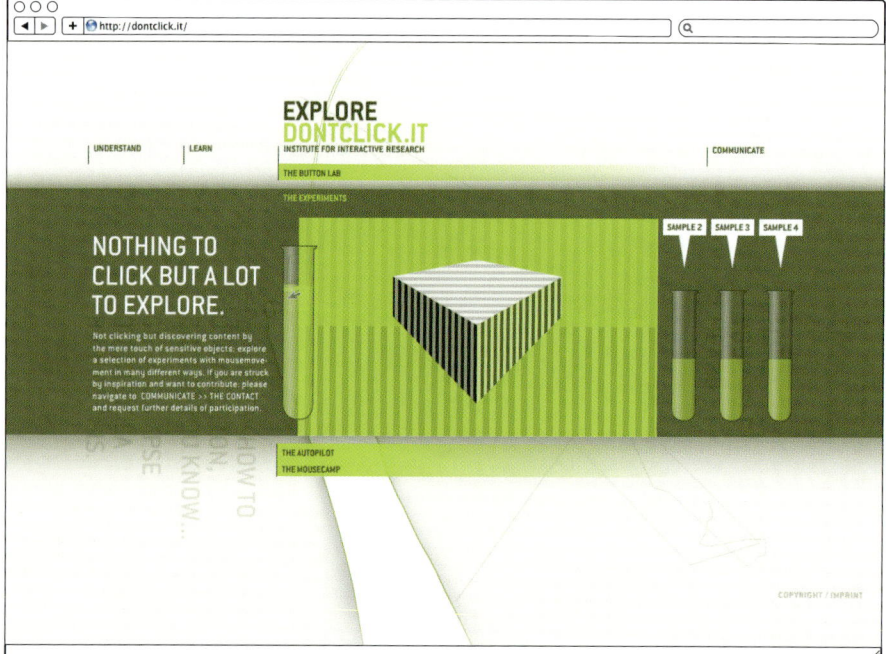

Abb. 76

Abb. 77
Erwischt. Wenn man klickt,
obwohl es bei diesem Projekt
nicht notwendig ist, erscheint
eine Anfrage, die sogleich als
Ermahnung wahrgenommen
wird.

2.10.1 Interaktion ist ein Erlebnis

Stellen Sie sich Ereignisse vor. Denken Sie an Erlebnisse mit Freunden oder der Familie, an Trauer, Schmerz oder an Ihre große Liebe. Sie werden feststellen, dass Interaktion ein wesentlicher Bestandteil aller zu erzählenden Geschichten ist. Der Wunsch, den Interaktionsbegriff auf die Informationsvermittlung und auf die Nutzung von Inhalten bzw. deren Inszenierung übertragen zu können, ist sicher so alt wie das Erzählen selbst. Interessant waren die Möglichkeiten und die Überlegungen des Einsatzes von Interaktionsangeboten innerhalb von Erzählformen und Wissensvermittlungen schon immer, aber wichtig, geradezu notwendig wurden sie dort erst, seit es um die Verwaltung von immer unüberschaubareren Mengen an Information geht.

Man muss natürlich zwischen der Verwaltung und dem Erzählen von Informationen unterscheiden. Um neue Erzählformen zu entdecken und zu erleben, überlegte die russisch-stämmige Amerikanerin Maya Deren bereits um 1940, wie sie Interaktivität für ihre Filme nutzen könnte. Tatsächlich schien sie das Wesen des Films erkannt zu haben, wie es bereits in der zeitgenössischen Medientheorie, etwa von dem deutsch-amerikanischen Kunsthistoriker Erwin Panofsky, formuliert worden war: Panofsky sah die spezifischen Möglichkeiten des Films darin, den Raum zu dynamisieren und die Zeit zu verräumlichen, also weitaus mehr zu sein, als abgefilmtes Theater oder die Übertragung literarischer Vorlagen in einer Folge bewegter Bilder.

Der russische Konstruktivist El Lissitzky schrieb in seinem 1923 erschienen Manifest *Topographie der Typographie* zur Zukunft der Buchkunst: »Der gedruckte Bogen, die Unendlichkeit der Bücher, muß überwunden werden.«[9] El Lissitzky dachte dabei an eine zukünftige neue plastisch-darstellerische Darstellungsform von Literatur, das hieroglyphische Buch. El Lissitzkys will mit der Forderung nach einem bild-/zeichensprachlichen Buch nicht nur seinen Wunsch nach einer Universalsprache zum Ausdruck bringen, die übernationale und überkulturelle Kommunikation ermöglichen sollte, sondern auch nach einem universellem Medium, einer Elektro-Bibliothek, die laut seinen Vorstellungen dem heutigen Internet sehr ähnlich ist. Diese zwei Beispiele für Informationsverwaltung bzw. Erzählformen verdeutlichen, dass mittels Interaktion eine Erlebnissteigerung möglich und – um ein weiteres Mal darauf hinzuweisen – dass Interaktion nicht erst ein Thema des Computerzeitalters ist.

9   Lissitzky, El: Topographie der Typographie. In: *El Lissitzky Maler Architekt Typograf Fotograf*. Dresden: VEB Verlag der Kunst, 1976 (1923), S. 360.

2.10.2 **Passive Interaktion**

Für Erzählformen bzw. Wissensvermittlungen ist es nicht zwingend erforderlich, dass Sender und Empfänger gleichermaßen aktiv sind. Auch dann nicht, wenn man Interaktion bewusst als Kommunikationselement einsetzen möchte. Wenn man dem Begriff des ›offenen Kunstwerkes‹ nach Umberto Eco folgt, kann die Interaktion der einen Seite sich auch allein durch die Interaktion der anderen ergeben. Es ist nicht erforderlich, dass Sender und Empfänger gleichermaßen aktiv sind.[10] So genannte unmögliche Figuren, Anamorphosen und Anamorphotische Räume wie die Gemächer des heiligen Ignatius in Rom, die Andrea Pozzo 1688 erstellte, oder Guckkästen, wie jene von Samuel van Hoogstraten (2. 8. 1627 – 19. 10. 1678) lassen die Aussage von Umberto Eco alternativ zu den von ihm beschriebenen »plastischen Massen des Barock …« gut nacherleben.

Als Anamorphose bezeichnet man Bilder bzw. Darstellungen, die nur unter einem bestimmten Blickwinkel bzw. mithilfe eines speziellen Spiegels oder Prismensystems unverzerrt erkennbar sind. Anamorphosen und so genannte unmögliche Figuren ermöglichen eine interaktive Auseinandersetzung durch einen sich in Abhängigkeit von der jeweiligen Blickposition immer wieder verändernden Bildeindruck.

Vielen gelten die Brüder P. S. und Roger Penrose als die Erfinder des scheinbar unmöglichen Dreiecks, das sie 1958 in *The British Journal of Psychology* als »Impossible tri-bar« (Abb. 79) vorstellten. Tatsächlich wurde dieses auch als »unmögliche Figur« bezeichnete Gebilde bereits 1934 von dem Schweden Oscar Reutersvärd (1915 – 2002) als Arrangement, bestehend aus neun Quadraten, gezeichnet. 1982 wurde er von der schwedischen Post mit drei Briefmarken geehrt. Zahlreiche Künstler wie z. B. Maurits Cornelis Escher (1898 – 1972) griffen dieses Thema der unmöglichen Figuren für ihr Werk auf. Zur Deutung des Interaktionsbegriffes ist ebenso zu berücksichtigen, dass die Malerei des Mittelalters verschiedenartig entschlüsselt werden konnte: wörtlich, allegorisch und moralisch. »Bei jeder Rezeption kann ein Werk durch das mentale Mitwirken des Betrachters in einer originellen Perspektive neu aufleben«.[11]

Wenn man Umberto Ecos Beschreibung folgt, könnte man Interaktivität nicht nur als das Ergebnis einer aktiven Handlung, sondern bereits als einen Gedanken selbst, ein mentales Mitwirken bzw. Interpretieren definieren. Zusätzlich zur Intention des Künstlers bringt der Rezipient seine Vorlieben und Vorurteile ein, seine Bildung und seine Subjektivität und schafft sich damit eine eigene Perspektive. Geeignete Beispiele hierfür sind die Gemälde *Die Hochzeit des Giovanni Arnolfini* von Jan van Eyck, entstanden 1434, und *Las Meninas* von Diego Velazquez aus dem Jahr 1656. Bereits durch die bei diesen Gemälden abgebildeten Spiegel, die sich jeweils dem Betrachter gegenüber befinden, wird dieser darauf aufmerksam, dass die Gemälde über den abgebildeten Raum hinausragen und nicht zuletzt deswegen den Betrachter miteinbeziehen.

Lange bevor der Begriff der Interaktion im elektronischen Zeitalter Verwendung fand, wurde er im kunsttheoretischen Diskurs verwendet. Er bezeichnete den inneren Wahrnehmungsprozess des Betrachters. Interaktivität wurde mit der Interpretation der emotionalen bzw. intellektuellen Auseinandersetzung mit einem Werk gleichgesetzt. Nicht zuletzt dadurch, dass der Betrachter passiv ist, bleibt eine Distanz zwischen ihm und dem Werk bestehen.

10 Die »plastischen Massen des Barock [werden] niemals die Feststellung eines bevorzugten, frontalen, definiten Standpunktes gestatten, von dem aus sie zu betrachten wären, sondern den Betrachter ständig dazu veranlassen, den Standort zu wechseln, um das Werk unter immer neuen Aspekten zu sehen, so als ob es in ständiger Umwandlung begriffen wäre«
Eco, Umberto: *Das offene Kunstwerk*. 1962.

11 Eco, Umberto, *Das offene Kunstwerk*, S.116, 1962.

Abb. 78
Briefmarke der schwedischen
Post, mit der ›Unmöglichen
Figur‹ von Oscar Reutersvärd
(1915–2002), 1982.

Abb. 79
Das scheinbar unmögliche
Dreieck aus verschiedenen
Perspektiven.

Abb. 80
Die hier abgebildete Anamorphose ist ein Holzschnitt
mit dem Titel *Aus, du alter Tor*
und stammt von Erhard Schön,
ca. 1535.

2.10.3 Vorgetäuschte Interaktion – ›echte‹ und ›falsche‹ Interaktion

Bisweilen ist es spannender und unterhaltsamer mit den Erwartungen bzw. den Befürchtungen des Betrachters zu spielen, eine Maschine in Form eines Computers sei zu echter Interaktion in der Lage, als ernsthaft zu versuchen, zwischen Mensch und Computer tatsächlich eine echte Interaktion im Sinne der Soziologie zu ermöglichen. Anwender neigen dazu, Maschinen mit Eingabemöglichkeiten bzw. die darauf ablaufenden Prozesse wie ein menschliches Gegenüber zu behandeln. Diese Verhaltensweise lässt sich für eine interaktive Produktion im Rahmen ihrer Aufgaben nutzen. Der Kanadier Luc Courchesne berücksichtigte diese Erwartungen z. B. in seiner Arbeit *Portrait No. 1* (Abb. 81). Alternative Beispiele dazu sind der *Simulator* von Garnet Hertz (Abb. 82), eine html-basierte Arbeit (http://conceptlab.com/simulator/morning/clock800.html) und die Website www.antworten.de von Holger Friese und Max Kossatz (Abb. 83). Beide Arbeiten spielen mit den Erwartungen der Anwender und dem Vertrauen, dass sie in ein System setzen.

Luc Courchesne lässt in *Portrait No. 1* den Anwender mit einer attraktiven Frau in Kontakt treten. Sie selbst wird vor einem dunklen Hintergrund nur bis zu den Schultern abgebildet. Sie flirtet mit ihrem Gegenüber über Gestik, Mimik und einigen Sätzen. Sie stellt Fragen, auf die der Anwender durch Anklicken vorbereiteter Antworten reagieren kann. Durch die Auswahlmöglichkeiten der Antworten ergibt sich eine Vielzahl an Reaktionen durch die in Bewegtbild dargestellte Frau. Natürlich sind die Fragen und Antworten vorbereitet, so dass auch hier keine echte Interaktion im Sinne der Soziologie stattfindet. Der Anwender kann sich nur im Rahmen des vorgegebenen Erzählstrangs bewegen und das System selbst nicht verändern. Aber dennoch gelang es Luc Courchesne, dem Anwender die Illusion einer Interaktion bzw. einer Diskussion zu vermitteln und ihn somit Teil der Arbeit werden zu lassen. Eine wesentliche Aufgabe interaktiver Erzählformen ist damit erfüllt worden. Illusion ist, wie vom klassischen Kinofilm her bekannt, ein wesentlicher Bestandteil einer Erzählung. Dies gilt auch für interaktive Produktionen, sofern mit ihnen erzählerische Absichten verfolgt werden.

Luc Courchesne spielt in seiner Arbeit mit der Möglichkeit, die Irrealität des Gespräches zu vergessen, indem er den Anwender für einen Augenblick in eine Illusion führt, ihn aber kurz darauf die Realität spüren lässt. Er lässt seine Protagonistin folgende Sätze sagen: »Sehen Sie, ich könnte Ihnen sagen, dass ich Sie liebe! Ich liebe Sie!« Sie lassen den Anwender spüren, wie beliebig ihre Fragen und Antworten sind. Diese Formen der reduzierten Interaktion lassen sich, wie in diesem Beispiel, als Teil der Erzählung thematisieren oder auch nur als Stilmittel einsetzen, um klassische Dramaturgien zu brechen, Illusionen aufzubauen oder Stimmungen zu erzeugen. Nicht zuletzt beweist dieses Beispiel, wie absurd und überflüssig die Diskussion über ›echte‹ und ›falsche‹ Interaktion ist, wird hier doch gezeigt, wie interessant sich die ›falsche‹ Interaktion nutzen lässt, um eine Erzählabsicht zu ermöglichen.

Scheuen Sie sich also nicht davor, auch ›falsche‹ Interaktion für die Realisierung Ihrer Werke einzusetzen. Auch wenn die Interaktionsmöglichkeiten auf die Auswahlmöglichkeit innerhalb einer vorgegebenen Datenstruktur beschränkt bleiben und dem Anwender scheinbar nur der Umgang und nicht die ›echte‹ Interaktion mit dem Werk möglich ist, kann in erzählerischer Weise beim Anwender die Illusion erzeugt werden, am Werk und der Interaktion mit und in ihm teilzuhaben.

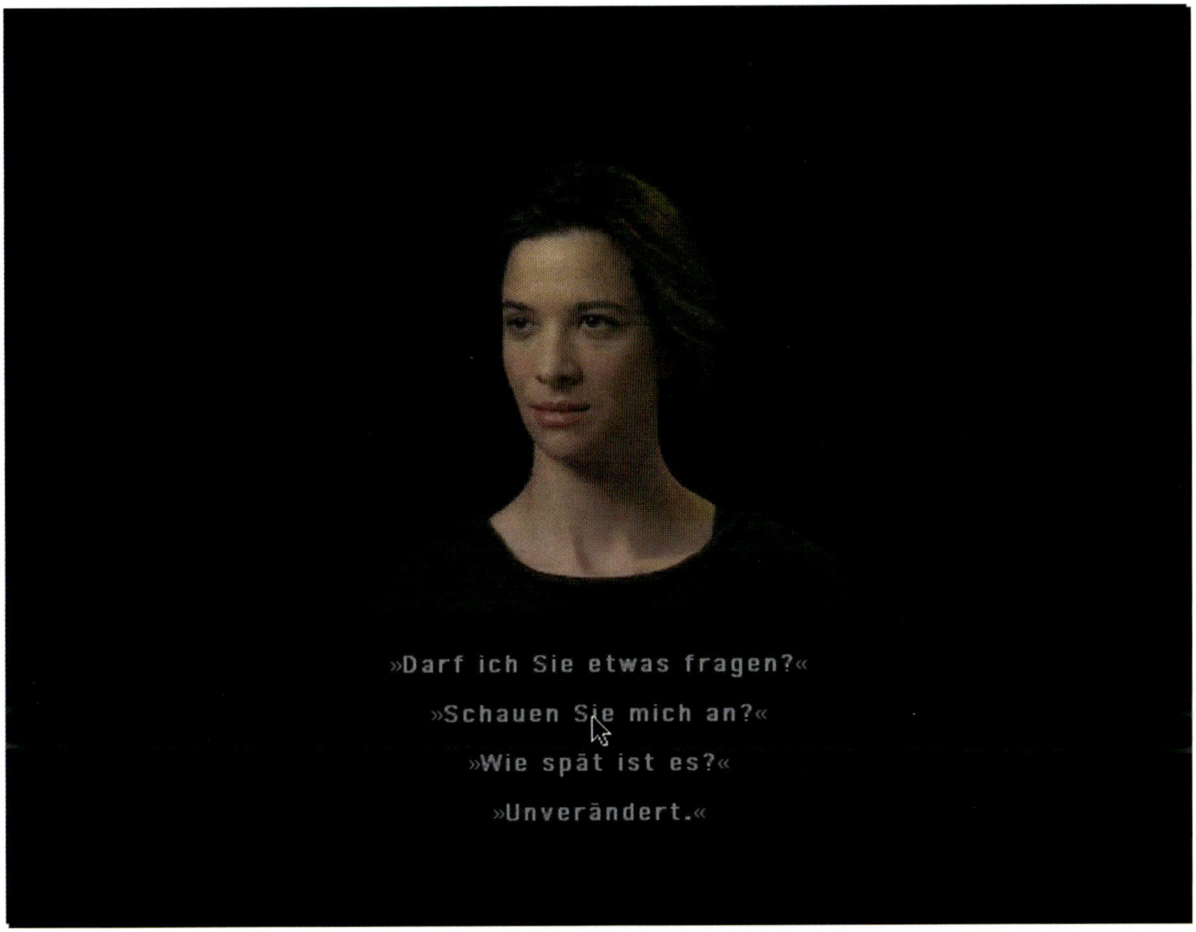

»Darf ich Sie etwas fragen?«

»Schauen Sie mich an?«

»Wie spät ist es?«

»Unverändert.«

Abb. 81a–b
Portrait No. 1 von Luc
Courchesne. Die Abbildung
stammt von der CD-ROM
artintact2, 1995. Die Arbeit
befindet sich als Installation
in der ständigen Sammlung
des ZKM – Museums für
Neue Kunst in Karlsruhe.

Ja... Ja ja, Sie schau ich an. Ich
betrachte Ihre Augen, Ihren Mund,
Ihren Hals... die Kurve hier.

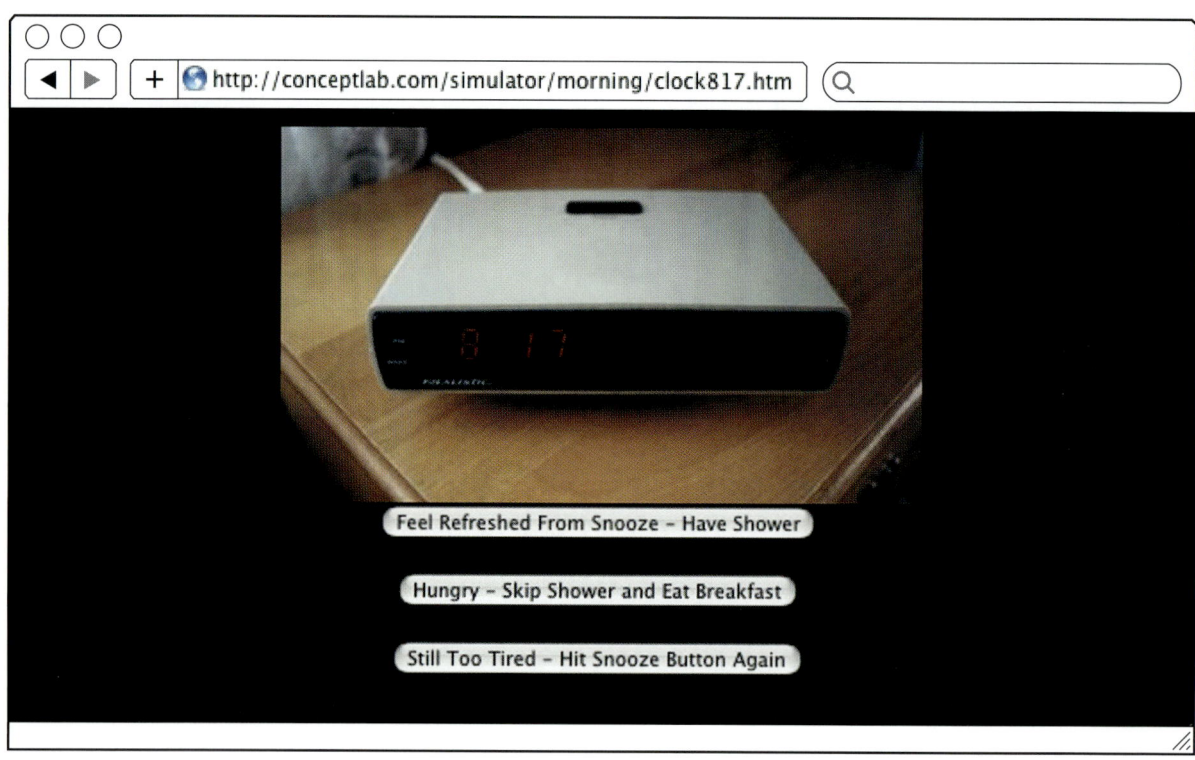

Abb. 82
Simulator von Garnet Hertz,
Website, 1997.

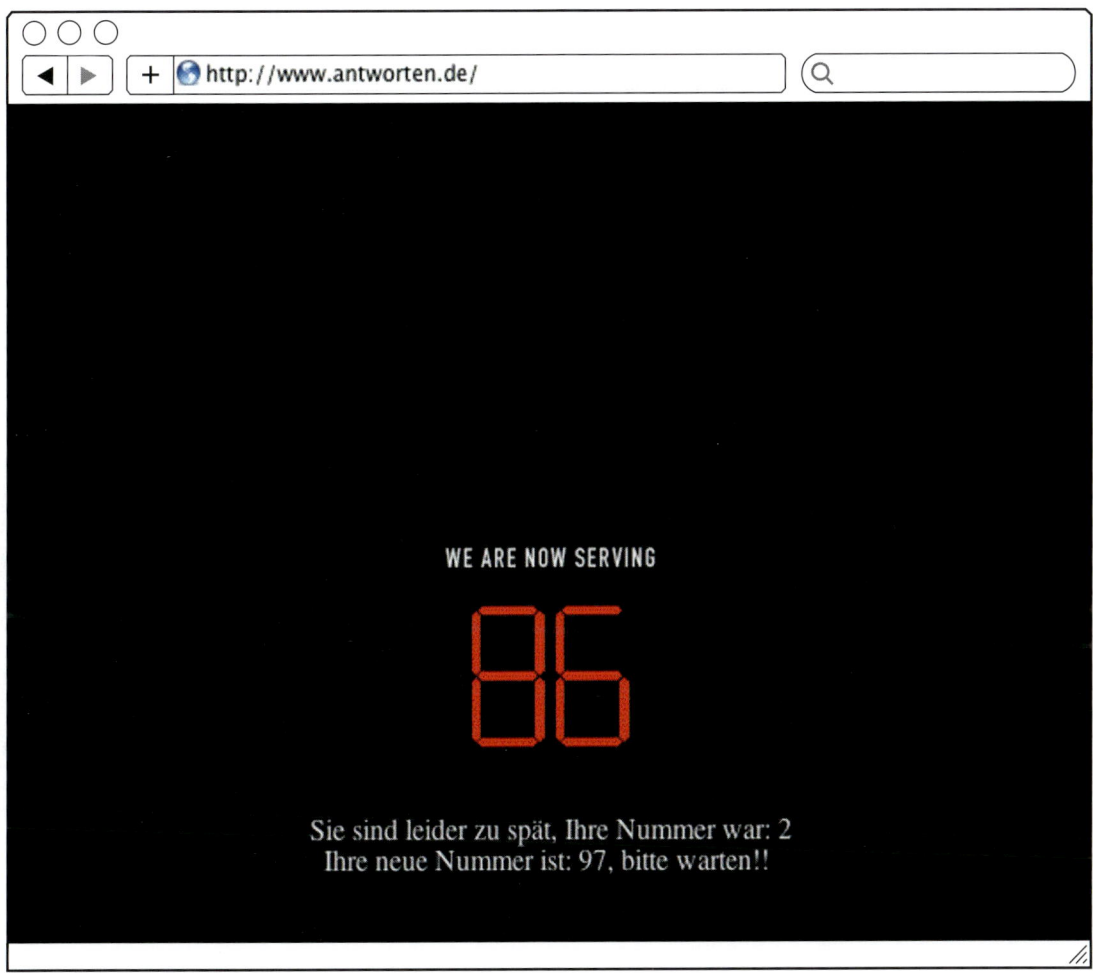

Abb. 83
Mit dem positiven Begriff
Antworten baut die Website
eine Erwartungshaltung
beim Anwender auf und
entlarvt Vertrauen als riskante
Vorleistung, 1997.

2.10.4 Interaktion als Partizipation

Wenn man interaktive Werke produzieren möchte, steht man stets vor der Frage, ob bzw. in welchem Rahmen und Umfang man als Autor dem Anwender Mitbestimmungsmöglichkeiten einräumen möchte. Zuallererst muss man natürlich klären, ob man mithilfe von Interaktion überhaupt Mitbestimmung ermöglichen kann und ob der Anwender diese Form der Mitbestimmung überhaupt wünscht.

Ein Blick zurück in die Aktionskunst der 70er Jahre verdeutlicht die Situation. Ihr wesentliches Merkmal war die Kritik an den herrschenden medialen und gesellschaftlichen Strukturen, Mitbestimmung war eine Kernforderung. Die Aktionskunst hinterfragte die Zuständigkeitsbereiche des Anbieters und des Anwenders. Derjenige, der die Kunst erstellte, ist nicht mehr der alleinige Vermittler einer Botschaft. Er soll auch nicht mehr der alles bestimmende Autor sein, der Einfluss auf Inhalt, Reihenfolge und Dramaturgie hat. Der Anwender sollte bewusst mit einbezogen werden. Dies sind die wesentlichen Bestandteile einer ›echten‹ Interaktion soziologischer Sichtweise.

Als Beispiel sei die Arbeit *Tapp und Tastkino* von Valie Export genannt, die 1968 in Wien präsentiert wurde und darin bestand, dass sich die Künstlerin einen Kasten vor die nackten Brüste schnallte, der zwar den Anblick verdeckte, aber durch Löcher zum ›Tastkino‹ einlud. Dieses Beispiel macht sehr deutlich, dass der Anwender die Bereitschaft haben muss, aktiv werden zu wollen. Das Werk kann zwar auch über die Beobachtung, im wahrsten Sinne des Wortes aber nur über die Interaktion erfahren werden. Zu beachten ist hier einerseits die Neugier, die Lust, aber auch die Scheu. Schließlich will kaum ein Anwender dem Werk zu sehr zu nahe treten. Zudem fühlt sich der Anwender beobachtet. Er möchte nichts falsch machen. Weder möchte er das Werk falsch ›bedienen‹, noch will er sich gesellschaftlich inkorrekt verhalten. Analogien zu interaktiven Produkten sind direkt wieder zu erkennen. Im Gegensatz zum klassischen Werk, bei dem sich die Rezeption in jeder Hinsicht mit einem gewissen Abstand durchführen lässt, fordern interaktive Produkte grundsätzlich das Aufgeben dieser Distanz. Es genügt nicht, sich intellektuell, emotional oder sinnlich mit dem Werk auseinanderzusetzen. Man muss sich selbst einbringen. Der Anwender muss aktiv werden, er muss Initiative zeigen, er muss seine Scheu überwinden.

Will man Interaktion mit Partizipation gleichsetzen und somit dem Anwender eine mitbestimmende Rolle zukommen lassen, bewegt man sich allerdings schnell auf die Grenzen jener Systeme zu, die in sich abgeschlossen sind. CD-ROM und DVD-Produktionen (DVD, Blu-ray Disc) sind Insellösungen, die bereits auf Grund der Eigenschaft der Trägermedien nur das wiedergeben können, was einmal vorbereitet und auf das Trägermedium gepresst bzw. gebrannt wurde. Lediglich die Anbindung an das Internet lässt dann noch eine dynamisch veränderbare Mitbestimmung zu und die zunächst geschlossenen Systeme würden mit ihm erweiterbar, sowohl hinsichtlich der Inhalte, als auch der Interaktion. Diese Erweiterung ermöglicht eine Aktualisierung von Inhalten auf einen Datenträger, aber auch einen Rückkanal zum Antworten und Reagieren. Das vorprogrammierte Wirkungsverhältnis einer Abfolge von Aktion und Reaktion könnte somit durchbrochen werden. Erst dann wäre ein Partizipieren des Anwenders durch Interaktion möglich. Der Autor muss es nur zulassen und mit entsprechenden Medien ermöglichen.

2.10.5 Interaktion als Erzählform

Die Auswahl der nun folgenden Beispiele war motiviert durch die Absicht, Varianten von Interaktivität zu nennen, die dazu dienen, Interaktivität als Erzähl- und Gestaltungsform zu verdeutlichen. Die Beispiele sollen helfen, den Blick für Möglichkeiten und Notwendigkeiten zu schärfen und vor allem, nach mehr zu suchen, als nur nach dem, was technische Spezifikationen an Möglichkeiten vorzugeben scheinen. Die hier gelisteten Werke sollten in keiner öffentlichen bzw. privaten Bibliothek für interaktive Produkte fehlen.

a) Interaktivität als unkalkulierbares Wesensmerkmal einer Erzählung – Interaktivität als Erlebnisform

Es gibt Produktionen, bei denen das Erleben der Auswahlmöglichkeiten, die Interaktion in Kombination mit Bild und Ton, die wesentliche Absicht ausmacht. Die Interaktion ist dabei weniger durch den Autor vorgeschrieben, als vielmehr abhängig von der Fähigkeit und Bereitschaft des Anwenders, intuitiv zu handeln.

Beispiele

- **Eve** (S. 120)
- **Myst I–Myst V** (S. 122)
- **Leben. Gebrauchsanweisung** (S. 123)
- **Donnie Darko** (S. 123)
- **Mut der Ahnungslosen** (S. 124)
- **Mouchette Suicide Kit** (S. 124)
- **Holocaust Memory** (S. 124)
- **JODI** (S. 125)

b) Interaktivität als kalkulierbares Wesensmerkmal einer Erzählung
Teil 1 Interaktivität im Kino und am Fernseher

Die Interaktivität im Kino und am Fernseher scheitert häufig daran, dass für eine Interaktionsentscheidung eine Mehrheit gefunden werden muss. Dies führt stets dazu, dass ein Teil, schlimmstenfalls fast die Hälfte aller Beteiligten, enttäuscht werden muss. Im Kino konnten sich interaktive Filme daher nicht durchsetzen und behielten das Image einer Jahrmarktattraktion. Live im Fernsehen übertragene Sendeformate mit interaktiven Eigenschaften wurden bereits seit 1964 mit der Sendung *Der goldene Schuss* erprobt.

Die Linearität eines Films wurde allerdings bereits wesentlich früher durch Auswahl erweitert. So bot beispielsweise der Filmvorführer Edwin S. Porter bereits 1903 oder Orson Welles mit seinem Film *Citizen Kane* von 1941 Auswahlmöglichkeiten. Diese waren für das Publikum allerdings stark eingeschränkt. Da zu Zeiten von Edwin S. Porter die Filmproduzenten jeweils einzelne Szenen an Filmtheater verkauften, die diese dann zu einem Programm zusammenstellten, konnte Edwin S. Porter sein Publikum fragen, ob es die damals sehr beliebten Schießereien bereits am Anfang oder erst am Ende des Film sehen wollte. Orson Welles bot 1941 hingegen für sein Publikum mit seinem Film *Citizen Kane* eine andere Form der Auswahl. Er zerlegte eine Bildaussage nicht in mehrere Kameraeinstellungen hintereinander, sondern zeigte sie gleichzeitig in einem Bild. Durch diese Totalen, die relativ lang waren, und durch eine entsprechende Tiefenschärfe, wurde allen im Bild vorhandenen Details und Personen gleich viel Aufmerksamkeit geschenkt und dem Publikum zur freien Auswahl angeboten. Jeder im Publikum konnte seinen Fokus individuell auf den Bereich lenken, der ihm gerade am wichtigsten erscheint.

Ein weiteres Beispiel mit kalkulierter Auswahl ist der Film *One Man and his World*, den Radusz Cincera zur Weltausstellung Expo 1967 in Montreal, Kanada, mit seinem ›Kino-Automat‹ vorstellte. Der Film wurde mehrmals gestoppt und bot dem Publikum dann die Gelegenheit, zu entscheiden, wie es, ausgehend vom zur Verfügung gestellten Material, weitergehen soll.

Das Filmprojekt *D-Dag* des Dogma-95 Regisseurs Thomas Vinterberg funktioniert nach einem ähnlichen Entweder-Oder-Auswahl-Prinzip.[12] *D-Dag* lief am 1. Januar 2001 zeitgleich auf sieben dänischen Fernsehkanälen. Gedreht und ausgestrahlt wurde innerhalb von zwei Tagen. Auf den ersten vier Kanälen liefen vier unterschiedliche Filmvarianten, jeweils von einem anderen Regisseur produziert. Auf Kanal fünf wurden alle vier Varianten auf einem Bildschirm im Split-Screen-Format gezeigt und auf Kanal sechs und sieben war Making-Of-Material zu sehen. So wurde eine Auswahl-Möglichkeit, wie sie z. B. interaktive DVDs bieten, auf sieben Fernsehkanäle verteilt.

Mike Figgis bot zuvor im Jahr 2000 mit seinem Film *Timecode* eine subtiler vorbereitete Version des parallelen Erzählens (siehe S. 129). Er zeigt gleichzeitig vier unterschiedliche Szenen in einem Split-Screen, allerdings nicht von verschiedenen Filmen, sondern von einem einzigen, und hat dabei die Dramaturgie der einzelnen Szenen zueinander sehr fein abgestimmt. Die gleichzeitig gezeigten Szenen treffen sich und somit auch die Figuren des Films. Der Zuschauer kann seine Aufmerksamkeit auf ein Viertel des Split-Screens richten, ohne die anderen drei außer Acht zu lassen. Der Übergang vom Angebot, einfach nur auswählen zu können, und zur Auswahl als dramaturgisches Stilmittel ist bisweilen fließend.

Fernsehbetreiber bemühen sich bereits seit langem mit verschiedenen Mitteln darum, den Zuschauer stärker in die Ereignisse des Fernsehangebots zu integrieren und so zum Teil des Angebots werden zu lassen. Lou van Burg moderierte mit der Sendung *Der goldene Schuss* am 4. Dezember 1964 im ZDF wohl eine der ersten deutschen interaktiven Sendungen. Vier Zuschauer und vier Saalkandidaten konnten über eine Zielvorrichtung, die über das Fernsehbild dargestellt und per Telefonzuschaltung von den Kandidaten gesteuert wurde, eine Armbrust auf einen Apfel ausrichten. Der treffsichere Schütze konnte einen Geldbetrag und den Titel ›Tele-Tell‹ erringen. Die Show lief erfolgreich mit hoher Zuschauerquote, seit 1967 von Vico Torriani moderiert, bis zur 50. Sendung im Jahre 1970.

1977 startete Thomas Gottschalk in Südwest 3 der ARD die Sendung *Telespiele*. Wieder konnten die durch Telefon zugeschalteten Zuschauer am Fernsehgeschehen aktiv teilnehmen. Durch die Erzeugung von Geräuschen konnten Zuschauer die Steuerungselemente von Videospielen wie z. B. *Pong* (Ping-Pong am Fernseher) bewegen. Dabei konnten zwei Anrufer oder zwei Saalkandidaten untereinander oder Anrufer und Saalkandidaten miteinander spielen. Fernseher und Telefon bildeten die Vermittlungsplattform. Beim Fernsehsender Kabel1 folgte am 18. April 1994 die Sendung *Hugo* mit einem sehr ähnlichen Konzept, wobei allerdings die aktuellen technischen Möglichkeiten genutzt wurden, und zwar bessere Grafiken und das Angebot, mithilfe digitaler Telefontechnik die Steuerungselemente bzw. Spielfiguren über die Telefontasten steuern zu können (4 = links, 6 = rechts, 2 = oben, 8 = un-

12 Weitere beteiligte Regisseure: Lars von Trier, Søren Kragh-Jacobsen, Kristian Levring

ten). *Hugo* wurde bereits seit 1990 im dänischen Fernsehen erfolgreich gesendet in vielen anderen Ländern übernommen. Der als Zeichentrickfigur dargestellte Hugo musste vom Zuschauer, ähnlich wie bei einem einfachen Autorennen-Spiel, bei dem sich die Rennstrecke inklusive Hindernisse hinter dem zu steuernden Rennwagen bewegt, an den Hindernissen vorbei ans Ziel geführt werden, wobei so viele Punkte wie möglich zu sammeln waren. Weitere über Fernsehsender ausgestrahlte Computer-Spiel-Shows, die allerdings alle bereits abgesetzt wurden, sind *X-Base* und *Games World. Hugo* wurde am 27. Dezember 1997 vom Programm des Fernsehsenders Kabel1 genommen.

All diese Konzepte waren dadurch gekennzeichnet, dass sie lediglich eine oder mehrere vorbereitete Auswahlmöglichkeiten bieten und zudem nur von ein bis zwei Personen gleichzeitig gesteuert bzw. beeinflusst werden können. Bei der ZDF-Sendung *Wünsch Dir was* (seit 1969) konnte man nicht als zuvor ausgewählte Einzelperson entscheiden, sondern nur im Kollektiv. Ganze Regionen von Zuschauern wurden aufgefordert, an Entscheidungen teilzuhaben. Zuschauer aus vorher festgelegten geografischen Regionen konnten die Saalkandidaten bewerten, indem sie z. B. ihren Strom- bzw. Wasserverbrauch innerhalb eines bestimmten Zeitraums erhöhten. Der gesteigerte Verbrauch wurde in den vorher bestimmten Versorgungsbetrieben gemessen und die Werte wurden an die Fernsehshow übermittelt. Eine weniger verschwenderische Weiterentwicklung dieser Idee ist der ›Tele-Dialog‹, auch TED genannt, der seit 1979 die noch heute gültige Form der kollektiven Interaktion mit Fernsehsendungen darstellt. Sie hat sich lediglich um die Möglichkeiten der SMS und um die sich dadurch ergebenden erheblich höheren Gebühren weiterentwickelt.

Ein sehr gelungenes Beispiel für die Interaktion zwischen Zuschauer und Fernsehen ist der Krimi *Mörderische Entscheidung – Umschalten erwünscht* des deutschen Regisseurs Oliver Hirschbiegel. Die Fernsehsender ARD und ZDF strahlten diesen Film am 15. Dezember 1992 gleichzeitig aus. Man konnte zwischen diesen Sendern hin und herschalten, ohne dass der Zusammenhang verloren ging. Nur änderte sich jeweils die Sichtweise, denn man konnte die Geschichte aus Sicht der Frau (ARD) oder aus der des Mannes verfolgen (ZDF).

Ende 1995 strahlte der Fernsehsender SWF 3 die interaktive Multimediaparty *SWF 3 – Nachtfieber* aus, die gleichzeitig im Fernsehen und im Radio gesendet wurde und auch im Internet verfolgt werden konnte. Saalkandidaten, Partygäste und die virtuellen Gäste konnten über das Internet und mit Hilfe von Telefon und Faxgeräten miteinander kommunizieren. Um die Kontrolle über das zu wahren, was in diesem Zusammenhang über den Sender geht und im Internet gezeigt wird, wurden alle Kommunikationskanäle moderiert. Diese Show war vergleichbar mit einem moderierten Chat. Nach drei Pilotsendungen wurde die interaktive Multimediaparty abgesetzt.

All diese Steuerungsvarianten ermöglichen es allerdings selten, die Dramaturgie einer Fernsehsendung, einer Show oder eines Films zu beeinflussen. Dem Anwender werden lediglich Auswahlmöglichkeiten angeboten, bei denen antizipierte Erwartungen in der Regel wenig enttäuscht werden. Es bleibt allerdings dennoch genug Spielraum für Überraschungsmomente, indem z. B. mit Erwartungen bewusst gespielt wird. Eine auf Auswahlmöglichkeiten reduzierte Interaktion muss daher nicht unbedingt als Interaktion ohne dramaturgische Stilmittel gelten. Dass Interaktion bereits ›nur‹ mit filmischen und erzählerischen Mitteln spürbar gemacht werden kann, wird bei zahlreichen Filmen deutlich, die mit parallelen Handlungen, mit Rückblicken arbeiten und Geschichten aus mehreren Perspektiven erzählen. Als Beispiel sind da Filme von Maya Deren zu nennen, der Film *Lola rennt* von Tom Tykwer, *Memento* von Christopher Nolan, *Die Versuchung – Tender Loving Care* von Rob Landeros und David Wheeler oder *I'm your man* von Bob Bejan.

Im Nachfolgenden werden einige Abbildungen von Fernseh- und DVD-Produktionen gezeigt, die eine Interaktivität als Auswahl nachempfinden lassen und die Interaktivität als kalkulierbares Wesensmerkmal einer Erzählung erfahrbar machen.

Beispiele
- **Eines Nachts** (S. 126)
- **Schöne Heimat** (S. 128)
- **Timecode** (S. 129)
- **Die Versuchung – Tender Loving Care** (S. 132)
- **I'm your man** (S. 133)
- **Murphys Loch** (S. 134)

Teil 2 Interaktivität als Auswahl am Computer

Beispiele
- **253, Tube-Theatre** (S. 134)
- **[kleine welt]** (S. 134)
- **Kindergeschichten – Eine nonlineare Novelle** (S. 135)

c) Interaktivität als dramaturgische Entscheidung

Teil 1 Erzählung aus verschiedenen Blickwinkeln   Es gibt Produktionen, bei denen der Anwender entscheiden kann, aus welcher Perspektive er eine Geschichte verfolgen möchte. Er verändert dabei allerdings nicht den Inhalt. Der Autor bleibt Herr der Erzählung. Ein gelungenes Beispiel ist der Krimi *Mörderische Entscheidung – Umschalten erwünscht* des deutschen Regisseurs Oliver Hirschbiegel (siehe unter *2.10.5 b)*, S. 117. Weitere Beispiele mit Auswahlangeboten, durch die dramaturgische Entscheidungen möglich werden, sind folgende:

Beispiele
- **Plötzlich und unerwartet** (S. 136)
- **Der Umschlag, InterAction-Movie** (S. 136)

Teil 2 Manipulation der Erzählung durch den Anwender   Der Anwender erhält die Gelegenheit, die Handlung einer Geschichte grundlegend zu ändern.

Beispiele
- **Die Versuchung – Tender Loving Care** (S. 132)
- **I'm your man** (S. 133)
- **Point of View** (S. 135)

d) Interaktivität als Ursache einer Erzählung, die erst durch das Handeln des Anwenders entsteht

Im Gegensatz zur linearen Erzählform gibt es in den Kategorien der nonlinearen bzw. interaktiven Erzählformen die Möglichkeit, eine Erzählung erst durch das Handeln des Anwenders entstehen zu lassen.

Beispiele
- **VLIGHT, VJ-Einheit** (S. 136)
- **[korsakow syndrom]** (S. 137)
- **Audio Visual Environments** (S. 137)
- **Bruce Lee** (S. 137)

e) Interaktivität für strategische Auswahlmöglichkeiten

Strategische Auswahlmöglichkeiten finden häufig bei Computer- bzw. bei Strategiespielen Anwendung. Strategische Auswahlmöglichkeiten können aber auch bereits mit klassischer Außenwerbung z. B. mit einem **interaktiven Plakat**, das sich über Bluetooth oder SMS ansteuern lässt, erzielt werden. Über Bluetooth kann man von entsprechend aufbereiteten Plakaten Zusatzinformationen, Klingeltöne oder Ähnliches herunterladen oder gar per SMS Elemente der Außenwerbung steuern. So war es 2006 z. B. am Dortmunder Hauptbahnhof bei einem 170 Quadratmeter großen 3D-Poster eines Anbieters von Gartenpflegewerkzeugen möglich, per SMS eine am Plakat angebrachte Brause zu steuern und Passanten nass zu spritzen. Neben diesen Spaßmomenten können solche interaktiven Plakate Aufschluss darüber geben, ob und wie lange ein Plakat wahrgenommen wird. Je nach Konzept können gleichermaßen für Anbieter und Anwender Mehrwerte generiert werden.

Beispiele
- **2D Barcode** (S. 138)
- **Semapedia.org** (S. 139)
- **Berlin-Connection** (S. 140)
- **Civilization** (S. 140)
- **Driv3r** (S. 141)
- **Sim City** (S. 141)

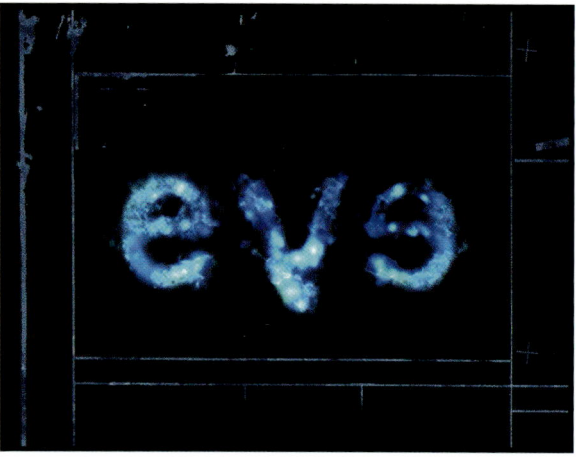

Abb. 84 a–d

EVE

CD-ROM, 1996

Eine experimentelle Entdeckungsreise basierend auf Songs von Peter Gabriel. Anders als bei seiner ersten CD-ROM *Explora* aus dem Jahr 1993, die mit Macromedia Director entwickelt wurde, ist *EVE* mit einer proprietären Autorensoftware der Starwave Corporation aus Seattle, USA, entwickelt worden, die Paul Allen gehört, dem Mitbegründer von Microsoft.

Sechzig Entwickler haben zwei Jahre lang in Gabriels Realworld-Studios an dieser CD-ROM gearbeitet. An der Gestaltung waren maßgeblich die vier Künstler Yayoi Kasuma, Helen Chadwick, Cathy de Monchaux und Nils-Udo Laas beteiligt, die vier unterschiedliche Welten (mud, garden, profit, paradise) entwickelten. Bei dieser experimentellen Entdeckungsreise müssen – vorgegeben durch die Kosmologie von Peter Gabriel – nacheinander vier Welten durchschritten werden. Es geht bei dieser Arbeit um das Sammeln und Zusammenfügen und um das Experimentieren mit einer Umwelt.

Die CD-ROM beinhaltet eine Ansammlung puzzleartiger Szenen. Der Anwender muss gewillt sein, jeden Stein umzudrehen, jedes vermeintliche Interaktionsangebot auszutesten und zu suchen, um innerhalb einer Szene weiter und somit auch in die nächste zu kommen. Diese Neugier, aber auch Geduld wird belohnt mit bildhaften und akustischen bzw. musikalischen Erlebnissen und mit der Befriedigung des Spiel- und Entdeckertriebs.

Die technischen Möglichkeiten einer CD-ROM wurden dabei in keiner Weise ausgelotet. Die meisten Interaktionsangebote konzentrieren sich hier auf ein Anklicken bzw. Auswählen und hätten sich auch mit den relativ eingeschränkten Möglichkeiten einer DVD-Video realisieren lassen. Was die Video- und die Klangqualitäten inklusive der Möglichkeiten des Raumklangs anbetrifft wäre die DVD gerade für eine solche Produktion das ideale Medium.

Abb. 85 a–b

Myst I–V

CD-ROM, 1993–2005

Nach zwei Jahren Entwicklungszeit bei Cyan (www.cyan.com) wurde *Myst* im Jahre 1993 im Handel angeboten und wurde der meistverkaufte Titel weltweit (ca. 7 Millionen verkaufte Exemplare). Zum ersten Mal wurde eine CD-ROM als Datenträger für Spiele verwendet, um die vielen vorgerenderten Bilder fassen zu können. Diese Arbeit zeichnet sich dadurch aus, dass sie fast nur aus Standbildern besteht und somit der Behauptung entgegentrat, nur das bewegte Bild könne bewegen. Der Anwender kann sich Schritt für Schritt durch eine dreidimensionale, künstlich geschaffene Welt bewegen, indem er Richtungspfeile oder Gegenstände anklickt und ausschließlich auf diesem Wege Entscheidungen fällt. Beschrieben klingt dieser Vorgang banal und langweilig. Umso erstaunlicher ist es, dass gerade diese Einfachheit, allerdings kombiniert mit den phantastischen Bildern und den sich zunehmend erschließenden Zusammenhängen, so viele Anwender auf der ganzen Welt ansprach und noch immer

begeistert. Es sind eben doch die Bilder, die Töne und letztendlich der Umstand, dass etwas erzählt wird, was die Zuschauer begeistert. Eigenschaften des Films werden zudem kombiniert mit der Möglichkeit des Entdeckens und der Illusion, selbst auswählen zu dürfen, also mit einer Umwelt interagieren und vermeintlich selbst entscheiden zu können. Selbst wenn man sich bewusst ist, dass jeder ›Klick‹ vorausgeplant ist und nichts wirklich Unvorhergesehenes geschehen kann, bleibt das Gefühl, etwas zu entdecken und einer Herausforderung zu begegnen, erhalten.

www.myst.com/myst_home.html (*Myst I*)
www.myst3.de (*Myst III*)
www.mystmasterpiece.com (*Myst IV*)
http://mystvgame.com (*Myst V*)
http://store.ubi.com
(Shop von Ubisoft, dem Vertrieb)
http://uru.ubi.com/de (Community)
http://mystgames.home.pages.at/history/history.htm (Fan-Website)

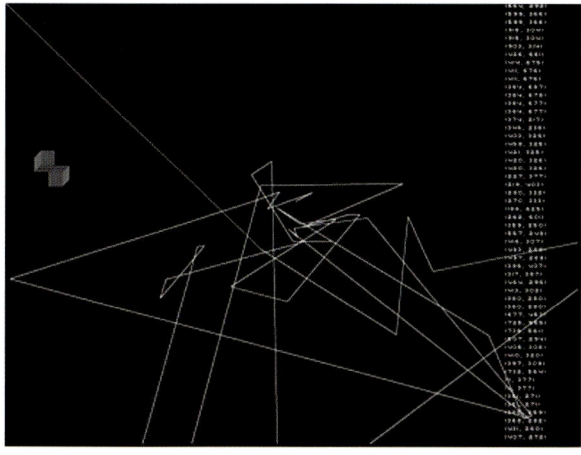

Abb. 86 a–b

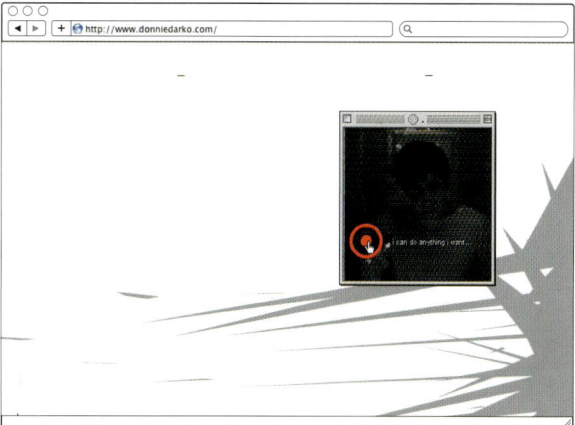

Abb. 87

Leben.
Gebrauchsanweisung

CD-ROM, 2000

Dies ist ein literarisches Puzzlespiel, basierend auf einer Roman-Vorlage von Georges Perec. Georges Perec beschreibt in 99 Kapiteln 99 Räume bzw. jene Personen, die in diesen Räumen gelebt haben, noch leben oder mit ihnen in Berührung gekommen sind. Jedes Kapitel ist in sich geschlossen, aber auch Puzzleteil einer großen Geschichte und modular kombinierbar mit den anderen Kapiteln.

Die Autoren dieser CD-ROM greifen diese Modularität und Kombinierbarkeit auf und übertragen sie in die nonlineare, interaktive Architektur ihres Projekts. Der Anwender muss sich seinen Weg durch *leben.gebrauchsanweisung* selber suchen. Er muss Wandelemente verschieben, um dadurch neue Wandkombinationen zu bilden, die wiederum neue Räume ergeben und somit Zugang zu einem weiteren der 99 Räume. Die auf diesem Wege ausgewählten Geschichten werden akustisch übermittelt.

Die Interaktion bezieht sich in erster Linie auf die Möglichkeit, etwas greifen und verschieben zu können (hier die Wandelemente) und damit im Rahmen der vorgegebenen Strukturen etwas Neues zu schaffen. Dadurch werden die Geschichten von Peres anders wahrgenommen, als im Buch. Hier dient Interaktion zur Erweiterung der Wahrnehmung und Vorstellung.

Gestaltung: Holger Gathmann, Christian Bimm Doers und Svenja Schelberg, www.perec.de.

Donnie Darko

Website, 2001

Interaktiver Webteaser zum gleichnamigen Spielfilm. Der Anwender nähert sich dem Inhalt der Geschichte durch Beantworten von Fragen und durch das Auswählen von Hinweisen. Er erhält die Illusion, den Verlauf des Geschehens beeinflussen zu können. Je nachdem, ob er Fragen mit Ja oder Nein beantwortet bzw. welche Hinweise er anklickt, werden weitere Details offenbart, die wiederum zum Weitermachen animieren.

Gestaltung: hi-res, England.
www.donniedarko.com

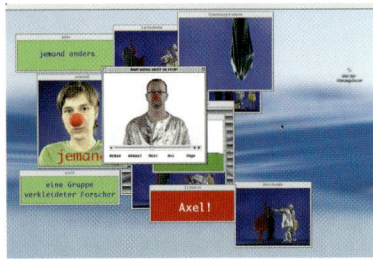

Abb. 88

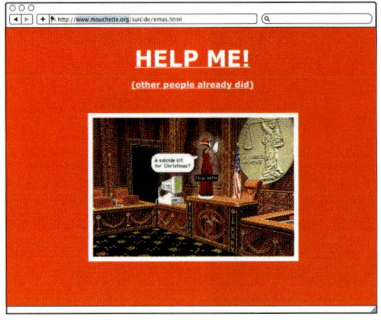

Abb. 89

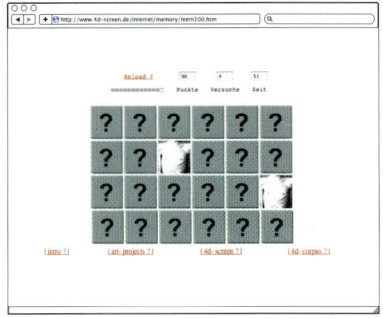

Abb. 90

Mut der Ahnungslosen

CD-ROM, 1998

Die einzelnen Protagonisten in den zahlreichen Fenstern lassen sich per Maus-Klick anwählen und treten untereinander, aber auch mit dem Anwender in einen Dialog. Nach jedem Anklicken öffnen sich weitere Fenster. Diese Arbeit erfordert den Mut eines Ahnungslosen, um sich der schieren Unendlichkeit dieser Geschichte zu stellen. Das Ende definiert sich nur dadurch, dass irgendwann der gesamte Monitor mit Fenstern überfüllt ist. Hier wird die Dynamik und freie Programmierbarkeit genutzt, die nur ein Computer, ein dynamisch veränderbares Medium, bieten kann. Diese Arbeit regt an, gleichzeitig stattfindende Ereignisse gegenüberzustellen, wie z. B. beim Film *Timecode* von Mike Figgis, der weiter unten beschrieben wird. Außerdem erkennt man eine Spielart, wie man Ereignisse parallel verlaufen oder miteinander kommunizieren lassen kann. Die Interaktion besteht dabei aus dem Auswählen von Fenstern und Aktionen innerhalb dieser Fenster. Es ist unschwer zu erkennen, dass man hier auch Verknüpfungen setzen und festlegen könnte, um eine vom Anwender abhängige und somit frei wählbare Abfolge zu ermöglichen, was die Entwickler von *Mut der Ahnungslosen* allerdings nicht integrierten.

Konzept und Regie: Rigoletti M. und Lotio F. Erstellt an der Filmakademie Baden-Würtemberg.

Mouchette Suicide Kit

Internet 1997

Der Anspruch eines jeden Autors, die Abfolge einer Geschichte bestimmen und festlegen zu können, wird bei diesem Werk in Frage gestellt. Die Inhalte bilden sich in erster Linie aus den Beiträgen, die die Besucher der Website in das Forum eingeben. Hier findet eine nicht voraussehbare Interaktion zwischen den Beiträgen bzw. deren Autoren und Besuchern statt, indem die Beiträge gelesen werden, etwas beim Leser auslösen und bisweilen zum Antworten bzw. Ergänzen der Inhalte veranlassen.

Suicide Kit (www.mouchette.org/suicide/xmas.html) und Flesh&Blood (www.mouchette.org/flesh/tong.html) stammen von Mouchette, Cyberspace.

Holocaust Memory

Internet, 2001

Dieses Spiel hinterfragt das Kurzzeitgedächtnis des historischen Bewusstseins. Es wird ein Wettlauf der Erinnerung gegen die Zeit inszeniert, indem man sich, wie beim klassischen Memory-Spiel, in begrenzter Zeit an identische Bildpaare erinnern muss. Nur dass hier die Bildpaare Ausschnitte des Grauens des Holocaust darstellen. Die Interaktion im Spiel wird erweitert um den Faktor des Erinnerns und die daraus resultierenden Gedanken, Gefühle und Beklemmungen. Dadurch wird eine Interaktion in und mit einem selbst in Gang gesetzt. Der innere Dialog wird als Interaktion bewusst. Es ist demnach nur ein Auslöser von außen erforderlich, um selbst Sender und Empfänger zu werden. Der innere Film speist sich dann aus den eigenen Erinnerungen, Vorstellungen und Sichtweisen, die wiederum durch die eigene Analyse, die man zulässt oder nicht, transformiert werden. Der Autor dieser Website lässt dadurch eine inhaltliche Auseinandersetzung als innere Interaktion erkennen, von der dann weitere Interaktionen ausgehen könnten, die über den inneren Dialog hinausgehen.

Gestaltung: Frank Richter. www.4d-screen.de/internet/memory/mem100.htm

Abb. 91 a–d

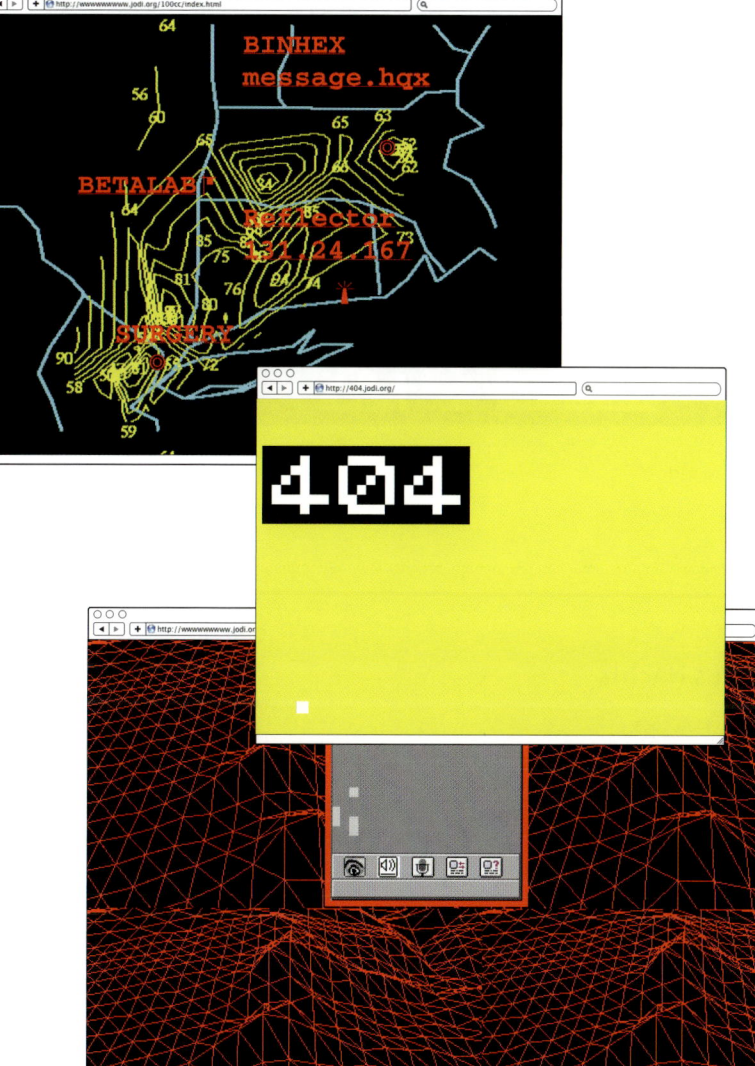

JODI

Websites, seit 1994

Das holländisch-belgische Künstlerduo
JODI (Joan Heemskerk, Dirk Praesmans)
zeigt mit Dysfunktionalität die Eigenarten des Computers und die seiner Funktionalitäten zum Vorschein. Sie bringen
in ihren Arbeiten den Computer scheinbar zum Absturz und missachten bewusst jede Regeln des nutzergerechten
Gestaltens von Interfaces und dessen
Interaktionsangeboten. JODI arbeitet
seit 1994 künstlerisch an der Destruk-
tion der funktionalen und ästhetischen
Erscheinung des Internet und schafft
dabei eine Schönheit an Reduktion
und Unordnung. Man darf sich nicht
wundern, wenn nach Eingabe der URL
www.jody.org der Bildschirm flimmert
und sich zahlreiche Browser-Fenster
öffnen, die wild hin und herfliegen.
JODIs Werke, wie z. B. *Untitled Games*
aus dem Jahr 2002, lassen sich bisweilen
nur mit dem absoluten Abbruch des
Programms oder durch einen Neustart
des Computers stoppen.

www.jodi.org
http://404.jodi.org
http://asdfg.jodi.org/cgi-bin/zxcvb.cgi
http://wwwwwwwww.jodi.org
http://wwwwwwwww.jodi.org/betalab
http://wwwwwwwww.jodi.org/100cc/zxcvb/
index.html
www.0100101110101101.org/home/jodi.org
(Raubkopien früher Jodi-Arbeiten)
http://oss.jodi.org (Seite mit ›bösartigem
Javascript‹)
Untitled Game, JODI, 2002 (CD-ROM, 2002)

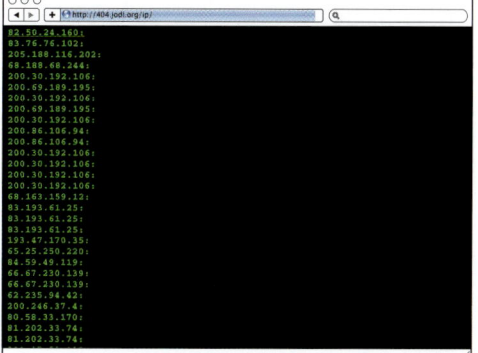

Abb. 92 a–d

Eines Nachts

DVD-Video, 2003

Auf einer Grundidee aufbauend entstanden bei dieser Arbeit viele verschiedene Handlungen, die als Gesamtes einen Zusammenhang bilden, jedoch auch für sich allein genommen jeweils eine eigene kleine Geschichte darstellen. Aus kleinen Einheiten können durch den Anwender der DVD weitere Geschichten zusammengesetzt werden, wodurch das Hauptgeschehen, ein Mord, aus verschiedenen Perspektiven betrachtet und sogar durch den Anwender verhindert werden kann.

Im Stil einer Bildergeschichte werden viele Szenen nur als Standbild mit Texttafeln dargestellt. Je nach Szene und je nach Auswahl durch den Anwender werden Teilbereiche der im Comic-Stil dargestellten Ereignisse als Bewegtbildsequenz abgespielt. Die Interaktion ergibt sich einerseits aus dem Betätigen der Pfeiltasten, um zur nächsten Szene zu gelangen, was dem Weiterblättern einer Seite entspricht, andererseits kann der Beobachter zum Anwender werden, indem er in einigen Bereichen entscheiden kann, welchen Verlauf der Geschichte er bevorzugt. Da die Folgen für den Beobachter nicht immer exakt einzuschätzen sind, können durchaus auch unerhoffte Wendungen der Geschichte ausgelöst werden.

Die Arbeit entstand im Rahmen der Diplomarbeit von Israfil Ceylan am Fachbereich Gestaltung der FH Bielefeld, Betreuung: Torsten Stapelkamp.

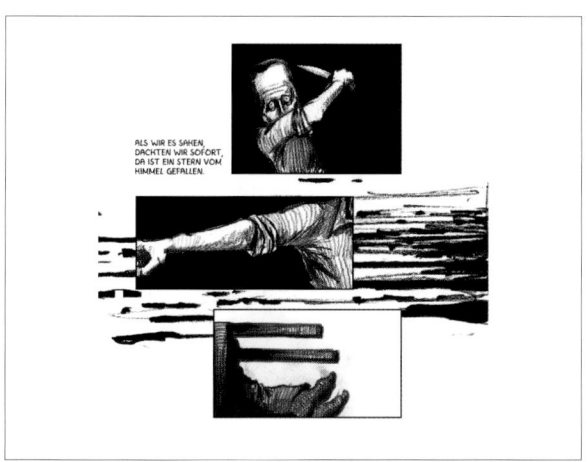

Abb. 93 a–b

Schöne Heimat

DVD-Video, 2004

Dieser multilineare Spielfilm vereint in sich lineare, nonlineare und interaktive Erzählformen. Der Zuschauer darf gleichermaßen Beobachter und Anwender dieser Arbeit sein. Es gibt einen linearen Film, den man sich in Ruhe anschauen kann, der aber auch dezente Hinweise auf Auswahlmöglichkeiten bietet, die dem Beobachter Zugang zu ›Nebenfilmen‹ ermöglicht, durch die er detaillierte Informationen erhält, um sich die Hintergründe der Geschichte erschließen zu können.

Die Autorinnen schreiben dazu: »Die Realität ist manchmal mehr Schein als Sein. Hinter jeder süßen kann auch eine bittere Wahrheit stecken. Am besten geeignet erschien es uns, dem Zuschauer diese zusätzlichen Informationen in kurzen Filmen zu präsentieren, er sollte häppchenweise die Wahrheit erfahren. So ist es ihm selbst überlassen, ob er vielleicht an einer bestimmten Stelle abbricht, um sich den Rest der Illusion zu erhalten oder alles erfahren möchte. Wir wollten ein ›mehr an Film‹ schaffen und als ob

der Film den Rest der Geschichte erzählen möchte, bilden sich animierte Links ab, die in den jeweiligen Nebenfilm springen und danach wieder zurückführen.«

Die Nebenfilme bieten filmisch-dramaturgische Informationen, wodurch deutlich wird, dass auch bei einem Interaktionsangebot, das in erster Linie ›nur‹ verschiedene Auswahlvarianten bietet, eine Einflussnahme durch den Anwender stattfinden und durchaus Auswirkungen auf die Dramaturgie haben kann. Dass dies nicht unbedingt zu Lasten der Qualität des gesamten filmischen und erzählerischen Werks gehen muss, zeigt dieser multilineare Spielfilm auf DVD (siehe auch Zusammenschnitt der DVD unter: http://www.vimeo.com/ interfacedesign).

Hildebrandt, Gabriela/Schiebler, Susanne, Diplomarbeit, Uni-Weimar. (www.glanzundgloria.com)

Abb. 94
Abbildung aus dem Film.

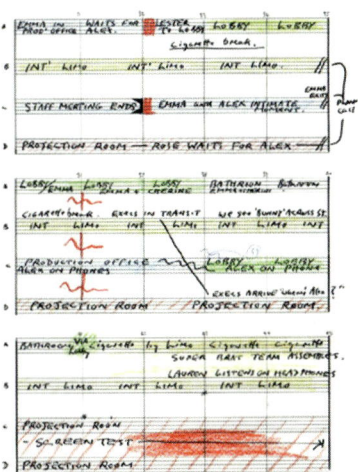

Abb. 95
Drehbuch.

Timecode

Fernsehen, DVD-Video, 2000

Mike Figgis beschreibt mit *Timecode* das Leben und Arbeiten in der Traumfabrik Hollywood, so wie man es sich dort vorstellt und auch erwartet. Bereits der Titel *Timecode* lässt allerdings vermuten, dass es weniger um den Plot als um das Experimentieren mit Erzählformen geht. Der Film besteht aus vier gleichzeitig von Digital-Kameras ohne Schnitt aufgenommenen Teilen. Diese vier scheinbar voneinander unabhängigen, verschiedenen Szenen überschneiden, vermischen und verknüpfen sich im Verlauf des Films zunehmend miteinander.

Dargestellt werden die vier Szenen gleichzeitig als Splitscreen in vier gleich großen Teilen auf dem Monitor. Die Szenen verlaufen zueinander ungeschnitten, synchron und in Echtzeit. Dass die vier Szenen synchron zueinander verlaufen, wird durch ein Erdbeben deutlich, das in allen vier Screens gleichzeitig zu sehen ist. Die Protagonisten der vier Szenen treffen nacheinander oder teilweise sogar zur gleichen Zeit in mehr als nur einen der vier Screens auf und wandern manchmal sogar von einen Screen in den anderen und sind dann gleichzeitig aus verschiedenen Perspektiven zu betrachten.

Da der Ton meistens nur von einem der vier Screens zu hören ist, wird dem Betrachter vermittelt, auf welchen Screen er seine Hauptaufmerksamkeit lenken soll. Über die Zahlentasten der Fernbedienung lässt sich allerdings für jeden der vier Screens der passende Ton gezielt auswählen. Und mit der Zahlentaste 7 kann eine synchron zum Film verlaufende Beschreibung des Regisseurs eingeschaltet werden. Ein weiterer Attraktor ist die Dramaturgie der Handlung selbst. Die lesbische Freundin einer karriereorientierten Filmschauspielerin wirft ihr Untreue vor und veranlasst ihre Bespitzelung. Diese beteuert zwar ihre Unschuld, hat aber eine Affäre mit einem alkoholabhängigen Filmproduzenten, der es nicht erträgt, dass seine Ehe scheiterte.

Um die vier Szenen synchron planen zu können nutzte Mike Figgis Notenblätter als Grundlage für das Drehbuch, welches nur aus wenigen Notizen besteht.

Besonders interessant ist es, dass sich auf dem ROM-Teil der DVD eine interaktive Applikation befindet, mit der sich das Drehbuch synchron zum Film anschauen lässt. Vermutlich wird diese sehr aufschlussreiche interaktive Dokumentation des Drehbuches kaum jemandem aufgefallen sein, da es zum Zeitpunkt des Erscheinens dieser DVD nicht üblich war, dass sich auf dem ROM-Teil einer DVD Dateien befinden, die man am Computer nutzen kann. Ein interessantes Interview mit Mike Figgis über seinen Film *Timecode*, über die Entwicklung der Filmindustrie und die Veränderung der Erzählformen durch digitale Medien ist im Internet zu finden unter:
www.indiewire.com/people/
int_Figgis_Mike_000428_p1.html

Figgis, Mike (Regie und Drehbuch), Spielfilm, Studio: Optimum Home Entertainment.

Abb. 96
Drehbuch und Film werden synchron dargestellt. Das Drehbuch lässt sich mit der Computermaus greifen und nach links und rechts verschieben. Parallel dazu spult oben die verkleinerte Darstellung des Films vor bzw. zurück. Zusätzlich werden sämtliche Dialoge als Text dargestellt (Multimedia-Produktion: Angry Monkey, www.angry-monkey.com).

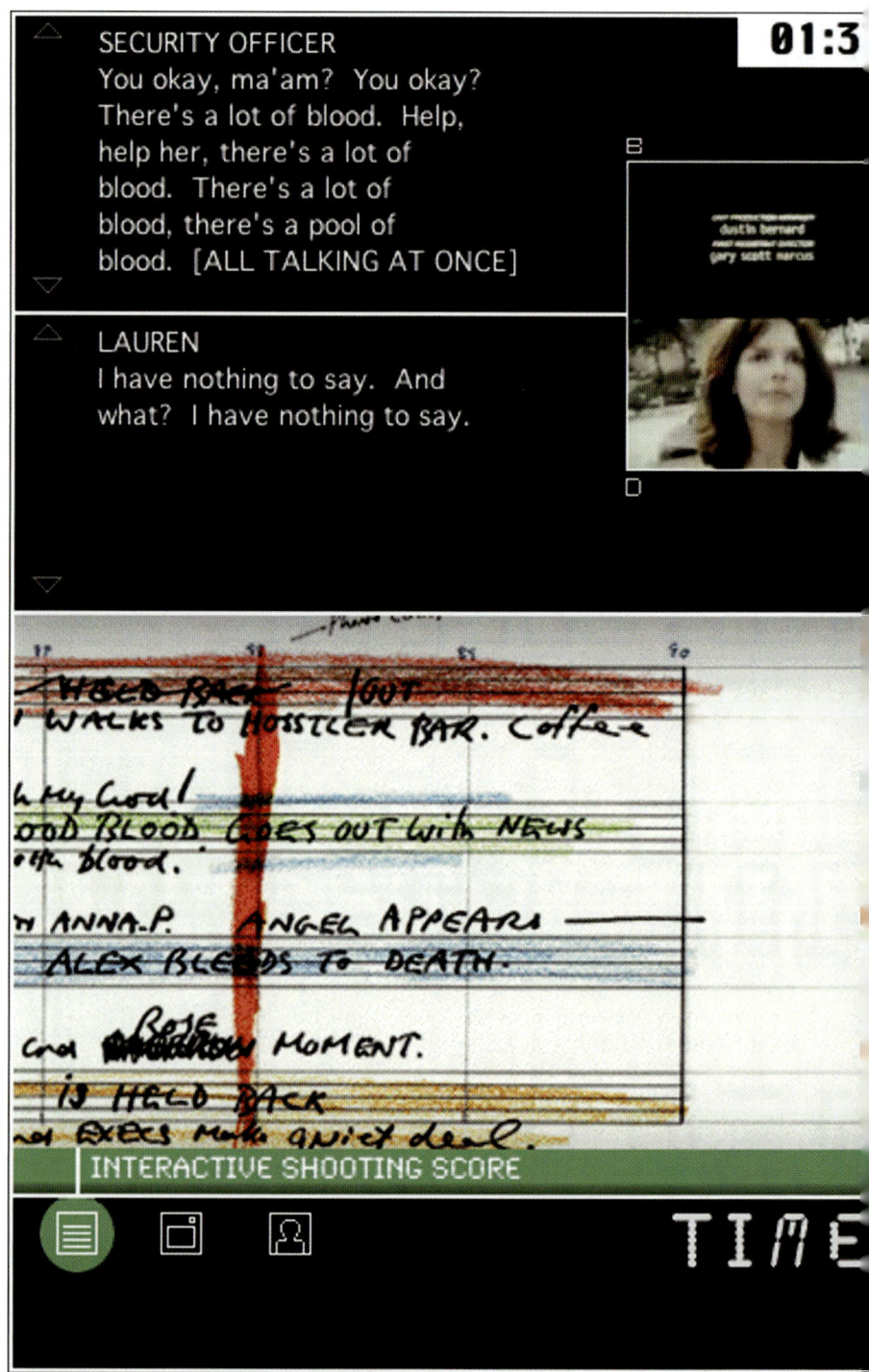

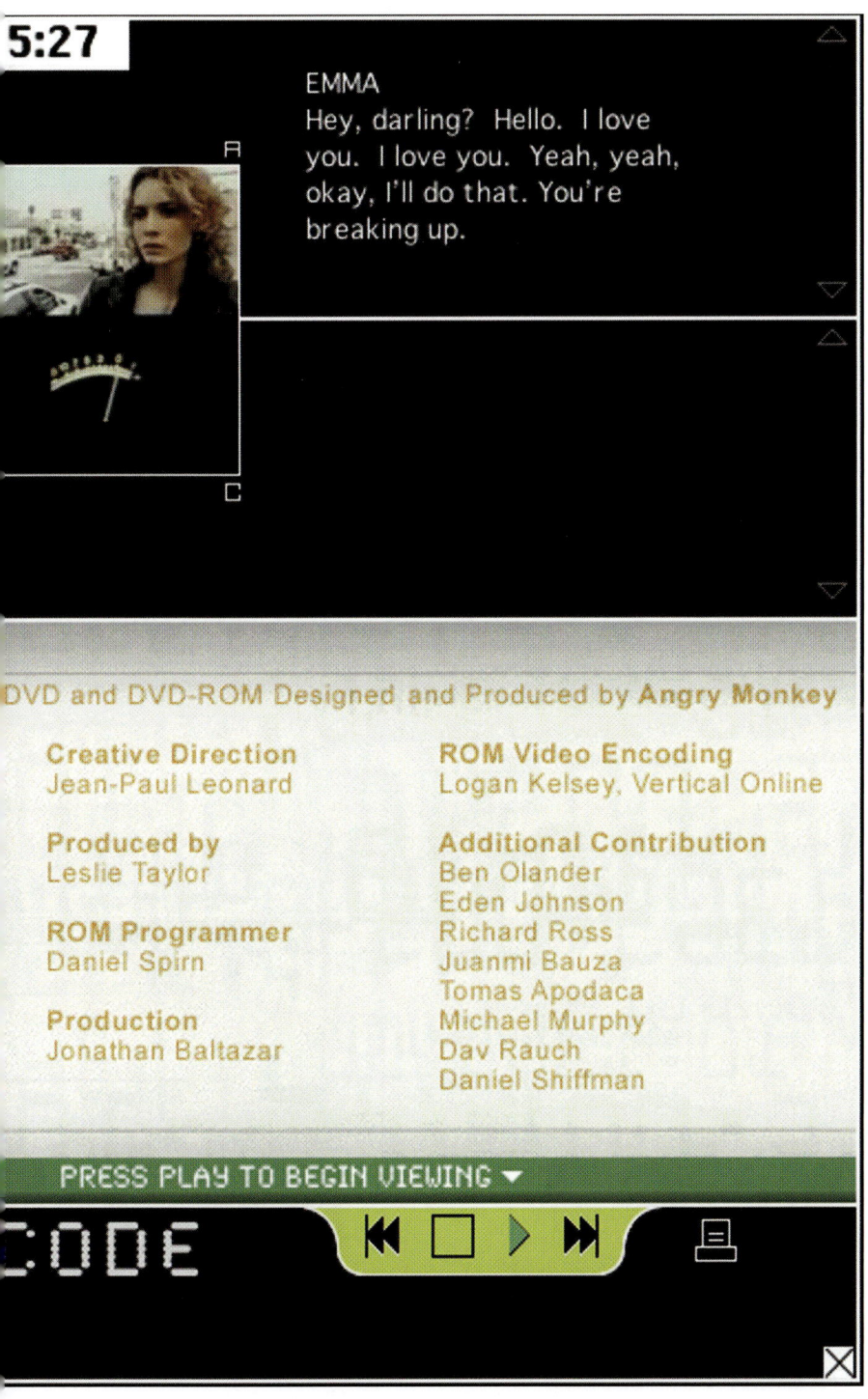

Abb. 97 a–b

Die Versuchung –
Tender Loving Care

DVD-ROM/DVD-Video, 1997

Die Versuchung – Tender Loving Care ist ein Psychothriller über Lust, Betrug und Verführung. Ein junges Paar, das unter den Nachwirkungen einer schrecklichen Tragödie leidet, gerät in eine Geschichte voller Verlangen, Intrigen und Leidenschaft, deren Entwicklung der Anwender durch sein Eingreifen beeinflussen kann. Der Anwender ist Zeuge des Geschehens und erhält verschiedenste Fragen, durch deren Beantwortung er die Handlung entsprechend beeinflusst. Der Anwender erhält dabei Unterstützung durch kurze Zusammenfassungen nach klar abgegrenzten Filmabschnitten. Außerdem hilft Dr. Turner, der Psychiater des im Film spielenden Ehepaars, mit seiner Meinung und einigen Fragen über die Personen und die zuvor erlebten Ereignisse weiter.

Von den jeweiligen Antworten hängt es ab, welche Fragen als nächstes folgen. Danach erhält der Anwender die Gelegenheit, sich im Haus umzusehen und einige Gegenstände, wie z. B. die Tagebücher der Hauptdarsteller, auszuwählen. Zudem kann der Anwender sich mit seinem Namen einloggen und eigene Settings abspeichern. Und es wird über den Anwender ein Profil erstellt, das sich aus der Auswahl der Fragen und Antworten durch den Anwender ergibt. Die entsprechende Analyse durch Dr. Turner kann ausgewählt werden und sorgt mitunter für Überraschungen.

Rob Landeros, David Wheeler (Regie und Drehbuch), Spielfilm, Studio: AVU.

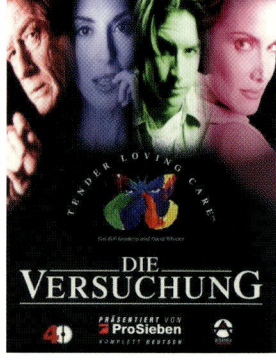

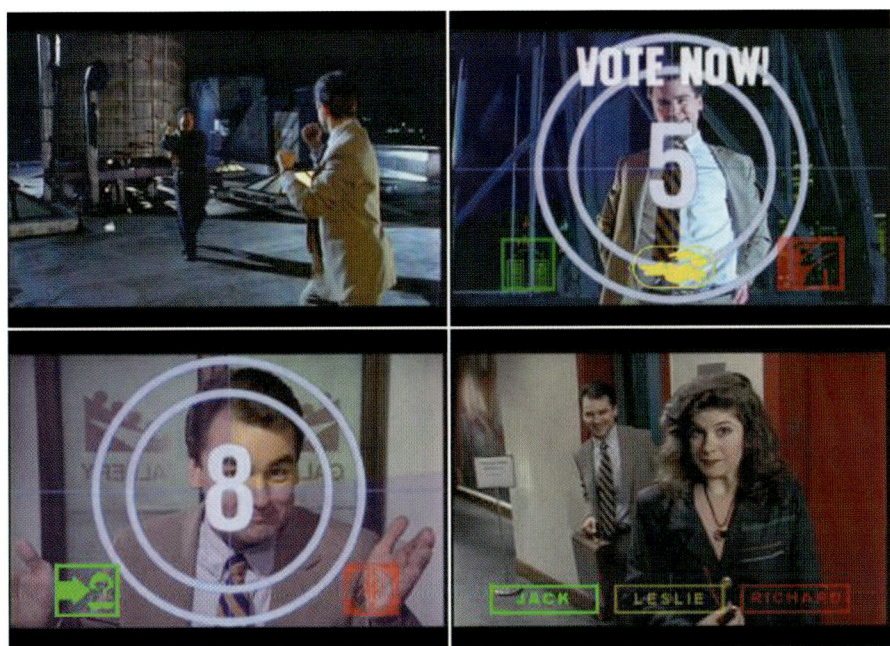

Abb. 98 a–b

I'm your man

DVD-Video/DVD-ROM, 1992, 1998

I'm your Man ist der erste interaktive Film auf DVD-Video und wurde 1992 zunächst für die Kinos gedreht, in denen das Publikum per Knopfdruck entscheiden konnte, mit welcher der drei zur Auswahl stehenden Person der interaktive Kurzfilm stattfinden soll. Der Film dauert ca. 15 Minuten. Außerdem stehen Entscheidungen für den weiteren Verlauf zur Auswahl. 1998 wurde der Film für DVD-Video adaptiert. Es wurde noch ein DVD-ROM-Teil mit einer interaktiven Spielkarte und Web-Links hinzugefügt.

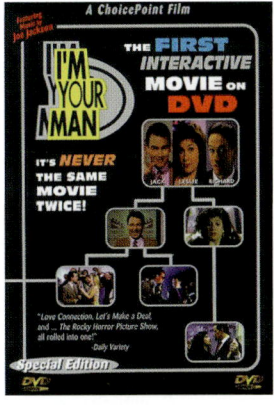

Bob Bejan (Regie und Drehbuch), Spielfilm, Studio: DVD International.

Abb. 99

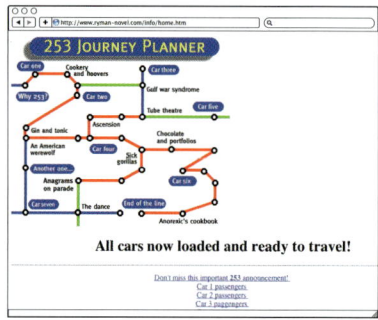

Abb. 100

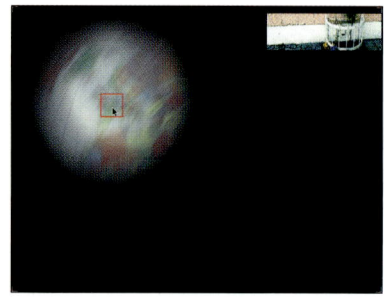

Abb. 101

Murphys Loch

DVD-Video, 2002

Wie durch ein Labyrinth kann sich der Anwender durch die Wohnung des Protagonisten bewegen und dabei ermitteln, weshalb er eine Schusswaffe in Händen hält und ob er Täter oder Opfer ist. Tatsächlich geht es um die Suche nach dem Mörder seiner Freundin Anna. Murphy weiß nur die Zukunft, erinnert sich aber nicht an die Ereignisse der Vergangenheit. Dadurch dass der Anwender durch die Pfeiltasten der DVD-Player-Fernbedienung im wahrsten Sinne des Wortes die Richtung vorgibt, läuft Murphy durch seine Wohnung, wählt, wenn der Anwender es will, Gegenstände aus und klärt durch seinen Monolog und durch den Verlauf der jeweiligen kleinen Filmausschnitte den Anwender Schritt für Schritt über die Geschehnisse auf. Bei diesem entstehen Gefühle des Entdeckens und Aufklärens und somit Spannung, die noch dadurch verstärkt wird, dass man alles stets aus dem Blickwinkel des vermeintlichen Täters bzw. Opfers wahrnimmt und im Rahmen dieses Horizonts handelt.

Die Arbeit entstand 2002 als Diplomarbeit von Sascha Graf an der Hochschule für Gestaltung und Kunst Luzern im Studienbereich Video.

253, Tube-Theatre

Website, 1995/1998

Diese Hypertexterzählung über einen U-Bahnzug verknüpft Schicksal und Lebensgeschichten von 253 Passagieren auf unvorhergesehene Weise. Diese Geschichte liegt auch in gedruckter Form vor (Ryman, Geoff, *253*, Flamingo, 1998). Die Online-Version bietet allerdings die Möglichkeit, die Texte und somit die Erlebnisse und Eigenschaften der 253 Passagiere über einen Hypertext miteinander in Verbindung zu setzen. Gewiss wäre dies auch mit einer gedruckten Version möglich, allerdings nur mit erheblich mehr Text und ausschließlich aus einer Sicht betrachtet, nämlich aus der des Autors. Die individuelle Vielfalt eines jeden Einzelnen wird aber erst durch den Gebrauch der Hypertextmöglichkeit in all seiner Gänze deutlich. Erstaunliche und auch sehr individuelle Bezüge, Vergleiche, Kombinationen und Ähnlichkeiten werden erst durch die subjektive Navigation durch diese Geschichte erfahrbar.

www.ryman-novel.com, von Geoff Ryman

[kleine welt]

CD-ROM, Internet, 1997

In 54 Episoden berichtet der Medienkünstler Florian Thalhofer von seinem Heimatort Schwandorf in der bayerischen Oberpfalz, indem er parallel zu den gezeigten Bildern über Ereignisse aus seinem Ort berichtet. Die *[kleine welt]* dauert etwa 60 Minuten. Beim Anschauen wird man in einen Zustand angenehmer Langeweile versetzt und dann doch auf ganz unspektakuläre Art vorzüglich unterhalten. Obwohl es weder Hauptfigur noch Handlung gibt, entsteht Spannung unerwartet dadurch, dass man mit jeder Entscheidung für einen Link alle anderen auf später verschiebt. Diese interaktive Erzählung könnte auch mit den begrenzten Möglichkeiten einer DVD-Video realisiert werden. Das Anwenderverhalten und die damit verbundenen Erwartungen, die an den Fernseher als Wiedergabemedium gerichtet würden, kämen der ruhigen, angenehmen Erzählweise dieser Arbeit sehr gelegen.

http://thalhofer.com, von Florian Thalhofer

Abb. 102 a–b

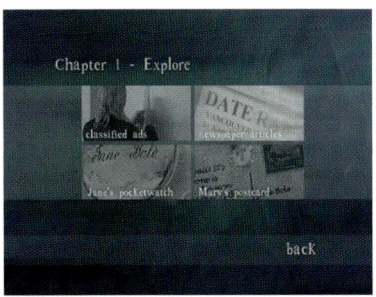

Abb. 103

Kindergeschichten –
Eine nonlineare Novelle

CD-ROM, 2002

Diese nonlineare (Grafik-) Novelle von Christoph Heuer erzählt die Ereignisse am Ende des 2. Weltkrieges aus der Perspektive von Kindern. Der Anwender soll und muss sich aber seinen eigenen Weg durch die Erzählungen suchen. Dadurch erhält er die Möglichkeit, die Geschichte aus verschiedenen Blickwinkeln zu erfahren. Die Eigenschaften traditioneller Medien wie Bilderbuch, Hörspiel, Comics und Film wurden dabei genutzt und interaktiv miteinander verknüpft. Diese Arbeit ist in erster Linie eine im Comic-Stil gezeichnete Bildergeschichte, die entsprechend der dargestellten Ereignisse vertont wurde. Den einzelnen Protagonisten wurde mit jeweils eigenen Synchronisierungen Stimmen verliehen. Im Ganzen ist so ein sehr lebhaftes Ergebnis entstanden, obwohl es sich, bis auf einige Animationen, hauptsächlich um Standbilder handelt.

Wie beim Comic üblich, arbeitet Christoph Heuer auch hier mit feststehenden, aufeinander folgenden Bildern. Bewegung erreicht er durch Schwenks, Zoom, Farbwechsel und Überblendungen.

Die Nonlinearität wird durch verknüpfte Module ermöglicht. Durch Betätigen der Backspace-Taste an der Computertastatur kann man wieder zum Ausgangspunkt des Erzählstranges zurückkehren. Durch die Return-Taste gelangt man auf die so genannte Mindmap. Dieses Inhaltsverzeichnis zeigt die Kapitel, die man bereits besucht hat. Die ›Zwischenstände‹ lassen sich abspeichern bzw. laden. Im Mai 2004 wurde *Kindergeschichten – Eine nonlineare Novelle* in die Sammlung des Deutschen Historischen Museums in Berlin aufgenommen.

Kindergeschichten, eine nonlineare Novelle von Eckart Sackmann gezeichnet von Christoph Heuer.
www.comic.de/neues/kindergeschichten.html

Point of View

DVD, 2000

Point of View (Regie: David Wheeler) ist ein interaktiver Spielfilm über Großstadtsingles. Die Interaktivität läuft so ab, dass man nach einigen Minuten Film ein Menü angezeigt bekommt, in dem Fragen zu den eben geschehenen Ereignissen gestellt werden. Der Anwender wird gebeten, seine Meinung abzugeben. Je nach Beantwortung der Fragen ergeben sich entsprechend unterschiedliche Filmsequenzen, oder der Anwender erhält ein Menü, mit dem er z. B. Gegenstände der Darsteller auswählen kann und auf diesem Wege mehr über die Ereignisse erfährt.

Regie: David Wheeler.
www.aftermathmedia.com/pov/index2.html

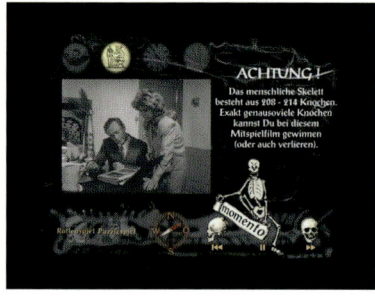

Abb. 104

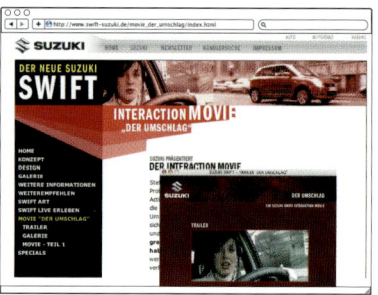

Abb. 107

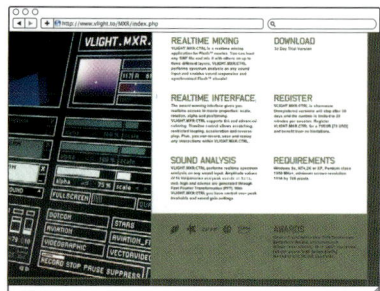

Abb. 106   Abb. 105

Plötzlich und unerwartet

CD-ROM, 2001

Ausgangspunkt der gesamten Projekt-
idee von Michael Brynntrup ist die
Überzeugung, ein Film- und Medienformat entwickeln zu können, das die
Interaktivität als integralen Teil eines
Filmwerkes begreift und damit die
Neuen Medien adäquat für filmische
Inhalte nutzbar macht. Konkret geht
es darum, die digitalen Techniken der
Interaktivität filmspezifisch anzuwenden und darüber hinaus eine neue
dramaturgische Form zu entwickeln,
die die erweiterten Mitwirkungsmög-
lichkeiten des Zuschauers stimmig mit
seinen gewohnten Wahrnehmungs-
weisen verbindet (www.brynntrup.de).
Das Medienformat soll in besonderer
Weise sowohl filmischen Ansprüchen
gerecht werden, als auch den Erwartungen, die an aktuelle Medien (mit
ihren interaktiven Möglichkeiten) gestellt werden. Es gibt zwei Varianten
des Films *Plötzlich und Unerwartet*:
1. den rein linearen Film *Plötzlich und
Unerwartet – eine Déjà Revue*, 29 Minuten
auf 16mm Zelluloid und **2.** seine interaktive Variante *Plötzlich und Unerwartet –
ein Mitspielfilm* abspielbar auf CD-ROM.

Der Umschlag,
InterAction-Movie

Website, interaktiver Film, 2005

Der neun Minuten lange Film schafft
auf einzigartige Weise den Brücken-
schlag zwischen Fiktion und Realität.
Der Zuschauer am Computer wird
immer wieder in das Filmgeschehen
einbezogen. Er muss aktiv werden,
er kann die Handlung verändern.
Die Hauptdarstellerin fordert ihn auf,
für sie eine Adresse zu recherchieren.
Dafür gibt sie ihm eine Telefonnum-
mer, unter der er die Informationen
besorgen kann. Gibt er die Adresse am
Computer ein, findet die Protagonistin
des Films den richtigen Weg und die
Filmstory nimmt eine neue Wendung.
Der Zuschauer wird somit gleichermaßen Akteur und Regisseur und trägt
mit seinen Entscheidungen zum Filmgeschehen bei. Es kann also vorkommen, dass zwei Zuschauer des gleichen
Films eine ganz unterschiedliche Handlung sehen.

Diese Produktion stammt von der Agentur
MainLine aus Frankfurt am Main und
Reza Bahar (itvLAB) aus Ludwigsburg.

VLIGHT, VJ-Einheit

Flash, PHP, mySQL, 2001

Hierbei geht es um die Visualisierung
von elektronischer Musik – realtime
motion processing. Im Rahmen einer
Diplomarbeit wurde ein Programm
entwickelt, um Musik, speziell Techno-
oder House-Music mit Bildern zu visualisieren. Es wurde ein sehr praktischer
Weg beschritten, indem eine konven-
tionelle Lichtorgel mit einem Gamepad
eines Computers hardwaremäßig miteinander verkoppelt wurde. Hierüber
werden drei Frequenzbereiche analysiert und dem Flash-Player zugeführt.
Dabei werden die Bilder oder Videos
live ausgelöst und gemischt. Bis zu
vier Video-Streams können in Echtzeit
gemischt werden. Die Interaktivität
dient hierbei der Kommunikation mit
den Partybesuchern, um den Genuss
der Musik und das Partyfeeling zu
intensivieren. Interaktiv im Sinne des
Eingreifens ist zwar nur der DJ (Disc-
Jockey) bzw. der VJ (VideoJockey) tätig,
aber es sollte auch die Interaktion
zwischen ihm und den Partybesuchern
berücksichtigt werden, die über Musik
und Visualisierung stattfindet.

www.vlight.to, Diplomarbeit von den
Design-Studenten Theis Müller, Stefan
Landrock, Karsten Blaschke der Uni-Essen.

Abb. 108

Abb. 109

[korsakow syndrom]

DVD-ROM, 2000

Das *[korsakow syndrom]* ist ein nonlinearer, interaktiver Dokumentarfilm zum Thema Alkohol. Diese Produktion setzt Geschichten zueinander in Beziehung, datenbankbasiert und für jeden Betrachter neu, in Abhängigkeit von seinen Eingaben. Sie besteht aus ca. 150 kurzen Einzelfilmen. Der Betrachter kann sich einen Link aussuchen und navigiert so durch den Pool an Filmen. Passend zum jeweils aktuellen Film wird zusätzlich ein illustrierender Film gesucht, der gleichzeitig neben dem Hauptfilm läuft.

www.korsakow.com
Text und Produktion: Florian Thalhofer.

Audio Visual Environments

Java, Processing, 2001

Bei *Audio Visual Environments* handelt es sich um ein interaktives System zur Gestaltung von Animation und Sound in Echtzeit. Das Eingreifen des Anwenders führt zur direkten Veränderung der dargestellten synthetischen Animationen und Soundeffekte. Diese Einflussnahme bezieht sich allerdings nur auf die Justierung der Menge z. B. an Farbton, Helligkeit oder Tempo und der Effektart. Das Endergebnis bleibt dennoch weitestgehend eine Überraschung. Hier ist das Ausprobieren bereits Teil des Ziels. Interaktivität anzuwenden bzw. zu ermöglichen muss nicht unbedingt bedeuten, dass ein eindeutiges Ziel beabsichtigt wird.

acg.media.mit.edu/people/golan/aves
Gestaltung: Golan Levin, USA.

Bruce Lee

Internet, Flash, 2001

Diese Bild- und Ton-Abfolge wird durch die Interaktion des Anwenders bestimmt. Interaktion wird hier zum wesentlichen Teil der Unterhaltung und Erzählung. Durch Betätigung der Computer-Tastatur werden Töne und Animationen abgespielt, wobei jede Taste entweder unterschiedliche Töne bzw. Tonsequenzen oder Bilder bzw. Bildsequenzen auslöst. Die Auswahl der jeweiligen Tasten und die Geschwindigkeit der Auswahl beeinflussen die Dynamik.

www.skop.com/brucelee
The ultrainteractive Kung-fu-Remixer,
Gestaltung: Skop, Berlin.

Abb. 110
Visitenkarte mit Barcode
(Daten verfremdet).

Abb. 111
Die abgebildeten 2D Barcodes
haben in Japan folgende
Bezeichnung (v.l.n.r.): QR Code,
mCode, Datamatrix.

2D Barcode

Mobiltelefon, Webcam, Software, 2006

Ein Barcode kann den Zugang zu Informationen verkürzen und zu einem bedeutenden Bestandteil der mobilen Kommunikation werden. In Japan ist es bereits Alltag, dass zahlreiche Plakate, Magazine, Visitenkarten und Produkte aller Art Barcodes tragen, die der Anwender über die Kamera seines Mobiltelefons oder mit einer Webcam einlesen kann (www.qrcodeblog.com). In etwa 80% aller Japaner haben eine entsprechende Barcode-Einlese-Software auf ihren Mobiltelefonen installiert. Der Barcode kann Texte, postalische Adressen, Internetadressen oder E-mail-Adressen beinhalten. Man kann über ihn eine Aktion auslösen, die automatisch z. B. eine SMS mit vorgefertigter Botschaft oder Verwaltungsdaten absendet, um so mit einem Klick an Wettbewerben teilzunehmen oder um dem Kunden detaillierte, auf sein zuvor definiertes Profil zugeschnittene Informationen über die Dienstleistung oder das Produkt zukommen zu lassen.

So spart sich der Anwender das lästige Eintippen und der Anbieter nutzt die durch dieses Verfahren verkürzte Hemmschwelle, um den Verkauf zu steigern bzw. Daten zu erhalten oder zumindest um Interessen feststellen und verfolgen zu können. Die erweiterte Information bzw. eine Produktbestellung ist dann nur noch einen Klick entfernt.

International standardisiert ist der QR Code Barcodes bereits seit dem Jahr 2000 unter ISO/IEC 18004 (www.iso.ch/iso/en/prods-services/ISOstore/store.html). Ein QR Code Barcode kann bis zu 4296 alphanumerische Zeichen aufnehmen. Detaillierte Informationen zum QR Code unter: www.denso-wave.com/qrcode/index-e.html.

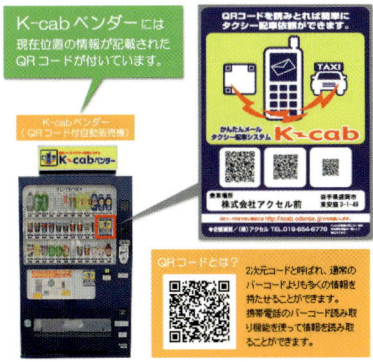

Abb. 112
Semapedia.org

Abb. 113
Im Dialog mit einen Automaten
per QR Code und Mobiltelefon.
(www.accele.co.jp/k/vender.htm)

Semapedia.org

Das Konzept von Semapedia.org sieht
vor, das kostenfreie Internet-Lexikon
Wikipedia mit Barcodes um die Verlinkung mit der realen Welt zu erweitern.
Wenn ein entsprechender Barcode
angebracht ist, kann dieser über die
Kamera des Mobiltelefons mit einer
installierten Barcode-Lesesoftware eingelesen und eine Verlinkung zu Wikipedia ausgelöst werden, um auf diesem
Wege z. B. Detailinformationen zu Sehenswürdigkeiten, Gebäuden, Plätzen
oder Exponaten einzuholen. In diesem
Fall würde eine direkte Verlinkung zur
entsprechenden Wikipedia-Internetseite
stattfinden, vorausgesetzt, das Mobiltelefon ist internetfähig (www.semapedia.
org; www.wikipedia.org). Mit Hilfe des
Barcodes könnte man natürlich auch
die Koordinaten des eigenen Standortes
erhalten, die dann z. B. automatisch bei
›google local‹ angezeigt würden, so dass
man z. B. mit Freunden einen gemeinsamen Treffpunkt vereinbaren könnte.
Es eröffnen sich diesbezüglich zahlreiche
Nutzungsmöglichkeiten. Unter *Exemplarischer Navigationsablauf* im Kapitel
Navigation, S. 86 wird detailliert die
Nutzung von Barcodes anhand eines
Entwurfs des Studenten Andreas Nickels
beschrieben.

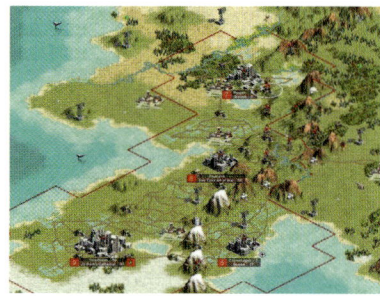

Abb. 115
Die Abbildung stammt aus
Civilisation III. Entwickler:
MicroProse, USA.

Abb. 114 a–b

Berlin Connection

CD-ROM, 1999

Dieser Dokumentar-Thriller von Eku Wand basiert fast ausschließlich auf Standbildern und der Erzählstimme des Protagonisten. Die Auswahlmöglichkeiten eröffnen verschiedene Handlungsstränge, um Strategien zu entwickeln, die zum Lösen des Falls führen können.

Im Internet findet sich unter www.berlin-connection.de/story/tagebuch.html das Tagebuch des Protagonisten, des englischen Fotografs Roger Penrose sowie sachdienliche Hinweise zur Klärung dieses Dokumentar-Thrillers. Die Fortsetzung liegt unter dem Titel *Gefährliches Spiel* als Buchroman vor. Eku Wand schreibt über seine Produktion: »Ein interaktiver Dokumentar-Thriller. Berlin ist nach dem Ende des zweiten Weltkriegs Dreh- und Angelpunkt unzähliger Spionage-Aktivitäten, die den Hintergrund für *Berlin Connection* bilden. Der englische Fotograf Roger Penrose gerät bei einem Auftrag in Berlin ins Visier von Agenten und skrupellosen Geschäftemachern, die vom Kalten Krieg profitiert haben. Schauplatz der Story ist Berlin während der unübersichtlichen Tage des Mauerfalls im November 1989. Der Spieler schlüpft in die Rolle des Hauptdarstellers und bestimmt mit der Maus in der Hand den Fortgang der Handlung. Gefordert sind Spielwitz, scharfe Beobachtung, Kombinationsgabe und kriminalistisches Gespür.«

www.berlin-connection.de

Civilization

CD-ROM, Computerspiel, seit 1991

Civilization ist ein zivilisationsgeschichtliches Globalstrategiespiel. Es gilt als eines der berühmtesten und erfolgreichsten Spiele aller Zeiten. Der Spieler hat die Aufgabe, eine Bevölkerung aus der Jungsteinzeit bis zur Gegenwart und Besiedlung eines neuen Planeten zu führen. Die Interaktionsmöglichkeiten sind vielseitig. Der Spieler lenkt die Geschicke eines Volkes von einer Weltkarte aus. Mit Hilfe diverser Menüs kann er Forschung betreiben, Städte vergrößern, Verträge mit anderen Völkern schließen, Varianten seiner Diplomatie planen und durchführen und zahlreiche weitere strategische Vorbereitungen treffen. Ziel ist es dabei, das eigene Imperium größer, mächtiger, fortschrittlicher und reicher zu machen.

MicroProse Software Inc.
www.mobygames.com/company/microprose-software-inc

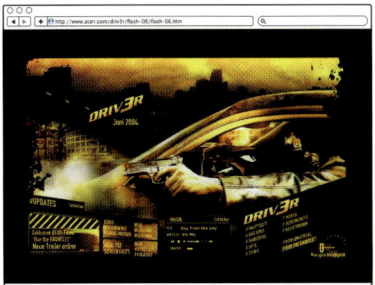

Abb. 116
Die Abbildung stammt
aus *Sim City 4*. Entwickler:
Maxis, USA.

Abb. 117 a–b

Sim City

CD-ROM, Computerspiel, seit 1987

Sim City ist ein Strategiespiel zur Stadtplanung, basierend auf wissenschaftlichen Vorlagen. In *SimCity 4* übernimmt
der Spieler die Rolle des Bürgermeis-
ters einer virtuellen Stadt. Er plant
Wohn- und Industriegebiete, verlegt
Wasserleitungen, baut Straßen und
ermöglicht dadurch, dass sich z. B.
Bürger ansiedeln. Damit der Stadthaus-
halt gut genutzt und nicht überlastet
wird, gilt es zahlreiche Aufgaben zu
bewältigen. Die Interaktion wird dadurch gesteigert, dass die Bewohner
über Positives und Negatives in ihrer
Umgebung berichten und den Spieler
zum Reagieren nötigen bzw. ihm durch
ihre Kritik zweckdienliche Hinweise
geben.

Demo Downloads unter www.gamespot.com

Driv3r

Computerspiel, 2004

Nie zuvor wurden Autoverfolgungs-
jagden mit der Polizei packender
dargestellt. Wilde Verfolgungsjagden,
Schießereien und waghalsige Stunts
sind dabei an der Tagesordnung.
　　Die Story ist an sich sehr linear
angelegt. Der Undercover-Cop Tanner
muss hintereinander 30 Missionen
erfüllen. Dem Spieler ist es nicht ver-
gönnt, eine Auswahl der bevorzugten
Missionen zu treffen. Dennoch wird
ihm viel Abwechslung geboten. Dieses
Spiel besteht aus vielen kleinen Episoden und Spielelementen, dessen Interaktionsangebot sich erst innerhalb
dieser kleinen Spiele entfaltet. Knappe
Zeitlimits sorgen zudem für einen
gesteigerten Stressfaktor. Außerdem
lassen sich viele Strecken erst nach
mehrmaligen Durchläufen meistern.
Vorausgesetzt, man hat sich die Stre-
cke und deren Hindernisse gemerkt.
　　Die Interaktion konzentriert sich
hier auf die Steuerung der verschiedenen Fahrzeuge und auf den Protagonisten Tanner selbst, der sowohl beim
Laufen, als auch beim Zielschießen
zu steuern ist. Die verschiedenen Fahrzeuge, PKW, Rennboote, Busse und
Sattelschlepper, haben entsprechend
unterschiedliche Fahr- und Steuereigen-
schaften, was die Interaktion umso
spannender macht. Das Spiel interagiert wiederum mit dem Spieler nicht
nur durch seine Reaktion auf sein
Handeln, z. B. wenn man Hindernisse
durchfährt und die Unfallfolgen durchleben muss, sondern auch durch eine
sehr gelungene Grafik, durch Soundeffekte und einen Soundtrack, was zu-
sammengenommen die Stimmungs-
zustände enorm unterstützt. So kann
man z. B. bei Morgenröte und passenden Klängen durch die Straßen von
Nizza fahren oder bei rockigen Klängen von Iggy Pop Verfolgungsjagden
durchführen. Neben der guten Grafik
vermitteln zudem die Synchronstim-
men von Iggy Pop, Mickey Rourke und
Michael Madsen das Gefühl, dass es
nicht mehr lange dauern wird, bis
Kinofilme erscheinen werden, in die
der Spieler strategisch eingreifen kann,
oder Spiele herauskommen, die wie
Kinofilme aussehen.

www.atari.com/driv3r/flash-DE/flash-DE.htm

2.10.6 Interaktion als expliziter Bestandteil von Wissensvermittlung

Für Wissensvermittlung ist Interaktivität zwingend erforderlich. Ohne eine Aktivität, die sich durch Handeln, auch symbolisches Handeln äußert, gibt es kein Lernen im Sinne von Wissensaufbau.[13] Es gibt im Wesentlichen drei Welten des Wissens. Nach Ernst Pöppel gibt es das implizite, das explizite und das bildliche Wissen.[14]

1. Das explizite Wissen beschreibt die Form des Wissens, auf die die Erkenntnisse der heutigen Wissenschaft, insbesondere der Naturwissenschaft, aufbauen.
2. Das implizite Wissen bezieht sich auf die Fähigkeit, etwas konkret verbalisieren zu können, ohne das erforderliche Wissen tatsächlich zu haben. So weiß z. B. nahezu jeder, was Zeit ist bzw. hat eine konkrete Vorstellung davon. Jemandem Zeit zu beschreiben, der diese definitiv nicht kennt, wird den meisten schwer fallen.
3. Bildliches Wissen beruht auf dem Umstand, sich auf Grund des Gesehenen, Wissen aneignen zu können bzw. den Eindruck zu gewinnen, etwas erfahren zu haben.

Wissensvermittlung bezieht sich im Wesentlichen auf das explizite, wissenschaftsrelevante Wissen, das in der Regel in schriftlicher Form in Bibliotheken gesammelt wird. Hinzu kommt das bildliche Wissen bzw. Anschauungswissen. Zur Aufbereitung und zur Vermittlung dieses Wissensfundus kann Design in Form von Darstellung und Repräsentanz von Wissen Anwendung finden. Zusätzliches Potential bieten Interaktivität und Kombinationsmöglichkeiten verschiedener Medienformen (Text, Standbild, Fim/Video, Animation, Ton) und deren Verknüpfungsvarianten innerhalb linearer, nonlinearer und interaktiver Systeme. Auf diesem Wege wird es möglich, Wissen nicht nur als Abfolge anzubieten bzw. sich anzueignen, sondern auch in Form von Inszenierung und nach dramaturgischen Aspekten. Gewiss ist dies seit der Erfindung des Films möglich. Nun kommt allerdings noch die Interaktionsmöglichkeit hinzu, deren zahlreiche Einfluss- und Darreichungsformen die didaktischen Möglichkeiten erweitern.

13 Siehe dazu Thesen von J. Piaget; L. S. Wygotski; F. Klix; H. Aebli.

14 Pöppel, Ernst: Drei Welten des Wissens/Koordinanten einer Wissenswelt. In: Maar, Christa; Obrist, Hans Ulrich; Pöppel, Ernst: *Weltwissen Wissenswelt – Das globale Netz von Text und Bild.*

Interaktionen können grundlegende Lehrfunktionen unterstützen:
• Motivation
• Informationsangebot
• Verarbeiten und Verstehen der Informationen
• Behalten und Erinnern der Informationen
• Anwenden der Inhalte
• Interpretation der Inhalte, Anregung zur Assoziation
• Antizipation
• Organisation und Steuerung des Lernprozesses

Exemplarische Interaktionsformen zwischen Empfänger und dem Wissensvermittlungssystem

a) Interaktion durch den Empfänger bzw. Anwender

• Inhalte können ausgewählt werden
• Inhalte können sortiert werden
• Inhalte können erzeugt oder mit vorbereitetem Material ergänzt werden
• Fragen, die vom Wissensvermittlungssystem gestellt werden, können beantwortet werden
• Problemstellungen können gelöst werden
• Hilfe- und Erklärungsmodi können ausgewählt werden

b) Eigenschaften interaktiver Wissensvermittlungssysteme

• Inszenierung von Wissen
• Anbieten von Wissen
• Abfragen von Wissen
• Anbieten von Problemstellungen
• Die Reaktion auf Lösungen können fehlertolerant erfolgen, indem Darstellungen und Aufgaben individuell erfolgen
• Es können Rückmeldungen erfolgen:
  • um Fehler zu minimieren
  • um den Erlebniswert zu steigern
  • um Fragen zu beantworten
• Hilfestellungen können unaufgefordert angeboten werden

Teil 1 Lineare Auswahl. Eine Änderung der Fokussierung ist nicht möglich

In erster Linie geht es hierbei um das Aufbereiten und Abrufen von Fakten. Der archivarische Zugang und die Verwaltung von Daten bzw. Information stehen bei Produkten zur digitalen Wissensvermittlung oft im Vordergrund, weshalb das Potential interaktiver Medien in der Regel nicht voll ausgeschöpft wird. Dass dies auch nicht immer erforderlich ist und eine ausschließlich lineare Auswahl dennoch sinnstiftend und ansprechend stattfinden kann, zeigen die folgenden Beispiele:

Beispiele
- **Filme sehen lernen – Grundlagen der Filmästhetik** (S. 144)
- **SINN:SINN** (S. 144)
- **sense & cyber** (S. 144)
- **Die KHM Audiolectures 01** (S. 145)
- **Ästhetik als Metatheorie** (S. 145)

Teil 2 Nonlineare Auswahl. Eine Änderung der Fokussierung ist möglich

Der Level des Zugangs kann variiert und z. B. dem Verhalten des Anwenders bzw. seinem Kenntnisstand und seinem Interesse angepasst werden. Mit Interaktion als Mittel der Vertiefung entscheidet der Anwender über den Fokus einer Geschichte und wie detailliert er sich mit einem Thema auseinandersetzen will.

Beispiele
- **Antizipation – Die Ursache liegt in der Zukunft** (S. 146)
- **Digital Design 2000+** (S. 148)
- **Story of a Jazzpiano** (S. 148)
- **Rebell wider Willen – Das Jahrhundert des Martin Niemöller** (S. 148)
- **Becoming Human** (S. 149)
- **Deutsche & Polen – eine Chronik** (S. 149)
- **Travel-Web-DVD-Berlin – der vernetzte Reiseführer** (S. 149)

Abb. 118

Abb. 119

Sinn. Sinne. Medien

Abb. 120

Filme sehen lernen – Grundlagen der Filmästhetik

DVD-Video, 2005

Neben Basiswissen umfasst diese DVD insbesondere Grundlagen der filmischen Kameraführung, Licht, Ton, Schnitttechniken, Montage- und dramaturgische Konzepte. Zudem werden verschiedene Filmstile näher erläutert. Diese DVD könnte hohe Erwartungen an Interaktivitätsmöglichkeiten nicht erfüllen. Denn die Inhalte werden mit Hilfe eindimensionaler Lehrfilme vermittelt. Diese DVD erscheint hier allerdings nicht als Idealbeispiel, wie man das Thema ›Grundlagen der Filmästhetik‹ vermitteln könnte, sondern als Beispiel, wie sich Inhalte im Rahmen der Möglichkeiten einer interaktiven DVD-Video-Produktion darstellen lassen, deren Aufgabe sich darauf beschränkt, die Interaktivität ausschließlich auf Auswahlmöglichkeiten zu reduzieren. Für die Einführung einer Thematik in Seminaren oder für das Selbststudium ist dies aber durchaus von Vorteil.

Diese Produktion ist eine Multimediale Lehr- und Selbstlernsoftware von Prof. Dr. Rüdiger Steinmetz, www.uni-leipzig.de/~kmw, 2005 erschienen bei Zweitausendeins, Frankfurt/Main, www.zweitausendeins.de.

SINN:SINN

Flash, 2001

Diese Flash-Applikation handelt von Synästhesie. Der Anwender wird linear in die Thematik eingeführt, die Interaktion dient in erster Linie der Auswahl des nächsten Kapitels. Mehr ist hier allerdings auch nicht erforderlich. Diese lineare Auswahlmöglichkeit schafft Ruhe, denn für den Anwender stellt sich erst gar nicht die Frage, welche Interaktionsformen es zu entdecken gilt. Er kann sich ausschließlich auf die Aufbereitung der Information konzentrieren. Lineare Vorführfilme fördern und unterstützen die Bereitschaft, sich auf das Thema einzulassen. Gut aufbereitete Texte und deren jeweilige Inszenierungen durch Animation unterstützen diesen Prozess. Das Erfahren von Wissen wird zum Erlebnis. Die Entscheidung für ein interaktives Medium zur Vermittlung dieser Thematik konzentrierte sich offensichtlich auf die Absicht, Animationen und Ton mit Text und Bild zu kombinieren, um so die Inhalte zum Thema Synästhesie sinnstiftend zu vermitteln.

Diplomarbeit von Steffi Lindner.

sense & cyber

Buch und DVD-ROM

Die Vermittlung von Wissen setzt voraus, dass Informationen nach bestimmten Strategien vorbereitet und angeboten werden. Es gibt Ordnungsstrategien, die nach allgemeinen Kriterien sortieren (Alphabet, Chronologie, Geographie usw.) und solche, die nach subjektiven Kriterien auf unterschiedliche Weise das Projektgeschehen beschreiben (›Topologie‹, ›Überschau‹, ›Projektdokumentation‹ usw.). Je nach Logik der Ordnung entstehen unterschiedliche Darstellungen der ausgewählten Materialien. ›Geschichten‹ werden als Sequenzen von oben nach unten oder von links nach rechts dargestellt, während assoziative Ordnungen als von der geometrischen Form des Kreises ausgehende Arrangements erscheinen. Der Weg durch das Material wird automatisch aufgezeichnet und steht dem Anwender zur Navigation im Menü ›History‹ zur Verfügung.

Diese Produktion stammt von Torsten Meyer und Stephan Münte-Goussar.

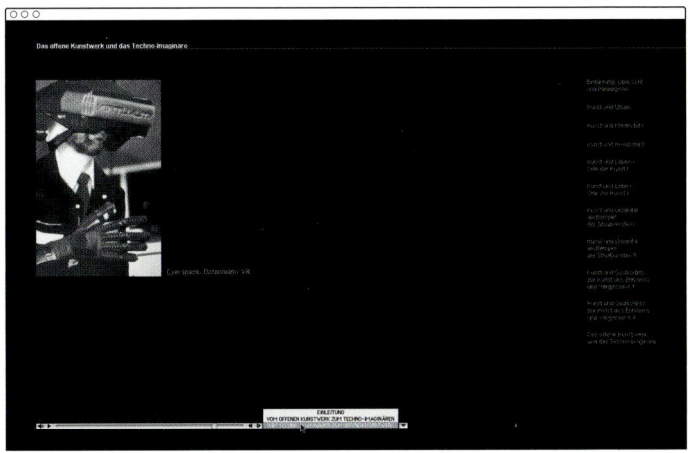

Abb. 121

Abb. 122

KHM Audiolectures 01

CD-ROM, Website, 2003

Die *KHM Audiolectures 01* als *partizipativer audio-visueller Wissensraum* mit dem Titel *Geschichte der Künste im medialen Kontext* Bei dieser Arbeit, die mit einem Browser über das Internet oder über CD-ROM betrachtet und genutzt werden kann, wird der Computer nicht als Textmaschine verwendet, sondern als Radio mit Bildbegleitung, sozusagen als TV-Radio. Die Vorlesungen von Prof. Dr. Hans Ulrich Reck zum Thema *Utopie, Funktion, Kritik, Kontext: Bedeutung und künstlerische Ausprägung kunsttheoretischer Kernfragen des 20. Jahrhunderts* sind hörbar und werden mit korrespondierenden Bildern begleitet. Die Vorlesungen wurden zum Wintersemester 2000/2001 an der Kunsthochschule für Medien Köln gehalten.

Unter dem Titel *PART, partizipativer audio-visueller Wissensraum,* hat Markus Unterfinger ein Projekt entwickelt, das sich der Aufbereitung, Redaktion und Einrichtung dieses audiovisuellen Materials für das Internet widmete. Das von ihm vorgeschlagene Modell bietet im Internet die Möglichkeit, den Vorlesungsraum dynamisch zu erweitern, mit neuen Einträgen und Kommentaren zu ergänzen und damit – im Sinne des Titels – im digitalen Raum einen partizipativen Wissensraum zu ermöglichen, also den teilhabenden Charakter der mündlichen Überlieferung zu erhalten.

KHM Audiolectures 01 von Prof. Dr. Hans Ulrich Reck der Kunsthochschule für Medien Köln. Design, Redaktion und Realisation: Alexander Peterhaensel. Konzept und Redaktion: Markus Unterfinger.

Ästhetik als Metatheorie

DVD-Video, 2003

Auf dieser DVD-Video führt Prof. Bazon Brock seine ›Nichtnormative Ästhetik‹ zu einer Metatheorie für technische, gestalterische und didaktische Disziplinen zusammen. In zwanzig Kapiteln wird ein strukturierter Einstieg in die Denkwelt des KünstlerPhilosophen und GeistTäters gegeben. Die Vorträge von Prof. Bazon Brock werden in Form von Videos gezeigt und mit Titelzeilen begleitet. Die zwanzig Kapitel können einzeln angewählt werden, ebenso wie die Biografie und Bibliografie von Prof. Bazon Brock.

Das Konzept und die Umsetzung der Audio-Video-Lectures von Prof. Bazon Brock erfolgten durch Studierende des Fachbereich Design der FH Düsseldorf unter der Leitung von Prof. Dr. Stefan Asmus und Britta Wandaogo.

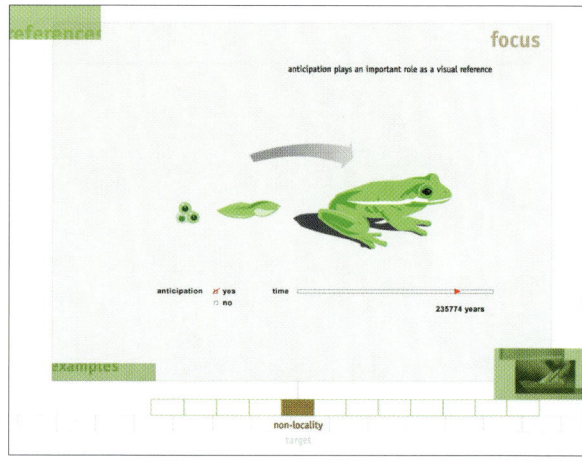

Abb. 123
Startscreen.

Abb. 124

Antizipation – Die Ursache liegt in der Zukunft

DVD, 2002

Die DVD bietet die Möglichkeit, das Thema Antizipation durch Filmbeispiele kombiniert mit Interaktivität anschaulich und unterhaltsam darzustellen. Durch den nonlinearen Zugang erfährt der Anwender die Zusammenhänge, indem er aktiv in den Prozess der Wissensvermittlung eingreift. Diese e-Learning-Umgebung kann dem Anwender Inhalte schnell und intuitiv bereitstellen. Zusätzlich besteht hier die Möglichkeit, auf Internetseiten zuzugreifen, Kommentare abzugeben und mit anderen Benutzern zu kommunizieren. Außerdem liegen alle Inhalte als DVD-Video und als DVD-ROM vor. Mit der DVD-ROM können alle Interaktionsmöglichkeiten genutzt werden, die ein Computer bereit hält, inklusive der Aktualisierung über das Internet.

Die Möglichkeiten einer DVD-Video sind zwar im Vergleich zur DVD-ROM eingeschränkt, aber dafür ist für die Nutzung kein Computer erforderlich. Es genügt ein DVD-Player und ein Fernseher, so dass der Zugang zu den Informationen auch für jene gewährleistet ist, denen der Umgang mit einem Computer zu komplex erscheint. Dieses Projekt ist ein gutes Beispiel für eine integrative Kombination der Möglichkeiten von Video, DVD, CD-ROM und Internet. Durch diese Arbeit wird zudem deutlich, wie durch Interaktion die Fokussierung auf ein Thema gesteuert und geändert werden kann. Entsprechende Anteile dieses Projekts finden Sie unter S. 71, S. 167.

Eine DVD-Video/DVD-ROM-Produktion für das anté-Institut. Erstellt von Prof. Dr. Mihai Nadin, Prof. Dipl. Des. Torsten Stapelkamp, Stefan Maas, Frank Hegel, Patrick Feldmann, u.v.m. (www.anticipation.info und www.anteinstitute. org).

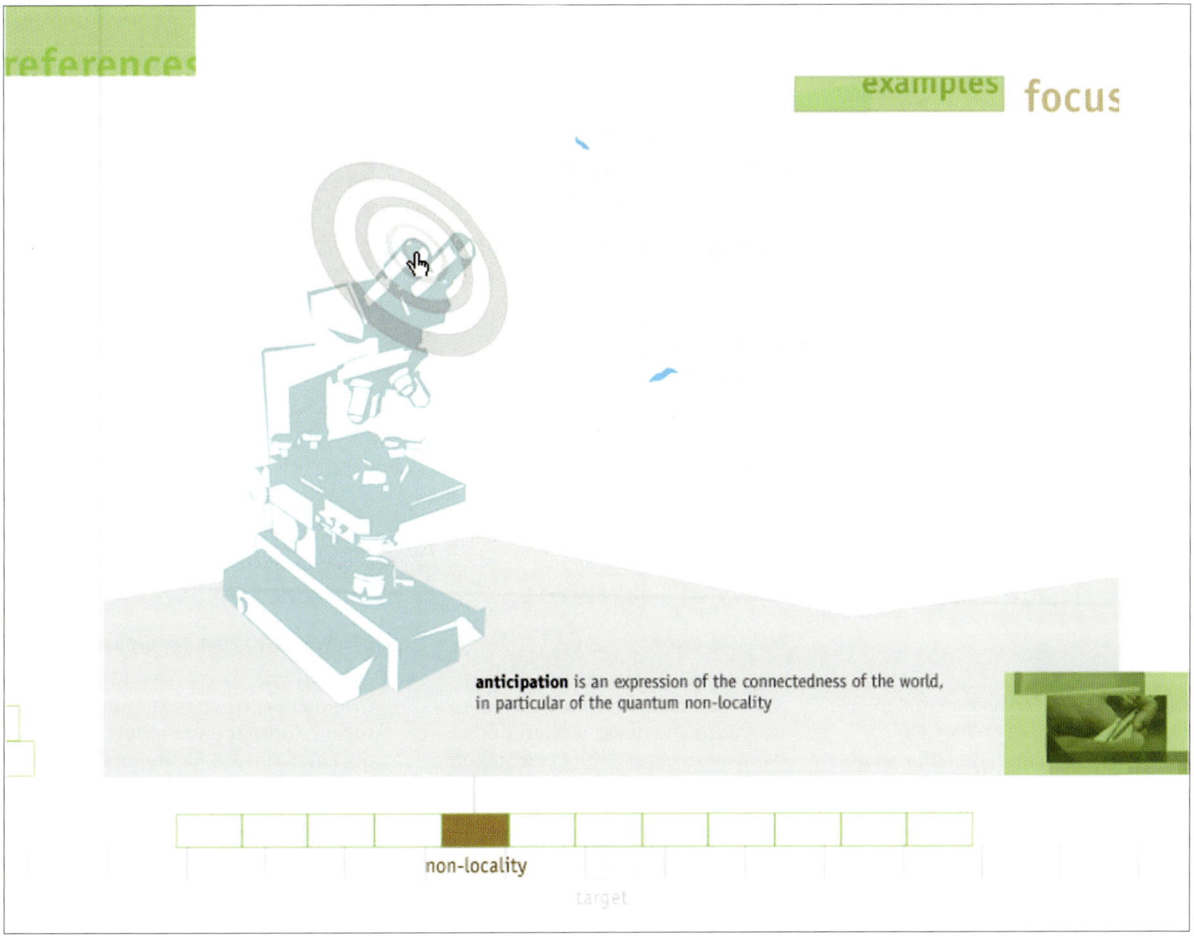

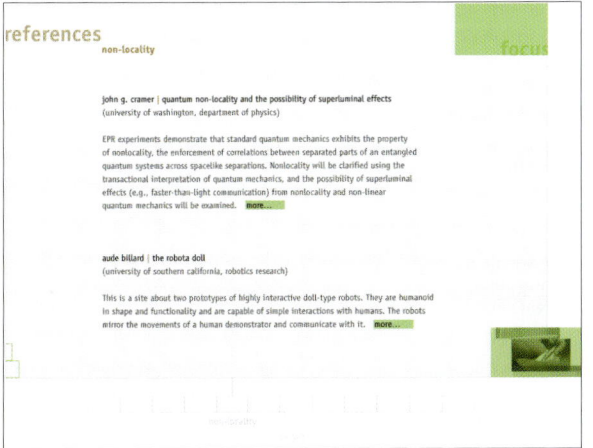

anticipation is an expression of the connectedness of the world, in particular of the quantum non-locality

Abb. 125
Ein interaktives Beispiel
in Ebene 2 zur Erläuterung
von Antizipation.

Abb. 126

Abb. 127

Abb. 128

Abb. 129

Digital Design 2000+

CD-ROM, 2000

Diese CD-ROM-Produktion dokumentiert einerseits das von Prof. Dr. Mihai Nadin organisierte Kolloquium zum Thema *Digital Design 2000+* und gilt andererseits als Referenz- und Nachschlagewerk zum Thema *Interaction- und Interfacedesign in Forschung und Lehre*. 17 Referenten aus dem amerikanischen und europäischen Ausland diskutierten zum Thema und präsentierten ihre aktuellen Ergebnisse. Sowohl die dreistündige Diskussionsrunde als auch alle Interviews lassen sich nach Rednern, Inhalt und Stichwort individuell ansteuern.

(Konzept, Design: Torsten Stapelkamp, für Computational Design).

Story of a Jazzpiano

DVD-Video, 2005

Mit dieser DVD wird die Geschichte des Jazzpiano dokumentiert und anhand eines extra dafür veranstalteten Jazz-Konzerts erläutert. Es spielte das Rene Pretschner Trio, mit Rene Pretschner (Piano), Haro Eller (Bass) und Jörg Hedtmann (Drums). Das Konzert ist kombiniert mit Interviews der drei Musiker, einem Kapitel über die geschichtliche Entwicklung der Instrumente und ausführlichen Berichten über die einzelnen Stile und Musiker. Somit bietet dieses Projekt eine sehr interessante Zeitreise durch die Geschichte und Entwicklung des Jazz-Pianos von 1890 bis heute. Diese DVD-Produktion ist als Lehr- und Lernmedium für die musikalische Ausbildung konzipiert, aber auch als reines Unterhaltungsmedium einsetzbar.

Diese Produktion wurde erstellt von René Bauer, Manoj Kallupurackal, Xinrui Song, Simon Wedekind, u.v.a. unter der Leitung von Torsten Stapelkamp.

Rebell wider Willen – Das Jahrhundert des Martin Niemöller

DVD-Video, DVD-ROM, Internet, 2004

Originaltitel: *Was würde Jesus dazu sagen?* Konzept und Produktion von docfilm Karnick & Richter oHG. Die Agentur Master Kitchen (www.master-kitchen.de) entwickelte eine webDVD Engine, mit der passend zu den Verweisen im Text der korrespondierenden Internetseite direkt Ausschnitte aus dem Film abgespielt werden können bzw. von der DVD aus auf Verlinkungen ins Internet verwiesen werden kann.

Ein Film von Hannes Karnick und Wolfgang Richter (Verlag absolut Medien, www.absolutmedien.de)

Abb. 130

Abb. 131

Abb. 132

Becoming Human

Internet 2001

Becoming Human ist eine interaktive Dokumentation im Internet über die Entstehungsgeschichte der Menschheit. Diese Produktion ist eine gute Anregung dafür, wie man die Möglichkeiten von Video, DVD, CD-ROM und Internet miteinander verbinden könnte und wie Interaktion dazu beitragen kann, umfangreiche Informationen zugänglich zu machen und zudem unterhaltsam zu vermitteln.

Gestaltung: Terra Incognita Interactive Media, USA.
www.becominghuman.org

Deutsche & Polen – eine Chronik

DVD-Video, DVD-ROM, Internet, seit 2002

Dieser Vierteiler beschreibt das historische Verhältnis von Deutschen und Polen, Konflikte und Katastrophen, aber auch die historischen Verbindungen und Gemeinsamkeiten. Der Ostdeutsche Rundfunk Brandenburg hat zusätzlich zur Filmdokumentation ein aufwändiges Angebot im Internet produziert, das zu jeder Stelle im Film Hintergrundinformationen bietet. Die Produktion beinhaltet eine DVD-Video, eine DVD-ROM und eine Website. Die Filminhalte auf der DVD-ROM können mit den Inhalten der Website verknüpft werden.

Herausgeber: Nicolai'sche Verlagsbuchhandlung, Berlin.

Travel-Web-DVD-Berlin – der vernetzte Reiseführer

DVD-Video, DVD-ROM, Internet, seit 2001

Kombiniert mit dem Internet erhält man mit dieser DVD aktualisierbare Informationen über Öffnungszeiten, Stadtpläne, Flug- und Bahnverbindungen. Man kann sich kombiniert und ergänzend zur DVD online informieren und anschließend buchen. Ansonsten bietet die DVD lineare Filmberichte und redaktionelle Beiträge zum Reiseziel und seinen Besonderheiten

Verlag Galileo Medien AG
www.galileomedien.de

3 Interfacedesign

Interfacedesign umschreibt vordergründig die Gestaltung von Benutzeroberflächen. Dabei geht es aber vielmehr um das Antizipieren von Verhaltensformen und -bedürfnissen und den Erwartungen, die ein Anwender an ein Produkt richtet. Das Interfacedesign definiert, steuert und ermöglicht den Dialog und die Dialogfähigkeit zwischen Mensch und Maschine bzw. zwischen Sender und Empfänger. Dies gilt für analoge wie digitale Produkte gleichermaßen. Dass ein Interface und dessen Gestaltung nicht nur ein Produkt oder eine Maschine, sondern auch eine Situationen repräsentieren kann, zeigt dieses Kapitel. Sender und Empfänger können wechselseitig Menschen und Maschinen, aber auch ausschließlich Menschen sein, die mit Hilfe von Maschinen kommunizieren. Interfacedesign dient nicht nur dazu, Kommunikation und Information auf Basis einer formalen Gestaltung zu ermöglichen, sondern auch dazu, selbst Verhalten auszulösen und dynamisch darauf reagieren zu können. Dies hat in vereinzelten Fällen zur Folge, dass ein Produkt bei Bedarf nicht nur ein vorher bestimmbares Verhalten zeigt, so wie es eigentlich nur bei einem Dialog zwischen Lebewesen üblich ist, sondern das Produkt auch in der Lage ist, dazuzulernen und sich weiterzuentwickeln. Interfacedesign wird dann über die Information und den Dialog hinaus zur Erlebnisumgebung und kann wesentlich dazu beitragen, dass ein Produkt und sein Interaktionsangebot vom Anwender im Idealfall als ein am Menschen orientiertes System wahrgenommen wird.

Dass auch eine Hardware-Schnittstelle Interface genannt wird, wenn das Zusammenwirken von physikalisch greifbaren Funktionselementen ermöglicht wird, soll hier nicht unerwähnt bleiben. Wenn man z. B. einen Adapter an seinen Computer anschließen kann, um diesen dann mit einer Surround-Sound-Boxen-Anlage zu verbinden, wird solch ein Adapter auch Surround-Sound-Interface genannt. Auf diese Form der Interfaces wird hier aber nicht eingegangen.

Im Folgenden wird einerseits erläutert, wie man Interfaces gestalten muss, damit sie für einen Anwender als Dialogoberfläche wahrgenommen werden, unabhängig davon, ob es sich um ein Hardware- oder Softwareprodukt oder einer Kombination aus beidem handelt. Andererseits soll deutlich gemacht werden, dass sich hinter dem Begriff ›Interface‹ mehr verbirgt, als nur funktionale Belange. Ein Interface bestimmt auch das Image eines Produktes.

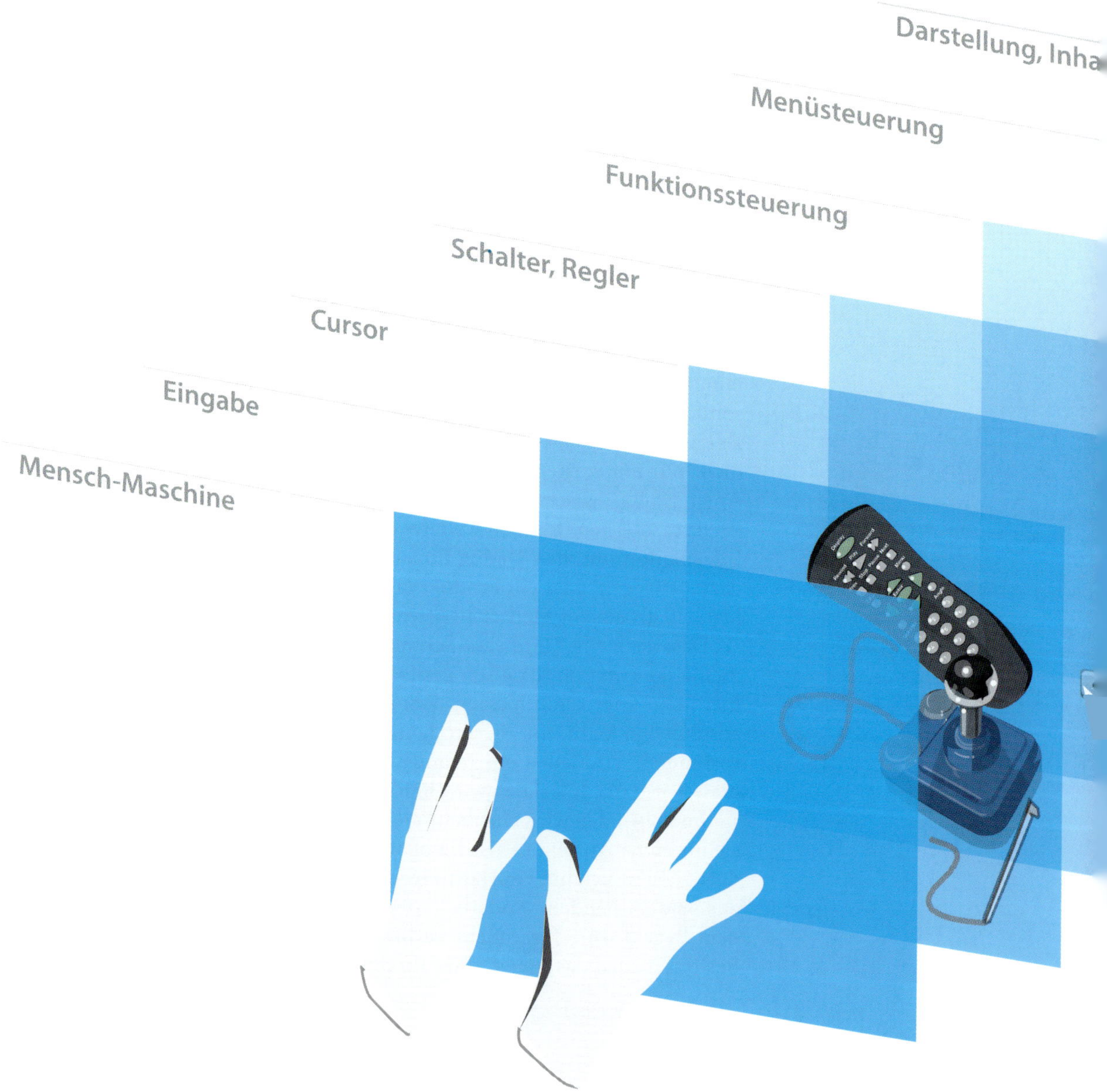

Darstellung, Inha

Menüsteuerung

Funktionssteuerung

Schalter, Regler

Cursor

Eingabe

Mensch-Maschine

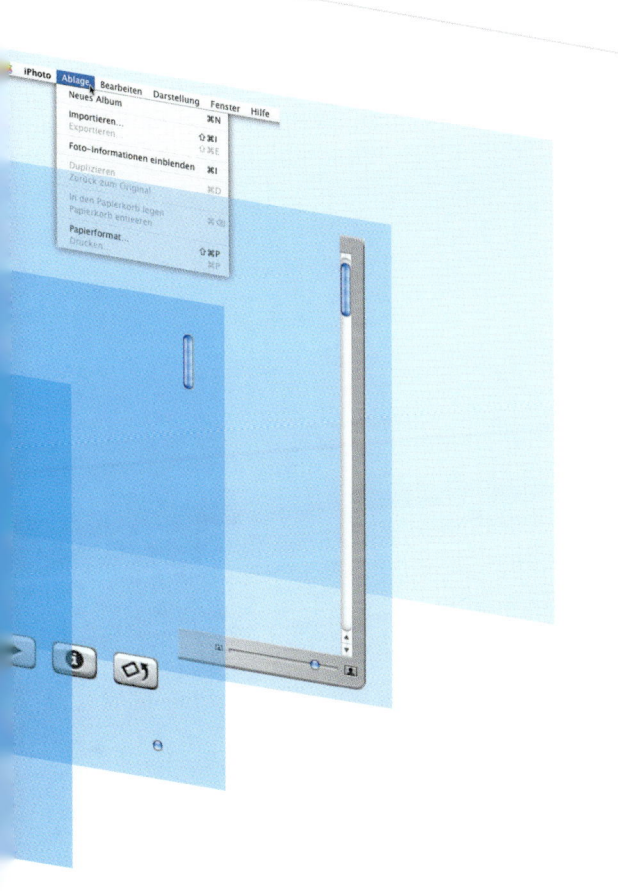

Abb. 133
Ein Interface kann aus mehreren
Elementen bestehen bzw. auf
mehreren Ebenen eine Einflussnahme bieten. Am Ende erhält
man Inhalte und Ereignisse
bzw. Ergebnisse (Grafik: Torsten
Stapelkamp).

Ein Flussdiagramm, allgemein als Flowchart bezeichnet, repräsentiert die inhalt-lichen bzw. funktionalen Elemente eines Produkts und ist die visuelle Darstellung der Navigations- bzw. Funktionsstruktur, wodurch die Zusammenhänge und Ver-knüpfungen der inhaltlichen Elemente, Kapitel und Unterverzeichnisse bzw. die der funktionalen Elemente deutlich werden. Werden in erster Linie die funktionalen Elemente eines Produktes dargestellt, so wird das Flowchart Funktionsstruktur-diagramm genannt.

Mit der Darstellung eines Flowcharts lassen sich entweder gezielt die Abhängigkei-ten der einzelnen Kapitel und Unterkapitel zueinander, aber auch deren Zusammen-hänge aufzeigen. Die Kapitel selbst und deren Gestaltung und Interaktionen werden allerdings nicht mit einem Flowchart, sondern mit einem Funktionslayout (S. 162) und einem Storyboard beschrieben.

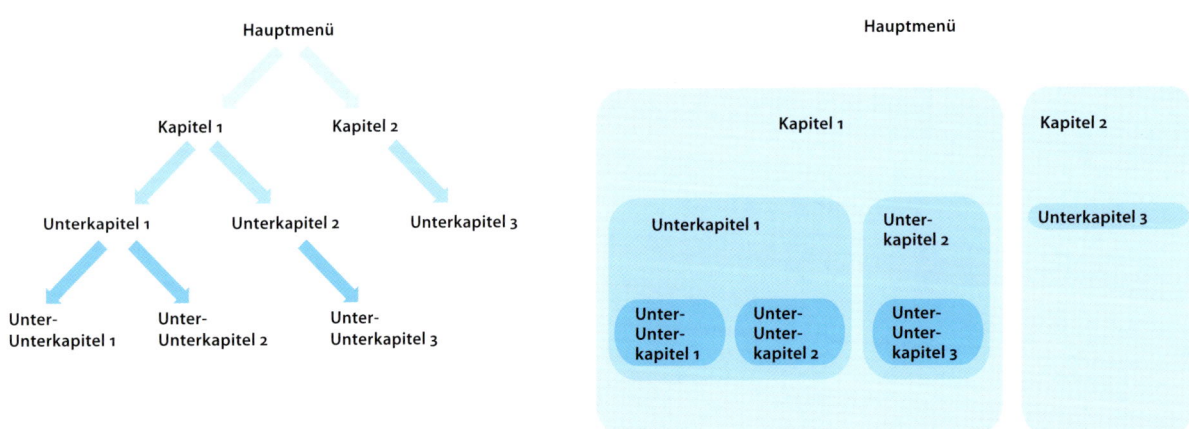

Abb. 134
Hierarchische Darstellung
von Zusammenhängen.

Abb. 135
Darstellung der Zusammen-
hänge in Bezug zueinander.

Mit einem Flowchart plant und bereitet man ein interaktives Projekt bzw. die interaktiven Funktionalitäten eines Produkts vor. Die endgültige Erstellung eines Flowcharts macht oft erst dann Sinn, wenn zuvor eine Zielgruppenanalyse erfolgt ist und die Zielgruppen und Anwenderkompetenzen geklärt sind. Die fertige Version eines Flowcharts ist die für alle Teammitglieder verpflichtende Vorgabe für die gesamte Umsetzung. Mit ihm werden die Themen, die Strategie und die Optionen organisiert. Vom Flowchart hängt es ab, in welcher Reihenfolge und Bedeutung die einzelnen Inhalte dargestellt werden, welche Details berücksichtigt und wie die Inhalte miteinander verbunden und vom Anwender angesteuert werden können. Mit dem Flowchart wird die optische, auditive und funktionale Gestaltung eines Projektes entscheidend vorbereitet und festgelegt. Bevor ein Flowchart endgültig als Vorgabe fertiggestellt ist, sollte es immer wieder den Gegebenheiten und Bedürfnissen angepasst werden, die sich z. B. im Verlauf der Planung aus Usability-Tests ergeben haben oder aus den Erkenntnissen, die erst im Zusammenwirken und im Überblick aller Eventualitäten sichtbar wurden. Es ist daher zu empfehlen, die ersten Versuche zunächst mit Papier und Bleistift skizzenhaft darzustellen, um sich allmählich der Struktur und den Gestaltungsabsichten des Projekts zu nähern. Diese Skizzen müssen nicht perfekt sein. Es genügt, wenn sie als Diskussionsgrundlage aussagekräftig genug sind, so dass alle Projektbeteiligten die Struktur und die Abfolge der Produktion nachvollziehen können. Später kann man dann auf entsprechende Software zurückgreifen, mit der man die Skizzen des Flowcharts in eine Datei übertragen kann. Für Windows-PCs und Apples Macintosh-Computer gibt es hierfür einige Softwarepakete. Microsoft® *Visio*® für den PC und *OmniGraffle* für den Mac sind wohl die bekanntesten. Ansonsten gibt es noch diverse Free- und Shareware-Software, mit denen sich Flowcharts darstellen lassen.

Sobald eine Flowchart-Skizze vorliegt, kann mit der Erstellung des Storyboards bzw. des Drehbuchs begonnen werden und auch mit dem Screen- und Interfacedesign. Flowcharts sind auch für Filmproduktionen sehr hilfreich, werden aber in erster Linie für interaktive Produkte aller Art erstellt, die als Software, als Hardware oder als Kombination aus beiden vorliegen. Es gibt daher nicht die Idealform eines Flowcharts, weshalb hier nur einige mögliche Exemplare vorgestellt werden, ohne dass der Anspruch erhoben wird, dies seien die einzig vertretbaren Idealformen des Flowcharts. Flowcharts sind Kommunikationsmittel und deren Darstellung sollte in der für das Projekt und das Projektteam individuell idealen Kommunikationsform gewählt sein. So kann man z. B. die verknüpften und die verbindenden Elemente eines Flowcharts als Symbole mit konkreten Bedeutungen belegen und diese dann gezielt im Flowchart als Informationselemente verwenden. Diese Art der Festlegung stammt aus der Elektrotechnik, bei der die Belegung von Platinen und deren Leiterbahnen ebenso mit Flowcharts geplant und festgelegt wird. So kann ein Oval, ein Rechteck, eine Raute und ein kleiner Kreis nicht nur Verbindungen und Reihenfolgen, sondern auch gleich Bedeutungen festlegen (z. B. Oval = Anfang und Ende; Rechteck = Inhalte: Grafik, Text, etc.; Raute = Interaktion/Entscheidung/Auswahl; Kreis mit Zahl = Anzahl, Nummerierung; etc.). Für die Entwicklung interaktiver Hard- oder Softwareprodukte (z. B. Mobiltelefon, PDA, medizintechnisches Gerät; entsprechende Betriebssysteme etc.) sind solche Symbole bereits wegen der Nähe zur Elektrotechnik und weil sich Ingenieure im Produktionsteam befinden üblich.

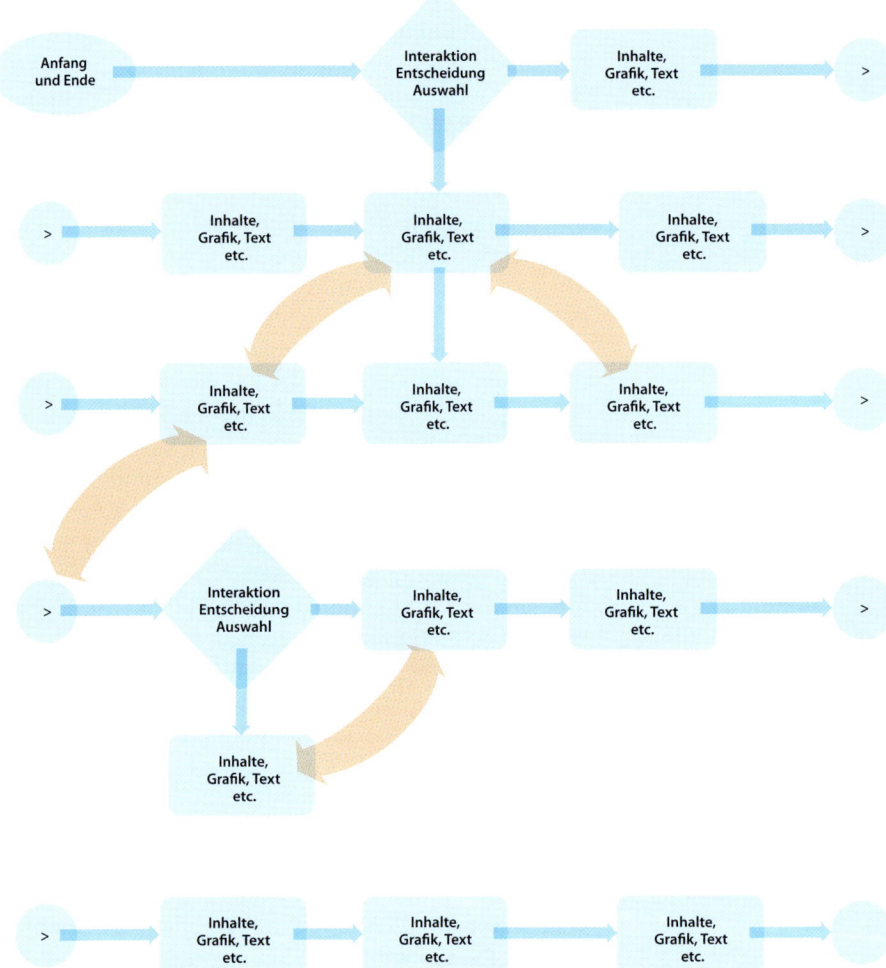

Abb. 136
Mögliche Flowchart-Symbole und deren Bedeutung. Jedes Flowchart-Symbol ist hier mit einer bestimmten Bedeutung belegt.

Das Oval kennzeichnet den **Anfang** und das **Ende** einer Erzähl- oder Funktionsfolge.

Das Rechteck steht für **Inhalte: Grafik, Text etc.**

Die Raute wird dort eingesetzt, wo ein Anwender Entscheidungen fällen muss bzw. interaktiv in den Verlauf eingreifen kann: **Interaktion/ Entscheidung/Auswahl**

Die runden Flächen stehen für eine **Nummerierung.** Werden mehrere Seiten für die Darstellung des Flowcharts benötigt, so wird am Ende einer Linie das Symbol mit der Seitenzahl des folgenden Blatts eingefügt. Auf der folgenden Seite beginnt dann die Linie mit dem Symbol, in dem sich die Seitenzahl des vorherigen Blatts befindet.

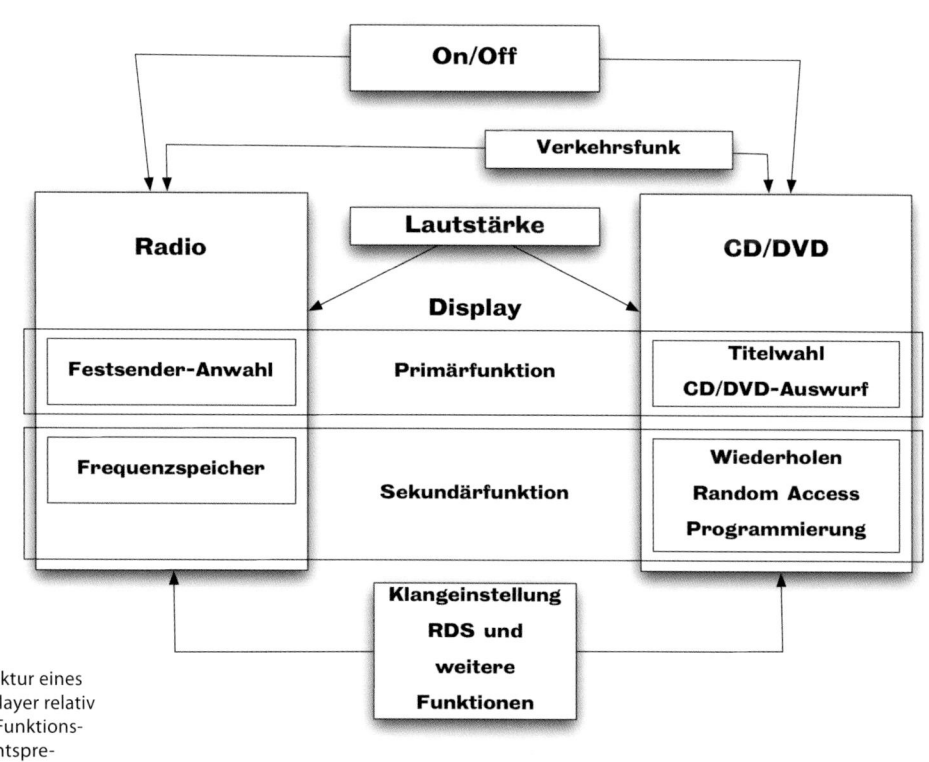

Abb. 137 a–b
Da die Funktionsstruktur eines
Autoradios mit CD-Player relativ
simple ist, sieht das Funktions-
strukturdiagramm entspre-
chend einfach aus (Projekt
von Marcel Huch an der Uni
Wuppertal, Computational
Design; Betreuung: Torsten
Stapelkamp).

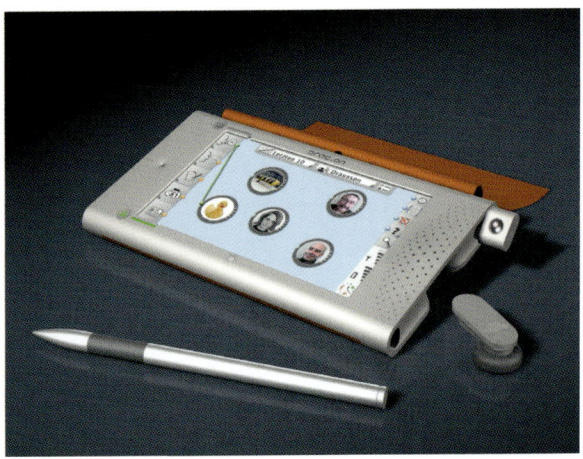

Abb. 138 a–c
drag•on. Interface für ein draht-
loses Kommunikationsgerät
(Diplomarbeit von Dipl. Des.
Axel Rösgen; Computational
Design, Uni Wuppertal;
Betreuung: Mihai Nadin).

Verbindung mit
Kontaktsymbol herstellen

Strukturdiagramm
Archiv

Nachrichtenart
auswählen

E-Mail   SMS   Fax   Notiz

Betreff   Betreff   Betreff

Text /
Grafik   Text
(max. 160
Zeichen)   Text /
Grafik   Text /
Grafik

Dateianhang

Strukturdiagramm
Dateien

Weitere Verarbeitung

Senden   Speichern   Löschen

Dialog

Die Struktur des Kommunikations-
prozesses wird über Verbindungslinien
visualisiert und damit vom Anwender
stärker verinnerlicht. Multiple und
gemischte Kommunikationsverbindun-
gen sind damit einfach realisierbar.
Das skalierbare Interface unterstützt
den Anwender bei der Strukturierung
der Kontakte und Dateien.

Die Flowcharts und die Funktions-
strukturdiagramme sind dem Projekt
entsprechend komplex, weshalb
mehrere Diagramme erforderlich sind:
- Softwarestruktur des Kommunika-
  tionsgerätes
- Ablaufdiagramm zur Herstellung
  einer Sprachverbindung
- Ablaufdiagramm zum Anlegen
  eines Kalendereintrags
- Ablaufdiagramm zur Erstellung
  von schriftlichen Kommunikations-
  verbindungen.

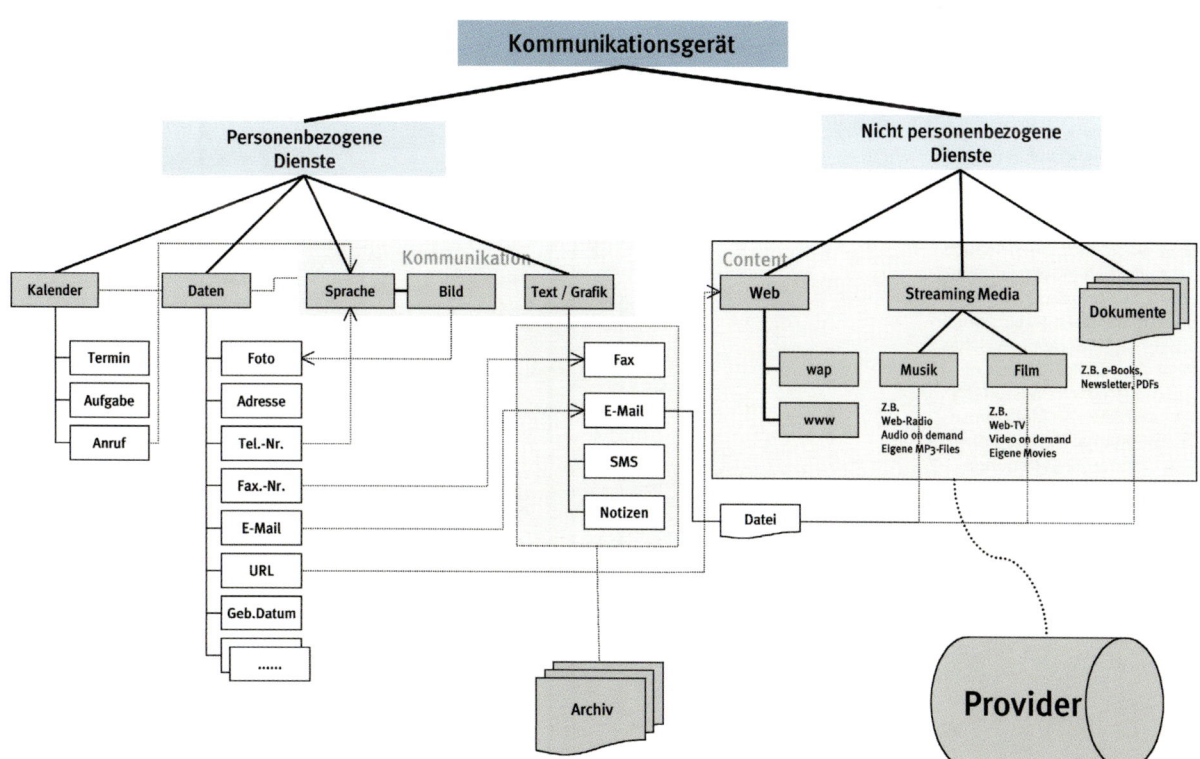

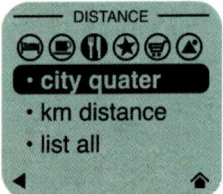

Abb. 139 a–b
City-Guide bietet auf Basis der WAP-Technologie ein vielseitiges Angebot an aktuellen Informationen über kulturelle Ereignisse einer Stadt, die sich auch mit einfachen Mobiltelefonen abrufen lassen. Das hier abgebildete Flowchart ist ein Funktionsstrukturdiagramm, welches nicht die Inhalte, sondern die Funktionen darstellt (studentisches Projekt von Tanja Bunse, Computational Design, Universität Wuppertal; Betreuung: Torsten Stapelkamp).

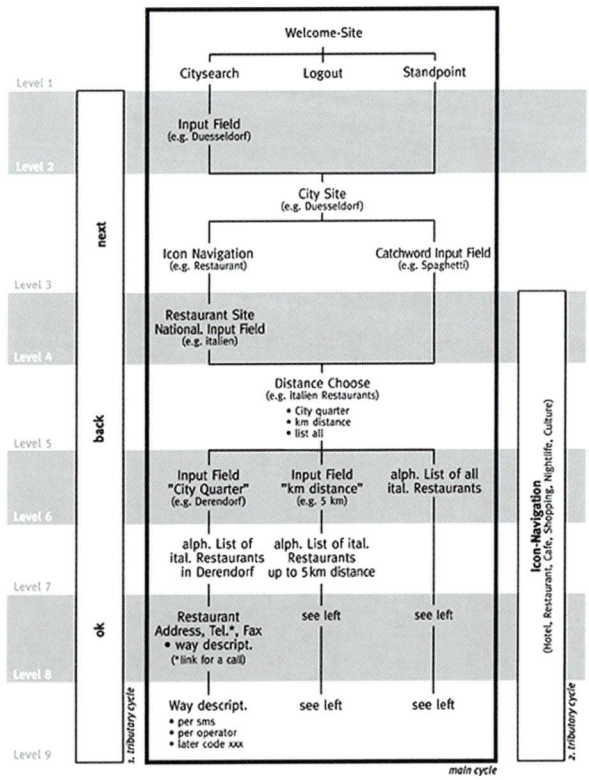

Hinweise und Empfehlungen zur Erstellung eines Flowcharts

Vorgehensweise zur Ordnung einer Struktur	• Begriffe hierarchisch sortieren und zuordnen. • Alternative hierarchische Sortierungen prüfen. • Hierarchie, wenn möglich, stark vereinfachen. • Klären, ob die Begrifflichkeiten zueinander passen und alternative Bezeichnungen prüfen. • Die beste Navigationsstruktur im Sinne des Inhalts und der Produktabsicht suchen. • Den schwierigsten Zustand der geeigneten Navigationsvarianten ermitteln und überprüfen. • Die inhaltlichen Elemente repräsentieren.
Allgemeine Empfehlungen	• Maximal sieben Verknüpfungen innerhalb eines Navigationsweges. • Um Hierarchisierungen vornehmen zu können, ist Fachkenntnis in der entsprechenden inhaltlichen Thematik erforderlich. Allgemeinbildung hilft weiter, genügt aber oft im speziellen Fall nicht. • Inhalte zunächst in überbegriffliche Kapitel zuordnen, um dann innerhalb der Kapitel Unterverzeichnisse zu bilden und auch dort zu sortieren. • Komplexe Hierarchien sollten vermieden werden. • Lassen Sie sich Zeit bei der Bildung und Zuordnung der Begriffe und Verzeichnisse. Begnügen Sie sich nicht mit der erstbesten Strukturierung. • Überprüfen Sie stets Ihre hierarchischen Zuordnungen durch Anwenderbefragungen.

Mit einem Flowchart wird die Struktur eines Inhalts geordnet und festgelegt. Diesbezüglich gibt es einige Hinweise und Empfehlungen. Ein Flowchart verschafft einen Überblick über die Menge und die Zusammenhänge von Inhalten bzw. Funktionen. Die Darstellung von Details wird bewusst vermieden. Die detaillierte Darstellung der Funktionen eines Produktes und die Visualisierung aller einzelnen Funktionselemente erfolgt mit Hilfe eines Funktionslayouts, das im folgenden Kapitel näher erläutert wird.

Mit einem Flowchart (siehe vorheriges Kapitel) werden einerseits die inhaltlichen Abhängigkeiten einzelner Kapitel und Unterkapitel voneinander aufgezeigt und gezielt deren Zusammenhänge dargestellt und andererseits funktionale Abhängigkeiten visualisiert. Je nach Produkt müssen entweder mehr die inhaltlichen oder mehr die funktionalen Aspekte verdeutlicht werden. Außerdem zeigt ein Flowchart die Menge der Kapitel bzw. Funktionselemente an. Es verschafft Überblick, ohne zu sehr ins Detail zu gehen.

Die detaillierte Darstellung der Funktionen eines Produktes und die Visualisierung aller einzelnen Funktionselemente erfolgt mit Hilfe eines Funktionslayouts. Es wird auch gerne ›Papier-Klickmodell‹ oder ›Papier-Prototyp‹ oder auch Wireframe genannt. Auf Basis einer korrekten Beschriftung lässt sich ein einfaches Funktionslayout mit Papierschnipseln legen. Dies stellt auch eine geeignete Übung dar, um sich im Dialog mit dem Team die inhaltlichen und funktionalen Absichten eines Produktes klar zu machen. Mit einem Funktionslayout werden die einzelnen Funktionselemente, ihre Eigenschaften und Positionen visualisiert, ohne dass man sich bereits im Vorfeld für eine Gestaltung festlegen müsste.

Mit dem Funktionslayout wird es somit möglich, eine funktionale Ordnung zu schaffen, mit der die Interaktion bzw. der Dialog zwischen Anwender und Produkt prototypisch visualisiert und erprobt werden kann. Dieser Vorgang bildet nicht nur die Grundlage der Gestaltung, sondern ist bereits Bestandteil des Gestaltungsprozesses. Die resultierenden Ergebnisse dienen als stetige Diskussionsgrundlage für Besprechungen im Design- und Produktionsteam und mit dem Kunden. Die Entwicklung eines Funktionslayouts macht für die Gestaltung eines jeden Hard- und Software-Produkts Sinn, sei es auch noch so niederkomplex, wie z. B. ein Anrufbeantworter oder eine einfache Software. Für komplexe Produkte ist es ohnehin eine zwingende Notwendigkeit, um einen Überblick zu erhalten und ihn im Verlauf der Planung und Umsetzung auch zu behalten (z. B. bei Internetseiten; CD-ROM Produktionen; Terminal-/Kiosksystemen; bei Applikationen für Computer, für Mobiltelefone, PDAs oder Smartphones; bei Haushaltsgeräten, Automaten oder Produktionsmaschinen etc. …).

Bei niederkomplexen Produkten genügt es manchmal, ein einziges Funktionslayout zu erstellen. Für verschiedene Inhalts- bzw. Funktionsebenen sind jedoch entsprechend viele individuelle Funktionslayouts üblich. Dies hängt einerseits von den jeweiligen Interessen und Kompetenzgrade der anvisierten Zielgruppe ab und andererseits davon, wie komplex das Produkt bzw. die einzelnen Funktionskategorien des Produkts sind.

Bei der Erstellung eines Funktionslayouts sind wie bei der Planung eines jeden Produkts die drei wesentlichen Kompetenzgrade der Anwender zu beachten:
- Anfänger
- Fortgeschrittene
- Experten

Bereits bei der Erstellung des Funktionslayouts ist zu berücksichtigen, dass dem Anwender von komplexen Produkten ein Interface angeboten werden sollte, das ihm einen Zugang nach themenspezifischen, zielgruppenspezifischen und kompetenzspezifischen Kriterien ermöglicht. All diese Navigationsvarianten lassen sich in drei Funktions- und vier Zugangskategorien zusammenfassen, die selbstverständlich bereits im Funktionslayout dargestellt und mit ihm erprobt seien sollten, bevor sie Berücksichtigung in der weiteren Planung und Gestaltung finden.

Die drei Funktionskategorien sind:
A. Primärfunktion, macht den Sinn des Produktes aus.
B. Sekundärfunktion, erweitert den Sinn des Produktes und kann fast so wichtig sein wie die Primärfunktion.
C. Tertiärfunktion, erweitert das Angebot des Produktes, ohne zwingend notwendig zu sein.

Die folgenden vier Zugangskategorien beschreiben die von den Anwendern bevorzugten Arten des Zugangs:
1. Der methodische Zugang
2. Der geleitete Zugang
3. Der beschauliche Zugang
4. Der Expertenzugang bzw. Schnellzugang

Die oben genannten Aspekte der Kompetenzgrade und Funktionskategorien sind für die Erstellung von Funktionslayouts nicht nur hilfreich, sondern notwendig. Außerdem ist zu beachten, dass der Gebrauch vieler Produkte bestimmten Gewohnheiten und daraus resultierenden Erwartungen unterworfen ist. Für Internetseiten wurden z. B. Erwartungen ermittelt, wo aus Sicht der Anwender bestimmte Funktionen und Angebote positioniert sein sollten. Es ist allerdings zu berücksichtigen, dass Funktionserwartungen, die sich aus einer Gewohnheit ergeben haben, nicht unbedingt die besten Funktionsabläufe beschreiben.

Abb. 140
Auch dieses Layout eines Komforttelefons des Studenten Man Choi der Universität Wuppertal, Studienrichtung ›Industrial Design‹, stellt keinen Gestaltungsvorschlag dar, sondern zeigt lediglich die Funktionselemente und deren Positionen. Ein Komforttelefon unterscheidet sich vom normalen Telefon insofern, als es mehr Funktionen aufweist. Neben dem obligatorischen Telefonieren berücksichtigt dieses Funktionslayout einige Zusatzfunktionen wie Halten, Makeln, Dreierkonferenz, Umleiten und Telefonbuch.

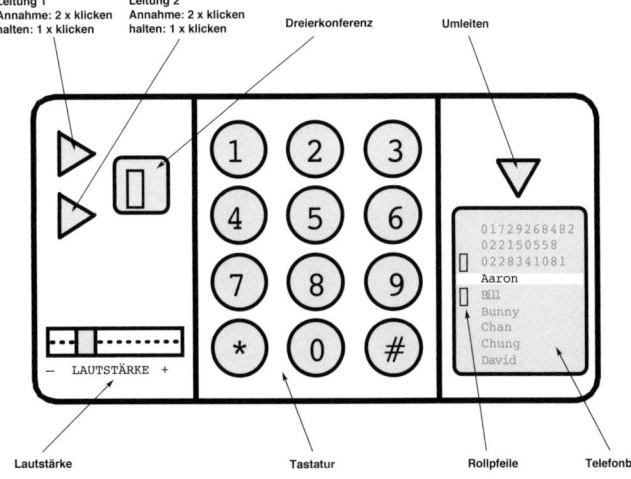

Gründe für ein Funktionslayout und seine Vorteile

1. Visualisierung der funktionalen Bedeutung einzelner Elemente in Primär-, Sekundär-, und Tertiär-Funktion.

2. Mit einem Funktionslayout lassen sich schnell Ergebnisse erzielen.

3. Die zuvor in einem Briefing festgelegten Absichten werden dargestellt.

4. Die zuvor in einem Briefing festgelegten Absichten können auf ihre Sinnfälligkeit, Notwendigkeit und auf ihre Auswirkungen auf die Gesamtgestaltung überprüft werden.

5. Die Abfolge und die Eigenschaften der Interaktion werden sichtbar und überprüfbar, noch bevor mit dem Screendesign bzw. der Formgestaltung begonnen wurde. Das heißt, dass z. B. das Interactiondesign geplant und überprüft werden kann, bevor mit dem Screen- und Interfacedesign begonnen wurde.

6. Ein Funktionslayout bietet eine Diskussions- und Überprüfungsgrundlage für die Designer und alle Teilnehmer des Produktionsteams, aber auch gegenüber dem Kunden.

7. Eine Evaluierung kann bereits mit dem Funktionslayout auf Papier beginnen.

8. Ein Funktionslayout kann als Bauanleitung für ein erstes Funktionsmodel dienen.

9. Das Funktionslayout dient der Entwicklung und der Erprobung von Konzepten und ist somit gleichermaßen Grundlage und Bestandteil des Gestaltungsprozesses.

10. Das Funktionslayout kann dazu beitragen, externen Zulieferern den erforderlichen Eindruck zu vermitteln, damit diese bereits im Vorfeld z. B. die geeigneten Texte, die passenden Fotos, das notwendige Sounddesign erstellen oder zumindest die geeigneten Farben und Materialien bestimmen können.

11. Der erste von drei Produktionsabschnitten kann gegenüber dem Kunden mit einem Funktionslayout dokumentiert werden, und Dank dessen Nachvollziehbarkeit könnte sogar die Abnahme des ersten Projektabschnitts auf seiner Basis erfolgen.

12. Ein Funktionslayout verursacht nur scheinbar zusätzliche Kosten. Der Aufwand, der zudem relativ gering ist, lohnt sich, da er hilft, spätere Fehler zu vermeiden. Schließlich provoziert ein Funktionslayout bereits im Vorfeld schon Fragen und Antworten.

13. Mit einem Funktionslayout können Produkteigenschaften sachlich geklärt werden, da es nicht um subjektive Eindrücke, sondern um objektive Absichten geht.

14. Die anschließende gestalterische Umsetzung lässt sich gerade gegenüber dem Kunden leichter vertreten, wenn mit Hilfe des Funktionslayouts die sachlichen Aspekte geklärt wurden. Auf seiner Basis lässt sich die Gestaltung an sich besser erläutern und erscheint dem Kunden nicht mehr als subjektiver Standpunkt des Designers.

Die Planung eines interaktiven Produkts beginnt in der Regel mit Skizzen und endet, was die Planung anbetrifft, mit dem Styleguide. Aus den Skizzen ergeben sich erste gestalterische Ideen, Flowcharts und eine Hierarchisierung der Inhaltsstruktur. Daraus lassen sich erste Funktionslayouts, die Festlegung funktionaler Aspekte im Sinne ihrer Positionierung und Funktionalität herleiten und eventuelle Drehbücher erstellen. Innerhalb eines Gestaltungslayouts und seines Rasters werden all diese Ideen zu einer den Anforderungen entsprechenden Gestaltung zusammengefasst. Die Details dieser Gestaltung werden dann in einem Styleguide festgehalten. Dies geschieht u. a. in Form einer präzisen Vermaßungen aller Bestandteile und des gesamten Layouts und all seiner Varianten unterschiedlicher Layout-Schemata. Des Weiteren werden im Styleguide alle verwendeten Farben, Schrifttypen und -schnitte und sonstige Formatierungsangaben dokumentiert. Zudem erfolgt dort die Beschreibung aller Interaktionsmuster. Daher sind das Flowchart, die Funktions- und Gestaltungslayouts, das erweiterte Funktionslayout, das Storyboard und das eventuelle Drehbuch Bestandteile des Styleguides. Im Styleguide werden aber auch alle Eigenschaften formuliert, die die Corporate Identity eines Produkts ausmachen. Ein Styleguide kann in seiner Endfassung mehrere hundert Seiten stark sein.

Dies alles erscheint sehr aufwändig. Aber je präziser der Styleguide formuliert ist, umso weniger Fragen bleiben offen und umso unwahrscheinlicher wird es, dass er unterschiedlich interpretiert wird. Grundsätzlich gilt, dass es für die Erstellung eines Styleguides keine allgemeingültigen Antworten gibt und dass für jedes Produkt und jeden Medientyp die eigene unverwechselbare Lösung gefunden werden muss. Dies gilt auch für die Frage, wie umfangreich ein Styleguide formuliert sein muss. Mit einem Styleguide werden sämtliche Einzelheiten der Produktion detailliert beschrieben und dokumentiert. Je genauer ein Styleguide erstellt wird, umso komplikationsfreier wird die Umsetzung eines Projekts. Er stellt für die jeweilige Produktion die auf sie zugeschnittene Design- und Umsetzungsrichtlinie dar. Dies ist besonders dann wichtig, wenn bereits bestimme Vorgaben, wie z. B. die Einhaltung von Barrierefreiheit, definiert wurden, die nun für alle Beteiligten kommunizierbar vorbereitet werden müssen.

Der Styleguide ist die Produktionsvorgabe und dient der Kommunikation innerhalb des Produktionsteams und gegenüber dem Kunden. Außerdem entlastet er den Projektleiter, der mit einem Styleguide als Planungsvorgabe das Team besser einteilen und ansteuern kann und auch alle einzelnen Produktionsabschnitte besser unter Kontrolle hat. Wodurch nicht zuletzt alle Arbeitsschritte sicherer und schneller durchgeführt werden können. Ein Styleguide stellt Wissenskapital dar. Mit ihm wird nicht nur das Projekt selbst, sondern auch die bei einem Projekt gesammelten Erfahrungen dokumentiert. Vom Erstellungsprozess abgesehen wird der Styleguide insbesondere dann wichtig, wenn nach längerer Zeit – manchmal nach Monaten – Veränderungen bzw. Ergänzungen an einem Projekt vorgenommen werden sollen. Der Styleguide liefert den Bauplan und die Leitlinien, nach denen die Arbeit fortgesetzt werden kann. Ohne Styleguide wäre diese Fortsetzung um ein Vielfaches aufwändiger oder sogar beinahe unmöglich. Es kann z. B. vorkommen, dass nicht mehr alle damals beteiligten Teammitglieder zur Verfügung stehen und das Wissen über die jeweilige Produktion somit abgewandert ist.

Aus Sicht der Gestaltung und auch aus Sicht der Usability liegt zudem ein wesentliches Ziel des Styleguides in der Wahrung eines einheitlichen Erscheinungsbildes und der Corporate Identity. Der Styleguide soll sicherstellen, dass das Produkt noch über Jahre hinaus auch nach eventuellen Aktualisierungen und Ergänzungen unverwechselbar, einheitlich und positiv erscheint. Er sollte daher gerade bei Projekten mit hoher, langjähriger Gebrauchsdauererwartung regelmäßig hinsichtlich seiner Wirksamkeit evaluiert und bei Bedarf fortgeschrieben werden. Für diese Evaluierung müssen entsprechende Checklisten und Testverfahren vorformuliert sein, die selbstverständlich ebenso in regelmäßigen Abständen auf ihre Aktualität und Wirksamkeit überprüft werden müssen.

Um die Verfügbarkeit des Styleguides zu gewährleisten, aber auch um die Aktualisierbarkeit zu vereinfachen, ist es sinnvoll, den Styleguide im Internet bereitzustellen. Der Zugang kann durch Passwort geschützt sein. So können entsprechend autorisierte Personen den Styleguide einsehen und eventuell aktualisieren. Der Umgang mit einem Online-Styleguide ist zudem praktischer, da Querverweise nicht durch lästiges Blättern in einer eventuell mehrere hundert Seiten dicken Printausgabe nachgeschlagen werden müssen, sondern mit einen ›Klick‹ anwählbar sind. Außerdem entfallen Kosten für den Druck und die Verteilung und man delegiert die Verantwortung, stets die aktuellste Ausgabe des Styleguides vorliegen zu haben, an die jeweiligen Anwender weiter. All dieser Aufwand ist zwar möglicherweise mit Kosten verbunden, die allerdings an anderer Stelle eingespart werden bzw. erst gar nicht anfallen, da mit einem Styleguide kontrollierbar und planerisch entwickelt wird. Komplikationen können verringert oder gar ganz vermieden werden und die gesamte Entwicklung ist nachhaltiger.

Ein Styleguides dient allerdings auch der Vorevaluierung. Dadurch, dass man sich zur Erstellung eines Styleguides sehr genau mit jedem Detail auseinandersetzt, können bereits durch die Erstellung, wie bei den vorangegangen Entwicklungsstufen auch (Flowchart, Funktionslayout, Gestaltungslayout, Raster), Fehler erkannt und behoben werden. Aber selbst eine verantwortungsvolle Durchführung all dieser Entwicklungsetappen kann Usability-Tests und Evaluierungen nicht ersetzen. Diese Überprüfungsstrategien sollten stets während der Produktionsphase erfolgen, um sich späteren Ärger und aufwändige Nachbereitungen zu ersparen.

Ein ausführlicher Styleguide dient sowohl den Gestaltern als auch den Programmierern bzw. Ingenieuren bei der Gestaltung und Umsetzung von Produkten. Dabei spielt es keine Rolle, ob es sich um eine Informationssoftware (Internetseite, CD-ROM, DVD etc.), eine Funktionssoftware (Betriebssystem, Steuerungssoftware, Texteditor-Software, Grafikeditor-Software etc.) oder um ein Hardware-Produkt (Fernbedienung, Mobiltelefon, Fahrkartenautomat etc.) handelt.

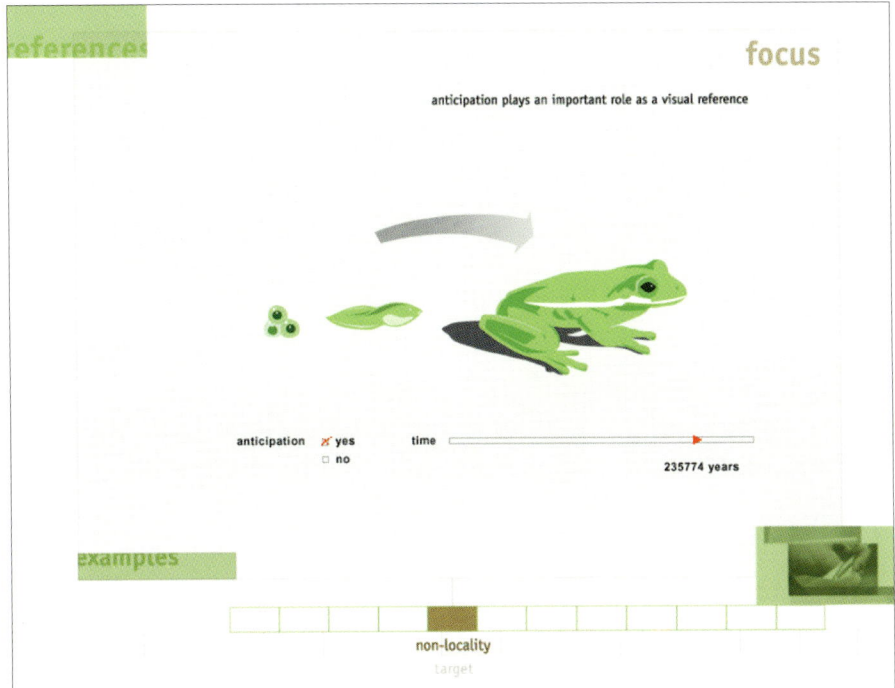

Abb. 141
Die Stammzellenforschung
ist ebenso wie ein kreativer
Entwicklungsrozess Bestandteil
der Auseinandersetzung mit
Antizipation (Abb. aus der DVD).

Antizipation – Die Ursache liegt in der Zukunft

Integrierte Publikation aus Buch, interaktiver
DVD-Video/DVD-ROM und Internetseite

Konzipiert und erstellt von Prof.
Dr. Mihai Nadin, Torsten Stapelkamp,
Stefan Maas, Frank Hegel, Patrick
Feldmann, Rouven Kroth (u.v.m.) in
Kooperation mit group-of-pictures,
Köln (www.group-of-pictures.com) und
mit Maas + Co (www.maas-co.com).
Das Buch mit DVD ist erschienen
bei Lars Müller Publishers (www.lars-
mueller-publishers.com). Entspre-
chende Anteile dieses Projekts finden
Sie unter S. 71, S. 146.

www.anticipation.info

Abb. 142
Die DVD *Antizipation – Die
Ursache liegt in der Zukunft*
wurde dem Buch *Anticipation*
beigefügt. Die Texte stammen
von Prof. Dr. Mihai Nadin.
Die Gestaltung dieses Covers
und des Buchlayouts stammt
von Prof. Uwe Loesch.

Abb. 143 a–e
Interactiondesign
der drei Ebenen.

Layout der Anwendungsebene
Der Platz im unteren Bereich des Bildschirms bleibt frei für eine Zeitleiste und für Menüauswahlelemente. Oberhalb befindet sich ein Rechteck, das den übrigen Platz fast komplett ausfüllt. Innerhalb dieses Rechtecks werden die Inhalte präsentiert.

An zwei gegenüberliegenden Ecken des Rechtecks befinden sich die Elemente, die einen Übergang in die beiden anderen Ebenen (Text- und Videoebene) ermöglichen. Schon beim Wechsel in diese Ebene kann der Benutzer beobachten, wie das Video skaliert wird und zu einem Eckpunkt der neuen rechteckigen Fläche fährt, um dort als Navigationselement zur Verfügung zu stehen.

Innerhalb der rechteckigen Präsentationsfläche befindet sich ein weiteres Element, das auf Mausklick die Inhalte der Beispielpräsentation einblendet. Auch hier vergrößert sich eine rechteckige Fläche und überlagert fast vollständig das schon bestehende Rechteck. Innerhalb dieser beiden Flächen werden die Inhalte dargestellt.

Layout der Textebene Die Platzierung der Elemente entspricht dem Layout der Anwendungsebene. Auf einem der Eckpunkte der Rechteckfläche befindet sich das Element, das den Übergang in die Textebene ermöglicht. Durch einen Mausklick vergrößert sich diese Fläche und ersetzt die große Rechteckfläche, die sich gleichzeitig verkleinert und als Navigationselement an einer Ecke der neuen Rechteckfläche erhalten bleibt. Als Font wird stets die ITC Officina Sans verwendet. Pro Screenfläche lassen sich 12 Textzeilen darstellen, die auch noch auf größerer Distanz am TV-Monitor gelesen werden können.

Allgemeines Layout-Konzept An drei Ecken eines Rechtecks, in dem die Inhalte dargestellt werden, befinden sich die Elemente, die zu den drei Ebenen der Applikation führen. Durch Vergrößern und Verkleinern werden sie ein- bzw. ausgeblendet und kehren, wenn sie nicht aktiv sind, in die gleiche Ecke zurück. So assoziiert der Benutzer eine bestimmte Ecke des Bildschirms mit einem bestimmten Inhalt der Applikation: Rechts unten mit »Video schauen«, rechts oben mit »interaktive Anwendungen« und links oben mit »Texte lesen«.

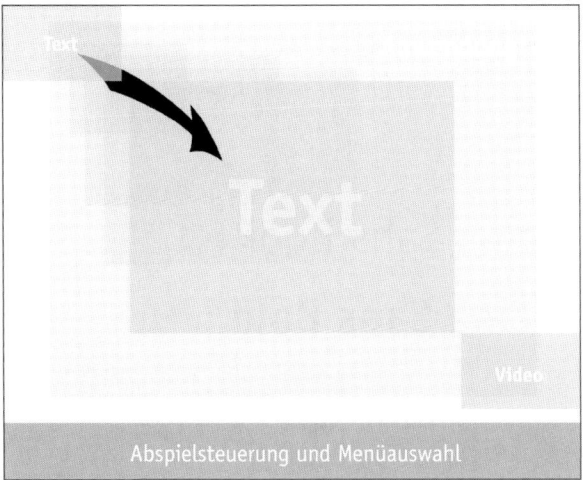

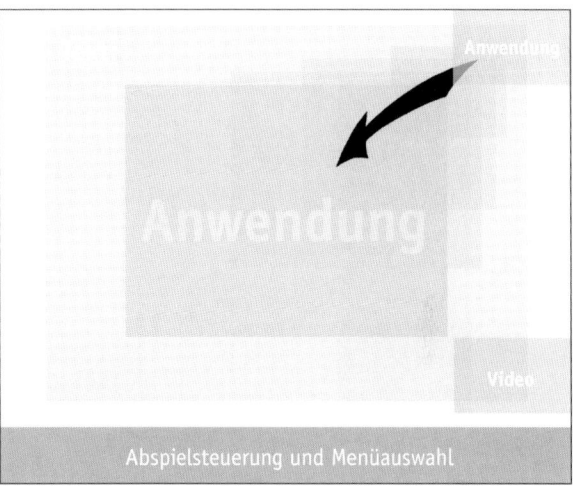

Layout-Raster Ein Raster kann entscheidend dazu beitragen, dass die
Gliederung von Flächen und die Größen und Positionierungen einzelner
Elemente durchgehend konsistent
sind. Insbesondere bei einer solch
komplexen Produktion war es hilfreich,
dank des Gestaltungslayouts einer
einheitlichen Struktur folgen zu
können. Für die drei Ebenen wurden
entsprechende Layout-Raster erstellt.

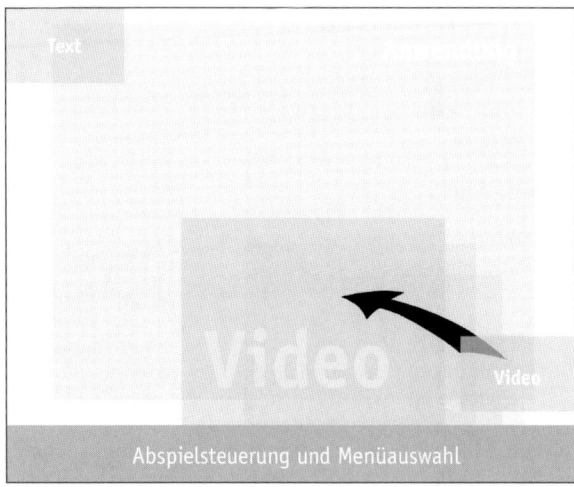

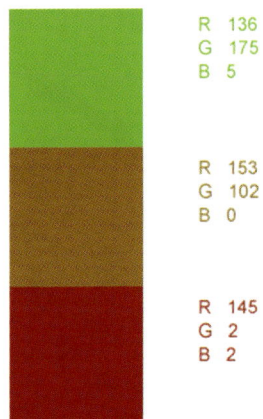

R 136
G 175
B 5

R 153
G 102
B 0

R 145
G 2
B 2

Abb. 144
Farbelemente.

ITC Officina Sans Book

ITC Officina Sans Bold

Abb. 145
Schriftart: ITC Officina Sans

Farbgebung Die komplette Applikation präsentiert sich vor einem weißen Hintergrund. Durch die Helligkeit der Umgebung entsteht ein Gefühl von Weite und Leichtigkeit. Die sparsam eingesetzten Farben kommen deshalb als Signalgeber besser zur Geltung.

Die Steuerelemente bilden durch ihre Anordnung am Rand und an den Ecken einen Rahmen. Hier und an allen weiteren Stellen, die die Struktur und Navigation der Schnittstelle betreffen, wird ausschließlich mit den Farben Grün und Braun und der unbunten Farbe Schwarz samt ihrer Grauabstufungen gearbeitet. Grün dient dabei der Darstellung interaktiver Navigationselemente, Braun stellt aktuelle Auswahlen und Menüelemente dar und Schwarz wird in Verbindung mit Grau zur Gestaltung weiterer Steuerelemente und Texten benutzt.

Die 12 Bereiche auf der Anwendungsebene mit den Definitionen zu den Aspekten der Antizipation sind sehr farbreduziert (Menüsteuerung unten). Ihre Darstellungen arbeiten mit einem hohen Abstraktionsgrad, weil sie auch inhaltlich sehr abstrakt sind.

Gestaltungsprinzip Leitmotiv der Gestaltung ist die Betonung der horizontalen Achse. Diese Achse repräsentiert das Phänomen Zeit als entscheidenden inhaltlichen Aspekt des Themas der Applikation.

Das Grundlayout orientiert sich an einem quadratischen Raster um die größtmögliche Variabilität zu gewährleisten. Bilder, Film und Grafik werden innerhalb dieses Rasters angeordnet. Die Formensprache reduziert sich auf das Rechteck als vorherrschendes Gestaltelement. Dies entspricht den Sehgewohnheiten mit den Bildmedien Fernseher, Kino und Internet, die wiederum mit den Proportionen des menschlichen Sehfeldes arbeiten. Trotzdem wird die Bildschirmfläche nie ganz ausgefüllt, um dem Nutzer auch visuellen Freiraum zu lassen und um die Fokussierung auf die wesentlichen Inhalte zu erleichtern.

Ein weiteres Gestaltungsprinzip zur Erzeugung von Spannung und Offenheit ist die durchgängig eingesetzte Asymmetrie bei Position und Konfiguration der Flächen. Das beginnt bei der Gestaltung des Videos, wo Ausschnitte des Filmmaterials innerhalb des Gestaltungsrasters zusammengefügt werden. Dabei zeigen die unterschiedlichen Ausschnitte auch andere Inhalte, die so nebeneinander stehend neue Assoziationen zulassen und das lineare Zeitgefüge durchbrechen, aber auch den nächsten, nachfolgenden Clip antizipieren lassen. Um die collagenhafte Zusammenstellung optisch zu verbinden, gibt es bei allen 18 Videos der 1. Ebene durchgehend ein gemeinsames Element, eine halbtransparente graue Leiste am unteren Rand. In Kombination mit den Steuerelementen dient sie gleichzeitig als »Führung« für die Zeitleiste, die sich beim Abspielen des Videos von rechts nach links bewegt.

Abb. 146 a–b
Raster und Vermaßung
der ersten Ebene.

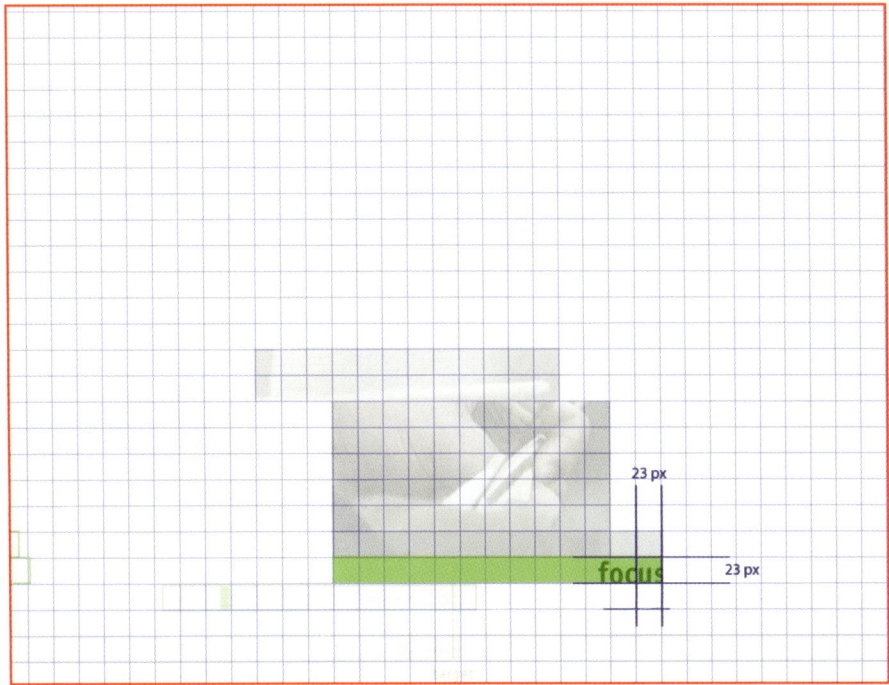

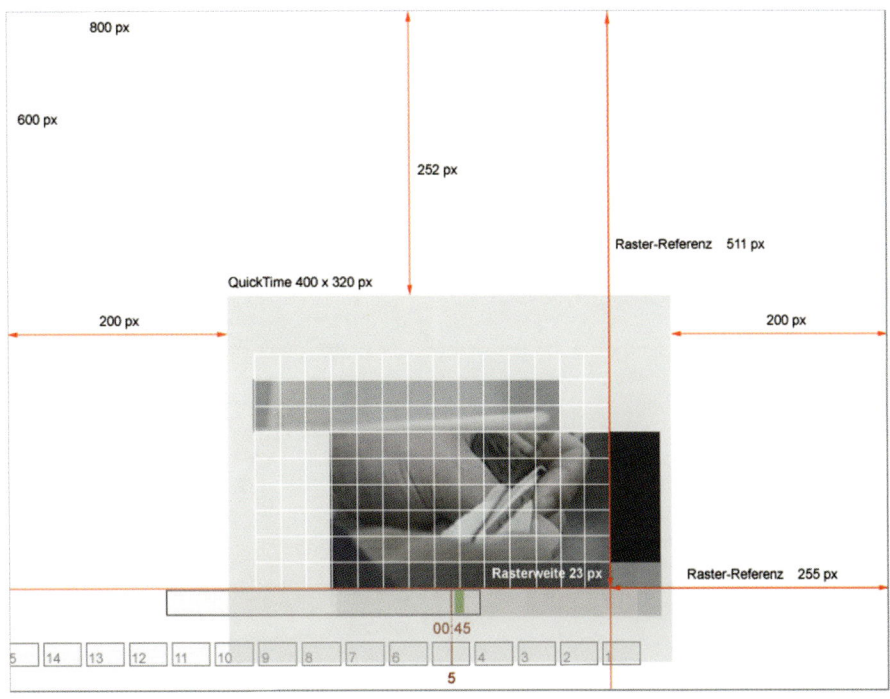

QuickTime-Einbindung Ebene 1 (Video)

Abb. 147
Raster und Vermaßung
der ersten Ebene.

Ebene 2b (Beispiele) | Einblendbereich und Templategröße

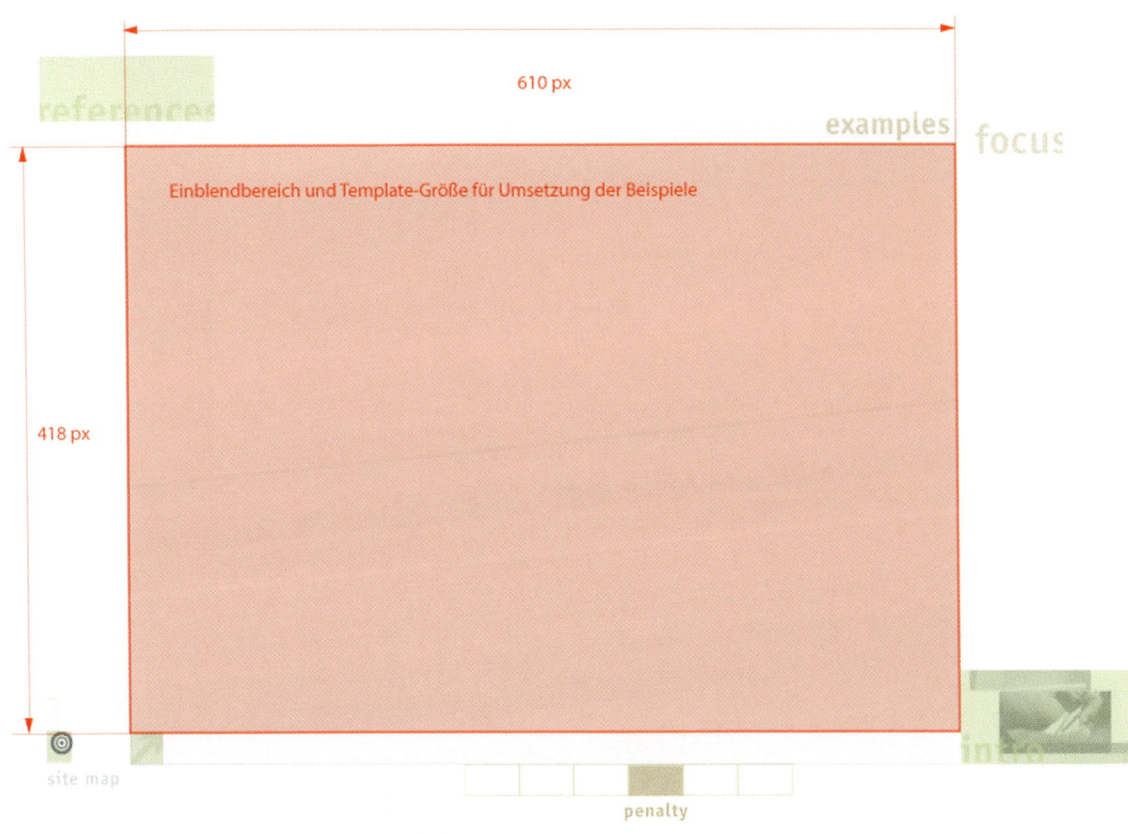

Abb. 148
Raster und Vermaßung
der zweiten Ebene.

Abb. 149
Verlinkungsangebot der Ebene
3 in das Internet.

Abb. 150
Verteilung des Menüs
auf der Ebene 2.

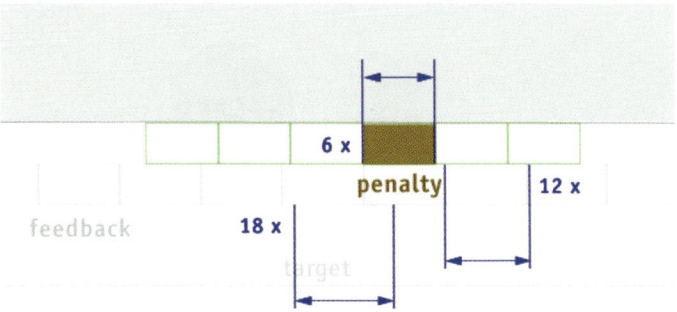

Soundgestaltung Die 12 Kapitelani-
mationen bzw. -definitionen erhielten
einen wieder erkennbaren, eigenen
akustischen Charakter. Im Hauptvideo
in der ersten Ebene wurden aber für
die 15 unterschiedlichen Clips geeignete eigene akustische Atmosphären
komponiert.

Eine Liste der 18 Video-Clips der ersten
Ebene und eine Beschreibung der
dazugehörigen Ton-Atmosphären:
01–04   Psycho – O-Ton (vier verschiedene Varianten verteilen sich im
gesamten Video)
05   Bogenschießen – sphärisch,
mystisch
06   Stammzellen – ruhig, harmonisch
07   Quantum – zerrissen, versetzt,
unrhythmisch
08   Elfmeter – groovy
09   Künstliche Intelligenz – mechanisch, techno
10   Dirigent/Musik – klassische Musik
11   Kind/Herz/Infektion – rhythmisch
mit Drama
12   Erdbeben – unrhythmisch,
sphärisch
13   Leonardo – unterhaltsam, melodiös
14   Tennis – groovy
15   Altern – unterhaltsam, melodiös
16   Reverse Computing – rhythmisch
mit Drama
17   Sprung – sphärisch
18   Laub – ruhig, harmonisch

Die Angaben zu den Clips sind spontan
und subjektiv. Die Bezeichnungen
lassen sich in drei oder vier Grundstim-
mungen einordnen, die dann wiederum variiert werden können.

Grafische Effekte, die akustisch unter-
malt werden mussten, sind folgende:
• Ein-, Ausblenden
• Skalierende Kreisgrafiken
• Zoomen
• Hereinplatzen
• Bewegung
• Aufrastern

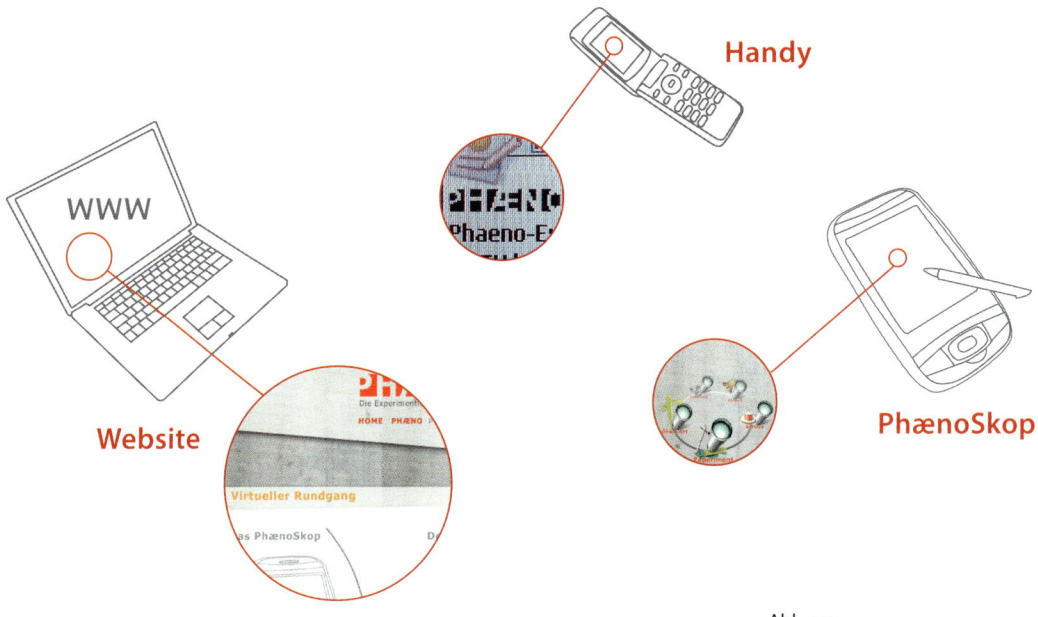

Handy

WWW

Website

PhænoSkop

Abb. 151
Phaenomedial findet seinen
Einsatz am einfachen Mobiltelefon, am Smartphone,
iPhone und am Computer.

Phænomedial

Multimedia im Museum mit Internetseite,
mobilen und stationären Medien.

Diese Diplomarbeit wurde 2006 in Teamarbeit von Xinrui Song und Simon Wedekind erstellt. Betreut wurde sie von Prof. Torsten Stapelkamp. Zu zweit gingen die Studierenden der Frage nach, welche Verbesserungen durch die Vernetzung von Funktionen unterschiedlicher Medien, für Ausstellungskonzepte möglich sind. Sie nutzten das im November 2005 neu eröffnete Wolfsburger Science Center Phæno (www.phaeno.de), um eine individuelle crossmediale Erweiterung exemplarisch für deren Ausstellungskonzept zu erarbeiten.

Zuerst wurden die inhaltlichen Neuerungen und Erweiterungen auf Grundlage des bestehenden Ausstellungskonzeptes und der technischen Machbarkeit entwickelt. Hierfür ermitteln und analysierten sie zuerst Phænos Ausstellungskonzept und deren Selbstdarstellung. Anschließend gestalteten sie ein eigenes Corporate Design. Nach dessen Vorgaben wurden nun medienspezifische Vorgaben defi-

niert, und exemplarisch visualisiert. Eine Implementierung des Projektes, hätte aufgrund des Umfanges den gegeben Zeitrahmen eines Diploms deutlich gesprengt. Auf Grundlage der definierten Vorgaben und exemplarisch visualisierten Vorlagen, hätte eine Implementierung durch Dritte realisiert werden können. Dies ist der Sinne eines Styleguides. Es sollte für Dritte möglich sein, auf Grundlage der vorliegenden Dokumentation das Projekt umzusetzen und zu implementieren. Durch eine solche Dokumentation ist zudem eine genaue finanzielle Kalkulation möglich.

www.phaeno.de

Was ist Phæno? Phæno ist ein Science-Center in Wolfsburg mit ca. 250 Experimentiertischen. »Phæno ist Deutschlands einzigartige Experimentierlandschaft für Naturwissenschaft und Technik in einer spektakulären Architektur. Hier treffen die Welt der Wissenschaften und die Lust am Ausprobieren zusammen. Jedem einzelnen eröffnen sich neue Perspektiven. Phæno bietet den »Kick« des Entdeckens – Ursprung allen Forscherdrangs, Voraussetzung aller Innovation. Ende 2005 eröffnete Phæno seine Pforten für neugierige Menschen, junge und ältere, die Lust haben sich auf ein ganz besonderes Abenteuer einzulassen: Auf über 7.000 Quadratmetern Aktionsfläche werden sie die erstaunlichsten Phänomene entdecken. Das Gebäude, das schon jetzt ein Meilenstein der Architekturgeschichte ist, entstand direkt neben dem ICE-Bahnhof in Wolfsburg, gegenüber der Autostadt von Volkswagen.

Im Inneren des futuristischen Bauwerks der Londoner Architektin Zaha Hadid gehen die Besucher durch eine offene Landschaft mit Kratern, Terrassen, Plateaus und unterirdischen Höhlengebilden. 250 interaktive Experimentierstationen, Besucherlabore, das Ideenforum und das Wissenschaftstheater laden dazu ein, naturwissenschaftliche Phänomene zu erleben. Anfassen und selbst Ausprobieren, das steht bei Phæno im Vordergrund.

Im Phæno können Besucher beispielsweise einen Tornado berühren, Geysiren beim Entstehen zuschauen oder auf einem Kreisel Rodeo reiten. Phæno gibt bewusst keinen Weg vor. Die Offenheit entspricht dem Ziel, die Besucher zu inspirieren, und ermuntert zu einer eigenständigen Entscheidung. Die Besucherlabore sollen durch eigenes experimentieren Neugierde am naturwissenschaftlichen Forschen wecken. Hier kann man seine eigene DNA untersuchen, Bakterien isolieren und Zellen mikroskopieren.«

Abb. 152
Eine der vielen
Experiementierstationen.

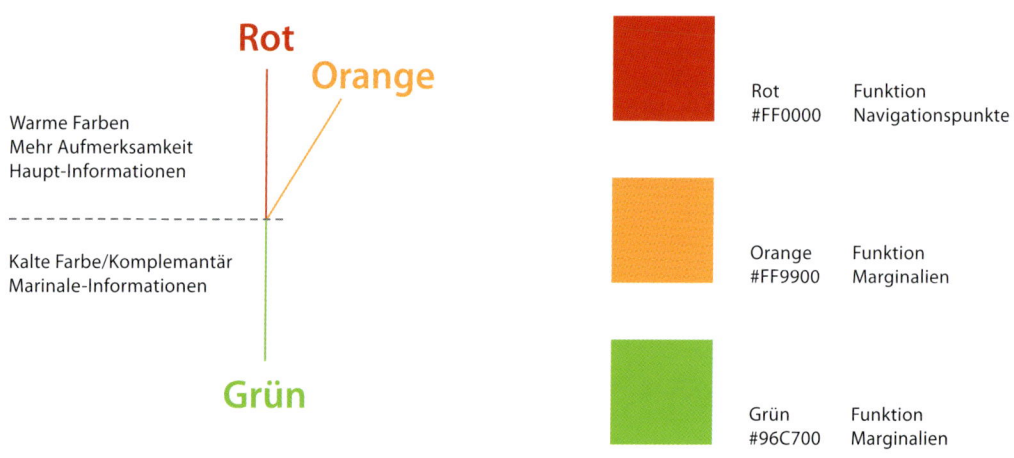

Abb. 153 a–c
CD Farben Grafiken und Text

Farbwahl Für Phæno kann keine klar definierbare Zielgruppe ermittelt werden. Deshalb wurde über bisherige Besucher und vermutete Nutzer ein Bild der Bedürfnisse und Ansprüche ermitteln. Als Inspirationsquelle und Anhaltspunkt dienten zum einen die Themen Forschung, Zukunft und Kultur, wie auch die avangardistische Architektur Zaha Hadids, in der Phæno untergebracht ist. Neben der ästhetischen Ebene müssen Farben auch unter funktionalen und ergonomischen Gesichtspunkten betrachtet werden. Die Wahl fiel deshalb auf die Farben Rot, Orange und Grün.

Rot
Die Farbe Rot findet ausschließlich für Interaktionsmöglichkeiten wie Links oder Buttons Anwendung. Um als Ausdruckselement für Interaktionsflächen erkannt zu werden, darf Rot keinesfalls für andere Zwecke benutzt werden. Rot eignet sich aus verschiedenen Gründen besonders für diese Aufgabe. Zunächst zeichnet sie sich durch ihren hohen Kontrast zu Weiß aus. Rot ist die effektivste Signalfarbe, sie wird schneller wahrgenommen als andere Farben. Zudem ist Rot eine sehr aktive Farbe.

Orange
Orange wird zur Auszeichnung von Inhalten verwendet. Die Überschrift des Content-Bereiches ist Orange. Orange steht im Farbkreis gleich neben Rot und ist ebenfalls, sehr aktiv konnotiert. Ideal um die Aufmerksamkeit des Rezipienten auf den Inhalt zu lenken. Rot und Orange stehen demnach für hierachisch wichtige Themen.

Grün
Grün steht für marginale Informationen. Es wird zur Auszeichnung von weniger relevanten Informationen verwendet. Den entgegen gesetzten Informationshierachien, relevant und marginal, wird durch die komplementäre Gegenüberstellung von Rot und Grün farblich entsprochen. Grün ist die Komplementärfarbe von Rot, demnach das Gegenteil von relevanter Information. Zudem zählt Grün, im Gegensatz zu Rot, zur kalten Farbfamilie und hat einen geringeren Kontrast zu Weiß als Rot.

Grau   Funktion
#999999   Text

Hellgrau   Funktion
#BDB7BB   Überschrift Einzelthema

Weiß   Funktion
#FFFFFF   Hintergr. für Inhalte

Weiß transp.   Funktion
#FFFFFF 70%   Hintergr. für Navigation/
Foto SB   Überschriften

Sichtbeton   Funktion
Foto SB   Hintergrund

Abb. 154
CD Farbe Hintergrund-Flächen

Hellgrau
Hellgrau ist die Farbe für große Schriften, hauptsächlich Überschriften im Contentbereich. Grau fügt sich harmonisch in die Farbreihe ein. Zudem ist Grau unter ergonomischen Gesichtspunkten die bessere Wahl als Schwarz. Der Kontrast von dem strahlenden Weiß der Bildschirme zu dem schwarzen Text wäre zu hart. Zudem würde das harte Schwarz die durch die Farben erzeugte Ordnung empfindlich stören.

Grau
Grau ist die Farbe für kleine Schriften und Fließtext. Kleine Buchstaben werden von dem sie umgebenden Weiß überstrahlt, weshalb sie heller erscheinen als sie tatsächlich sind. Deshalb werden Fließtexte bis 12 Punkt in einem etwas dunkleren Grau als Texte über 12 Punkt geschrieben.

Weiß
Der Hintergrund für Inhalte ist weiß. Auch der Boden in der Experimentierlandschaft, auf dem die Experimente angeordnet sind ist weiß. Zudem eignet sich Weiß im Besonderen als Hintergrund für Textdarstellungen. Auch Bildern kommt das farbneutrale Weiß zugute. Die weißen Flächen geben den Inhalten eine geeignete visuelle Bedeutung.

Weiß transparent
Das transparente Weiß wird als Hintergrund für Spalten bezeichnende Headlines und für die Navigation genutzt. Es erzeugt den Eindruck, räumlich hinter der im Vordergrund befindlichen weißen Inhaltsebene zu schweben.

Sichtbeton
Der Sichtbeton ist der Hintergrund, hier sind keine Informationen zugelassen. Der Sichtbeton ist überall im Phæno-Gebäude zu finden hauptsächlich jedoch im unteren Höhlensystem.

Tahoma Regular
ABCDEFGHIJKLMNOPQRSTUVWXYZ
abcdefghijklmnopqrstuvwxyz
0123456789!?.;,:&()|{}*

Tahoma Bold
ABCDEFGHIJKLMNOPQRSTUVWXYZ
abcdefghijklmnopqrstuvwxyz
0123456789!?.;,:&()|{}*

Abb. 155
Die Tahoma, eine serifenlose
Linear-Antiqua, ist eine System-
schrift, die auch auf dem Pocket
PC mit Microsoft Betriebssystem
vorhanden ist.

Abb. 156 ▶
Die Internetseite greift
die Formensprache
der Architektur auf.

Schriftwahl Bei der Wahl einer geeig-
neten Schrift müssen verschiedene
Faktoren beachtet werden. Die wich-
tigste Eigenschaft ist die gute Les-
barkeit. Dabei spielt die Wahl des
Mediums eine wichtige Rolle. Für die
Bildschirmdarstellung gelten andere
Anforderungen als für klassische
Print-Produktionen.

Serifen sind für die Bildschirmdarstellung meist ungeeignet. Deshalb
fiel die Entscheidung bei einem Cross-
media-Projekt wie diesem auf eine
serifenlose Schrift, die für die Bildschirmdarstellung optimiert ist. Zudem
müssen technische Anforderungen
erfüllt werden. Für das Internet gelten
entsprechende Einschränkungen.

Hier fiel die Wahl auf die Tahoma. Sie
ist eine Systemschrift, die im Gegensatz zur sehr ähnlichen Verdana auch
auf dem Pocket PC mit Microsoft Betriebssystem vorhanden ist. Es handelt
sich um eine serifenlose Linear-Antiqua, 1995 von Matthew Carter für
Microsoft entworfen. Ein weiterer
Vorteil gegenüber der Verdana ist die
erweiterte Unicode-Unterstützung,
dass ist wichtig für den digitalen Austausch von Daten.

Die Internetseite Die Internetseite
sollte verschieden Prüfungen stand
halten. Die Usability spielt dabei eine
wesentliche Rolle. Auf Grund dessen
galt es einige Regeln zu befolgen. Die
Navigationsstruktur soll nicht mehr als
7 Menüpunkte aufweisen. Der Benutzer
sollte immer antizipieren können,
welche Information hinter einem bestimmten Menüpunkt liegt. Hierzu
müssen die Bezeichnungen wohl
überlegt sein. Auch die Frage: »Wo in
der Seitenstruktur befinde ich mich
gerade?«, sollte schnell beantwortet
werden können. Deshalb werden ausgewählte, aktivierte Menüpunkte Grau
dargestellt. Der User kann deshalb
schnell erkennen, wo er sich befindet.

Die Ästhetik der Website soll die
Formensprache der Architektur aufnehmen. Die ungewöhnliche Optik
soll positiv aufgenommen werden und
Spaß machen. Sie soll nicht das Gefühl
einer Jugendszene-Website vermitteln.
Texte sollen aus Gründen der Barrierefreiheit in ausreichend großer Schrift
präsentiert werden. Insgesamt soll
sie den Ansprüchen der heterogenen
Zielgruppe gerecht zu werden.

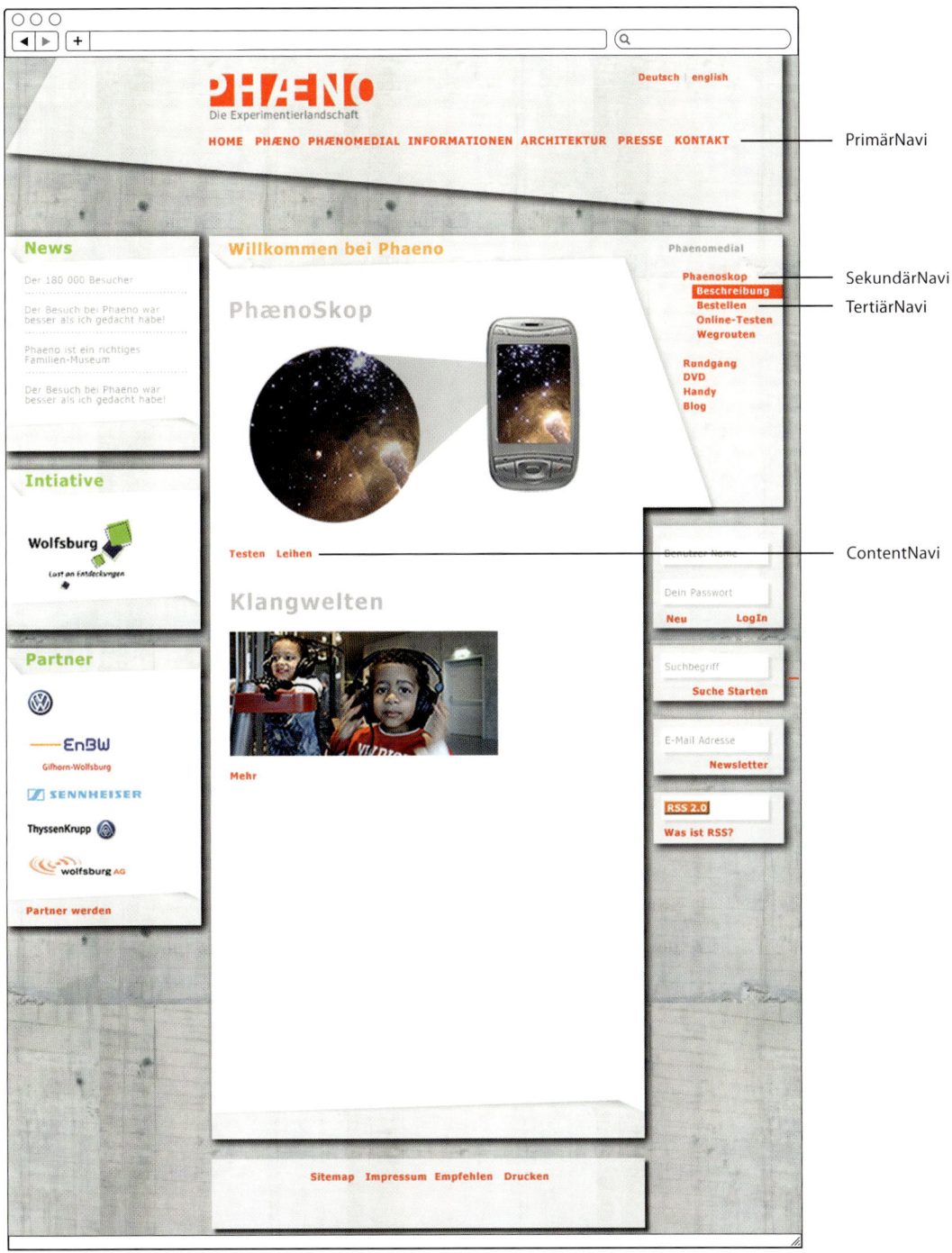

PrimärNavi

SekundärNavi

TertiärNavi

ContentNavi

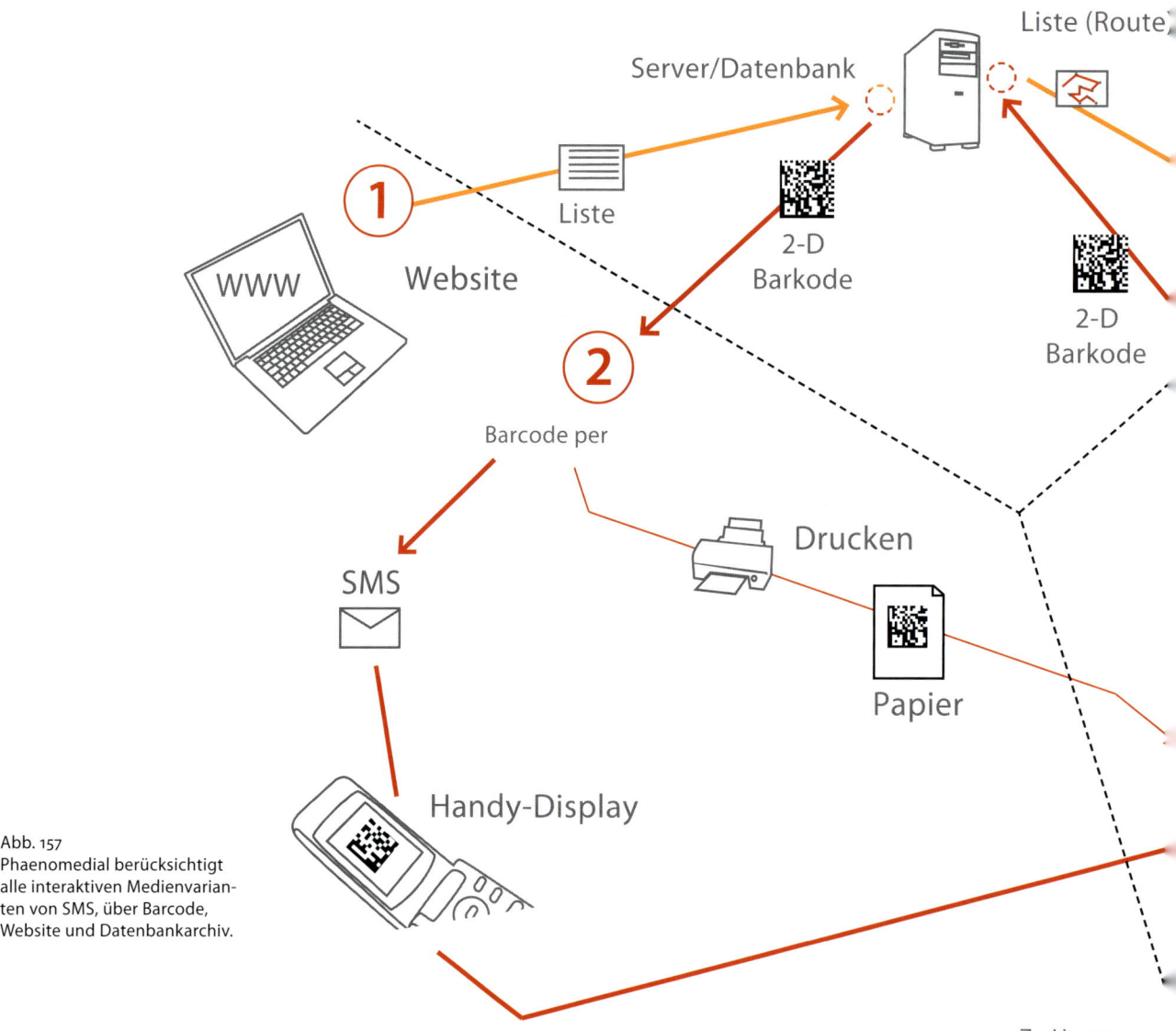

Liste (Route)

Server/Datenbank

1 Liste

Website

WWW

2-D Barkode

2-D Barkode

2

Barcode per

Drucken

SMS

Papier

Handy-Display

Abb. 157
Phaenomedial berücksichtigt
alle interaktiven Medienvarianten von SMS, über Barcode,
Website und Datenbankarchiv.

Zu Hause

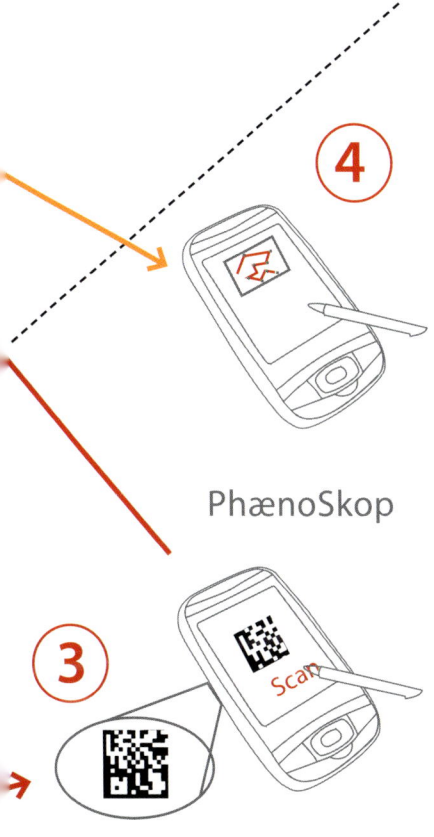

PhænoSkop

Scannen

Im Phæno

① **Zu Hause**
Website besuchen und
PhænoTour zusammen-
stellen

② Handynummer in Maske
eingeben, oder Barcode
drucken

③ **Im Phæno**
SMS aufrufen, Display
mit den PhænoSkop
ein- scannen

④ Expedition starten

Die Internetseite bietet dem Besucher
nicht nur die Möglichkeit, interessante
Informationen abzurufen, sondern lädt
ihn dazu ein, aktiv teilzunehmen. Der
Besucher kann sich z. B. selber seine
persönliche ›Phæno-Tour‹ zusammen-
stellen, in einem Forum berichten,
Stationen empfehlen, kritisieren, ein
Online-Ticket generieren oder für einen
Phaeno-Besuch zu zweit oder in einer
Gruppe verabreden. In einem Benutzer-
Profil können persönliche Daten gespeichert und verwaltet werden. Etwa
die Bewertungen der verschiedenen
Experimentierstationen. Aber auch die
bei einem früheren Besuch bereits
bewältigte Route, kann gespeichert
werden, um bei einem zweiten Besuch
gezielt die bereits besuchten Experimentierstationen umgehen zu können.
Das bedeutet beispielsweise, dass der
Besucher eine Expedition durch die
Experimentierlandschaft unternehmen
und einzelne Experimentierstationen,
die sein Interesse geweckt haben, in
eine persönliche Liste speichern kann.
Nachdem er seine Expedition beendet
hat, wird die Experimente-Liste in einen
2D-Barcode umgewandelt. Es besteht
nun die Möglichkeit, sich den 2D-Bar-
code, per SMS auf das Handy schicken
zu lassen oder auf Papier ausdrucken zu
lassen. Im Phæno wird der Barcode mit
dem PhænoSkop eingescannt, welches
den Besucher nun zu den Experimentierstationen aus seiner Liste führt.

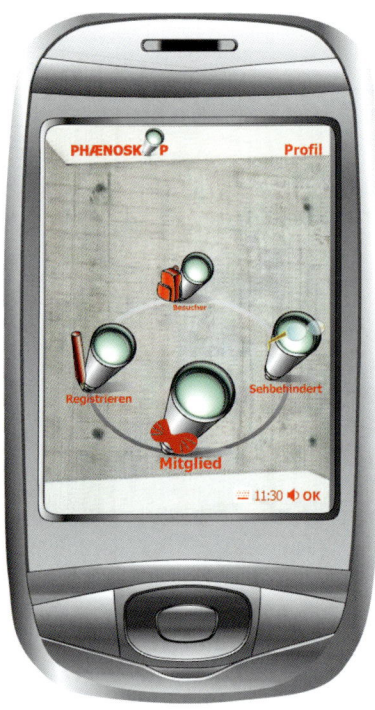

Abb. 158
Am besten lässt sich Phaeno-
modial mit Smartphones
und über ein iPhone nutzen.

Das PhænoSkop Gesucht wurde ein Begriff zur adäquaten Bezeichnung des auf einem tragbaren Pocket PC, Smartphone oder iPhone basierenden, interaktiven Besucher-Informationssystems. Der Begriff soll die Funktion des interaktiven Informationssystems in den Vordergrund stellen. Um Schwellenängsten von vornherein entgegen zu wirken, soll der Begriff dominante technische Assoziationen vermeiden. Schließlich wurde folgender Begriff gewählt: PhænoSkop/PhænoScope

Die Namensvettern Mikro- und Tele-Skop eröffnen Einsicht in Mikro- und Makrowelten, die mit dem bloßen Auge nicht möglich sind. Das PhænoSkop eröffnet Einsicht in die Welt der Phänomene. Wie bei seinen Namensvettern ist die Technik nur das Mittel, Entdeckungen unbekannter Welten zu ermöglichen. Ihre eigentliche Qualität

liegt in ihrer Funktion. Es werden deshalb keine technophoben Assoziationen evoziert oder begünstigt.

Zudem ist ›PhænoSkop‹ eine Wortschöpfung aus zwei Worten, jedoch mit drei Bedeutungsebenen. Zum einen beinhaltet der Begriff den Namen der phæno, mit der signifikanten æ-Schreibweise. Zum anderen beinhaltet die Wortschöpfung zusätzlich die Bedeutungsebene des Begriffs Phänomen samt seiner mythischen, Neugier erzeugenden Assoziationen. Ein Begriff, der für Neugier und das Bedürfnis nach Aufklärung steht, wird mit einem Begriff, der für Forschung steht, vereint. Ein weiterer Vorteil ist die Möglichkeit, die Begrifflichkeit leicht ins Englische transponieren zu können. Aus PhænoSkop wird PhænoScope.

Das Hauptargument für den Einsatz eines Wearable Information

Systems sind die zahlreichen Möglichkeiten, den Besucher in der Ausstellungssituation mit Informationen aller Art versorgen zu können.

Die Eingabe erfolgt über einen Touchscreen. Es ist die direkteste Methode der Interaktion mit Information. Aktuell stehen an den einzelnen Experimentier-Stationen lediglich sehr knapp gefasste Texte mit Informationen zur Verfügung. Diesen Mangel wird behoben, indem der Besucher vielfältige Informationen rund um Phæno sowie über jede Experimentierstation auf seinem PhænoSkop abrufen kann. Analog zu seinen Namensvettern, dem Mikro- und Teleskop, wird der Informationsausschnitt durch Einscannen eines an der Experimentierstation befindlichen 2-D Barcodes wie durch einen Sucher selbst gewählt.

PHÆNOSKOP

PHÆNOSK   P

PHÆNOSK⬤P

PhænoSkop: 18 × 23
Format: ai (Vektor)
Jeder Buchstaben: 7 × 8

Logo auf dem Screen: 82 × 23
Buchstaben: 7 × 8

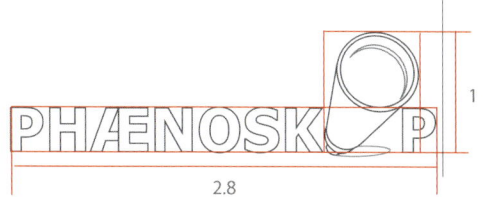

zwischen Grafik
und Buchstaben
ist der Maßstab: 2.8 : 1

Grafikfarbe
Gradient mit Linear
30 %
51 %
67 %
87 %

Gradient mit Radial
C=49 M=0 Y=46 K=0
C=42 M=0 Y=35 K=100
C=42 M=0 Y=35 K=3

Abb. 159
Das Teleskop ist Teil der
Namensgebung und
wichtiges Merkmal des Logos.

Die Informationen stehen zum Abruf bereit, sobald der Besucher den 2-D Barcode mit dem Phænoskop eingescannt hat. Um zu verhindern, dass die Informationen ohne vorherige Rezeption der Experimentierstation abgerufen werden, wird der User behutsam gelenkt. Vorgesehen ist, dass erst nach dem Abruf der Anleitung Fakten zu dem naturwissenschaftlichen Phänomenen abgerufen werden. Sollte der Anwender vor der Anleitung die Informationen zum Phänomen abfragen wollen, bekommt er eine Meldung angezeigt. In dieser Meldung wird ihm empfohlen, aus eigenem Interesse erst das Experiment durchzuführen. Die Struktur der bereitgestellten Informationen ist deshalb besonders gegliedert. Es handelt sich um Teilinformationen, die zusammengesetzt das Ganze ergeben.

Logos für das PhænoSkop Die Basisform des Icons ist ein Teleskop, das in Edelstahloptik dargestellt wird. Jedes einzelne Icon wird in Kombination mit einem anderen Objekt dargestellt, z. B. ist das Icon „Besucher" mit einem Rucksack neben dem Teleskop gekennzeichnet. Dies bedeutet, dass der Besucher angemeldet ist und die Museumsführung beginnen kann. Die Objekte sind in Rottönen dargestellt und passen somit farblich zum definierten Corporate Design. Durch die fortwährende Kombination von Teleskop mit verschiedenen Objekten wird das Teleskop als Grundelement und Instrument der PhaenoSkop-Erfahrung etabliert. Diese spielerische Visualisierung soll außerdem die Benutzerfreundlichkeit erhöhen.

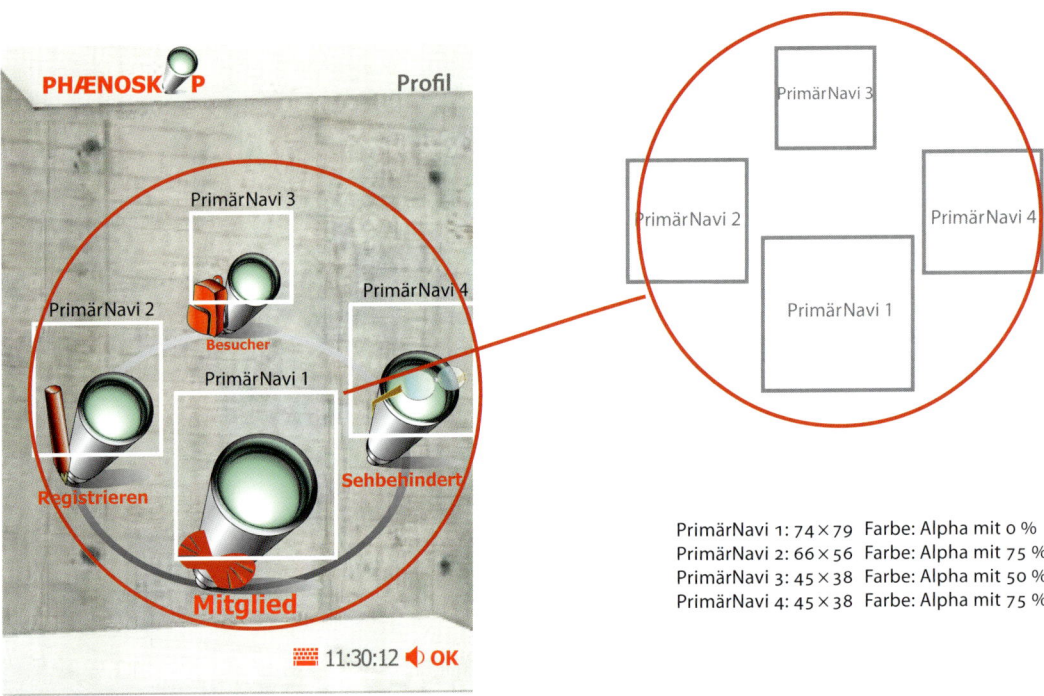

PrimärNavi 1: 74 × 79 Farbe: Alpha mit 0 %
PrimärNavi 2: 66 × 56 Farbe: Alpha mit 75 %
PrimärNavi 3: 45 × 38 Farbe: Alpha mit 50 %
PrimärNavi 4: 45 × 38 Farbe: Alpha mit 75 %

Abb. 160
Über ein rotierendes Pie-Menü
können die Themenbereiche
ausgewählt werden.

Screendesign für das PhænoSkop
Zur Vereinheitlichung der Darstellung
wurde der gleiche Hintergrund wie bei
der Internetseite gewählt und zudem
eine identische Schriftart als Basisform
festgelegt. Rechner verfügen über
verschiedene Techniken und Programme zur Darstellung von Schriften
und Grafiken. Die Haupttechniken
sind Raster bzw. Vektorfonts und
Vektorgrafiken, sowie Pixelfonts und
Pixelgrafiken. Um das Screendesign
und die Icons für verschiedene Medien
mit unterschiedlich großen Monitoren
(Pocket PC, Smartphone, *iPhone*, *iPad*
etc.) nutzbar zu machen, ist es sinnvoll,
sie mit Vektorfonts und Vektorgrafiken
zu erstellen. Vektorfonts / Grafiken
sowie Icons können somit beliebig
skaliert und verlustfrei dargestellt und
ausgedruckt werden.

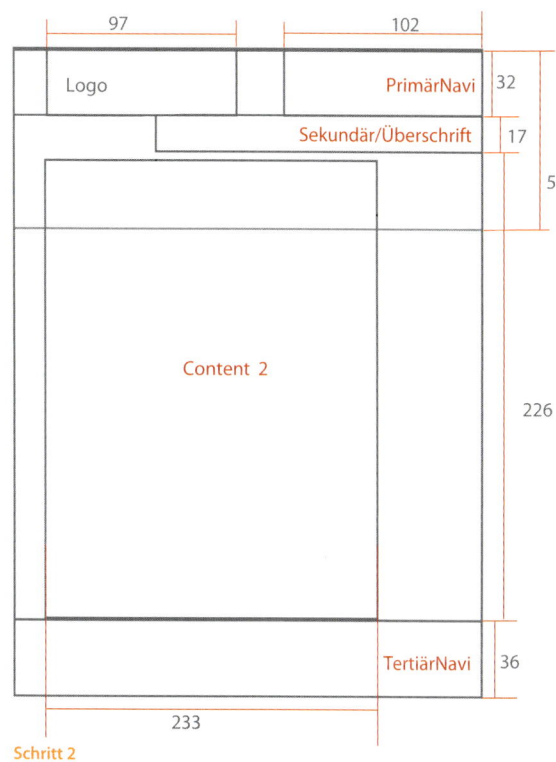

Schritt 1

Schritt 2

Logo:	97 × 32
PrimärNavi:	bis 102 × 32
SekundärNavi:	bis 168 × 51
SekundärNavi	
Überschrift:	bis 168 × 17
Content1:	226 × 199
Content2:	226 × 233

Abb. 161
Funktionslayout
für das PhænoSkop

Gestaltungslayout für das PhænoSkop
Als Texthintergrund wurden zweidimensionale Flächen gewählt. Eine für die Augen angenehme Schriftgröße sowie angemessene Zeilenabstände ermöglichen dem Anwender eine bessere Informationsaufnahme. Eine wichtige Bedienungsfunktion der PDAs bzw. von Smartphones ist es, dass mit einem kleinen Stift die Buttons ausgewählt werden. Deshalb ist es sehr wichtig die Abstände zwischen den Buttons durch einen angemessenen Abstand darzustellen. Für ein *iPhone* müssten die Buttons entweder vergrößert dargestellt werden, oder es müsste ein Stift zur Auswahl bereitgestellt und genutzt werden. In den Textfeldern beinhaltet jede Zeile maximal 5 Wörter und maximal 16 Zeilen.

Eine andere Besonderheit der Bedienung von Touchscreens ist, dass es keine Mausover-Funktion gibt. Deswegen ist es schwierig die Buttons auf einer Ebene zu erkennen. Das Submenü ist so gestaltet, dass es auf dem Bildschirm gut zu erkennen ist. Eine Aktivierung des Buttons sollte visuell als Auswahlfunktion sichtbar sein, deshalb wurde dafür die Farbe Rot gewählt. Dies ergibt einen deutlichen Kontrast zu den restlichen Farben Weiß und Grau. Zwischen den Sub-Navi-Feldern und Textinhalt- Feldern besteht ein Seitenverhältnis von 1: 4,5.

3.3.1 Gebote und Kriterien für einen Styleguide

Der Styleguide soll zwar ein Regelwerk sein, nach dem sich im Grunde genommen jeder der Beteiligten richten sollte. Er kann aber nie der Weisheit letzter Schluss sein. Auch nach der gewissenhaftesten Erstellung sind Fehler oder Ungenauigkeiten möglich. Zudem ist nichts selbstverständlicher als die Veränderung, erst recht in einer Welt der sich dynamisch entwickelnden Technologien. Ihr kann man nur mit der Anpassung des Styleguides an die sich stets verändernden Umstände begegnen. Deshalb sollte man nie stur auf die einmal festgelegten Bedingungen des Styleguides bestehen.

Der beste Weg, unkontrollierten Veränderungen des Styleguides zu begegnen, ist die regelmäßige Aktualisierung und die Bereitschaft der Agentur, jederzeit für Veränderungen offen zu sein und für Modifikationen zur Verfügung zu stehen. Hier ist es selbstverständlich schwierig genau zu definieren, ab wann eine Modifikation sinnvoll und notwendig ist. Letztendlich ist es auch im Interesse der Gestalter, dass das Produkt immer optimiert wird und nicht zuletzt deswegen möglichst lange am Markt bestehen kann. Die in der Grafik genannten Kriterien sind nur Anhaltspunkte und müssen nicht alle und schon gar nicht um jeden Preis befolgt werden.

Anhaltspunkte zur Erstellung eines Styleguides und mögliche Bestandteile

1. Formulierung der Corporate Identity des Auftraggebers.

2. Formulierung des Corporate Design eines Produkts.

3. Konzept, Absichten und Ziele des Produkts.

4. Inhaltsstruktur des Produkts, Flowcharts.

5. Exemplarische Eindrücke des Produkts in gestalterischer und funktionaler Hinsicht. Anwendungsbeispiele der interaktiven Eigenschaften und Möglichkeiten.

6. Layoutraster mit genauen Vermaßungen bzw. Proportionsangaben, falls es sich um Internetseiten handelt, deren Seitenformate sich der Größe des Browserfensters anpassen.

7. Erläuterung des Rastersystems und der Vermaßung.

8. Auflistung und detaillierte Beschreibung aller Layout-Schemata (Startseite, Folgeseite, Popup-Fenster, Shop-Seite, Seite mit Anfrageformular, Seite mit Tabelle, Newsletter, Sitemap, E-mails etc.)

9. Beschreibung und Platzierung aller wesentlichen funktionalen Bestandteile (Hauptmenü bzw. Bedienfelder oder Schalter, Untermenüverzeichnis etc.)

10. Beschreibung und Platzierung aller wesentlichen inhaltlichen Bestandteile (Logo, Titel, Text im Inhaltsbereich, Bild im Inhaltsbereich, Text in Marginalspalte, Bild in Marginalspalte, Tabellen, Formulare, Werbebereich, rechtliche Hinweise, AGB etc.)

11. Genaue Angaben bezüglich des Logos. Dazu gehören Vermaßung und Eigenschaften des Logos für verschiedene Medien (z. B. bestimmte Rasterung für Fax, Auflösung für TV-Darstellung, für Darstellung im Internet, auf Plakaten, in Zeitschriften etc.)

12. Erläuterung, welche Schrifttypen, -schnitte und -größen unter welchen Umständen und bei welchen Medien verwendet werden. Bei Internetproduktionen macht es Sinn, die Schriftgröße proportional anzugeben. Bei allen anderen Medien sind in der Regel feste Schriftgrößenangaben möglich.

13. Festlegung aller Farben mit Angabe der Farbwerte in der für das jeweilige Publikationsmedium erforderlichen Einheit bzw. mit Angabe des Farbraums (RGB, CMYK, Hexadezimalzahlen etc.)

14. Beschreibung der Interaktionsmuster (Funktion, Kommunikation, Interaktion, Transaktion):
    - Bei einem Funktions-Interaktionsmuster werden Schalter (bei Software ›Buttons‹) bedient, um eine Funktion auszulösen (z. B. Start-Stopp-Tasten zum Steuern einer Filmwiedergabe; Blättern einer Seite; sonstige Einwegesteuerungen).
    - Mit einem Kommunikations-Interaktionsmuster sind alle Formen des Dialogs gemeint, die über Hard- oder Software gesteuert werden (Telefonie über Funk, Netz oder Internet; Chat; Foren; E-mail etc.).
    - Mit Interaktion werden alle Formen der direkten, indirekten, einfachen und komplexen Interaktion berschrieben (siehe oben bei Kommunikations-Interaktionsmuster; Computerspiele etc.).
    - Mit Transaktions-Interaktionsmustern sind Kauf- bzw. Verkaufsabläufe gemeint.

15. Es sollte stets angegeben werden, ob Barrierefreiheit berücksichtigt wurde und wenn, in welchen Bereichen und in welcher Form bzw. nach welchen Vorgaben.

16. Beschreibung aller technischen Erfordernisse und Eigenschaften bezüglich Datenstruktur, Dateitypen, Datenbank, erforderlicher Software, erforderlicher Hardware, Beschreibungs- und Programmierungssprachen (PHP, XML, AJAX, Java, Javascript, HTML etc.).

17. Beschreibung der berücksichtigten Usability-Kriterien.

18. Vorgaben für die Usability-Test-Konventionen.

19. Kriterien für die Evaluierung des Styleguides. Formulierung aller erforderlichen Checklisten und Testverfahren.

20. Angabe von Terminen, wann der Styleguide auf seine Aktualität hin überprüft werden sollte. Eine Überprüfung sollte jährlich stattfinden. Ideal wäre es, regelmäßig Workshops zur Evaluierung des Styleguides zusammen mit dem Auftraggeber zu veranstalten. Spätestens dann werden aus Projektbeteiligten Projektpartner.

3.4 Das Interface als Metapher – Der erzählerische Aspekt

Die Auseinandersetzung mit Interfaces wird die Kunstform des 21. Jahrhunderts werden. Jede Zeit bringt eine Kunstform hervor, die mit ihren zentralen Ideen und sozialen Umständen korrespondiert. So wie die konzentrierte Zentralperspektive eine Basis schuf, durch die sich das zu Beginn der Renaissance neu entwickelnde Bild des Menschen konstruieren ließ, so ist das Interfacedesign der Dreh- und Angelpunkt unserer Zeit. Bedingt durch die Computertechnologie werden komplexe Interfaces möglich, aber auch notwendig, die einerseits den Zugang zu nie geahnten Informationsmengen und dadurch zu neuen Verweis- und Vergleichsmöglichkeiten bieten. Andererseits führen uns diese Interfaces umso drastischer und auch vielseitiger die Komplexität und Undurchschaubarkeit dessen vor Augen, was wir Menschen wahrnehmen können.

Die computerbasierte Informationstechnologie eröffnet uns diese Vielseitigkeit durch unendlich große Informationsmengen. Interfaces helfen uns, diese Mengen auf ein erträgliches und verständliches Maß herunter zu brechen. Das Interface selbst ist dabei nicht neu, sondern so, wie es heute angewandt wird, nur die aktuellste Form, Komplexität nachvollziehbar und zugänglich zu machen. Nachteilig ist allerdings, dass Interfacedesign bisher nur nach den Kriterien der Benutzerfreundlichkeit analysiert wurde, anstatt es als Ausdrucks- bzw. Kunstform zu betrachten. Mit dem Interfacedesign gehen Kunst und Technologie wieder eine Einheit ein. Wirklich getrennt waren die beiden Elemente eigentlich noch nie. Sie wurden nur von jenen so betrachtet, denen die Entwicklung der digitalen und der interaktiven Möglichkeiten zu unübersichtlich und zu unkontrollierbar voranschritten.

Erst das Wissen um die Möglichkeiten des Interfacedesigns und auch die Fertigkeitenkompetenzen zur Erstellung interaktiver Produktionen lassen einen Gestalter zum Autor, besser gesagt, zu einem autarken Autor seiner interaktiven Arbeiten werden. Diese Arbeit kann er umso kreativer entwickeln, je mehr er Interfacedesign kulturtheoretisch betrachtet.

Die gotische Kathedrale machte den Menschen des Mittelalters die Unendlichkeit vorstellbar. Das moderne Interface tut nichts anderes. Steven Johnson beschreibt z. B. in seinem Buch *Interface Culture*[15] die gotische Kathedrale als Interface zum christlichen Universum, die chaotische Selbstorganisation der Bebauung durch die Pariser Stadtplanung als Interface der sozialen Interaktion und die Novelle Dickens als Interface zu den sozialen Umbrüchen der industriellen Revolution. Johnson sieht hier kulturelle Funktionen, die im Kern denen des Computer-Desktops bzw. den Absichten aller Benutzeroberflächen gleichgesetzt werden können, eben die Übersetzung komplexer Zusammenhänge in überschaubare Strukturen und Reduktion auf das, was, je nach Anforderung, gerade eben als das Wesentliche gilt – das Interface als Metapher. Die gotische Kathedrale wurde oft als das erste Lichtkunstwerk bezeichnet, wobei das subtile Licht als Abbild Gottes und des Universums gilt. So wie damals die Menschen glaubten, im Anblick eines Kathedraleninnenraumes ihre aktuelle Realität, Verortung und somit Orientierung erkennen zu können, so scheinen wir heute im Blick durch das Fenster des Computermonitors wesentliche Anteile unserer Realität zu sehen und zu verstehen. Eine bessere Metapher als ›Windows‹ ist dafür wohl nicht zu finden.

15 Johnson, Steven: *Interface Culture*. Klett-Cotta 1997.

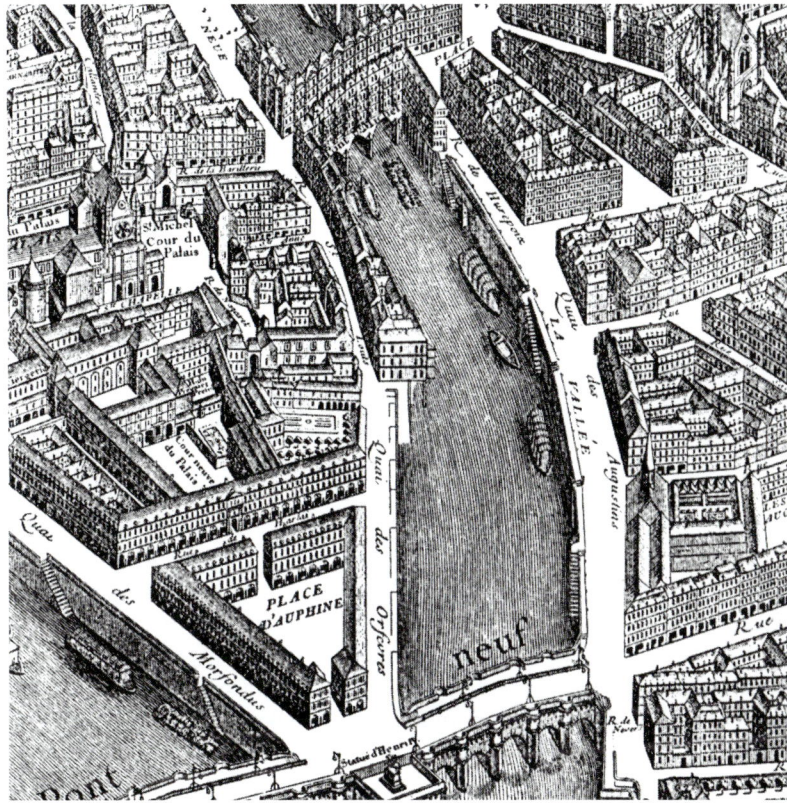

Abb. 163
Kathedrale = Interface
(Foto: Kölner Dom,
Torsten Stapelkamp).

Abb. 162
Stadtplanung als **Interface der
sozialen Interaktion**. Michel
Turgots Stadtplan von Paris,
graviert von Louis Bretez und
Claude Lucas (1734–39). Eine
komplette Reproduktion ist
zu finden in *Le Plan de Paris de
Louis Bretez dit Plan de Turgot,
présenté et commenté par
Bernard Rouleau*, Nördlingen:
Verlag Dr. Alfons Uhl, 1989.

Abb. 164
Interface als urbane Signatur
Die Abbildung von 1517 stammt
aus dem Hauptwerk *Utopia* von
Thomas Morus (1477/78 – 1535).
Eine komplett digitalisierte
Ausgabe von Thomas Morus'
Utopia ist zu finden unter
www.ub.uni-bielefeld.de/
diglib/more/utopia.
Thomas Morus' *Utopia* (Virgilio
Vercelloni, Europäische Stadt-
utopien. Ein historischer Atlas,
Berlin 1986, Tafel 53.

Die Guidonische Hand, eine Merkhilfe, bei der jedem Fingerglied eine Tonstufe zugeordnet ist, ist eine weitere Variante, die Hand als Interface zu nutzen. Diese Mnemotechnik wird auf den italienischen Mönch Guido von Arezzo (ca. 992 – 1050) zurückgeführt. Er war Musiktheoretiker und Lehrer und führte mit den Solmisationsilben ein Zeichensystem relativer Tonverhältnisse ein, das dem Chor durch diese Fingersprache vermittelt werden konnte.

Der Prediger Berthold von Regensburg (1210 – 1272) nutze die Hand zweihundert Jahre später als Guido von Arezzo ebenso als Interface für eine einfache Memorialtechnik. Der Ausdruck »An fünf Fingern abzulesen« mag aus diesem Zusammenhang stammen. Ein Indiz dafür könnte seine Predigt »Von den 5 Pfunden« sein. Sie bezieht sich auf die fünf Ermahnungen an die Gläubigen, deren Aufzählung jeweils an Hand der fünf Sinne, der fünf Zehen bzw. der fünf Finger erfolgt. Nicht zuletzt die Beschreibungsform ›anhand‹, in Sätzen, mit denen ›anhand‹ von Beispielen Zusammenhänge erläutert werden, dokumentiert die Hand als Zähl-, Verweis- und Erinnerungsinterface und lässt das Interface als dialogisches Werkzeug erkennen. Der Verweis auf fünf Finger liefert dem Zuhörer eine greifbare Platzierung der Themen und somit eine Orientierung.[16] Diese Topographie stellt ein Angebot dar, welches im heutigen Interfacedesign auch Anwendung findet. Insbesondere bei der Gestaltung von Internetseiten haben sich für bestimmte Funktions- und Interaktionselemente feste Positionierungen etabliert. Es ist angebracht, für jedes Screen- und Interfacedesign egal welchen Produkttyps eine Topographie in Form eines Funktionslayouts darzustellen, mit dem die Positionierungen der einzelnen Elemente festgelegt werden (siehe Kapitel *Funktionslayout/Wireframe*, S. 162). Dies geschieht immer auch in der Erwartung, den Anwender einerseits in seinem Wunsch nach Gewohnheit zu befriedigen und andererseits eine grundsätzliche Optimierung der Usability zu erreichen (siehe Kapitel *Usability*, S. 302). Die Erinnerungstechniken scheitern aber stets, wenn es mehr als fünf bis sieben Elemente bzw. Verweise zu erinnern gilt.

Wichtig ist, ein Interface so zu entwickeln, dass es dem Anwender nicht den Eindruck eines Werkzeugs, sondern den einer (Handlungs-) Umgebung oder noch besser, den eines (Handlungs-) Spielraums vermittelt. Dann erst kann der Anwender den Eindruck gewinnen, nicht das interaktive Produkt veranlasst zu haben, etwas zu tun, sondern selbst Teil dieser Handlung zu sein, dort eine Funktion zu haben und diese auch selbstständig auszufüllen. Diese erstrebenswerte Illusion soll den Anwender in die Ereignisse einer Erzählung hineinziehen bzw. in die Abfolge einer Funktion oder Dienstleistung involvieren. Was sagt uns das für die Gestaltung, Erstellung und Nutzung von interaktiven Produkten? Das Interface kann dem Anwender zumindest die Illusion liefern, direkt und vor allem selbst zu manipulieren, anstatt manipuliert zu werden. Auch wenn es bisweilen nur eine Illusion ist, so bleibt doch festzuhalten, dass diese zumindest bei einer Erzählung ein wesentlicher Bestandteil ist, ob interaktiv oder nicht.

Es mangelt nach wie vor an geeigneten Kriterien zur Beurteilung des Interfaces als Dialog- und Kommunikationsform. Die bisherigen Untersuchungen basieren ausschließlich auf technologischen Gesichtspunkten und in diesem Zusammenhang auf die Benutzerfreundlichkeit. Diese ist zwar ein sehr wichtiges Element zur Beurteilung des Interfacedesigns, will man Interaktion und Interface aber nicht nur für die Beschreibung von Funktionalitäten, sondern auch für nonlineare und

16   Wenzel, Horst: An fünf Fingern abzulesen. Schriftlichkeit und Mnemotechnik in den Predigten Bertholds von Regensburg. In: Bea Lundt; Helma Reimöller (Hrsg.): *Von Aufbruch und Utopie. Perspektiven einer neuen Gesellschaftsgeschichte des Mittelalters. Für und mit Ferdinand Seibt aus Anlass seines 65. Geburtstages.* Köln/Weimar/Wien, 1992, S. 235–247.

Wenzel, Horst; Beck, C. H.: *Hören und Sehen, Schrift und Bild. Kultur und Gedächtnis im Mittelalter.* C. H. Beck, 1995.

Sherman, Claire R.: *Writing on Hands: Memory and Knowledge in Early Modern Europe.* Ausstellungskatalog zur gleichnamigen Ausstellung in der Dickinson College's Trout Gallery in Pennsylvania und der Folger Shakespeare Library in Washington, D.C., University of Washington Press, 2001.

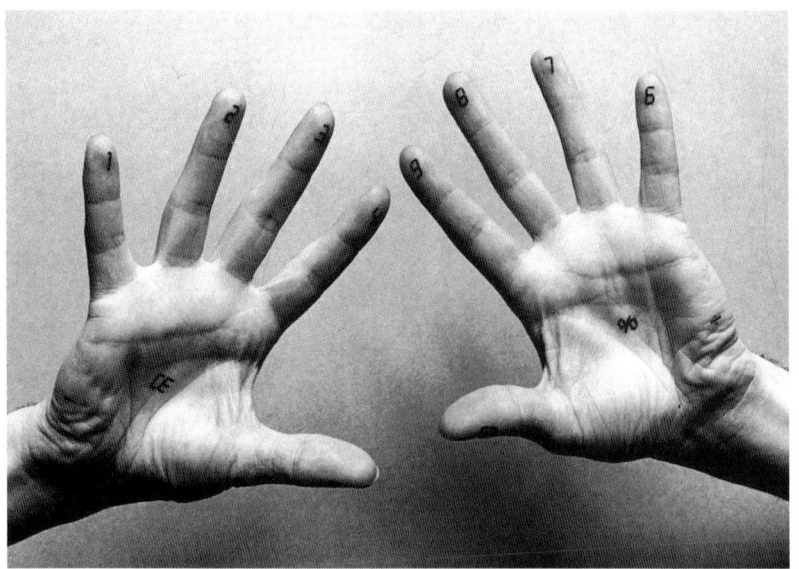 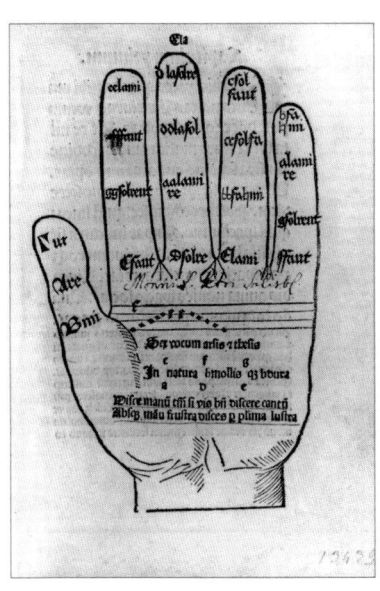

Abb. 165
Die **Hand als Interface** am
Beispiel des *Fingerelektro-
nischen Handrechners* der
Gruppe Kunstflug, gezeigt in
der Ausstellung *Design heute*,
im Deutsches Architektur
Museum Frankfurt am Main,
1986 (Foto: Walter Vogel).

Abb. 166
An fünf Fingern abzulesen. Die
Abbildung stammt von einem
unbekannten Holzschnitzer aus
dem Jahr 1488 (The Walters Art
Gallery, Baltimore, Maryland).

Berührung als Dialogform. ›Lormen‹
ist eine Kommunikationstechnik zur
Verständigung mit taubblinden Menschen, die nach seinem Erfinder Hiero-
nymus Lorm (1821–1902) benannt ist.
Die Verständigung findet mit Berüh-
rungen an der Hand statt, indem mit
vorgegebenen Berührungsmustern
in Form von Streichen bzw. Klopfen
auf Finger und Hand Buchstaben des
Alphabets auf die Hand ›gezeichnet‹
werden bis Worte bzw. Sätze gebildet
sind. Die Hand wird dabei zur Bedien-
und Dialogoberfläche.

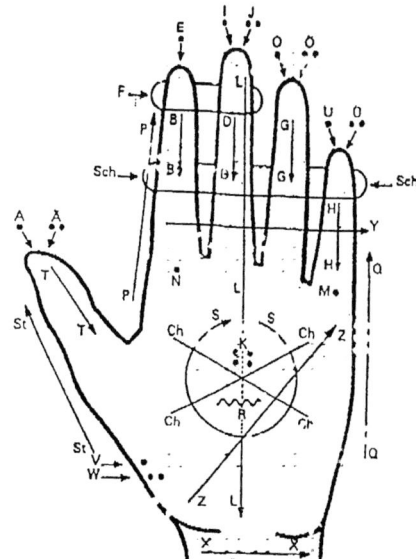

Abb. 167
Die Abbildung stammt von der
Internetseite www.lowvision2.de
/lormen.htm. Dort befindet
sich auch eine interaktive
Vorführung des Tastalphabets
für Taubblinde.

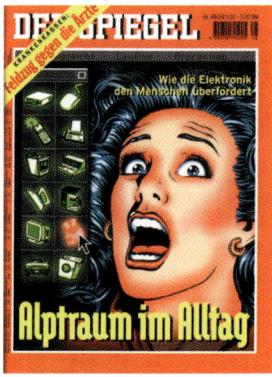

interaktive Erzählformen bzw. zur Wissensvermittlung einsetzen, so ist es wichtig, ebenso die emotionalen und sinnlichen Ausdrucksformen des Interfacedesigns näher kennenzulernen, sie losgelöst von technisch messbaren Kriterien zu betrachten und selbst welche zu entwickeln. Eine erweiterte Sichtweise zum Thema Interface wird stets eine größere Gestaltungsvielfalt bieten.

Im Kapitel *Interactiondesign* zeigen einige Beispiele, dass die Qualität eines Interfaces nicht nur an seiner Benutzerfreundlichkeit gemessen werden kann (S. 18).

Abb. 168
Spiegel-Titelblatt
vom 24. 11. 1997.

Abb. 170 ▶
Formulare sind of schlechte Dialogoberflächen. Viele Hard- bzw. Software-Interfaces lassen die Anwender ähnlich verzweifeln.

Abb. 169
Interface als Überforderung.
Excelsior 3000: Bowel Technology Project von Ian Haig aus dem Jahr 2003, ausgestellt beim European Media Art Festival 2004 in Osnabrück. Erläuterungstext beim EMAF-Festival: »Das Projekt will gängige Vorstellungen von der Geräte-Benutzer-Interaktion aktiv verwandeln und trägt Konzepte interaktiver Kunstformen in einen abgelegeneren Bereich. Der Darm erfährt eine neue Bedeutung als zentrale Schnittstelle …«.

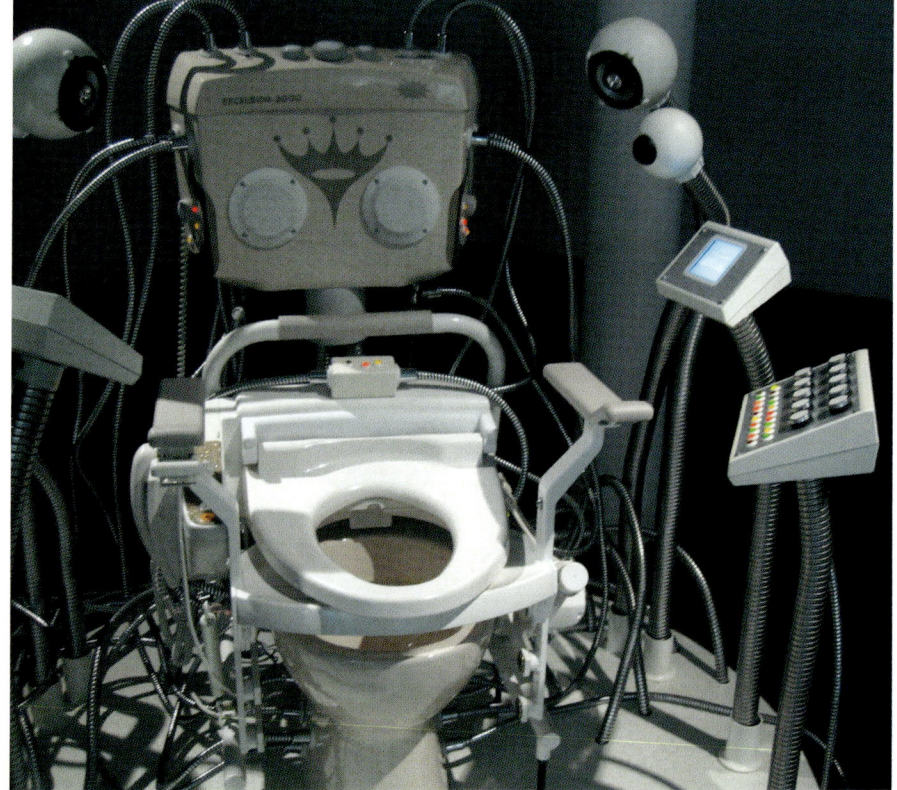

2009

1	☐ Einkommensteuererklärung	☐ Antrag auf Festsetzung der Arbeitnehmer-Sparzulage	Eingangsstempel
2	☐ Erklärung zur Festsetzung der Kirchensteuer auf Kapitalerträge	☐ Erklärung zur Feststellung des verbleibenden Verlustvortrags	

3 Steuernummer

4 Identifikationsnummer — Steuerpflichtige Person (Stpfl.), bei Ehegatten: Ehemann | Ehefrau

An das Finanzamt

5

6 Bei **Wohnsitzwechsel: bisheriges Finanzamt**

Allgemeine Angaben

7 Telefonische Rückfragen tagsüber unter Nr.

8 Steuerpflichtige Person (Stpfl.), bei Ehegatten: **Ehemann** –Name | Geburtsdatum

9 Vorname

Religionsschlüssel:
Evangelisch = EV
Römisch-Katholisch = RK
nicht kirchensteuerpflichtig = VD
Weitere siehe Anleitung

10 Straße und Hausnummer

11 Postleitzahl | Derzeitiger Wohnort | Religion

12 Ausgeübter Beruf

13 Verheiratet seit dem | Verwitwet seit dem | Geschieden seit dem | Dauernd getrennt lebend seit dem

14 **Ehefrau:** Vorname | Geburtsdatum

15 Ggf. von Zeile 8 abweichender Name

Religionsschlüssel:
Evangelisch = EV
Römisch-Katholisch = RK
nicht kirchensteuerpflichtig = VD
Weitere siehe Anleitung

16 Straße und Hausnummer (falls von Zeile 10 abweichend)

17 Postleitzahl | Derzeitiger Wohnort (falls von Zeile 11 abweichend) | Religion

18 Ausgeübter Beruf

Nur von Ehegatten auszufüllen

19 ☐ Zusammen-veranlagung | ☐ Getrennte Veranlagung | ☐ Besondere Veranlagung für das Jahr der Eheschließung | ☐ Wir haben Güter-gemeinschaft vereinbart

Bankverbindung (entweder Kontonummer / Bankleitzahl oder IBAN / BIC) - Bitte stets angeben -

20 Kontonummer | Bankleitzahl

21 IBAN

22 BIC

23 Geldinstitut (Zweigstelle) und Ort

24 **Kontoinhaber** lt. Zeilen 8 und 9 oder: | **Name** (im Fall der Abtretung bitte amtlichen Abtretungsvordruck beifügen)

Der Steuerbescheid soll nicht mir / uns zugesandt werden, sondern:

25 Name

26 Vorname

27 Straße und Hausnummer oder Postfach

28 Postleitzahl | Wohnort

2009ESt1A011NET — Sept. 2009 — **2009ESt1A011NET**
034037/09

3.5 Das Interface als Benutzeroberfläche – Der funktionale Aspekt

Die funktionalen Aspekte eines interaktiven Produkts sind nicht Selbstzweck, sondern Absicht und Bestandteil des Inhalts und der Gesamtgestaltung. Interaktive Produktionen, egal welcher Art, sind nicht nur Erzähl- und Wissensvermittlungsmedien, sondern auch Funktionsgeräte. Beim Produktdesign hat der rein funktionale Aspekt des Interfaces grundsätzlich eine größere Bedeutung als bei interaktiven Informationsmedien (Internet, CD-ROM, DVD etc.), die in erster Linie inhaltlich orientiert sind. Aber dennoch werden auch letztere vom Anwender teilweise vorrangig als funktionale Produkte begriffen. Auch sie sind dann der Erwartung ausgesetzt, einen funktional/praktischen Sinn zu erfüllen. Dabei tritt die Frage nach dem Inhalt nicht selten erst einmal in den Hintergrund. Die Verlockung, Funktionen nur als solche anzubieten oder diese austesten zu wollen, scheint beim Produzenten wie beim Anwender gleichermaßen vorhanden zu sein. Dies führt nicht selten dazu, dass zahlreiche interaktive Produkte nur die technischen Möglichkeiten der jeweiligen Medien vorführen, anstatt diese zur Vermittlung einer inhaltlichen Absicht zu nutzen.

Kaum ein Vertreiber von interaktiven Produkten verzichtet auf Feature-Listen im Beschreibungstext, selbst dann nicht, wenn es eigentlich in erster Linie darum geht, Inhalte zu vermitteln. Dies führt dazu, dass von vielen Anwendern, noch bevor überhaupt geklärt ist, welche Absichten ein Produkt verfolgt oder welche Inhalte vermittelt werden sollen, zu allererst die aufgelisteten Funktionalitäten diskutiert und ausgetestet werden. Auch wenn die Zeiten vorbei zu sein scheinen, in denen die Feature-Listen mehr Platz in Anspruch nahmen, als die inhaltlichen Beschreibungen, so bleibt die Tatsache unverändert, dass ein interaktives Produkt zwangsläufig Funktionen hat, die nicht grundsätzlich selbsterklärend sein können. Umso wichtiger ist es, dass die angebotenen Funktionen Teil der Produktabsicht bzw. des Inhalts und nicht nur Selbstzweck sind. Dann lassen sich deren Absicht und der Umgang mit ihnen auch problemloser mit dem Interface kommunizieren.

Wenn hingegen z. B. aus Gründen des Marketing die Features in den Vordergrund gerückt oder zumindest mit den beabsichtigten Inhalten als gleichwertig dargestellt werden sollen, begibt man sich, bezogen auf die Gestaltung des Interfaces, in einen kaum lösbaren Widerspruch. Ganz davon abgesehen, dass es ohnehin ein Missverständnis ist, zu glauben, ein Produkt würde sich besser verkaufen, nur weil man seine funktionalen Eigenschaften nicht nur im Werbeprospekt, sondern auch in der Gestaltung seines Interfaces möglichst in den Vordergrund rückt, erwarten die meisten Verbraucher von einem Produkt, dass es ihnen Vorteile in Form von Gebrauchswert oder Imagesteigerung verschafft. Sie wollen in die Funktionsangebote von Produkten involviert und nicht von ihnen vereinnahmt werden. Es ist aber nicht möglich, Inhalte oder einen hohen Gebrauchswert zu vermitteln bzw. den Anwender in den Zustand zu versetzen, involvierter ›Mitspieler‹ zu sein und sich selbst als Teil der durch das Produkt gebildeten Umgebung zu empfinden, wenn sich stets Features in den Vordergrund drängen, die den Anwender zum ständigen Reagieren nötigen und ihn dadurch von der Absicht, die er vom Produkt erwartet, ablenken.

Ein Interface soll die Anwender vor möglichst vielen redundanten Informationseindrücken bewahren und nicht zuletzt dadurch ein möglichst breites Funktionsspektrum ermöglichen, wobei die Bedienbarkeit so einfach wie offensichtlich sein sollte. Die meisten Anwender wollen nicht wissen, in welcher exakten Art und Weise sich z. B. die Datenströme innerhalb eines Computerchips, einer Software oder eines Datennetzes verhalten, nachdem sie die Taste zum Absenden einer E-mail betätigt haben. Sie wollen in diesem Moment einfach nur eine E-mail versenden. Dies gilt nahezu für alle Produkte und deren Funktionsangebote und ist nur zu erreichen, wenn das Screen- und das Interfacedesign gleichermaßen berücksichtigt werden. Die Möglichkeiten, die sich durch Interfaces ergeben, können allerdings auch dazu führen, funktionale bzw. inhaltliche Abläufe und somit auch die Erkenntnismöglichkeit von Zusammenhängen gänzlich zu verbergen. Bisweilen wird die Einflussnahme auf solche Abläufe so stark automatisiert, dass mitunter versäumt wird darüber nachzudenken, ob es nicht für den Anwender von Vorteil sein könnte, wenn in ihm Interesse an genau diesen Abläufen, Erkenntnisprozessen und Zusammenhängen geweckt würde.

Abb. 171
Das System *UniOP ePAD30* der Firma Exor in Solingen, das über TFT-Touchscreens dargestellt wird, ist ein Interface für die Steuerung von Produktionsmaschinen.

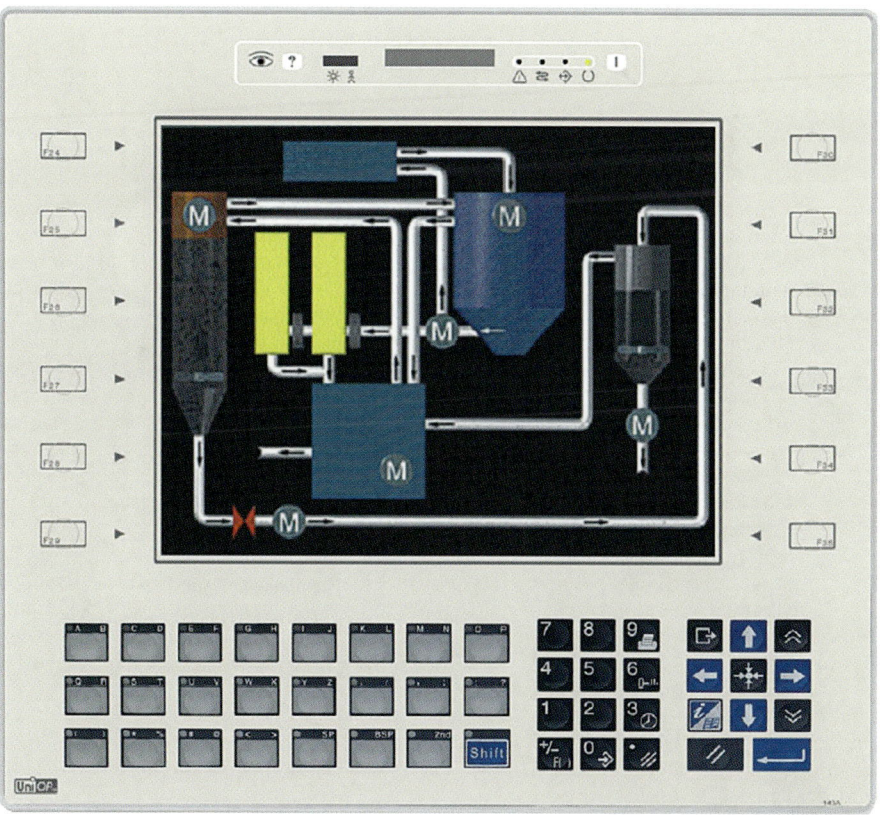

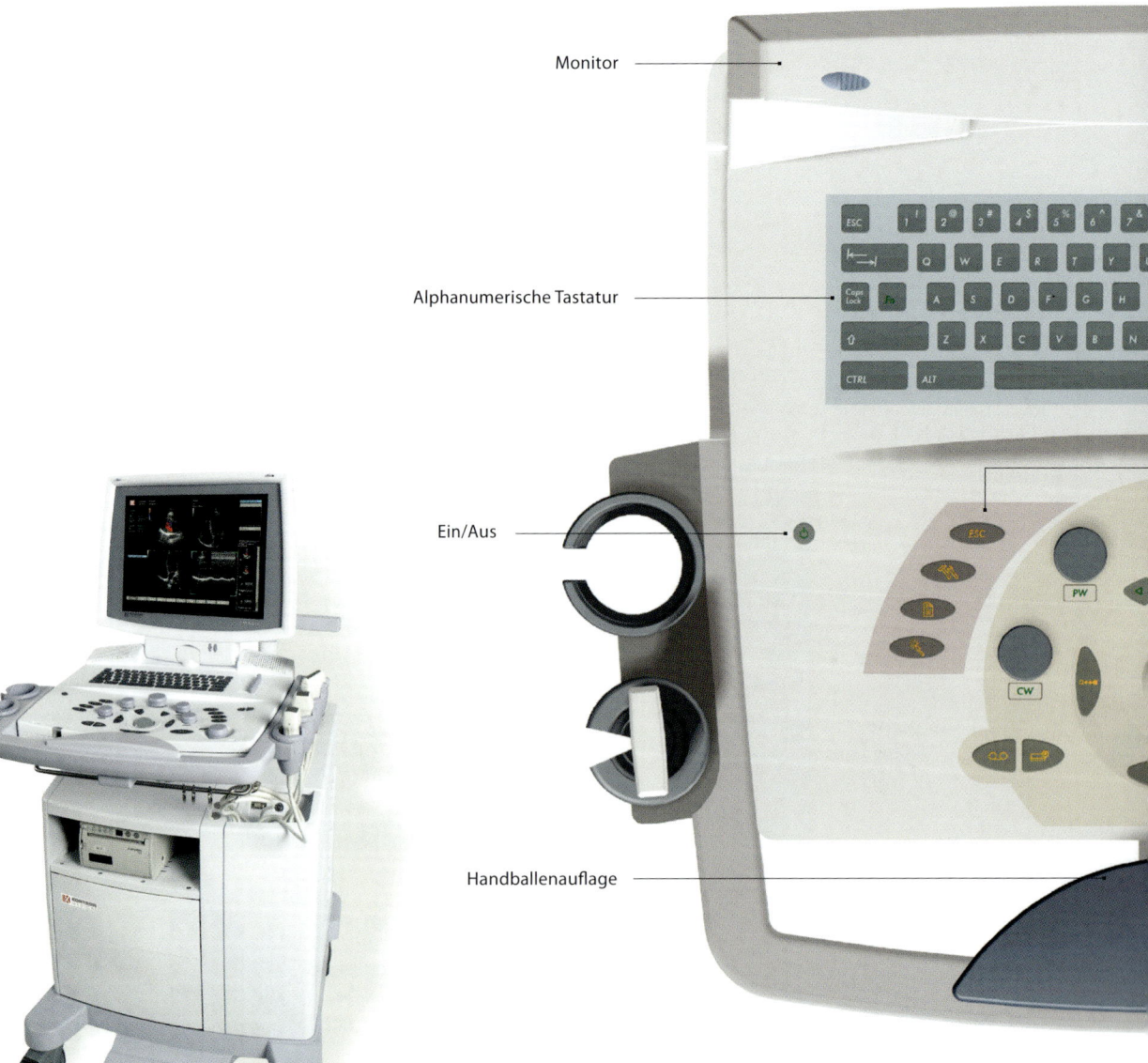

Monitor

Alphanumerische Tastatur

Ein/Aus

Handballenauflage

Abb. 172
Gesamtansicht des *Kontron
Medical Imagic* Ultraschalldia-
gnosegerätes (Kunde: Kontron
Medical AG, Basel (Schweiz).
Design: Meyer-Hayoz Design
Engineering Group,
www.meyer-hayoz.com).

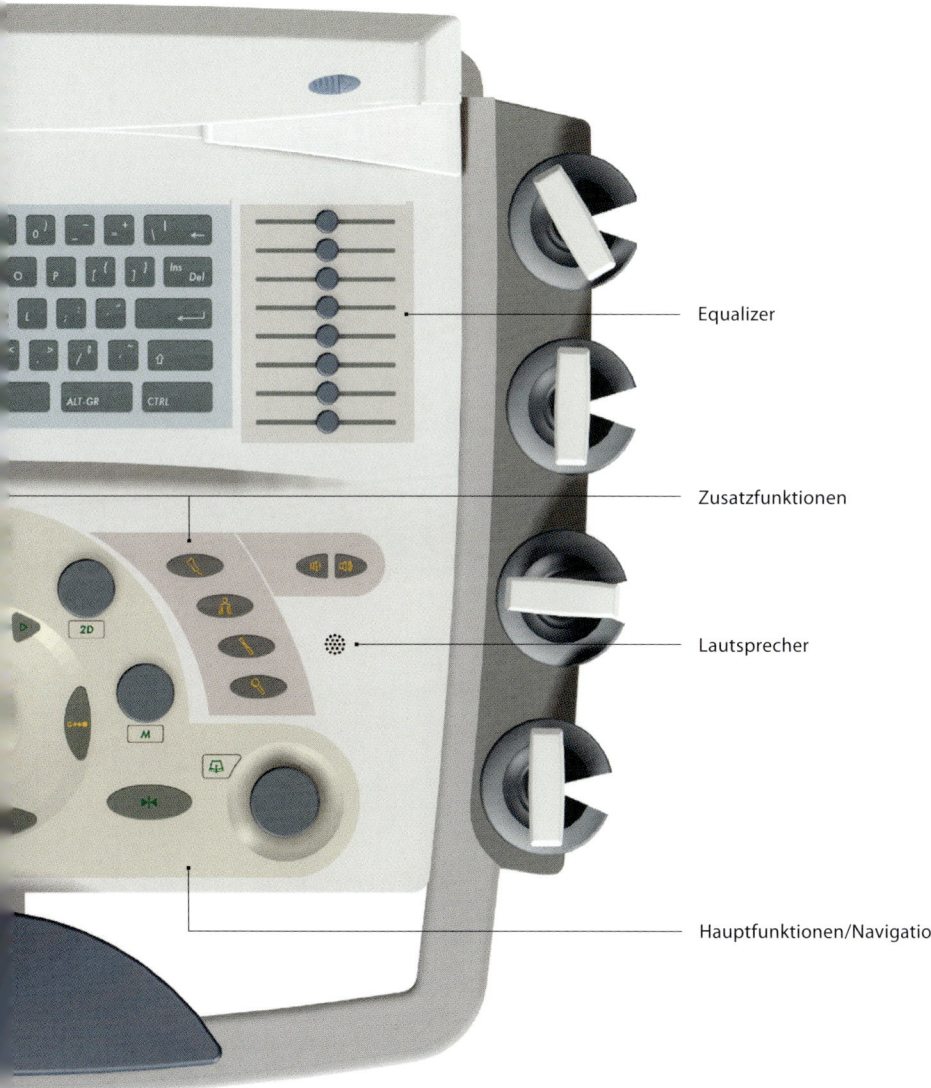

Equalizer

Zusatzfunktionen

Lautsprecher

Hauptfunktionen/Navigation

Abb. 173
Die Bedienelemente des modularen Ultraschalldiagnosegerätes Imagic sind für eine Einhandbedienung optimal um den zentralen Trackball angeordnet. Häufig getätigte Einstellungen werden direkt über entsprechende Push- and Turnbuttons bedient.

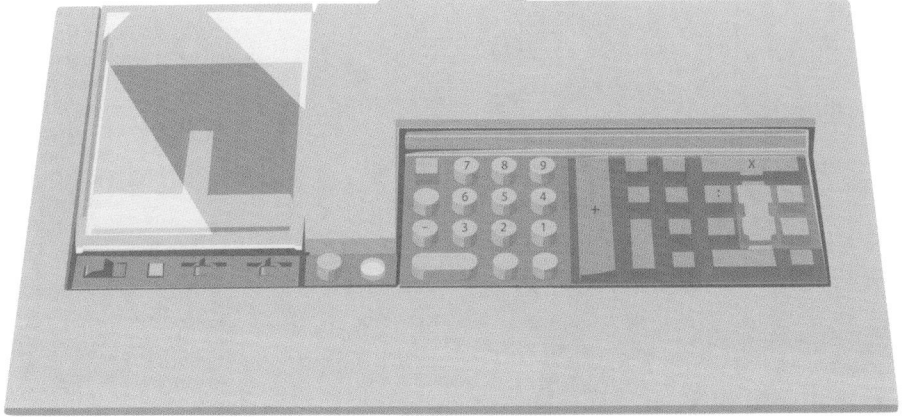

Abb. 174
Tischrechner *Logos 59*
von Olivetti (1973).

Die rein funktionale Absicht des Interfaces von **Tischrechnern** wird erst durch Zahlen, Bezeichnungen und Symbole ermöglicht. Durch Positionierung, Größe und Farbe werden zudem die Bedeutung und Nutzungsabsicht einzelner Tasten bzw. Funktionsgruppen differenziert. All diese Anstrengungen unterstützten die funktionale Absicht des Interfaces, verbessern den Dialog mit dem Anwender, sind aber auch bereits eine Form des Screendesigns. Durch die Wahl des Fonttyps und der Farben erfolgt bereits eine gestalterische Entscheidung, die über rein funktionale Absichten hinausgeht.

Manche Produkte, die mittlerweile als **Design-Klassiker** gelten, entpuppen sich bei genauer Betrachtung als Interface-Katastrophe. Beim *Wega studio 3220 hifi* von Braun aus dem Jahr 1971 bilden die Schalter zwar eine klare Linie, machen es dem Anwender aber gerade deswegen vollkommen unmöglich, mit dem Produkt ungehindert umgehen zu können, da alle Schalter gleich aussehen und nicht einmal eine Bedeutungshierarchie erkennbar ist.

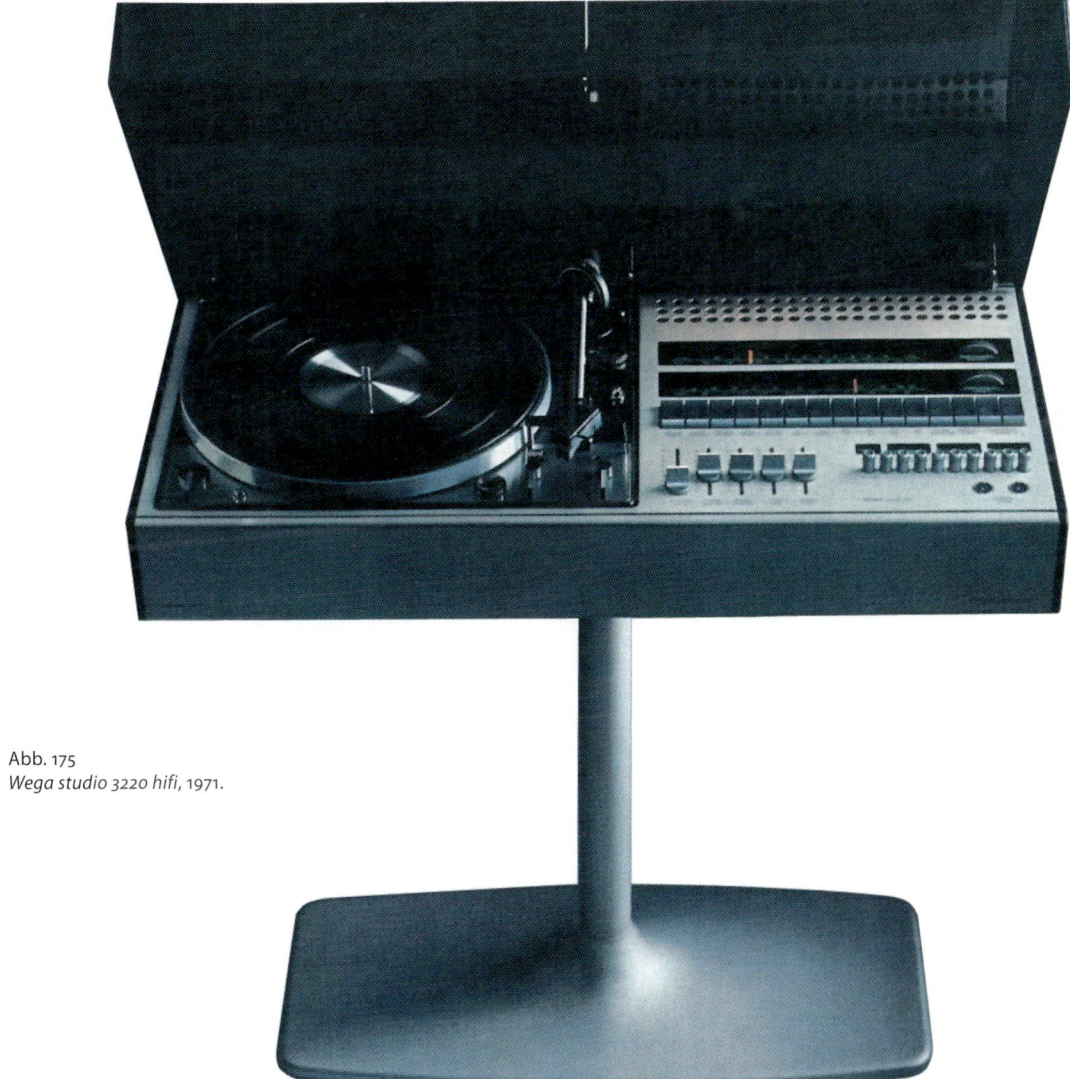

Abb. 175
Wega studio 3220 hifi, 1971.

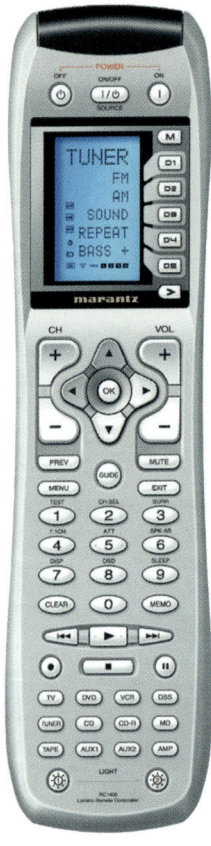

Abb. 176
Fernbedienung,
Marantz RC1400.

Abb. 177
Bei der Fernbedienung *Evotion-Line MD 81035* von Medion ist die Verteilung der Navigations-bereiche beinahe mit der von Internetseiten vergleichbar. Mehrere Farben unten links auf den Tasten lassen eine Farbkodierung für einzelne Kapitel vermuten.

Ein Interface mit **überbordendem Funktionsangebot** ermöglicht zwar viele Funktionen, macht den Zugang zu diesen Möglichkeiten aber nicht für jeden sichtbar, da sie nicht differen-ziert genug dargestellt sind. Dies zeigt sich bereits bei niederkomplexen Ge-räten wie z. B. bei Fernbedienungen.

Abb. 178
Pepper Pad.
(www.pepper.com)

Automaten, wie z. B. jene für das Anwählen von Internet-Dienstleistungen,
haben in der Regel ein sehr einfaches
und nicht zuletzt deswegen ein leicht
nachvollziehbares analoges Interface.
Das Produktdesign ist bei Automaten
zwar oft nicht besonders ansprechend,
die zentralen Funktionselemente können allerdings – im rein praktischen
Sinne des Interfacedesign – gut erkannt und deren Absicht gut durch-
schaut werden. Sie setzen aber Erfahrung im Umgang mit Münzautomaten,
mit Geld- bzw. Kreditkarten und einer
Tastatur voraus.

Da sich Screen- und Interfacedesign
sowohl auf Soft- wie auf Hardware
beziehen, finden Gestaltungslayouts
bei beiden gleichermaßen Anwendung. Gerade Multifunktionsinterfaces
wie z. B. Fernbedienungen, mit denen
man den Fernseher und weitere
Geräte, wie z. B. DVD-Player und Sat-
Receiver, steuern kann, stellen eine
große Herausforderung dar und machen ein Gestaltungslayout erforderlich, das einerseits die Funktionsvielfalt
nicht verbirgt und alle Möglichkeiten
gleichberechtigt anbietet, aber andererseits auch eine Übersichtlichkeit
ermöglicht.

Umso komplexer wird das Gestaltungslayout für Produkte, die sowohl Hard-
ware- als auch Softwarebedienfelder
besitzen, die im Zusammenhang miteinander genutzt werden. Bei mobilen
Computern, wie z. B. dem *Pepper Pad*,
mit dem dynamisch veränderbare
Inhalte, wie z. B. Internetseiten, dargestellt und genutzt werden können,
ist dieses Zusammenspiel nicht so gut
kalkulierbar, wie bei Geräten, die vorbestimmte Inhalte verwenden, wie z. B.
medizinische Geräte.

Das Unternehmen amazon.com hat sich auf seiner us-amerikanischen Internetseite unter der Überschrift "Usability or Confusability?" über das Interface der **Wahlzettel** (butterfly ballot) des Palm Beach County, Florida, für die Präsidentschaftswahl am 07. November 2000, lustig gemacht, indem es die Kapitelthemen seines sonst üblichen Interface auf das Prinzip dieses Wahlzettels übertrug. Es schloss seine Inszenierung mit dem Satz "Ease of use – it matters!". Zur Klärung sei noch erwähnt, es wird vermutet, dass bei dieser Präsidentschaftswahl viele Wähler auf Grund der Unübersichtlichkeit des Wahlblatt-Interfaces irrtümlich nicht den Kandidaten wählten, den sie vorhatten zu wählen.

OFFICIAL NAVIGATION, AMAZON.COM
SEATTLE, WASHINGTON
NOVEMBER 10, 2000

AMAZON.COM
STORE DIRECTORY

(if you click the right button,
you'll actually go to the right store.)

amazon.com

(AUCTIONS)   3 ▸

(BOOKS)   5 ▸

(CAMERA & PHOTO)   7 ▸

(COMPUTER & VIDEO GAMES)   9 ▸

(DVD)   11 ▸

(ELECTRONICS)   13 ▸

(GIFTS)   15 ▸

(HEALTH & BEAUTY)   17 ▸

(KITCHEN)   19 ▸

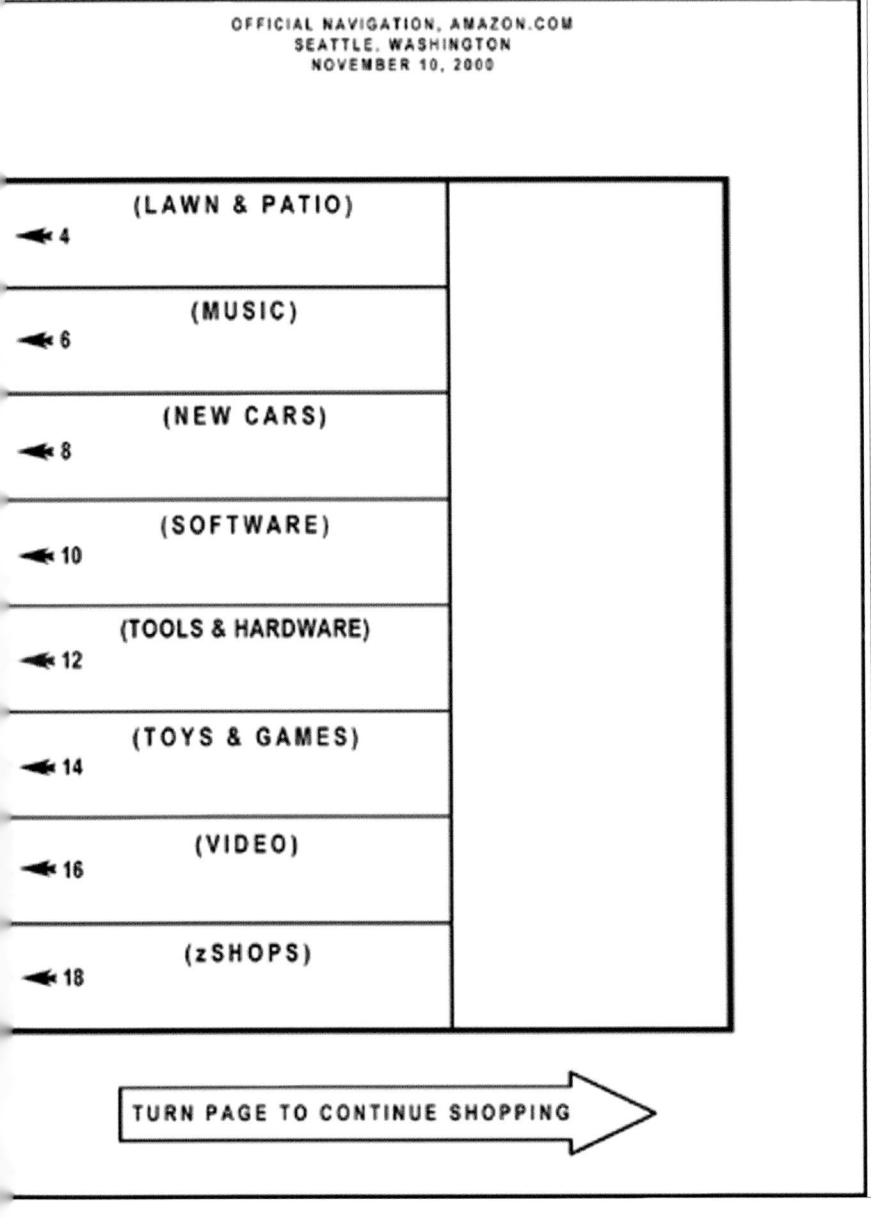

Abb. 179
"Usability or Confusability?",
amazon.com.

Bei Betrachtung des Wahlzettels kann man sich aufgrund der Reihenfolge der Kandidaten gut vorstellen, dass einige Wähler, die eigentlich Al Gore wählen wollten (Nr. 5), aus Versehen Pat Buchanan (Nr. 4) wählten. Al Gore steht als zweiter links auf der Liste, weshalb einige Wähler den Stift auch in Loch zwei von oben gedrückt haben werden. Wer dann seinen Fehler erkannte und daraufhin den Stift in das dritte Loch von oben drückte, machte seinen Wahlzettel ungültig, da nur eine Stanzung im Wahlzettel zulässig war. Untermauert wird diese Vermutung durch die hohe Anzahl an Wahlzetteln, die durch Doppelstimmen ungültig wurden, und durch die erstaunlich vielen Stimmen für Pat Buchanan.

Dieser Wahlzettel macht deutlich, wie sehr man mit dem Design eines Interfaces Fehlerquellen verursachen oder vermeiden bzw. sogar nachhaltig Einfluss ausüben kann. Hätte man alle Kandidaten nur auf einer Seite untereinander aufgelistet, wären alle wesentlichen Fehlerquellen vermieden worden.

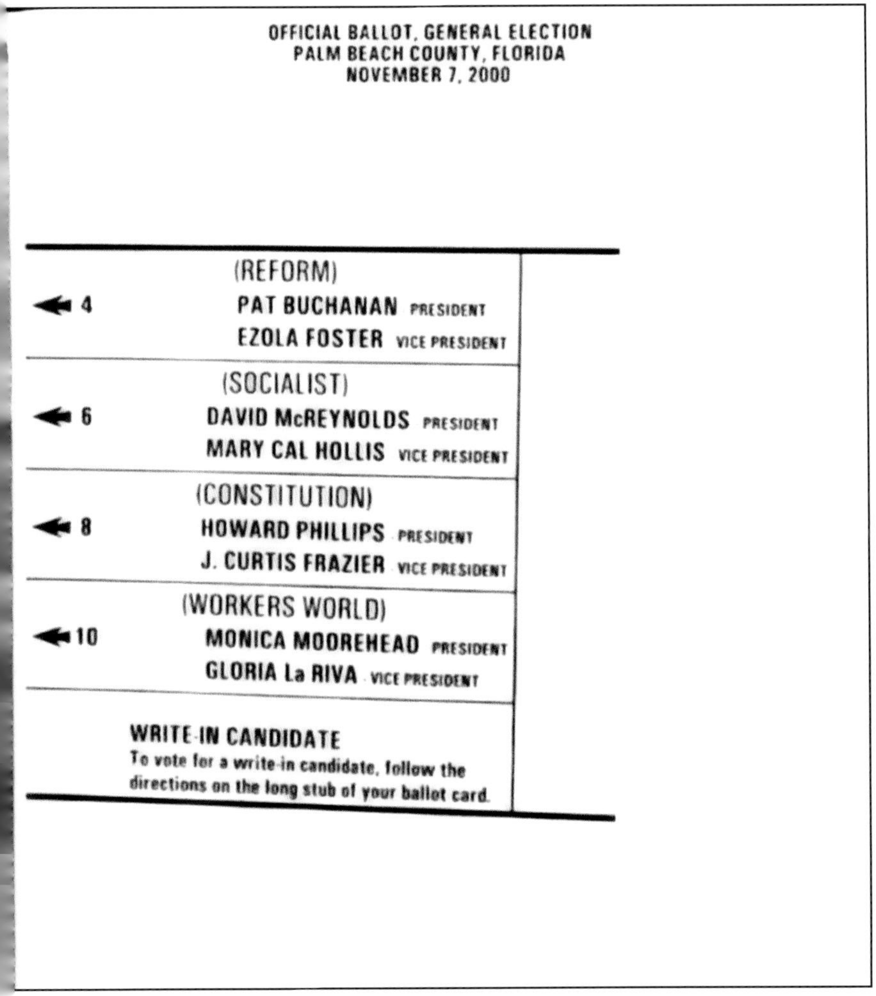

OFFICIAL BALLOT, GENERAL ELECTION
PALM BEACH COUNTY, FLORIDA
NOVEMBER 7, 2000

(REFORM)
◀ 4   PAT BUCHANAN PRESIDENT
EZOLA FOSTER VICE PRESIDENT

(SOCIALIST)
◀ 6   DAVID McREYNOLDS PRESIDENT
MARY CAL HOLLIS VICE PRESIDENT

(CONSTITUTION)
◀ 8   HOWARD PHILLIPS PRESIDENT
J. CURTIS FRAZIER VICE PRESIDENT

(WORKERS WORLD)
◀ 10   MONICA MOOREHEAD PRESIDENT
GLORIA La RIVA VICE PRESIDENT

WRITE-IN CANDIDATE
To vote for a write-in candidate, follow the
directions on the long stub of your ballot card.

Abb. 180
Originalwahlzettel zur Wahl
in Palm Beach County
im Jahr 2000.

Abb. 181
Brotzeit von Björn Karnebogen.
Ein Spiel in Anlehnung an
das Senso- bzw. Simon-Spiel.
(www.adgame-wonderland.de/
type)

Wenn das Grundprinzip eines Funktionsablaufs einfach oder bereits vertraut ist kann einem Interface sehr unterschiedliche Varianten eines Screendesigns übergestülpt werden, ohne dass dessen Funktionen unverständlich würden. **Brotzeit** ist ein Spiel, das dem Grundprinzip des beliebten Senso- bzw. Simon-Spiels entspricht und gleich wieder erkannt werden kann, sobald entsprechende Anhaltspunkte deutlich werden.

Hier genügen bereits Klänge und das rythmische Aufleuchten einzelner Elemente, um das Spiel wiederzuerkennen bzw. den Sinn des Spiels zu erahnen. Man muss sich hierbei an von einem Zufallsgenerator vorgespielte und nach und nach variierende Ton- und Farbabfolgen erinnern und durch Betätigung der Tasten nachspielen.

Bei der Internetseite **www.visueller-orgasmus.de** wurde das Screendesign stärker in den Vordergrund gerückt als das Interface, was dazu führt, dass weder deutlich wird, welche Informationen vermittelt werden, noch welche Aufgaben gelöst werden können bzw. wo und wie man mit dem Interface umgeht. Dennoch kann es Spaß machen, mit solchen Informations- bzw. Kommunikationsmedien umzugehen, wenn das Entdecken der Funktionalitäten Teil der Unterhaltungsabsicht und die gewählte Gestaltungsform den Interessen der anvisierten Zielgruppe entspricht.

Abb. 182
www.visuellerorgasmus.de

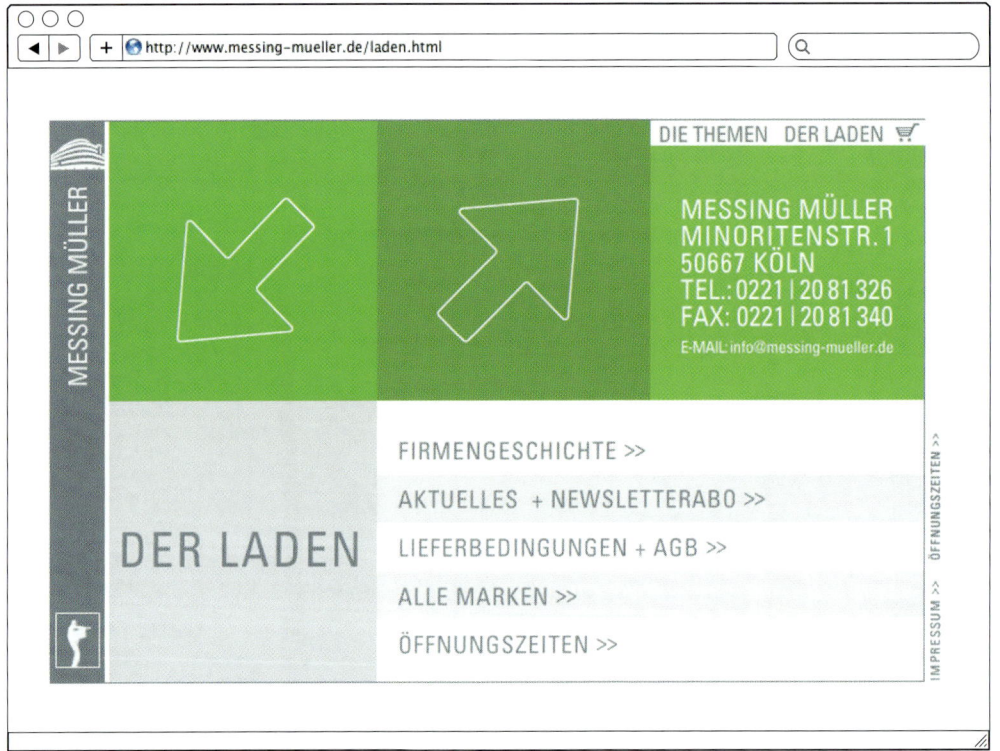

Abb. 183
www.messing-müller.de
(Design: complexx.com)

Für die **Internetseite** von Messing-Müller aus Köln, die in erster Linie ein Katalog darstellt, erhielt das Interface eine dominierende Darstellung. Die Pfeile zum Durchblättern befinden sich auf allen Seiten dieser Website in derselben dominierenden Größe.

Abb. 184 ▸
Zur Dialogoberfläche dieses Automaten zum Ausleihen von DVDs gehören nicht nur die Automaten selbst, sondern ebenso die Kino-Plakate, da erst sie vermitteln, was die Automaten anbieten. Auch nur sie wirken, im Gegensatz zu den Automaten, animierend und regen zur Nutzung der Automaten an (Mallorca, Foto: Torsten Stapelkamp).

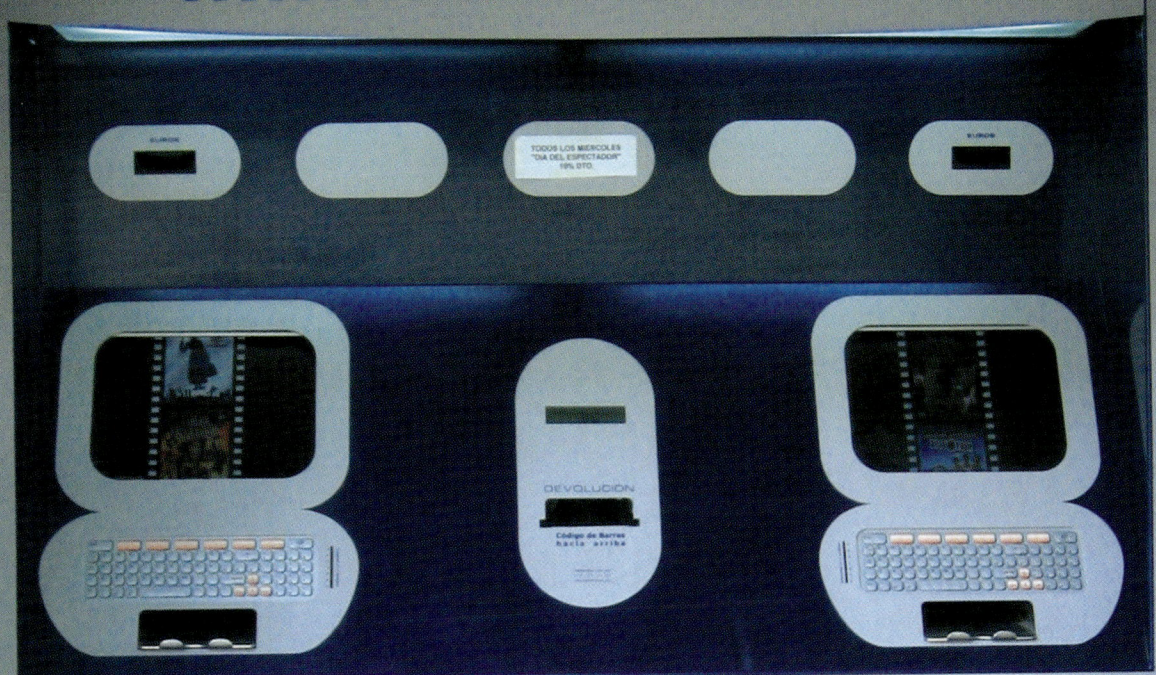

 MUSIC

 MOVIES

 SHOP

 GIGS

 INFORMATION

 GUESTBOOK

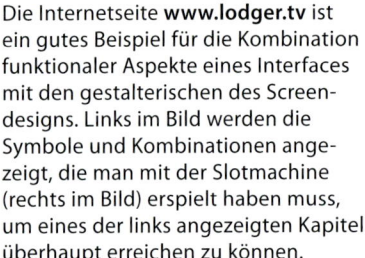

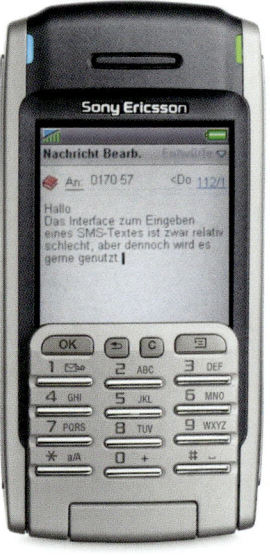

Abb. 185
www.lodger.tv

Abb. 186
SMS-Interface, *SonyEricsson*
P900 (Foto: SonyEricsson).

Die Internetseite **www.lodger.tv** ist ein gutes Beispiel für die Kombination funktionaler Aspekte eines Interfaces mit den gestalterischen des Screendesigns. Links im Bild werden die Symbole und Kombinationen angezeigt, die man mit der Slotmachine (rechts im Bild) erspielt haben muss, um eines der links angezeigten Kapitel überhaupt erreichen zu können.

Die Beliebtheit des Versendens einer SMS-Nachricht ist ein Beleg dafür, dass ein Interface nicht grundsätzlich funktional und/oder mit gutem Screendesign versehen und praktisch im Umgang zu sein braucht. Bei der SMS-Nachricht scheint dem Anwender die Art der Kommunikationsform wichtiger zu sein als ihr Prozedere. Er passt sich daher den Vorgaben des Interfaces an. Im Idealfall sollte dies eigentlich umgekehrt sein. Die lästige Form der Eingabe führte allerdings zu entsprechend verkürzten Sprachformen. So wird z. B. »AFAIK« an Stelle von »As far as I know« oder »ASAP« für »As soon as possible« eingegeben. Ein schlechtes Interface wird demnach zwar durchaus akzeptiert und auch intensiv genutzt, hat aber dann an anderer Stelle unter Umständen negative Auswirkungen.

Abb. 187
www.vtech.de (Foto: vtech).

In das interaktive Kinderspielzeug **LearnBook** der Firma Vtech können Kinder ab vier Jahren entsprechend aufbereitete Bücher verschiedenartigster Inhalte einlegen. Mit einem Stift, dessen Position über schwache Radiowellen erkannt wird, werden Bereiche der Bilder bzw. der Texte angewählt, die daraufhin durch eine elektronische Stimme genannt bzw. beschrieben werden. Bei diesem Interface können Kinder die Funktion des Stiftes bestimmt schnell erkennen. Durch das Benutzen des Interfaces werden die Worte und Gegenstände direkt genannt und somit die klassischen Aufgaben und Absichten eines Interfaces prompt und der Erwartung entsprechend erfüllt.

Es bleibt aber fraglich, ob auch bei solchen Interfaces dieselben Regeln gelten sollten. Interfaces dieser Art könnten in dieser Form der Anwendung auch dazu führen, dass Kinder mit ihren Lernprozessen allein gelassen werden und dass der Zusammenhang von Ursache und Wirkung in ungünstiger Weise verborgen bleibt, weil das Anfragen nach den Zusammenhängen nicht angeregt wird.

Ein Interface hat die Aufgabe, Funktionen sowohl zu ermöglichen, sie anzubieten, als auch zu erläutern. Deshalb repräsentiert ein Interface das Funktionsangebot und ist im Idealfall zugleich auch dessen Gebrauchsanweisung. Und damit diese Erläuterungen möglichst produkt- bzw. inhaltsbezogen sind und sich nahtlos in die Gesamtgestaltung einbetten, werden sie im Rahmen des Screen- und Informationdesigns gestalterisch umgesetzt. Sie bilden in Abhängigkeit vom Interactiondesign eine eigene Gestaltungsform, das Interfacedesign.

Es ist zu empfehlen, sowohl die erzählerischen als auch die funktionalen Aspekte des Interfaces stets gleichwertig zu betrachten und je nach Bedarf in der jeweils erforderlichen Mengenverteilung bzw. Wertigkeit gleichzeitig zu berücksichtigen, weshalb besser nicht von einem Interface, sondern eher von einer Dialogoberfläche gesprochen werden sollte. Sie hat die Aufgabe, den Anwender anzulocken, neugierig zu machen und ihn im wahrsten Sinne des Wortes anzusprechen, soll aber auch die Absicht und die Funktion eines Produktes beschreiben.

Interfaces dienen eben dazu, Funktionen zu verdeutlichen. Mit den daraus resultierenden Erwartungen lassen sich aber auch gezielt Desinformation und Täuschung konstruieren. Die Selbstverständlichkeit einer ständig und nahezu zuverlässig funktionierenden und bequemen Umwelt und die in ihr konditionierten Erwartungshaltungen können dazu verführen, sich in einer Balance aus Voyeurismus und Aufklärung über diese nicht mehr wahrgenommene Unbeschwertheit zu amüsieren und sie als Leichtgläubigkeit spürbar zu machen. Der Künstler Veit Landwehr aus Köln hinterlässt z. B. täuschend echt montiert, mal einen Klingelknopf am Dom-Portal in Köln, mal einen Heizungsregler in einer schlecht klimatisierten Galerie oder, wie unten zu sehen, eine Steuervorrichtung zur Bewegen des Gitters am Eigelsteintor in Köln. Jedes Mal sind die Interfaces perfekt gebaut und scheinbar fachmännisch korrekt montiert. Ihre Funktion liegt aber nicht in der Erfüllung, sondern in der Hinterfragung der Erwartungen. Diese Interfaces sind Dialogoberflächen im doppelten Sinne. Zum einen beschreiben sie täuschend echt eine Funktion und zum anderen setzen sie erzählerische Aspekte in Gang. Die Kombination aus funktionalen und erzählerischen Aspekten muss nicht grundsätzlich ein Widerspruch sein.

Abb. 188 a–b
Schalter am Eigelsteintor, Köln.
Installiert vom Kölner Künstler
Veit Landwehr, 22.10.2006.
Die Funktion ist aber nur eine
Täuschung.

3.6 Das Interface als Bedeutungsträger – Corporate Design/Branding

Letztendlich hat jedes Produkt ein Interface bzw. bildet selbst eine Dialogoberfläche, auch jene Produkte, die man nicht direkt mit Interaktionsmöglichkeiten in Verbindung bringt. Ein Interface ist die Grundlage, sogar die Voraussetzung für Interaktion. Oft wird Interaktion und somit auch das Interface selbst nur in Bezug auf digitale Medien diskutiert und wahrgenommen, obwohl Interaktion nicht nur dort, sondern im Sinne der Übersetzung von ›interaction‹ als ›Beziehung‹, als ein ›Beziehen auf‹ oder als ›Beziehung mit‹ ausnahmslos mit jedem Produkt bzw. zwischen jeder Form von Sender und Empfänger stattfindet.

Ein Interface ermöglicht Interaktion bzw. setzt sie durch das Auslösen von Assoziationen in Gang. Eine Kurbel oder der Griff eines Hammers können als archaische Interfaces gelten, die ihre Funktionen allein durch ihre Form, Anordnung und Größe selbst erläutern. Ein Interface kann also seine Gebrauchsanweisung in sich selbst tragen und diese durch sich selbst vermitteln. Jeder Gegenstand setzt Assoziationen in Gang, die einen Dialog ermöglichen und so nicht nur Funktionen anbieten, sondern auch das Image des Gegenstands prägen. Jedes Produkt ist nicht nur ein Funktions-, sondern auch ein Bedeutungsträger. Als plakatives Beispiel stelle man sich ein Jagdmesser mit einer langen Klinge und Blutrinne vor, das definitiv eine andere Botschaft sendet und beim Empfänger andere Assoziationen freisetzt, als z. B. das bekannte Schweizer Offiziersmesser. Dessen Hersteller werden beim Design stets darum bemüht sein, Produkte fernab jedweder Gewaltaussage zu gestalten. Mit dem Design dieses Produkts soll für den Empfänger, potentiellen Käufer und Anwender, ein Interface wahrnehmbar werden, das die Botschaft »… harmlos aber praktisch …« sendet.

Das Interface eines jeden Produkts führt einen Dialog mit dem potentiellen Anwender, um Fragen aufzuwerfen oder offensichtliche Fragen zu beantworten. Eine solche Dialogoberfläche beschreibt, wofür das Produkt existiert, welche Auswirkungen mit ihm beabsichtigt sind und welche Zielgruppe es ansprechen möchte. Des Weiteren beschreibt das Interface in seiner Funktion als Dialogoberfläche, wie die angebotenen Funktionalitäten in Betrieb zu nehmen sind. Erst dann findet ein Wechsel vom passiven zum aktiven Dialog mit dem Anwender statt, der je nachdem, welche Interaktionsmöglichkeiten angeboten werden, mehr oder weniger intensiv sein kann.

Die Deutung eines Interfaces hängt allerdings auch von der Situation und dem jeweiligen Standpunkt des Empfängers ab. Dies soll das folgende Beispiel verdeutlichen: Ein frei laufender, bellender Hund wird von demjenigen, der angebellt wird, zunächst als Bedrohung empfunden, wobei der Hundebesitzer entspannt bleibt und entgegnet, der Hund wolle nur spielen. Man stelle sich vor, die angebellte Person würde in diesem Augenblick ein Messer mit kurzer spitzer Klinge (in Analogie zu den spitzen Zähnen des Hundes) hervorholen, auf den Hund zugehen und währenddessen »…ich will nur spielen…« rufen. Der Hundebesitzer wäre sehr irritiert und würde seinen Hund verängstigt zu sich ziehen. Ein harmloseres Beispiel wäre das Interface, welches Omas Einkaufstasche auf Rädern, auch als ›Hackenporsche‹ bekannt, darstellt. Die einen sahen darin ein Symbol des Gebrechlichen, andere antizipierten und erkannten irgendwann in ihr das Mittel für die Mobilität von Geschäftsleuten und Reisenden und entwickelten einen neuen Markt für die so genannten ›Trolleys‹. Etwas Ähnliches passierte mit dem Kinder-Tretroller, der als ›Kickboard‹ eine neue Karriere antrat und von Jugendlichen wie Erwachsenen gleichermaßen positiv angenommen wurde. Dank der gestalterischen Veränderung der Interfaces beider Produkte konnte jeweils ein neues Image geschaffen werden. Nicht die Funktionalitäten, sondern lediglich der dialogische Zugang zum jeweiligen Produkt, seine Bedeutung, wurde verändert. Im wahrsten Sinne des Wortes sprachen diese beiden Produkte die neuen Kunden an, nachdem die gestalterischen Veränderungen eine Produktsprache ermöglichten, die Mobilität, Jugendlichkeit, aber dank geeigneter Farben und Formen auch Reife und Seriosität ausdrückt.

Auch bei den digitalen Medien, einem Bereich, dem das Thema Interface in unbegründeter Weise bevorzugt zugeordnet wird, findet eine sehr unterschiedliche Deutung des Interfaces statt. Sahen die einen grundsätzlich eine Gefahr in den interaktiven Medien, weil sie sich überfordert fühlten und die Auseinandersetzung mit digitalen, virtuellen Interfaces als Problem empfanden, so wurden von anderen diese vermeintlichen Probleme als Herausforderung wahrgenommen, die gerade wegen der Auseinandersetzung mit ihnen große Begeisterung und Anziehung auslösten.

Grundsätzlich gilt, dass die Qualität des Interfacedesigns die Deutung und die Art und Weise bestimmt, wie der Empfänger einen Sender interpretiert, sich angesprochen fühlt und mit dem Sender umgeht, aber auch, ob er überhaupt mit ihm umgehen will bzw. kann. ›Sender‹ kann dabei alles sein, was man wahrnehmen kann, ob durch Riechen, Schmecken, Tasten, Hören und/oder Sehen. Ein Sender ist demnach nicht zwangsläufig ein Objekt (Produkt), sondern kann auch Subjekt (Institution, Unternehmen, Marke) sein. Interfaces lösen ein ›Erleben‹ aus und bestimmen dadurch, wie bedeutsam ein Empfänger den Sender wahrnimmt. Interfaces können positive wie negative Auswirkungen haben.

Abb. 189 a–b
Dass Omas Einkaufstasche auf Rädern jemals zum Statussymbol des mobilen Managers aufsteigen würde, hätte man vor 20 Jahren wohl kaum für möglich gehalten. Durch eine zielgruppenorientierte Gestaltung wurde es möglich, dass Image des nunmehr gelifteten Rentnerporsches umzukehren.

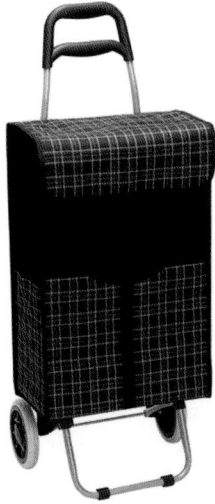

Ein gut gelaunter Verkäufer ist ein Interface, welches positive Auswirkungen auf den Kunden und das Unternehmen haben kann. Ein störender Vertreter, der einem in penetrierender Weise und genauso ungefragt Angebote unterbreitet, ist hingegen ein Interface, mit garantiert negativen Folgen für das Unternehmen und seinen Ruf. Diese Beispiele machen deutlich, dass ein Interface nicht nur im Design, sondern auch im Marketing eine elementare Rolle spielt. Es vermittelt nicht nur zwischen Mensch und Maschine, sondern auch zwischen Subjekten (hier Kunde und Unternehmen). Das Interface kommuniziert stets den Kontext. Objekt wie Subjekt erhalten ihren Sinn erst im Zusammenhang mit einer konkreten Aufgabe, die wiederum durch das Interface als Dialogoberfläche kommuniziert wird.

Oft ist es aber so, dass die Erwartungen, die ein Unternehmen an ein Produkt knüpft, andere sind, als die des Kunden. Unternehmen erhoffen sich u. a. neue Märkte, neue Bedürfnisse wecken zu können, die für den Kunden zwar eventuell keinen echten Gewinn oder zumindest keine zwingende Notwendigkeit darstellen, dem Unternehmen aber größtmöglichen Profit versprechen. Dies zeigt, dass die Kommunikationskanäle eines Unternehmens der Absicht eines Interfaces widersprechen können. Interfaces können und werden demnach auch zur Täuschung eingesetzt. Nassrasierer z. B. stellen durch ihr Interface die Behauptung auf, dass ein Mann allein durch ihren Gebrauch noch männlicher wird. Nachdem die Anzahl der drei Klingen – die »… so scharf sind, dass sie hinter Gitter müssen …« – durch eine vierte und sogar fünfte gesteigert wurde und somit eine Höhe erreicht ist, die bei weiterer Anhebung der Klingenanzahl die Produktionskosten ungünstig in die Höhe getrieben und die Lächerlichkeit dieses Klingen-Wettrüstens zu deutlich gemacht hätte, wurde dieser Interfaceschlacht ein weiteres, neues Interface zugemutet. Nun gibt es einen Nassrasierer, der durch elektronische Impulse das Ergebnis der Rasur noch weiter verbessern soll. Hier konkurriert der Kommunikationskanal aus Sicht des Unternehmens mit dem Interface. Das Interface ist in diesem Zusammenhang stets der Kommunikationskanal, der vom Produkt bzw. vom Sender selbst ausgeht bzw. die Wirkung eines Produkts aus Sicht des Kunden.

»Der Hörer, nicht der Sprecher, bestimmt die Bedeutung einer Aussage.«

Heinz von Foerster

Mit der Qualität des Interfaces steigt und fällt auch das Ansehen eines Unternehmens. Unangenehme Assoziationen und bereits die eventuelle Umständlichkeit eines einzigen Produktes werden nicht unbedingt vom Unternehmen losgelöst betrachtet, sondern könnten mit ihm identifiziert werden. Nicht nur das Screendesign, sondern auch die Qualität des Interfaces von Informations- und Kommunikationsmedien bzw. von Produkten, die angeboten, hergestellt oder vertrieben werden, bestimmen und repräsentieren das Image aller beteiligten Sender und somit auch das des Unternehmens. Das Interface eines Unternehmens wird zu seinem Image und ist dann Corporate Identity und Branding oder zumindest deren prägendes Element. Es prägt die Sicht des Verbrauchers auf das Unternehmen und somit auf die Wertigkeit seiner Produkte. Aber auch die Haltung gegenüber den Vertretern und Mitarbeitern des Unternehmens bildet sich auf der Basis des Image, so wie sich ebenso die Haltung der Mitarbeiter dem eigenen Unternehmen gegenüber darauf stützt und dadurch auch die Interaktion untereinander prägt. Deshalb ist Interfacedesign ein wesentliches Thema in der Design-Ausbildung. Interfacedesign ist die Gestaltung von Produkterfahrung. Jedes Produkt, egal welcher Art, ob analog, digital, Hard- oder Software, hat ein Interface. Und das Interface ist das, was ein Produkt erfahrbar macht, im Positiven wie im Negativen.

Abb. 190 a–b
Interface = Image. Apple ist wohl eines der bekanntesten Unternehmen, dessen gutes Image auf die wohl durchdachten und gestalteten Interfaces seiner Hard- und Softwareprodukte basiert.

Das Interface ist der prägende Eindruck und spricht alle Sinne an:
- Grafikdesign → Auge
- Fotografie → Auge
- Sounddesign → Ohr
- Musik → Ohr
- Film → Auge, Ohr
- Architektur → Auge, Körper
- Mode → Hand, Auge, Körper
- Produktdesign → Hand, Auge, Ohr
- Interfacedesign → Hand, Auge, Ohr, Körper

Das Image vieler Produkte basiert zunehmend darauf, dass sie individualisierbar sind. Dieser Herausforderung können Hersteller mit Angeboten begegnen, die es den Kunden ermöglichen, Produkte selbst auf ihre eigenen, individuellen Bedürfnisse zuzuschneiden. Solch eine Form der Individualisierbarkeit bietet z. B. die Internetseite der Firma Reebok. Dort können die Farben und Materialien der Schuhe individuell angepasst werden. Das Interface dieser Website wird so selbst zum Angebot, Imageträger und Bestandteil der Corporate Identity dieses Unternehmens. Dieser Einblick in die Kundenwünsche eröffnet die Möglichkeit, einerseits in Masse, andererseits aber dennoch individuell zu produzieren, was zwangsläufig zu einer besseren Kundenbindung führt. Der Kunde kann so in die Produktentwicklung mit eingebunden werden. Ein Interface kann also nicht nur die Schnittstelle zwischen Softwaretechnologie und Anwender, sondern das dialogische Bindeglied zwischen Kunde und Anbieter sein.

Die Qualität des Interfacedesign wird entscheidend dazu beitragen, ob sich diese Formen des so genannten **Mass Customization** (Mass [engl.]: standardisiert; Customization [engl.]: individuelle Fertigung) beim Anwender durchsetzen wird. Den Möglichkeiten der individuellen Fertigung sind, seit dem die Hard- und Software für Rapid-Prototyping erschwinglich wurden, kaum mehr Grenzen gesetzt. Ein weiteres Beispiel für die Individualisierbarkeit von Produkten und die Bedeutung, die das Interfacedesign dabei spielt, ist das Angebot der Firma LEGO. Der Anwender kann mit Hilfe einer auf der LEGO-Website kostenfrei verfügbaren Software (PC/Mac) eigene LEGO-Modelle entwickeln, bestellen und über LEGO vertreiben lassen. Die Komplexität der Interfaces und somit die Herausforderung für den Gestalter nimmt in dem Maße zu, in dem die Individualisierbarkeit für den Kunden wächst.

Wenn die innovative Weiterentwicklung eines Produktes oder einer Dienstleistung ausgelagert wird, indem man die Kreativität und Arbeitskraft der vielen beteiligten Internetnutzer einbezieht, wird dies auch **Crowdsourcing** genannt. Dies ist ein von den Autoren Mark Robinson und Jeff Howe des Wired Magazins im Jahr 2006 geprägter Begriff, der sich von ›Crowd‹ und ›Outsourcing‹ ableitet. Er bezeichnet das Nutzen bzw. Ausnutzen einer kreativen Masse von Internetnutzern, um Unternehmensaufgaben, -entwicklungen und eventuell sogar Innovationen hervorzubringen. Einerseits kann dies ein Vorhaben sein, bei dem alle Beteiligten profitieren, wie z. B. bei den Projekten von LEGO und Reebok. Andererseits wird bisweilen aber auch nur die Ausnutzung der Massen im Internet beabsichtigt. So gibt es z. B. Internetportale, die gestalten lassen, damit Unternehmen an komplette Geschäftsausstattungen mit ausführlichem Corporate Design zu unschlagbar günstigen Preisen kommen. Mit solchen Portalen werden Projekte angeboten, um deren Gestaltung sich Designer bewerben können, indem sie bereits komplette Entwürfe abliefern, aus denen der Auftraggeber dann auswählen kann. So entstehen pro Auftrag durch die Masse der sich beteiligenden Designer entsprechend viele Entwürfe. In der Summe wird von der kreativen Masse der Beteiligten für einen einzigen Auftrag extrem viel Zeit und somit extrem viel Geld eingesetzt, und die Designer machen sich zu Bittstellern, obwohl sie es doch sind, die einem Produkt oder einer Dienstleistung erst den erforderlichen Alleinvertretungsbonus oder zumindest eine im Wettbewerb erforderliche Unterscheidbarkeit zum Konkurrenzprodukt verschaffen. Das Folgen und Nutzen der oft als intelligent gepriesenen Masse, das sogenannte **Swarming**, verkommt so zum Ausnutzen jener teilnehmenden Gestal-

Abb. 191
Mit einer Software von LEGO
kann der Anwender eigene
LEGO-Modelle entwickeln, die
über die Internetseite von LEGO
vertrieben werden können.
(www.lego.com/factory)

Abb. 192
Die Firma Reebok bietet ihren
Kunden mittels ihrer Internetseite www.rbkcustom.com
eine Individualisierbarkeit
der Produkte.

ter, die sich über den Wert ihrer eigenen Leistung nicht im Klaren zu sein scheinen und sich über solche Portale selbstverschuldet ausnutzen lassen.

Vom Prinzip her klingt solch ein Portal zwar nach einem üblichen Austausch von Auftrag und Dienstleistung. Der sich aus diesem Portal ergebene Wettbewerb um Aufträge lässt für die Designer aber Stundensätze resultieren, die bereits weit unter 5,– Euro liegen. Die Betreiber dieser Internetportale halten z. B. 200–300 Euro für ein Logo und 250–450 Euro für eine Internetseite für eine angemessene Entlohnung, selbstverständlich inklusive der uneingeschränkten Freigabe der Nutzungsrechte. Bedauerlicherweise gibt es nicht wenige Gestalter, die sich auf diesem Wege ausnutzen lassen. Vorteile aus diesem Crowdsourcing ziehen hier nur zwei der drei Beteiligten, die Betreiber der Portale und die beauftragenden Unternehmen.

Abb. 193
Flobi, ein multimodales Spielzeug (Diplomarbeit von Frank Hegel; Universität Wuppertal, Industrial Design; Betreuung: Prof. Gert Trauernicht, Prof. Martin Topel).

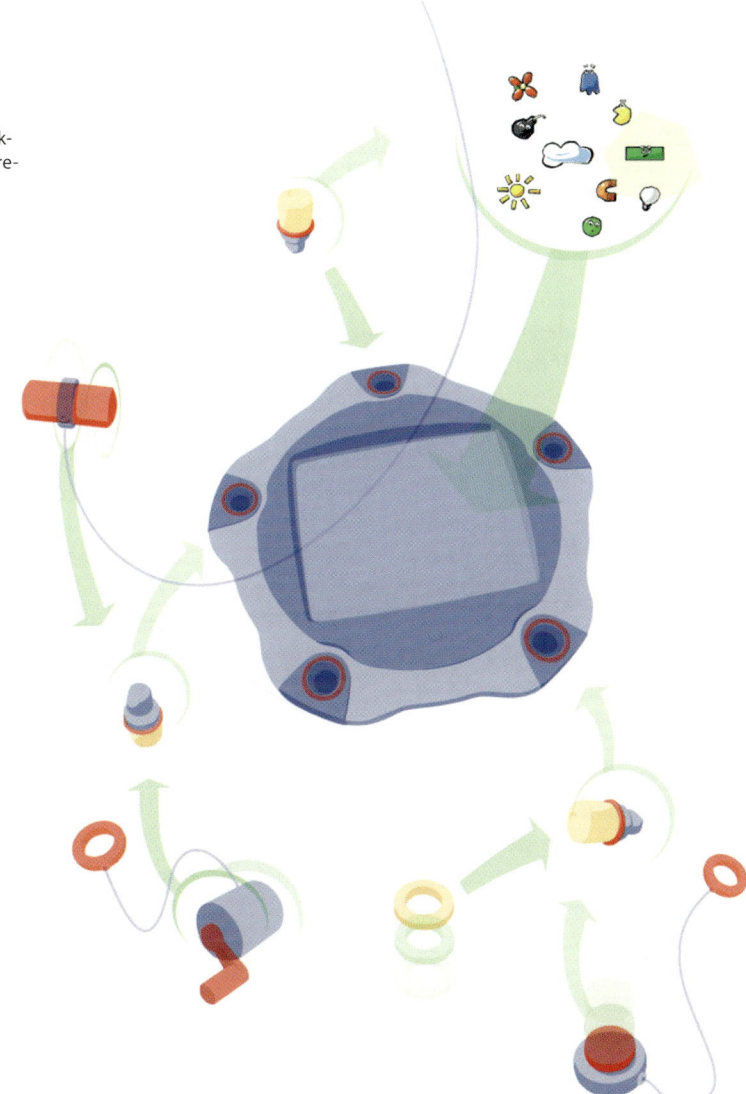

Abb. 194
Kurbel, Ringe und Steck-
elemente sind Hardware-
Interfaces von *Flobi*.

Der Designer Frank Hegel entwarf mit **Flobi** ein Spielzeug mit multimodalem Interface, mit dem die Sinne von Kindern gefordert und gefördert werden. Es soll zum gemeinsamen Spielen motivieren und Diskussionen, Kommunikation und Konflikte ermöglichen, um zur Unterstützung der kindlichen Entwicklung beizutragen und das Sozialverhalten der Kinder zu fördern. *Flobi* weist alle Interpretationsformen eines Interfaces auf und besitzt Hard- und Software-Interfaces und stellt selbst im Ganzen ein Interface dar.

Bereits durch seine Formgestaltung und Farbgebung verkündet das Produkt, dass es sich an Kinder richtet und zum Spielen gedacht ist. Ein Software-Interface wird über den TFT-Monitor in der Mitte abgebildet. Steckvorrichtungen und einzelne Module wie z. B. die Kurbel stellen Schnittstellen- bzw. Hardware-Interfaces dar. Mit den Hardware-Interfaces kann Einfluss auf die Darstellung im Software-Interface ausgeübt werden.

Zum *Flobi* gehört eine Reihe von kleinen hinzufügbaren Hardware-Interfaces. Eine Kurbel ist ein sehr archaisches Interface. Sie verdeutlicht allein durch ihre Existenz und ohne Gebrauchsanweisung, dass man durch eine Rotationsbewegung etwas erreichen kann. Diese Vorstellung gelingt allein dadurch bzw. wird allein dadurch begünstigt, dass durch die Gestaltung eine Achse und ein Griffbereich definiert werden.

Auch wenn die Bezeichnung ›Interface‹ in der Regel in Verbindung mit Softwareprodukten fällt, soll einmal mehr auch auf jene Interfaces hingewiesen werden, denen wir in der realen Welt begegnen. Nicht zuletzt bedienen wir uns der taktilen Interfaces in Form von Eingabegeräten wie der Tastatur bzw. Computermaus, um die Interfaces von Software überhaupt ›berühren‹ zu können. Aus funktionaler Sicht sind die Regeln, die es bei der Planung und Erstellung von Interfaces zu beachten gilt, für Hardware- und Softwareprodukten nahezu identisch. Sobald allerdings Aspekte der realen Welt zu beachten sind, die in einer virtuellen Umgebung keine entscheidende Rolle spielen, ergeben sich die wesentlichsten Unterschiede. In diesem Zusammenhang sei erneut darauf hingewiesen, dass ein Interface nicht nur Funktionen, sondern auch Emotionen repräsentieren kann und einen nicht unwesentlichen Anteil daran hat, welches Image ein Produkt hat (siehe vorherigen Text *Das Interface als Bedeutungsträger – Corporate Design/Branding*, (S. 216). So kann es nicht schaden, wenn ein Mobiltelefon nicht nur funktional leicht und gerne bedient wird, sondern zugleich ein Handschmeichler ist, um so die sympathischen Eigenschaften greifbar zu machen. Taktile Interfaces gibt es zu abertausenden. Oft werden sie nur unbewusst wahrgenommen, manchmal sind sie funktional zwar nicht zwingend erforderlich, helfen aber dennoch beim Umgang mit einem Produkt. Denken Sie an die Rillen des Füllfederhalters, die in der Werbung als dringend erforderliche Bremsrillen gepriesen werden, damit der Zeigefinger nicht auf die Schreibfeder rutscht, oder an die Schalter an der Tür, die bei manchen Straßenbahnen wie Schalter aussehen, aber weder Klick-Geräusche machen, noch sich mechanisch bewegen, wenn man sie bedient. Was wie taktile Interfaces aussieht, sollte auch die Erwartungen solcher erfüllen können. Rückmeldungen, ob etwas gut funktioniert oder ob etwas überhaupt funktioniert, sind ganz wesentliche, erwartete Aspekte. Dass die Schalter zum Öffnen der Türen beim ICE der Deutschen Bahn nur leuchten, nachdem man sie betätigt hat, gilt in der realen Welt als nicht ausreichend.

Selbst ein bequemes Sofa kann als taktiles Interface gelten, wenn es so bequem ist, dass man gar nicht mehr hinaus möchte aus diesem guten Gefühl des Geborgenen. Wenn sich Verpackungen nicht öffnen oder nur ungünstig aufreißen lassen, erlebt man das taktile solcher Verschluss-Interfaces umso intensiver. Wenn das taktile Interface allerdings die Erwartungen, die es weckt, befriedigt und z. B. ein Bügelverschluss wie der einer bekannten Biermarke beim Benutzen (Öffnen) ein angenehmes Plopp-Geräusch macht, also geradezu rituell und somit in die Erzählform eingebunden das Benutzen dieses taktilen Interfaces zum spielerischen Ereignis werden lässt, ist der Kunde zufrieden und das Image von Produkt und Hersteller positiv geprägt.

Haben Sie mal darüber nachgedacht, ob es nützlich sein könnte, wenn man durch Schütteln eines mobilen Gerätes unliebsame Textinhalte bewusst löschen könnte oder man den Anrufer bereits an der Art der Vibration des eigenen Mobiltelefons bzw. am Klingelton erkennt? In den Labors des Massachusetts Institute of Technology (MIT) wird an so genannten ›Tangible Bits‹ geforscht. Sensoren messen am Mobiltelefon des Absenders z. B. den Druck von der Hand und modulieren daraus digitale Informationen. Bei Computerspielen werden solche Effekte ›Force Feedback‹ genannt und sind bereits Standard. Mit derselben Technologie, haptische Signale zu versenden, könnte man interessante Kommunikationsspiele veranstalten, oder Blinde bzw. Schwerhörige könnten barrierefrei Botschaften senden. Was ein Rückschritt ins Zeitalter des Morsealphabets zu sein scheint, kann bei genauerer

Betrachtung als neue Strategie für taktile Interfaces verstanden werden. Wenn Sie taktile Interfaces entwickeln möchten, deren Nutzung ein Erlebnis darstellen oder zumindest eine Zufriedenheit auslösen sollen, dann sollten Sie Ihre Umwelt bis ins kleinste Detail bewusst wahrnehmen und auch die kleinen Erlebnisse, die Sie dabei machen, erfassen. Dann sind Sie gut vorbereitet, um die folgenden Interfaces neu zu überdenken: Computer-Maus, Joystick, Scrollrad bzw. Drehrad, Tastatur und die Texteingabe bei mobilen Geräten.

Abb. 195
Mit dem Graficon, einem experimentellen Eingabegerät aus dem Jahr 1963–64, wird die Suche nach geeigneten Methoden deutlich, mit denen man auf die am Bildschirm abgebildeten Inhalte eingreifen kann.

3.7.1 Computer-Maus

Detaillierte Informationen zur Erfindung der Computer-Maus inklusive den Videos von Engelbarts legendären Demonstration seiner Erfindung, die er 1968 am Stanford Research Institute (SRI) vorführte, sind zu finden unter:
· http://sloan.stanford.edu/ MouseSite

Erst mit der Computer-Maus wurde eine direkte Interaktion zwischen Mensch und Computer möglich, die auch als solche empfunden wird, unabhängig davon, ob der Cursor nun durch ein Pfeil- oder ein Handsymbol dargestellt und so die virtuelle Hand des Anwenders bzw. die Verlängerung seines Armes repräsentiert wird. Die Computer-Maus wurde 1963/1964 von Douglas C. Engelbart und William English am Stanford Research Institute (SRI) entwickelt und wurde damals noch **X-Y-Positions-Anzeiger für ein Bildschirmsystem** genannt. Sie rollt auf zwei Rädern, durch die der zurückgelegte Weg ermittelt wird. Wirklich populär wurde die Computer-Maus erst 1987, als die Zahl der grafischen Benutzeroberflächen rasant zunahm und außerdem in diesem Jahr das Patent für den X-Y-Positions-Anzeiger auslief.

Ansonsten gibt es weitere taktile Eingabegeräte, die prinzipiell dasselbe ermöglichen wie eine Computer-Maus, die aber für spezialisierte Einsatzgebiete, wie z. B. für Anwender mit eingeschränkter Motorik, modifiziert wurden.

Abb. 196 a–c
Douglas C. Engelbart und William English entwickelten 1963–64 am Stanford Research Institute (SRI) den ›X-Y-Positions-Anzeiger für ein Bildschirmsystem‹ im Zusammenhang mit Untersuchungen, wie man das Zeigen und Auswählen einzelner Elemente auf einem Bildschirm ermöglichen kann.

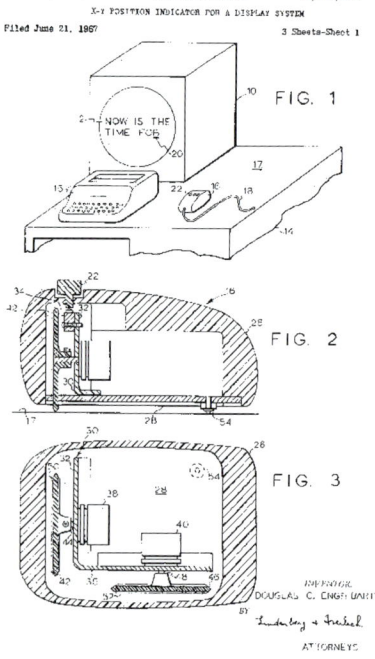

Abb. 197
Apple Magic Mouse
(www.apple.de)

Abb. 198
NuLOOQ Professional Series
ist eine Entwicklung von Adobe
und Logitech (siehe auch
Scrollrad, Drehrad in diesem
Kapitel S. 231)

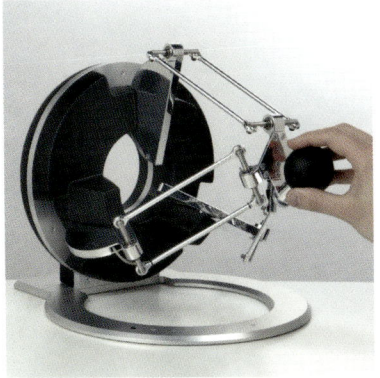

Abb. 199
3-DOF OMEGA Haptic Device
von Force Dimension.
(www.forcedimension.com)

Die Computer-Maus erfuhr zahlreiche evolutionäre Etappen. Es gibt sie in zahlreichen Varianten, mal mit nur einer Taste, beim Mac-Rechner, oder mit drei Tasten, beim PC, einige haben ein Scrollrad, andere mehr als drei Tasten. Mit der **Magic Mouse** versucht Apple einerseits der Eintasten-Maus treu zu bleiben, aber andererseits dem Bedarf nach einer Multifunktionsmaus gerecht zu werden.

Es gibt stets neue Entwicklungen im Funktionsbereich, den eine Computer-Maus abdeckt, so dass hier nur ein kleiner Einblick gegeben werden kann. Erwähnenswert wäre noch der ›Navigator‹, der in Zusammenarbeit mit Adobe und Logitech entwickelt wurde. Das Produkt heißt **NuLOOQ Professional Series** und besteht aus dem Eingabegerät ›Navigator‹ und der Software *Tooldial*. Der Navigator besitzt einen Navigationsring, mit dem man z. B. zoomen kann, und ein Clickwheel, einem Drehrad, so wie man es vom iPod her kennt. Mit dem Clickwheel können z. B. die Werkzeuge und deren Größe verändert werden. Die Software *Tooldial* und diverse PlugIns der Adobe-Produkte sichern den reibungslosen und zweckdienlichen Dialog zwischen dem Navigator und der Adobe-Software. Schade, dass man nur Adobe-Produkte mit ihm steuern kann. Seltsamerweise ist dieses vielseitige Werkzeug nur für den Macintosh erhältlich.

Bereits die Computer-Maus aus den Anfängen des Personal Computers ermöglichte eine relativ präzise Auswahl, wenn man von den Folgen durch die Verschmutzung der Rollkugel einmal absieht. Ganz offensichtlich scheinen die diesbezüglichen Verbesserungen in speziellen Bereichen bis heute nicht auszureichen. Die schweizerische Firma Force Dimension entwickelte das **3-DOF OMEGA Haptic Device**, eine Computer-Maus, der man bereits ansieht, dass mit ihr eine bisher nicht erreichte Präzision möglich ist, sofern man dieses Gerät überhaupt noch als Computer-Maus erkennt. Die Entwickler nennen dieses Gerät auch selbst ›versatile Interface‹, was auch angemessener erscheint als die Bezeichnung Computer-Maus. Schließlich ist dieses Gerät für ein haptisches Interagieren in medizinischen Computerdarstellungen und anderen virtuellen Simulationen konzipiert.

3.7.2 Joystick

Als die wesentlichste Veränderung der Computer-Maus kann wohl der Joystick gelten. Er ermöglicht zwar eine nicht ganz so präzise Steuerung wie die Computer-Maus, ist aber auch in erster Linie ein Steuergerät, mit dem nur eine Richtung vorgegeben wird. Wie bei der Steuerung eines Fahr- bzw. Fluggerätes ermöglicht der Joystick das Lenken in verschiedene Richtungen und den Vortrieb in die Richtung, in die man den Joystick zuletzt bewegt hat. Der Joystick eignet sich hervorragend dazu, den Computer-Cursor bzw. eine Markierung in die Richtungen rechts, links, hoch und runter zu bewegen. Für den präzisen Vortrieb ist er nicht so gut geeignet. Sofern man sich wie z. B. bei Computerspielen in virtuellen, dreidimensionalen Welten bewegt, fällt dieses Manko nicht so stark auf. Geht es allerdings darum, eine Schreibmarke mit dem Joystick in eine genaue Position im Text zu bewegen, werden die Grenzen dieses taktilen Eingabegerätes deutlich. Wer je ein IBM ThinkPad Notebook besaß und versuchte, den Trackpoint dieses Notebooks, einen Mini-Joystick, der sich zwischen den Tasten G, H und B, befindet, zu benutzen, musste schmerzhaft die Grenzen eines Joysticks kennen lernen. Da die wesentliche Funktion eines Joysticks allerdings in der Richtungsvorgabe besteht, waren die Pfeiltasten auf der Computer-Tastatur stets ein geeigneter Ersatz für den präziseren Vortrieb. Bei mobilen Geräten (Gameboy, Mobiltelefon, MP3-Player, Fernbedienung etc.) etablierten sich die **NavigationKeys** als Schalterwippe mit der OK-Taste in der Mitte als Joystick-Alternative.

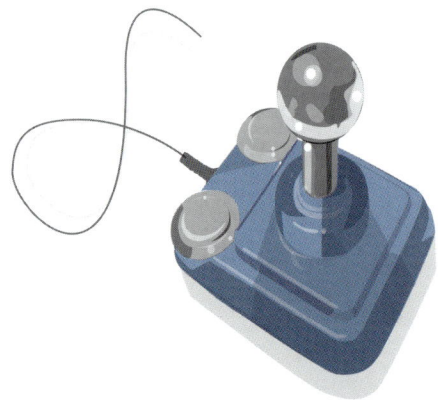

Abb. 200
Der klassische Joystick
für die Computerkonsole.

Abb. 201
Auf Grund des einfachen Funktionsprinzips eignet sich der Joystick auch für Kinderspiele. *V.Smile* ist eine Lernkonsole für drei- bis achtjährige. Mit *V.Smile* wird der Fernseher zum interaktiven Lernmedium. (Foto: © Vtech, www.vtech.com)

Abb. 202
Der Joystick im Renault Espace Laguna kann zusätzlich zu den Richtungen auch in Rotation bewegt werden und bietet durch sein Drehrad zahlreiche weitere Funktionsmöglichkeiten.

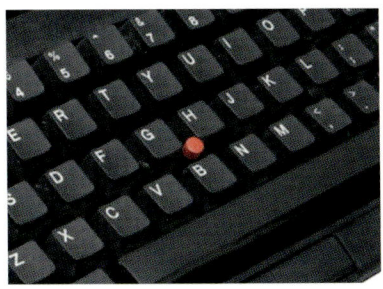

Abb. 203
IBM bietet die Tastaturen *M13* mit Joystick an, der hier Track-point genannt wird (siehe roter Punkt).

Abb. 204
Da sich die Pfeiltasten der Computertastatur und auch die Anordnung der meisten numerischen Tastaturen der Mobiltelefone als Navigations-Keys eignen, lag es nahe, einen Joystick-Aufsatz zu entwickeln. Der Mircosoft *SideWind Turbo Joystick* harmoniert mit jeder bei Mircosoft erhältlichen Hard- und Software.

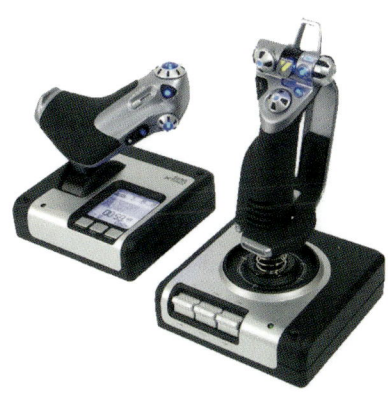

Abb. 205
Der Joystick *X 52 Hotas* der Firma Saitek stellt wohl die größtmögliche Auslotung der Möglichkeiten eines Joysticks dar und heißt ›PC Flug-Steuerungs-System‹. (www.saitek.com)

Abb. 206
Der Joystick oder entsprechende NavigationsKeys bieten sich bei mobilen Geräten zur Steuerung an, da diese in der Regel mit dem Daumen bedient werden. Das Mobiltelefon *Samsung SCH-V450* macht beide Möglichkeiten sehr gut deutlich.

Abb. 207
Der *SnakeBITE*-Joystick ist für Nokia-Telefone kompatibel.

3.7.3 Scrollrad/Drehrad

Als Alternative zum Joystick bietet sich das Scrollrad bzw. das Drehrad immer dann an, wenn die Auswahl nur horizontal bzw. vertikal verläuft. Das Scrollrad definiert bereits mit seiner Laufrichtung, wohin sich eine Auswahlmarkierung bewegt. Das Drehrad hat den Vorteil, Laufrichtungen sowohl in der Vertikalen als auch in der Horizontalen vornehmen zu können. Es kann außerdem Positionswinkel markieren, deren Auswahlangebot sich leicht merken lässt. Mit einem Scrollrad kann man nur ein Rauf oder Runter steuern. Die Position von Auswahlfeldern eines Menüs und deren Bedeutungen sind innerhalb einer Liste schwerer zu merken und zu finden, als in einer kreisförmigen Anordnung, die sich gedanklich in Winkelstücke (Torten-stücke) bzw. Richtungen (Norden, Süden, Westen, Osten etc.) vorstellen lässt. Eine Auflistung besitzt nicht diese Assoziationen, die im Sinne einer Erinnerungsstrategie (Mnemotechnik) funktionieren könnten. Das Drehrad bietet sich als taktiles Interface zur Interaktionssteuerung an, da es komplexe Auswahlvorgänge ermöglicht, ohne kompliziert zu sein (siehe auch unter *Pie Menu* im Kapitel *Interactiondesign*, S. 38).

Das Scrollrad findet seine Anwendung bei der Computer-Maus und bei zahlreichen mobilen Geräten. In der Regel kann mit ihm eine horizontale, manchmal auch eine vertikale Richtung angesteuert werden. Je nach Gerät kann das Scrollrad zur Bestätigung der Auswahl eingedrückt werden, um nicht eine weitere Taste bedienen zu müssen. Beim Mobiltelefon P910 von Sony Ericsson kann das Scrollrad zudem nach links und nach rechts gekippt werden, um zusätzliche Auswahlstrategien zu ermöglichen. So kann man z. B. in das nächste erreichbare Verzeichnis innerhalb einer Hierarchie wechseln.

Abb. 208
Sony Ericsson P910.
(www.sonyericsson.com/P910)

Abb. 209
Lunar White Razer
DeathAdder gaming mouse.
(www.razerzone.com)

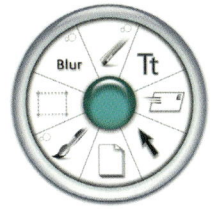

Abb. 210
iPod von Apple.

Abb. 211 a–b
NuLOOQ Professional Series
von Logitech in Kooperation
mit Adobe.

Abb. 212
Apple Mouse.
(www.apple.de)

Apples **iPod** ist zur Zeit wohl das bekannteste Gerät mit Drehrad. Es lässt
sich hervorragend mit dem Daumen
steuern, sowohl von Links- als auch
von Rechtshändern.

Das Interface von **NuLOOQ Professional Series** macht deutlich, dass ein
Drehrad neben den horizontalen und
vertikalen Bewegungsrichtungen erweiterte Auswahlvorgänge ermöglicht,
die sich so zwar auch mit einem Scrollrad bedienen ließen, allerdings nicht
mit derselben Selbstverständlichkeit.
Mit einem Drehrad lassen sich Positionen auch leichter merken und das
Interface demnach schneller bedienen
(siehe auch *Computer-Maus* in diesem
Kapitel, S. 227).

Der Scrollball übernimmt bei der
Apple Mouse die Funktion des Scroll-
rads, kann allerdings nicht nur senk-
rechte Bewegungen steuern, sondern
lässt sich wie einen Joystick bewegen.
Mit dieser Maus kann man Klicken,
Rollen, Drücken und Blättern. Vier
Tasten sind zudem programmierbar.

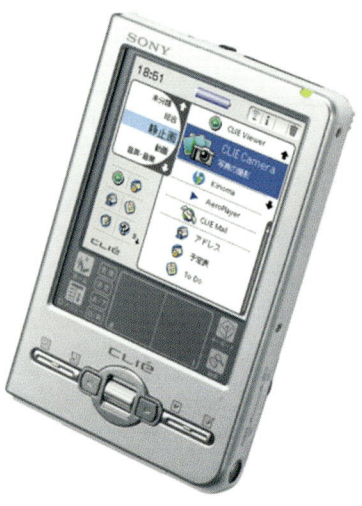

Abb. 213
Die Abbildung zeigt das
Mobiltelefon richtig herum.
Das Display befindet sich in
der Tat auf der unteren Klappe
(www.serenemobile.com;
Foto: www.mobile-review.com).

Abb. 214
Sony Clio PEG-TJ37
mit Scrollwalze.

Beim Mobiltelefon **Serene** von
Samsung, das in Kooperation mit
Bang & Olufsen entstand, ist im Gegensatz zu beinahe allen anderen handelsüblichen mobilen Geräten die Tastatur
oberhalb des Displays angebracht.
Dadurch liegt es erheblich sicherer in
der Hand und die rund angeordnete
Tastatur mit dem zentralen Drehrad
lässt sich mit dem Daumen gut
bedienen.

Die **Scrollwalze** hat dieselbe Funktion
wie das Scrollrad. Der wesentliche
Unterschied bei mobilen Geräten ist
wohl, dass sich die Scrollwalze, nicht
wie das Scrollrad an der schmalen
Seite, sondern in der Regel in der Mitte
der Nutzfläche des mobilen Gerätes
befindet. Dadurch ist die Scrollwalze
sowohl von Links- als auch von Rechtshändern gleichermaßen gut zu bedienen

Abb. 215
i-Drive von BMW
(Foto: BMW).

Das **i-Drive von BMW** bietet dem Fahrer eine Auswahlbandbreite von 700 bis 900 Funktionen. Dies zeigt sehr deutlich, welch ein Potential ein Drehrad bieten kann. Ob es so hilfreich ist, so viele Funktionen nur über ein einziges taktiles Interface steuern zu können, wurde auch in den Automobil-Fachkreisen viel diskutiert. Einerseits schien es sinnvoll, alle Funktionen nur noch zentral über ein einziges Interface steuern zu können. Andererseits wurde erkannt, dass ein langer Navigationsweg sehr hinderlich sein kann, und zwar gerade dann, wenn man sich eigentlich auf den Straßenverkehr konzentrieren sollte. Je vielseitiger das Angebot in einem zentralen System, umso komplexer wird allerdings die Struktur und infolgedessen der Weg zur jeweils gesuchten Funktion.

Das Drehrad vom *i-Drive* kann neben der Rotation zusätzlich in acht Richtungen gekippt bzw. geschoben werden. In diesen acht Richtungen können im Hauptmenü die folgenden acht Themen ausgewählt werden: Kommunikation, Bord-Daten, Navigation, Hilfe, Entertainment, Einstellungen und den Klima- und Telematikdienst BMW ASSIST. Angesteuert werden sie alle durch das Schieben des Controllers in die jeweilige Richtung. Durch die Drehbewegung des Drehrads, iDrive-Controller genannt, bewegt man sich innerhalb der Untermenüs, und durch Drücken des gesamten Rades nach unten wird die Auswahl bestätigt. Um das schnelle Rückspringen in das Hauptmenü zu erleichtern, wurden ab dem Modelljahr 2004 je nach Modell ein bzw. zwei zusätzliche Tasten unterhalb des Drehrads eingebaut. Außerdem wurden die acht Menüebenen mittlerweile auf vier reduziert, um die Bedienbarkeit des gesamten Systems zu vereinfachen.

3.7.4 Tastatur

Die Tastatur ist neben der Computer-Maus ein ganz wesentliches Interface am Computer zur Eingabe von Daten, aber auch zum Auslösen von Funktionen. Neben der Texteingabe erfolgt über die Tastatur das Steuern des Betriebssystems und diverser Funktionen der Softwarepakete und Spiele mittels der F-Keys, der Pfeiltasten und der Steuertasten (Shift, Ctrl, Alt, Strg).

Seitdem sich Menschen Gedanken darüber machen, wie man Texte mit Hilfe einer Maschine notieren kann, stellt sich die Frage, wie die Tasten des Eingabeinterfaces angeordnet sein müssen, um möglichst effizient, schnell und fehlerfrei schreiben zu können und diese Eingabefähigkeit möglichst schnell erlernen zu können. Seitdem gab es unzählige Versuche, die optimale Schreibmaschine bzw. die optimale Tastatur für einen Computer zu entwickeln. Im Folgenden wird zunächst die erfolgreichste Tastaturanordnung erläutert, die sich zwar durchgesetzt hat, aber deswegen nicht die beste Wahl darstellt, gefolgt von einigen Tastaturvarianten, mit denen tatsächlich versucht wurde, die Texteingabe zu revolutionieren. Andere Beispiele zeigen lediglich interessante Ergänzungen zur bestehenden Tastatur. Bezogen wird sich in diesem Textteil nur auf die Hardware-Tastaturen und nur auf solche für stationäre Geräte. Die Software-Tastaturen und andere Varianten für mobile Geräte werden im nachfolgenden Teil unter ›Texteingabe bei mobilen Geräten‹ beschrieben.

Die Anordnung der einzelnen Buchstaben auf einer Tastatur gibt es so, wie man sie in der Regel aktuell vorfindet, nicht erst seit Einführung des Computers. Seit nun fast 140 Jahren hat sich bei den meisten Schreibmaschinen ein bestimmtes Schema der Tastenanordnung durchgesetzt. Christopher Latham Sholes ist der Erfinder der so genannten QWERTY-**Tastatur**, die er 1868 zum Patent anmeldete. Der Bezeichnungsanteil QWERTY für die amerikanisch/englische Variante dieser Tastatur bzw. QWERTZ für die deutsche Variante ergibt sich aus der Anordnung der Tasten. Die Tastenanordnung QWERTY befindet sich bei der amerikanischen bzw. englischen Tastatur in der oberen Reihe links, direkt unter den Zahlen. Bei der deutschen Tastatur steht dort QWERTZ und bei der französischen AZERTY. Daran zeigt sich, dass die Anordnung der Tasten je nach Sprache eine andere sein kann. Das QWERTY-Tastaturlayout folgte seit 1868 nicht nur einer einfachen alphabetischen Reihenfolge, sondern der Suche nach Effizienz.

Christopher Latham Sholes bemühte sich um eine Tastaturanordnung nach ergonomischen und mechanischen Prinzipien. Eigentlich erfüllte er beides gleichzeitig, indem er die häufig verwendeten Buchstaben möglichst weit voneinander entfernt unterbrachte, um ein Überkreuzen der Hände und Finger beim Tippen zu vermeiden. Er bezog sich dabei als Amerikaner selbstverständlich auf die englische Schreibweise und ordnete die dort am häufigsten vorkommenden Buchstaben T, N, I, O, A und E auch in der Buchstabenstempelmechanik der Schreibmaschine gleichmäßig verteilt an. Zudem vermiet er, dass häufig verwendete Buchstabenkombinationen, wie TH, ND oder HE direkt nebeneinander platziert waren, um ein Verheddern der Buchstabenstempel zu vermeiden. Die restlichen Buchstaben verteilte er dann wohl eher willkürlich. Durch die von Sholes konzipierte Tastaturanordnung wurden die Hindernisse für ein eventuelles Schnellschreiben stark gemindert und nicht etwa bewusst herbeigeführt. Eine Schreibstrategie wie das Zehnfingerschreibsystem gab es noch nicht. Bis in die zwanziger Jahre des letzten Jahrhunderts konkurrierte seine Tastaturenbelegung mit anderen, bis sich dann die QWERTY- bzw. QWERTZ-Tastatur durchsetzte.

Die wohl bekannteste Alternative zur QWERTY-Tastatur wurde um 1936 von dem Amerikaner August Dvorak vorgestellt. August Dvorak war mit seiner **Dvorak-Tastatur** in erster Linie an einer ergonomischen Tastenanordnung gelegen, die ein schnelles und ermüdungsarmes Schreiben ermöglichen sollte. Außerdem sollte der Umgang mit ihr möglichst einfach erlernbar sein. Dvorak ordnete die Vokale links und die am häufigsten verwendeten Konsonanten rechts an und achtete darauf, dass dabei die in der englischen Sprache am häufigsten verwendeten Buchstaben eine Reihe bildeten. Er wandte noch diverse andere Strategien an, die es ermöglichen sollten, die Effizienz des Tippens zu steigern. Obwohl die Vorzüge dieser Tastatur eindeutig zu sein schienen, konnte sie sich nicht durchsetzen. Einerseits wollten die Anwender nicht umlernen und die Industrie, die die QWERTY-Tastatur als Standard ansah, ihre Schreibkräfte nicht umschulen. Dies wäre nicht das erste Mal, dass sich ein Standard nicht wegen seiner Qualität etabliert und nicht weiterentwickelt, sondern wegen der Gewohnheit und Bequemlichkeit der Anwender. Untersuchungen durch die US-Wirtschaftswissenschaftler Stan Liebowitz und Stephen Margolis, die feststellen wollten, warum sich die Dvorak-Tastatur nicht durchsetzen konnte, obwohl ihre Vorteile offensichtlich zu sein schienen, haben allerdings ergeben, dass die Schreibgeschwindigkeitstests, die mit der Dvorak-Tastatur durchgeführt wurden und deren Ergebnisse stets enorme Leistungssteigerungen gegenüber der QWERTY-Tastatur erkennen ließen, in vielen Fällen von Dvorak selber betreut worden waren. Außerdem wurden die meisten von Liebowitz und Margolis überprüften Tests aus verschiedensten Gründen wissenschaftlichen Kriterien nicht gerecht. Der diesbezügliche Bericht von Stan Liebowitz und Stephen Margolis ist sehr aufschlussreich[17]. Dieses ernüchternde Resultat hat es wohl allen anderen nachfolgenden Bestrebungen, das Tastaturlayout zu reformieren, entscheidend erschwert, Beachtung zu finden. Ob die Dvorak-Tastatur tatsächlich die ergonomischere Tastatur ist, wie gerne behauptet wurde, wird auf Grund der geringen Anzahl an Nutzern wohl nie abschließend ermittelt werden können.

Es gab noch zahlreiche weitere Versuche, die Tastatur zu optimieren. Douglas C. Engelbart z. B. erfand nach der Computer-Maus eine einhändig bedienbare Tastatur mit fünf Tasten, die er 1968 auf der Fall Joint Computer Conference (FJCC) vorstellte. Die Liste der seitdem erfundenen Tastaturen und tastaturähnlichen Eingabegeräten ist so lang, dass hier nur einige wenige spezielle Beispiele erwähnt werden sollen, die entweder echte Vorteile erahnen lassen oder zumindest interessant aussehen.

17 Liebowitz, Stan; Margolis, Stephen: *The Fable of the Keys. Journal of Law & Economics vol. XXXIII*, April 1990.
   Ebd.: wwwpub.utdallas.edu/~liebowit/keys1.html

Abb. 216
QWERTY-Tastatur.

Abb. 217
Dvorak-Tastatur.

Abb. 218
QWERTY-Tastatur, Remblick,
USA, 1928. (Foto: Richard Polt)

Abb. 219
Deutsche Schreibmaschine
mit QWERTZ-Tastatur.
(Foto: Richard Polt)

Abb. 220
Rooy, französische Schreibmaschine mit AZERTY-Tastatur,
1958. (Foto: Richard Polt)

Abb. 221
Das *Comfort Standard Keyboard*
ist ein sehr auffallendes Beispiel
für ergonomische Tastaturen.
Auch wenn es alle erdenklichen
Justiermöglichkeiten bietet,
so stellt sich doch die Frage,
woher der Anwender wissen
soll, welche Positionierung für
ihn die geeignete ist.
(www.sforh.com)

Das **Maxim™ Split Adjustable Keyboard** von Kinesis macht die Bestrebungen nach einer ergonomisch
optimierten Tastatur deutlich. Diese
Tastatur bietet Auflageflächen für die
Handballen und ist individuell der
Neigung der Handpositionen anpass-
bar. Wie denn nun aus ergonomischer
Sicht die optimale Tastatur aussieht,
ist bis heute aber nicht bis ins letzte
Detail wissenschaftlich erwiesen
worden.

Abb. 222
Das *Maxim™ Split Adjustable
Keyboard* von Kinesis.
(www.kinesis.com)

Abb. 223 a–c
Bei der Tastatur *Optimus Tactus Keyboard* von Art. Lebedev Studio ist die gesamte Tastaturfläche ein Display. Mit dieser Tastatur wird die Diskussion über die QWERTY- oder Dvorak-Tastatur überflüssig, da jede Tastenbeschriftung nach Belieben belegt werden kann. Dies gilt auch für unterschiedliche Schriftzeichen oder die Belegung für spezielle Funktionen und Computerspiele (www.artlebedev.com/every thing/optimus-tactus/).
Die Inspirationen zu dieser Tastatur werden hier vorgestellt:
http://community.livejournal.
com/optimus_project/52831.html

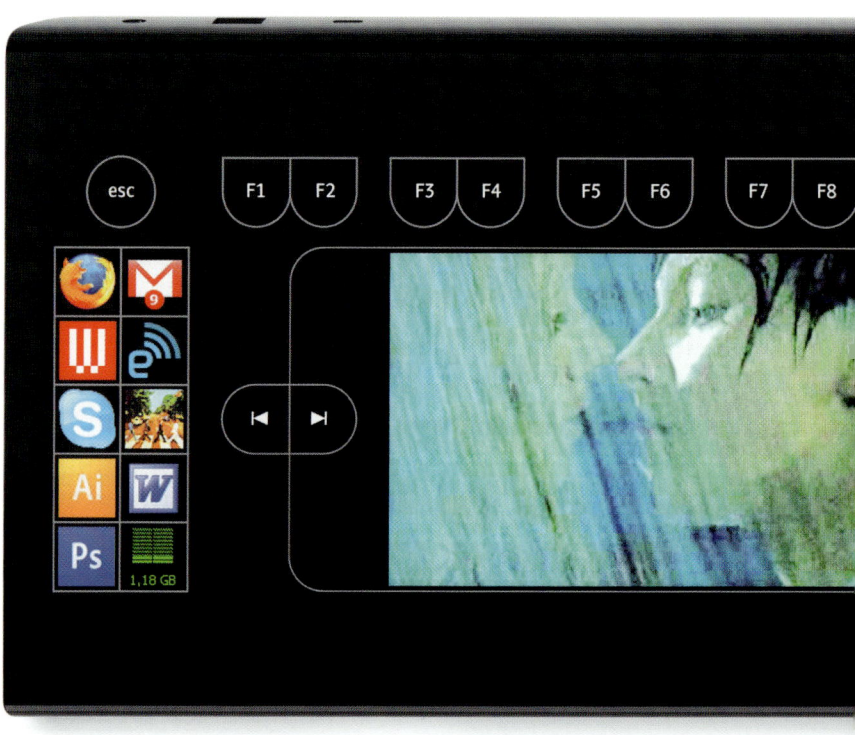

Bei der Tastatur **Optimus** von Art. Lebedev Studio ist jede Taste ein kleines Display, realisiert mit der OLED-Technologie (Organische Licht Emittierende Dioden). Mit dieser Tastatur wird die Diskussion über die QWERTY- oder Dvorak-Tastatur überflüssig, da jede Tastenbeschriftung nach Belieben belegt werden kann. Dies gilt auch für unterschiedliche Schriftzeichen oder die Belegung für spezielle Funktionen und Computerspiele. Die Suche nach Sonderzeichen auf der Tastatur hat ein Ende.

Abb. 224 a–b
FrogPad. (www.frogpad.com)

Die Idee einen so genannten **One-Hand-Keyboard** zu entwickeln, eine Tastatur, die mit einer Hand bedient werden kann, hatte Douglas C. Engelbart bereits 1968. Seitdem gab es einige weitere Entwicklungen in diese Richtung. Das Kernziel dabei ist, die Komplexität der Tastatur im Benutzungs- und im Lernaufwand zu minimieren. Mit der Einhandtastatur *FrogPad* wurde es laut einer Studie möglich, dass ungeübte Anwender bereits binnen 10 Stunden eine Schreibgeschwindigkeit von 40 Worten in der Minute erreichen konnten.

Das **FrogPad** wird von der gleichnamigen Firma vertrieben und kann über einen USB-Anschluss bzw. über Bluetooth mit jedem Computer oder mit mobilen Geräten (Mobiltelefon, PDA, Pocketcomputer etc.) kommunizieren. *FrogPad* verfügt über 15 Haupttasten, mit denen die 15 meist benötigten Buchstaben direkt erreichbar sind. Die weiteren Buchstaben sind mittels Tastenkombinationen in Verbindung mit den anderen Tasten erreichbar. Alle Tasten sollen leicht mit einer Hand bedienbar sein. Für Rechts- und für Linkshänder gibt es jeweils unterschiedliche *FrogPads*.

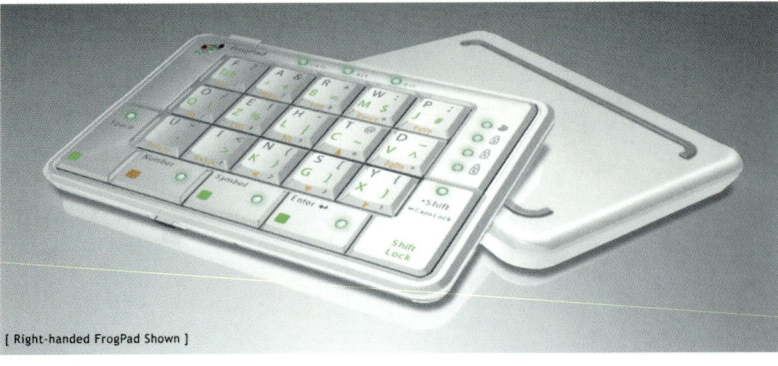

[Right-handed FrogPad Shown]

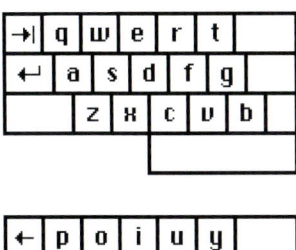

Abb. 225 a–d
Half Keyboard von
Matias Corporation.
(Fotos: Courtesy of Matias
Corporation. www.matias.ca)

Die Einhandtastatur **Half Keyboard**
von Matias Corporation erscheint
als die geeignete Tastatur für mobile
Geräte und lässt sich bei Bedarf mit
Riemen am Körper befestigen. Durch
Betätigung der Leertaste kann man
zwischen zwei Tastaturebenen wechseln, auf denen sich alle erforderlichen
Tasten befinden.

Wegen ihrer geringen Größe eignen sich kleine Tastaturen entsprechend gut für mobile Geräte. In diesem
Zusammenhang ist auch zu bedenken,
dass mit solchen, mit fünf Fingern
bedienbaren Tastaturen schneller geschrieben werden kann, als es mit dem
Daumen auf einer Mobiltelefontastatur
je möglich wäre. Und beim Schreiben
mit Hilfe eines Stiftes auf einer Softwaretastatur oder beim Schreiben
mit einer Handschrifterkennungssoft-
ware werden stets zwei Hände benötigt. Eine, um das Gerät und eine, um
den Stift zu halten. Einhandtastaturen
können zudem bei diversen motorisch
bedingten Behinderungen eine Erleichterung darstellen.

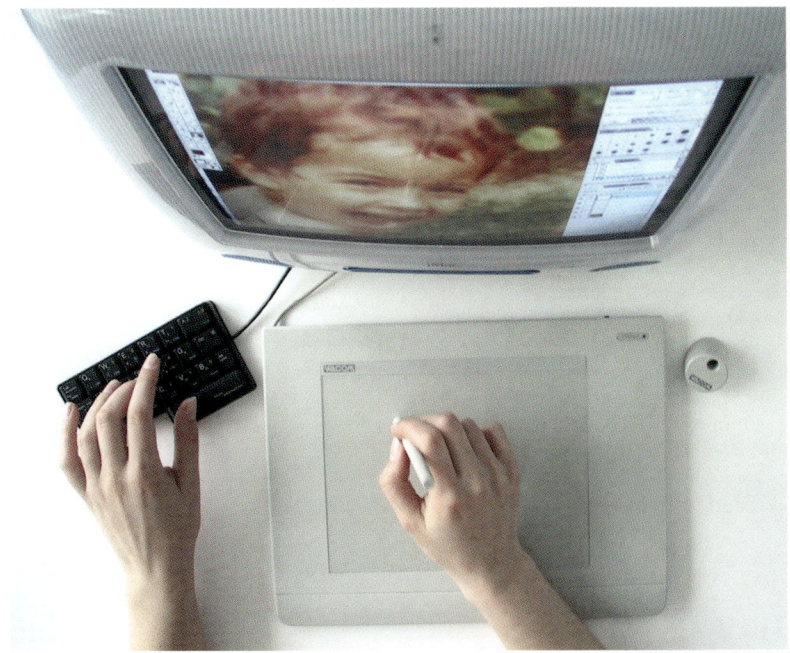

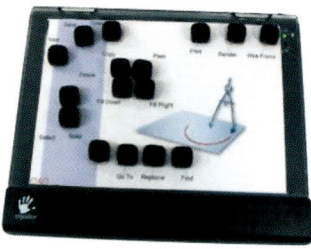

Abb. 226 a–d
Ergodex DX1.
(www.ergodex.com)

Die us-amerikanische Firma Ergodex
ermöglicht es dem Anwender, mit
dem **Ergodex DX1** seine eigene **individualisierbare Tastatur** zusammenzu-
stellen. Jede einzelne Taste kann beliebig positioniert und belegt werden.
Dies kann für Personen relevant sein,
die in ihren motorischen Fähigkeiten
eingeschränkt sind oder für Arbeits-
oder Spielsituationen, bei denen nur
bestimmte Tasten und Funktionen
erforderlich sind. Über USB wird diese
individualisierbare Tastatur am Computer angeschlossen.

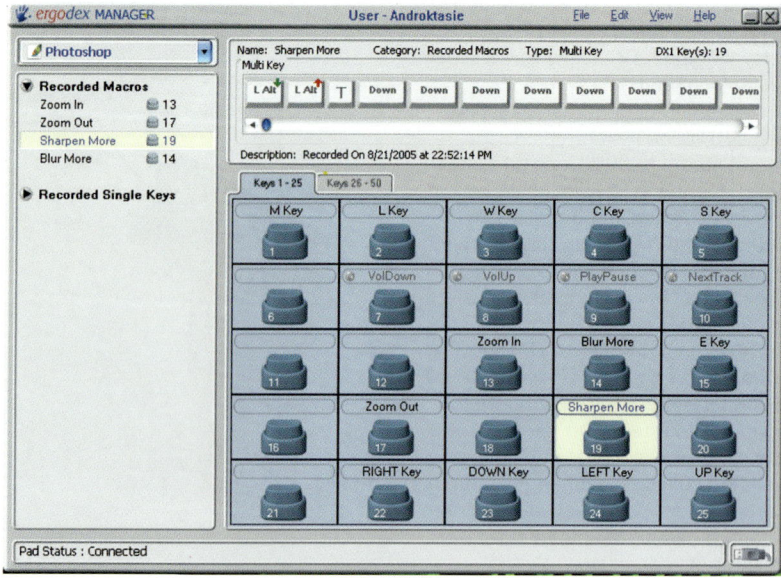

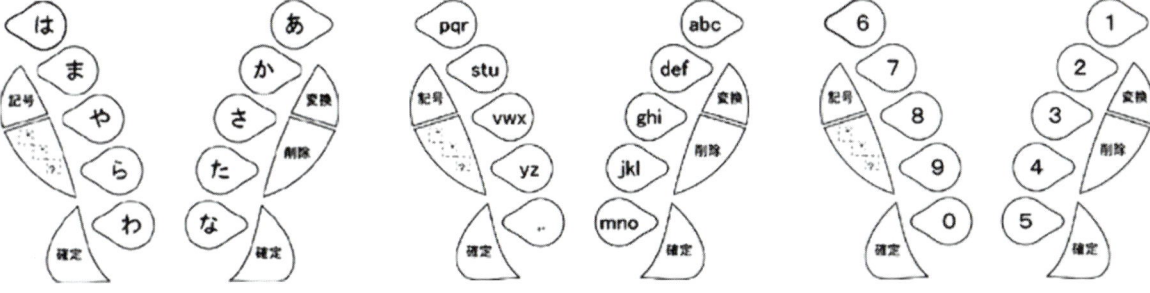

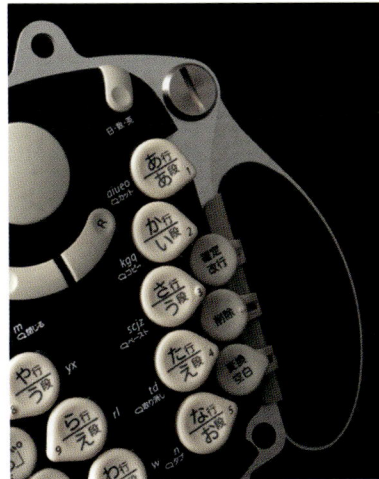

Abb. 227 a–d
Die Fotos stammen von
Yukio Shimizu und zeigen das
TagType Garage Kit von 2003.
(www.lleedd.com/tagtype)

TagType ist eine Tastatur, die es Japanern erleichtern soll, ihre Schriftzeichen in einen Computer eingeben zu können. In der Regel greifen auch Asiaten auf umfunktionierte QWERTY-Tastaturen zurück, obwohl deren Schriftzeichen viel komplexer sind als die der westlichen Kulturkreise. *TagType* stellt die am meisten benötigten Zeichen direkt als Tasten zur Verfügung. Alle anderen Zeichen müssen in Kombination mit weiteren Tasten gebildet werden. Das phonetische Alphabet des japanischen Kana Schreibsystems besteht aus 49 Silben, die man gedanklich in einer Matrix von zehn mal fünf Konsonanten und Vokalen abbilden kann. Die fünf Haupttasten, jeweils links und rechts angeordnet, entsprechen den zehn Konsonanten bzw. fünf Vokalen, so dass mit den Tasten alle Silben innerhalb der Matrix angesteuert werden können.

Mit *TagType* soll das Eingeben von Text vereinfacht werden und auch gerade dort zum Einsatz kommen, wo die Verwendung einer klassischen QWERTY-Tastatur ungünstig wäre. Außerdem wird von den Entwicklern angenommen, dass es für den Anwender besser ist, dieses Eingabegerät in beiden Händen halten zu können (zu müssen) und nicht zuletzt deswegen in jeder Sitz- und Liegeposition bedienen zu können.[18]

18   Dieses Projekt wurde von Takram Design Engeneering, Shunji Yamanaka und Leading Edge Design vorangetrieben und an Sony und Benesse Corporation lizensiert.

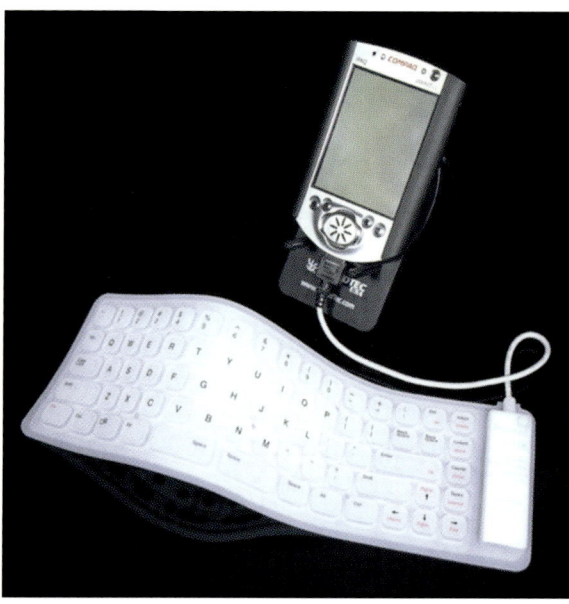

Abb. 228
*GrandTec Virtually
Indestructible Keyboard*
für *Compaq iPAQ*
und *Palm IPQ-3000.*

Für mobile Geräte gibt es zahlreiche Varianten an faltbaren, klapp- und aufrollbaren Tastaturen. Sie verdeutlichen alle den oftmals hilflosen Versuch, den Komfort einer QWERTY-Tastatur mit der Mobilität und den geringen Abmessungen mobiler Geräte in Einklang zu bringen. Manche Probleme lassen sich jedoch nicht aus der Perspektive des bisher Bekannten lösen, wobei die projizierte virtuelle Tastatur von VKB Inc. noch den besten Kompromiss darstellt zwischen dem Bekannten und den Anforderungen, die sich durch die Mobilität ergeben.

So wie Albert Einstein es einmal formulierte, dass sich »… kein Problem aus demselben Bewusstsein heraus lösen lässt, aus dem es erschaffen wurde …« wurde es Zeit, sich für mobile Geräte passende Alternativen zur klassischen QWERTY-Tastatur zu überlegen, die sich nicht nur in den Abmessungen vom etablierten Standard unterscheiden, sondern auch in den zur Verfügung gestellten Werkzeugen und im Vorgang der Texteingabe an sich. Einige mögliche Alternativen werden im nun folgenden Text beschrieben.

Abb. 230 a–d ▸
von oben nach unten:
a) Studie von Shi-Ling Tsai.
b) *ElekTex® Wireless Fabric Keyboard*, Courtesy of Eleksen.
c) *Palm Portable Keyboard.*
d) *Virtual Keyboard SX-1.* (www.vkb-tech.com)

Abb. 229
E-Bamboo Book, Studie
von Wu-Ging Li und
Wu-Jie Sun

  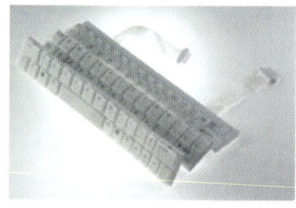

3.7.5 Texteingabe bei mobilen Geräten

Worte oder gar Texte in mobile Geräte einzugeben ist sehr mühsam. Dies ergibt sich aus den extrem geringen Abmessungen der Hardware- und Software-Tastaturen dieser kleinen Geräte, die ihrer Mobilität und ihres Hosentaschencharmes beraubt wären, würde man ihnen eine ergonomisch angemessene Hardware-Tastatur einbauen.

Dass das Schreiben von Nachrichten mit einer reduzierten Tastatur wie der des mobilen Telefons vom Prinzip her möglich ist, wird vielen bewusst gewesen sein. Dass die Tastatur der Mobiltelefone aber tatsächlich intensiv zum Schreiben von Nachrichten genutzt werden würde, überraschte viele Experten der Telefonnetztbetreiber. Der Kurznachrichtendienst im Mobilfunk, besser bekannt als **Short Message Service (SMS)**, wurde 1992 das erste Mal genutzt, und seit 2002 werden in Europa über 15 Milliarden SMS pro Monat versendet. Dies zeigt, dass auch ein scheinbar unergonomisches Interface vom Anwender angenommen wird, sobald sich ein für ihn relevanter Nutzwert ergibt. Um den Komfort bei der Texteingabe zu erhöhen, entwickelte die Firma Tegic die **T9-Texteingabe**, die bereits nach der Eingabe des ersten Buchstabens eine Buchstabenkombination oder das wahrscheinlichste Wort vorschlägt. T9 ist dabei automatisch lernfähig. Der Wortschatz des T9 kann aber auch vom Anwender gezielt erweitert werden. Diese Möglichkeit ändert allerdings nichts daran, dass bei aller Miniaturisierung eine vollwertige Tastatur immer noch am meisten Komfort bietet. Sie ist nur einfach zu groß für den mobilen Einsatz. Faltbare Tastaturen stellen aber oft nur eine Notlösung dar. Umso notwendiger ist es, sich geeigneter Lösungen zu bedienen, die für die Texteingabe ohne Tastatur auskommen und z. B. mit dem **Stylus** und einem drucksensitiven Display am mobilen Gerät möglich sind. Bis zur Entwicklung einer automatischen Schreibschrifterkennung bleibt als Alternative nur das Schreiben in einzelnen Buchstaben in einer vorgegebenen Schreibweise wie z. B. mit der Software Graffiti von Palm, deren Nutzung an die viel geschmähte Schönschrift erinnert.

Bereits 1992 allerdings wurde am Xerox PARC im Rahmen des ›PARCTAB system project‹ von Bill N. Schilit und weiteren Entwicklern die **Unistroke**, ein **Handschriftenalphabet** zur Verwendung für kleine mobile Geräte entwickelt. Durch Unistroke war vorgegeben, wie man welchen Buchstaben zu zeichnen hatte, damit er vom System erkannt und in einen editierbaren Buchstaben umgewandelt werden konnte. Getestet wurde mit und für den **ParcTab**. Er gehört zu den ersten Personal Digital Assistants (PDA), kleine portable Computer für die Kalender-, Adress- und Aufgabenverwaltung. Zur Eingabe kann der komplette Touchscreen des *ParcTab* als Eingabefeld verwendet werden. Bei späteren PDAs, wie z. B. der Firma Palm, bzw. Smartphones, wie z. B. von Sony Ericsson, wird die Nutzung von Displaybereichen differenziert, indem z. B. im oberen Bereich die Großbuchstaben oder die Zahlen geschrieben werden und im unteren Bereich nur die Kleinbuchstaben. Beim *Sony Ericsson P910i* ist das Display sogar in drei Bereiche geteilt. Der mittlere Bereich des Displays ist für die Großbuchstaben, der obere für die Zahlen und der untere für die Kleinbuchstaben bestimmt. Da nicht mehr zuvor durch ein Zeichen definiert werden muss, ob man nun Großbuchstaben oder Kleinbuchstaben schreiben möchte, kann die Schreibweise beschleunigt werden. Außerdem werden durch die Trennung von Zahlen- und Buchstabeneingabebereichen Verwechslungen durch die Schrifterkennungssoftware verringert.

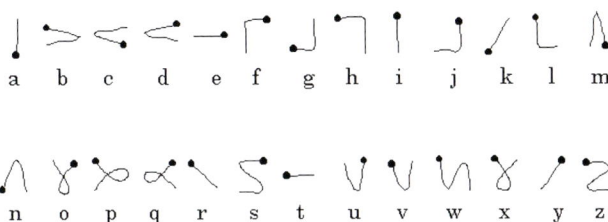

a b c d e f g h i j k l m

n o p q r s t u v w x y z

Abb. 231
Das Handschriftenalphabet
Unistroke ist optimiert auf
die einfache Erkennung durch
einen Computer mit geringer
Prozessorleistung. Jeder Buch-
stabe kann in einem Strich
erstellt werden. (www.ubiq.com
/parctab/parctab.html)

Abb. 232
Der *ParcTab* gehört zu
den ersten Personal Digital
Assistants (PDA).

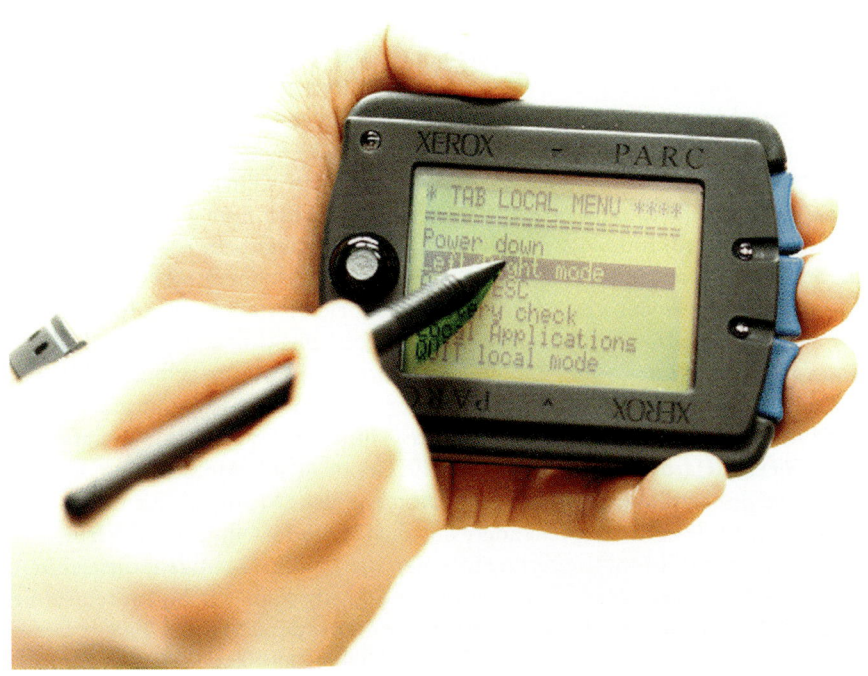

Möglicherweise durch ähnliche Umstände motiviert, entwickelte Shumin Zhai beim IBM-Almaden-Forschungszentrum in Kalifornien mit seinem Doktoranden Per-Ola Kristensson eine Eingabetechnik, die das Schreiben mittels einer Software-Tastatur schnell und einfach machen soll. Mit dem ›Shorthand Aided Rapid Keyboarding‹, kurz SHARK, werden Worte nicht mehr nur durch das einzelne Antippen von Softwaretasten geschrieben, sondern durch das Gleiten des Stiftes auf dem Display werden die Buchstaben in einer Bewegung, wie in einer Kette, miteinander zu Worten verbunden, ohne den Stift abzusetzen.[19]

19 Das Projekt wurde im Jahr 2000 unter dem Titel *The Metropolis Keyboard – An Exploration of Quantitative Techniques for Virtual Keyboard Design* am *ACM Symposium on User Interface Software and Technology* vorgestellt.

Bei SHARK wird die Tastatur wie ein Menü verwendet. Diese Vorgehensweise der Buchstabenauswahl und Kombination zeigt sich auch am Beispiel von CIRRIN (the CIRculaR INput device), einem Texteingabesystem von Jennifer Mankoff und Gregory D. Abowed, veröffentlicht 1998, das dem Prinzip der Nutzung eines Menüs so sehr entspricht, dass es besser war, CIRRIN als Pie Menu nicht hier, sondern auf S. 38 näher vorzustellen. Die Entwickler von SHARK behaupten, dass mit ihrem System das Schreiben effizienter wäre als per Handschrift und leichter zu lernen als traditionelle Stenoschrift. Es ist natürlich nicht möglich, viele Worte aus den jeweils benachbarten Buchstaben zu bilden. Dies ist auch nicht erforderlich, da SHARK das jeweils wahrscheinlichste Wort errechnet oder mehrere Treffer zur Auswahl anbietet. So ergibt z. B. die überstrichene Buchstabenkombination »t-h-e-i-s« das Wort »this« oder »s-h-t-o-r-h-l-a-n-d-« ergibt »shorthand«.

Dies setzt natürlich voraus, dass die einzelnen Tasten nicht nach dem Prinzip der QWERTZ- bzw. QWERTY-Tastatur angeordnet, sondern je nach Sprache zumindest für die häufigen bzw. kurzen Worte die entsprechenden Tasten benachbart sind und so zumindest diese Worte in einer leicht erkennbaren Schreibweise gebildet werden können. Darin steckt dann auch das entscheidende Hindernis für SHARK. Wer hat schon Lust, verschiedene Tastaturen verwenden zu müssen, nur um in unterschiedlichen Sprachen gleich gut schreiben zu können. Die Entwickler von SHARK arbeiten und testen zunächst mit der englischen Sprache, die im Vergleich zu anderen Sprachen den Vorteil hat, aus sehr vielen kurzen Worten zu bestehen und dass Worte nicht wie z. B. in der deutschen Sprache aus mehreren einzelnen Worten zusammengesetzt werden. Es dürfte auch sehr schwer sein, asiatische Schriftzeichen mit der SHARK-Schreibweise zu ›zeichnen‹. Aber SHARK sei, so Shumin Zhai, in erster Linie nicht für zeichenorientierte, sondern für alphabetische Sprachen konzipiert. Immerhin ergaben Tests im Almaden-Labor, dass die Probanden in englischer Sprache 40 bis 80 Wörter pro Minute schaffen. Mit der üblichen Schreibweise per Antippen einzelner Buchstabentasten mit einem Stift, per *Grafitti*-Software von Palm oder über das Tippen mit zwei Daumen auf einer minimalisierten Hardwaretastatur für mobile Geräte (PDA, Mobiltelefon, Pocketcomputer etc.) schafft man in der Regel nicht mehr als 15 Worte pro Minute.

Da bislang keine zufriedenstellendere Lösung für die Texteingabe zur Verfügung steht, die wirklich gut funktioniert, erscheinen die Einschränkungen, die sich mit SHARK ergeben, akzeptabel. Eine wesentliche Eigenschaft der Softwaretastatur SHARK ist die vom Standard abweichende Anordnung der einzelnen Tasten. Diese Tastaturanordnung wird ATOMIK genannt (Alphabetically Tuned and Optimized Mobile Interface Keyboard). Bei IBM fiel bisher noch keine Entscheidung darüber, ob und in welcher Form SHARK vermarktet wird. Die Software kann kostenfrei heruntergeladen werden unter: www.almaden.ibm.com/u/zhai/shapewriter.htm.

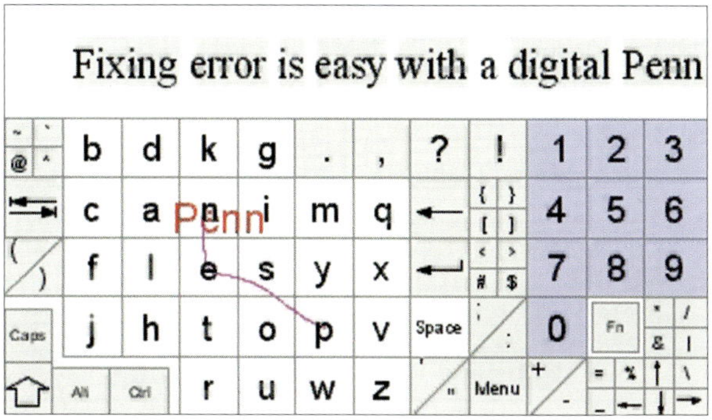

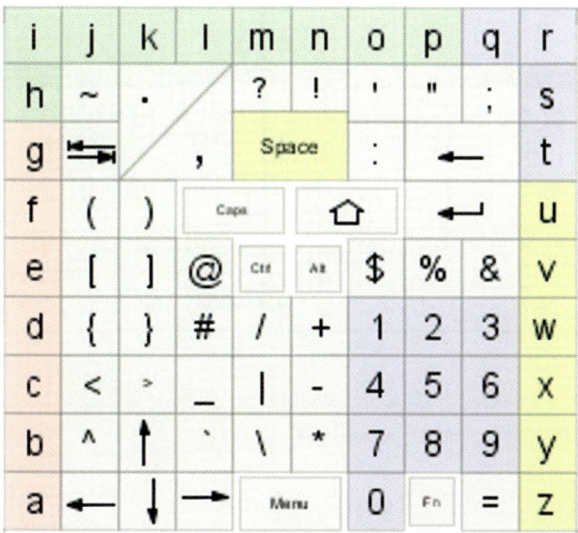

Abb. 233
Diese Tastaturanordnung wird
ATOMIK genannt (Alphabeti-
cally Tuned and Optimized
Mobile Interface Keyboard).

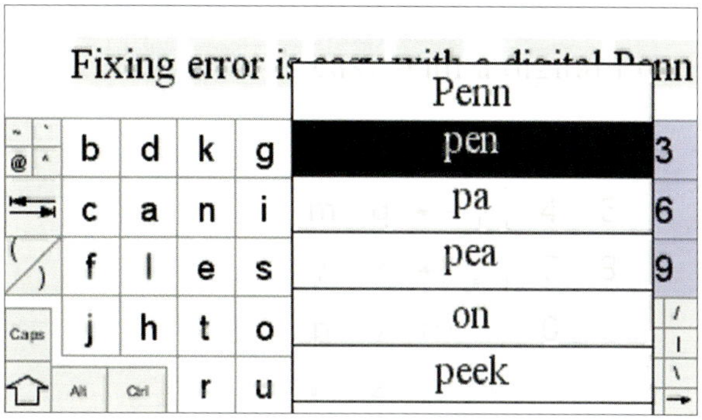

Abb. 234
Wenn sich aus einer Buchstabenkombination, die sich aus
dem Überstreichen mit einem
Stift oder Finger über die Tastatur ergab, mehrere Worte bilden
lassen, so werden diese in einer
Liste angezeigt, aus der das
gewünschte Wort ausgewählt
werden kann.

Abb. 235
Bei dieser Tastatur sind die
Tasten alphabetisch sortiert.
Dadurch sind die einzelnen
Buchstaben zwar leicht zu
finden, die Strecken, die man
mit Blicken und Zeigefinger
bzw. Stift zurücklegen muss, um
Worte zu bilden, sind allerdings
relativ lang. Außerdem dauert
die Suche nach den jeweiligen
Buchstaben relativ lang, wenn
man das Schreiben mit einer
QWERTY- bzw. QWERTZ-Tastatur gewohnt ist.

Abb. 236
Eine Softwaretastatur,
deren Buchstabentasten
mit einem Stift (Stylus)
angewählt werden.

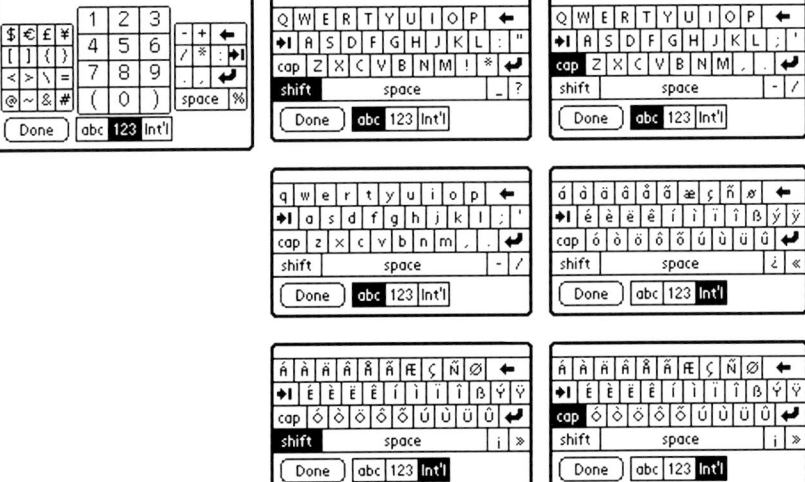

Abb. 237
Bei der Software *Grafitti*
müssen die Schriftzeichen
in vorgegebener Weise
gezeichnet werden.

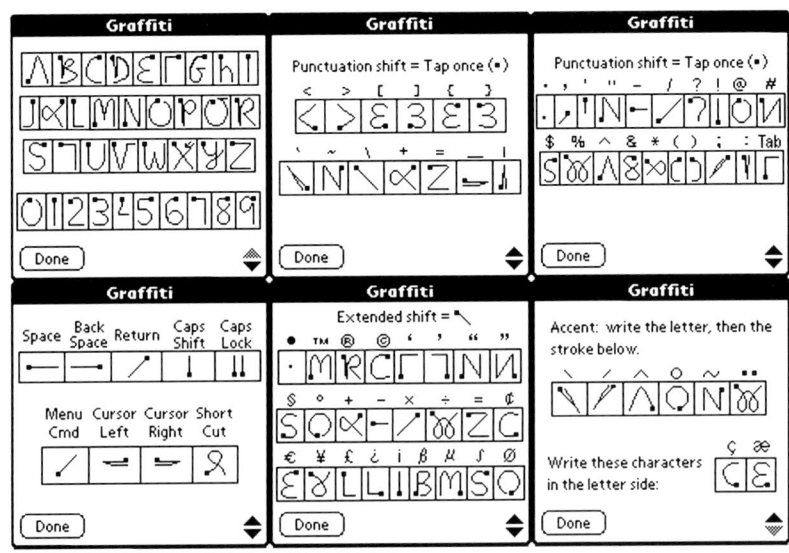

Die Texteingabe erfolgt bei dem PDA
von Palm entweder über eine **Softwaretastatur** oder mit Hilfe der Software **Graffiti**. Diese ermöglicht wie
Unistroke eine **Handschrifterkennung**,
allerdings nur in ähnlich eingeschränkter Weise wie bei Unistroke. Die Art,
wie man jeden einzelnen Buchstaben,
jedes Zeichen und jede Zahl zu zeichnen hat, ist genau vorgegeben, damit
Graffiti den Buchstaben auch erkennen
kann. Diese Form des Schreibens muss
geübt werden und macht gerade in
der Anfangsphase zahlreiche Korrekturen erforderlich.

Abb. 238
Nokia E50, rechts im Bild.
(www.nokia.com)

Abb. 240
SonyEricsson P990.
(www.sonyericsson.com)

Neben den sehr zahlreichen soft-
warebasierten Lösungen, die dem
Versuch, mobilitätsadäquat zu sein,
sehr nahe kommen, gibt es auch
Hardwarelösungen, bei denen sich
direkt am mobilen Gerät eine QWERTY-
Tastatur befindet. Jeder, der es mal
versucht hat, wird den Eindruck ge-
wonnen haben, dass selbst das Schreiben einer SMS-Nachricht per Mobil-
telefon-Tastatur einfacher ist, als mit
miniaturisierten Hardware-QWERTY-
Tastaturen hantieren zu müssen.

Abb. 239
Nokia 9500 Communicator.
(www.nokia.com)

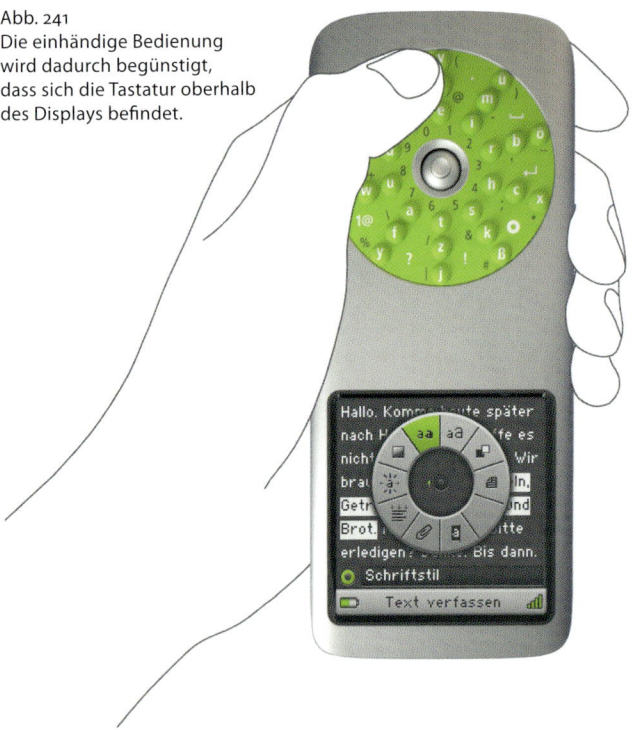

Abb. 241
Die einhändige Bedienung
wird dadurch begünstigt,
dass sich die Tastatur oberhalb
des Displays befindet.

Abb. 242
Mit dem Screendesign der
Hardwaretastatur können
sowohl die Funktionalitäten
als auch die Zielgruppendefinitionen bestimmt werden.

Im Rahmen ihrer Diplomarbeit entwickelte Susanne Stage eine **kreisförmige
Touchpad-Tastatur**[20] für mobile Geräte, die alle Vorteile der Hardware-
Tastatur, des Pie-Menu und des Drehrads in sich zu vereinen scheinen (siehe
unter *Scrollrad, Drehrad* in diesem Kapitel, S. 230 und unter *Pie Menu* im Kapitel
Interactiondesign, S. 38)

Das gesamte Gerät, das einhändig
mit dem Daumen bedient werden kann,
hat eine kreisrunde Fläche von 40 mm
Durchmesser die in drei Ringe und zehn
Winkel eingeteilt ist. Die drei Ringe
stehen für die Buchstabenhäufigkeit.
Die am häufigsten benutzten Buchstaben stehen im inneren Ring, die selten
verwendeten im äußeren Ring, wodurch
die Wege, die der Daumen zur Auswahl
zurücklegen muss, möglichst kurz bleiben. Die Verwendung von Ringen und
die Aufteilung in Winkel nutzen den
Vorteil, dass man sich die Positionen der
Buchstaben und die sich dahinter eventuell befindenden Funktionen besser
merken kann, als wenn die Tasten horizontal bzw. vertikal aufgeteilt wären.

Außerdem lassen sich kreisförmig angeordnete Tasten mit dem Daumen leichter erreichen, mit dem man grundsätzlich eher kreisförmige als rechtwinklige
Bewegungen vollzieht. Die Tastatur ist
oberhalb des Displays angebracht, so
dass der Anwender das Gerät optimal
in seine Hand legen, die kreisförmige
Touchpad-Tastatur mit seinen Daumen
bedienen kann und dennoch der Blick
auf das Display frei ist.

Eigentlich erstaunlich, dass bis auf
das *Serene* von Samsung, das in Kooperation mit Bang&Olufsen (Abb. 213)
entstand, bei nahezu allen anderen
handelsüblichen mobilen Geräten
die Tastatur unterhalb des Displays
angebracht ist, so dass man stets zwei
Hände benötigt. Selbst beim Eintippen
einer SMS-Nachricht besteht einhändig stets die Gefahr, dass einem das
Gerät aus der Hand gleitet, da man
nur das untere Stück des Gerätes in
der Hand hält. Die von Susanne Stage
entwickelte kreisförmige Touchpad-
Tastatur für mobile Geräte ist damit
eine angenehme Ausnahme.

Die Zwischenräume der Zeichentasten
sind mit weiteren Funktionen belegt.
Doppelbelegungen der Zwischenräume werden durch ein einmaliges
kurzes oder ein langes Berühren unterschieden. Mit dem Joystick in der
Mitte kann die Schreibmarke in jede
gewünschte Position bewegt werden.

Bei den 40 Tasten sind beim Entwurf von Susanne Stage die 30 Noppen
und 10 Tasten in den Zwischenräumen
doppelt belegt. Im inneren Ring befinden sich die am häufigsten benötigten
Zeichen, somit auch die Zahlen (nach
dem Umschalten der Tastenbelegung).
Um den Aktionsradius des Daumens
möglichst klein zu halten, sind die
weniger häufig benötigten Zeichen
außen angebracht. Außerdem sind oft
verwendete Satzzeichen und Zusatzfunktionen im oberen Teil untergebracht, da dieser mit dem Daumen
besser erreicht werden kann, als der
untere Teil.

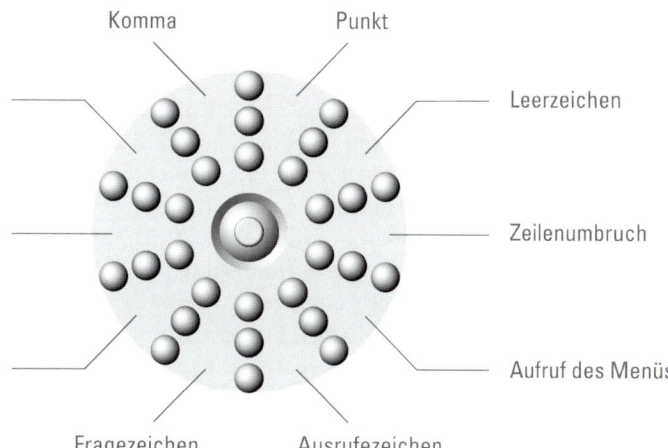

1x: einmalige Großschreibung
lange: Umstellung Tastatur
auf Großbuchstaben bzw.
Ausschalten der Umstellung

1x: Löschen von Buchstaben
lange: Löschen ganzer Wörter

1x: einmaliges Einfügen von
Zahlen od. Sonderzeichen
lange: Umstellung Tastatur auf
Zahlen und Sonderzeichen bzw.
Ausschalten der Umstellung

Komma · Punkt · Leerzeichen · Zeilenumbruch · Aufruf des Menüs · Ausrufezeichen · Fragezeichen

Abb. 243
Auch die Zwischenräume
dienen als Tasten.

Dieser Entwurf macht sehr deutlich, dass sich die Eigenschaften des Screendesigns sowohl auf Software-, als auch auf Hardware-Produkte beziehen lassen. Die Farben können zielgruppenspezifisch gewählt werden. Für das Screendesign der Hardwaretastatur wird die Schrift FF Transit verwendet. Da sie sehr schmal ausfällt, genügt der Platz auf den Noppen auch für ein ›m‹ oder ein ›w‹. Die Erstbelegung mit Buchstaben wird mit der Transit in fett, 8 Punkt und weiß dargestellt. Zahlen und Sonderzeichen werden einen Punkt kleiner in einem Anthrazit und in der normalen Transit in bestimmten Winkeln neben bzw. unter den entsprechenden Noppen platziert, so dass eine visuelle Unterscheidung der Erst- und Zweitbelegung wahrgenommen werden kann.

20 Diplomarbeit von Susanne
Stage, Institut für Industrial
Design an der Hochschule
Magdeburg-Stendal, Betreuung:
Prof.in Carola Zwick und Prof'in
Dr. Christine Strothotte.

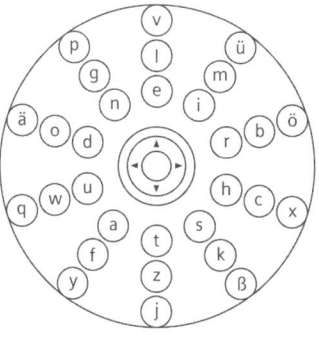

Abb. 244
Erstbelegung der Noppen
mit Buchstaben.

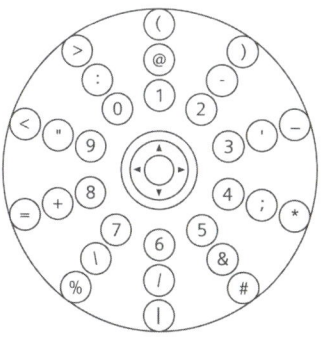

Abb. 245
Zweitbelegung der Noppen
mit Zahlen und Sonderzeichen.

3.7.6 Touchscreen

Der **PLATO IV** von **IBM** gilt als der erste Computer, der über eine Berührungserkennung direkt am Monitor gesteuert werden konnte. Er wurde 1972 vorgestellt und verfügte über einen Plasmabildschirm und ein Infrarotsystem zur Berührungserkennung. Dies war noch ein **Mono-Touch-Screen**. Seit dem *iPhone* ist eigentlich nur noch von **Multi-Touch-Screens** die Rede, bei denen Aktionen nicht nur mit einem, sondern gleich mit mehreren Fingern gleichzeitig ausgelöst und gesteuert werden können. Den Multi-Touch-Screen gibt es allerdings nicht erst seit dem *iPhone* der Firma Apple. Die **Bell Laboratories** hatten bereits 1984 einen Röhrenmonitor entwickelt, der mit einer Oberfläche ausgestattet war, die eine Steuerung mit mehreren Fingern ermöglichte.

Es gibt verschiedene Verfahren,[21] durch die die Berührungserkennung erfolgen kann, nämlich entweder nur durch den Finger oder durch Finger und/oder Stift (Stylus). Dies hängt davon ab, ob die Berührung drucksensitiv erkannt wird oder durch die Veränderung von Magnetwellen, Infrarotstrahlen oder durch Bilderkennung. Insbesondere bei der infrarotstrahlenunterstützten Videoerkennung müssen nicht Finger oder Stifte, sondern es kann jeder beliebige Gegenstand zur Identifizierung von Fixier- bzw. Manipulationspunkten eingesetzt werden. Durch seine Positionierung innerhalb eines Videoprojektionsfeldes (Aufsicht- oder Rückprojektion) findet eine Veränderung (z. B. durch Schattenwurf, Reflexion) statt, die z. B. durch eine Infrarotlichtquelle festgestellt werden kann. Je nach Leistung des Computers können entsprechend viele Veränderungen und Objekte gleichzeitig identifiziert und deren Position und Zusammenwirken interpretiert werden. Gerade dieses Verfahren findet für Tangible-User-Interfaces Anwendung (siehe z. B. *reacTable* auf Seite S. 264).

Touchscreens stellen zunächst einmal eine Herausforderung für die Entwickler und den Anwender dar. Die Benutzung erscheint gegenüber der Computermaus anders und neu und durch die Berührung mit dem Finger zudem sehr direkt. Dies und auch die Möglichkeit, an mehreren Stellen gleichzeitig interagieren zu können, könnte die Begeisterung erklären, die Touch-Screen-Anwendungen in der Regel auslösen. Aber dennoch gibt es bei ihnen auch entscheidende Nachteile. Die Auswahl erfolgt bei weitem nicht so filigran, wie mit einer Computermaus und außerdem verdeckt der Anwender bei Touchscreens mit seinen Händen nicht selten das, was er gerade bedienen oder sehen möchte. Ein unbestrittener und bestimmt zunehmender Einsatzbereich für Mono- und Multi-Touch-Screens werden Maschinensteuerungen und Automaten aller Art sein. Dort lassen sich die Funktionserfordernisse in klar definierbare Bereiche einteilen, die durch entsprechend große Buttons auswähl- und steuerbar sind. Außerdem lassen sich über den Monitor in Ton und Bild Kaufanreize und Produkterläuterungen anzeigen, die per Fingerberührung auswählbar sein können. Hierbei genügt zur Steuerung aber in der Regel ein Mono-Touch-Screen.

Die Multi-Touch-Angebote werden insbesondere für Tangible-User-Interfaces in den Bereichen Computerspiel, Ausstellungsinstallation und Exponaterezeption und auch für Video-DJs eine zunehmende Rolle einnehmen. Die Computermaus und die Tastatur können durch die Mono- und Multi-Touch-Screens aber weder hinreichend ersetzt noch verdrängt werden. Zukünftige Laptops werden ohne Zweifel mit Multi-Touch-Screens ausgestattet sein. Dies wird aber in erster Linie

21 Resistive Touchscreens, kapazitive Touchscreens, Infrarotdioden, EMR-Technologie von Wacom, N-trig-Multi-Touch-Screen, Frustrated Total Internal Reflection (FTIR), Videoerkennung etc.

daran liegen, dass die Möglichkeiten, einen Computer zu aktualisieren bzw. die Kunden zum Kauf neuer Computer anzuregen, allmählich abnehmen. Die üblichen Kennzahlen: Monitorauflösung, Speicherkapazität und Arbeitsspeichergröße haben bereits Werte erreicht, die die Erfordernisse der meisten Anwender hinreichend erfüllen. Dennoch kann es auch praktisch sein, über ein Notebook mit Touch-Screen zu verfügen. Schließlich gibt es einige Funktionen, die sich mit den Touch-Screen besser, intuitiver und/oder unterhaltsamer bedienen lassen. So ließe sich z. B. neben den vielen Möglichkeiten der Computerspiele die Steuerung des Fernsehprogramms oder die der Haustechnik über den Touch-Screen vornehmen. Letzteres wäre mit der bereits erwähnten Maschinensteuerung vergleichbar. Der Spielesektor bietet wohl den dringlichsten und umfangreichsten Einsatz von Mono- und Multi-Touch-Screens. Flach auf einen Tisch gelegt bietet sich gerade der Multi-Touch-Screen als elektronisches Brettspiel zum Spielen mit mehreren Personen an (siehe unter *Games – Ein Pool an Erzählformen und Interaktion* auf S. 95).

Die wesentlichen Gründe, weshalb ein *iPhone* mit einen Multi-Touch-Screen ausgestattet ist, ergaben sich eventuell aus der geringen Größe des mobilen Gerätes und der Notwendigkeit und dem Interesse der Apple-Entwickler, Innovation mit Spaß am Benutzen zu kombinieren (**Abb. 246**). Bei der geringen Größe wird es schließlich schwierig, im Gehäuse eine geeignete und funktionstaugliche mechanische Tastatur unterzubringen. Oft sind deren Tasten so klein, dass man nur mit sehr hoher Aufmerksamkeit und motorischer Sensibilität Texte eingeben kann. Eine Softwaretastatur kann hingegen in seinen Funktionen und Eigenschaften (Zahlen, Alphabet, Sonderzeichen) aufgeteilt und so im Touchscreen mit relativ großen Tasten angeboten werden. Außerdem bietet eine Softwaretastatur alle erdenklichen Anpassungsmöglichkeiten hinsichtlich der Sonderzeichen unterschiedlicher Sprachen und der Tastaturtypen (QWERTZ, QWERTY, AZERTY, Dvorak). Wenn man dies als Grundlage der Entscheidung für einen Touch-Screen unterstellt, ergäben sich alle weiteren Anwendungsabsichten aus dieser Vorgabe. Die Multi-Touch-Funktion lässt sich bereits dadurch rechtfertigen, dass durch sie eine sehr intuitive Zoomfunktion ermöglicht wurde. Dennoch ist das Interfacedesign des *iPhones* bei weitem nicht frei von Defiziten (siehe die Usability-Untersuchung von Bill Westerman auf S. 317).

Apple brachte im Februar 2010 das iPad heraus, welches komplett auf eine Hardware-Tastatur verzichtet, aber einen relativ großen Monitor bietet. Das iPad wirkt wie ein vergrößertes *iPhone*. Immer dann, wenn es darum geht, filigrane Elemente anzuwählen, wird solch ein Rechner seinen Zweck aber nicht erfüllen können. Einzelne Menüpunkte und Links vieler Internetseiten werden sich mit dem Finger nicht bedienen lassen. Hier zeigt sich, wie praktisch es ist, wenn man mit einem Computermaus-Cursor pixelgenau Details auswählen kann, ohne ständig auf Details zoomen zu müssen, nur um sie besser anwählen zu können. Der Bedienspaß mit einem Touchscreen bleibt allerdings ungetrübt, wenn man seine Möglichkeiten nur in den Bereichen einsetzt, wo er seine Vorteile hat. So gibt es bereits Betriebssysteminterfaces, die ideal für Touchpad-Computer sind. Exemplarisch sei hier *BumpTop* (**Abb. 247**) erwähnt. **BumpTop**[22] ist ein intuitiv zu bedienendes 3D-Interface. Augenblicklich liegt nur eine Version für Windows vor. In Zukunft soll aber auch jeweils eine für Mac OS X und Linux folgen. *BumpTop* wird dem jeweiligen Betriebssystem übergestülpt und es reduziert sich auf eine Schreibtischmetapher. Ein Sortieren in

22 http://bumptop.com

Ordner- und Dateilisten, wie bei Betriebssystemen üblich, ist hier nicht möglich. Dies wäre per Touchscreen auch kaum steuerbar. Umso vielseitiger und unterhaltsamer sind die Ablage- und Sortiermöglichkeiten auf dem *BumpTop*. Bilder und Dateien lassen sich Stapeln, Gruppieren, einzeln anzeigen und bearbeiten. Um mehr Ablagefläche zu erhalten, ist *BumpTop* wie eine Kiste aufgebaut. Dies eröffnet die Möglichkeit, nicht nur auf der Bodenfläche, sondern auch auf den Innenwänden Dateien ablegen zu können. Bei *BumpTop* darf der Desktop mit Dateien auch mal überladen werden. Was bei bisherigen Betriebssystemen eher als Unsitte und als Zeichen fehlender Ordnungsstruktur gilt, wird bei *BumpTop* als Chance zelebriert.

Der Bezeichnungszusatz ›Touch‹ weckt eventuell die Erwartung, dass Touch-Screens auch eine haptische Komponente berücksichtigen und dann auch als **haptische Interfaces** bezeichnet werden könnten. Dem ist eigentlich nicht so. Außer der Monitoroberfläche ist üblicherweise nichts zu spüren. Ein Multi-Touch-Interface inklusive der Möglichkeit eines haptischen Erlebnisses bieten ausschließlich Tangible User Interfaces, bei denen sich die verschiebbaren Objekte anfassen lassen.

Eine eher kuriose Ausnahme stellt ein Touch-Screen dar, der unter dem Titel *Providing Dynamically Changeable Physical Buttons on a Visual Display*[23] von Chris Harrison und seinem Professor, dem Computerwissenschaftler Prof. Scott Hudson der Carnegie Mellon University (in Pittsburgh, Pennsylvania) veröffentlicht wurde (Abb. 248). Dieser Touch-Screen bietet ein haptisches Feedback, indem eine Latexschicht mit Luftdruck über Aussparungen einer Platte gepresst wird, so dass sich an den Stellen der Aussparung elastische Buttons bilden. Das Screendesign wird per Beamer auf die Latexfläche projiziert. Über eine Kamera werden die Fingerpositionen festgestellt, so dass auch eine Multi-Touch-Nutzung möglich ist. Noch sind die Buttons relativ groß, lassen aber erkennen, dass sich echte physische Buttons zum Eindrücken bilden.

23 www.chrisharrison.net/projects/pneumaticdisplays/index.html

Neben solchen kuriosen Versuchen, gibt es bereits differenziertere Entwicklungen für haptische Interfaces. RIM, der Hersteller der BlackBerry Smartphones, brachte bisher nur Mobiltelefone mit Hardwaretastatur heraus. Eventuell bedingt durch die *iPhone*-Konkurrenz hat das neue Modell **BlackBerry Storm** nun nur noch einen Touchscreen. Dafür simuliert die virtuelle Tastatur relativ getreu den Vorgang eines Tastendrucks, bei dem nicht das Berühren genügt, sondern die Taste deutlich gedrückt werden muss. Solch ein haptisches Erleben kann die Bedienung und die Genauigkeit der Eingabe vom Prinzip her erheblich erleichtern und sogar die Eingabegenauigkeit erhöhen. Beim *BlackBerry Storm* ist aber der Nachteil zu bedenken, dass die Tasten der Tastatur relativ klein sind, so dass hier ein kurzes Berühren eine geringere Flächenauflage durch einen Finger erforderlich machen würde. Im aktuellen Modell führt das feste Drücken der Taste aber dazu, dass man häufig unfreiwillig mehrere Tasten gleichzeitig bedient. Durch die Unterscheidbarkeit von Berühren und Drücken einer Taste lassen sich aber Bedienungszustände unterscheiden. So kann bei diesem Modell zumindest nicht aus Versehen eine Taste nur durch bloßes Berühren bedient werden. Dennoch kann beim *BlackBerry Storm* das Berühren z. B. zum Scrollen oder zum Verschieben von Objekten genutzt werden.

Um eine Taste zu spüren, ist es aber gar nicht erforderlich, dass diese erhaben ist oder eingedrückt werden kann. Bereits durch punktuelle Vibration lässt sich die Haptik einer Taste simulieren. Die Vibration steigt, je mehr man sich mit dem Finger dem Zentrum einer Taste nähert und schwächt sich ab, wenn man sich von ihm

24   www.dcs.gla.ac.uk/~stephen

entfernt. Stephen Brewster, Professor an der University of Glasgow,[24] entwickelte
mit der T-Bar solch ein Interface. Zunächst diente seine Entwicklung nicht dazu
einzelne Tasten anzusteuern, sondern lediglich, haptisch zu erfahren, in welchem
Bereich des Displays sich der Finger befindet, ohne auf das Display schauen zu müssen. Die Applikation *File-o-Feel* für das *iPhone* kann hier herunter geladen werden:
http://iphone-haptics.googlecode.com

Mit der Applikation Haptic Keyboard hingegen wird das Bedienen einzelner
Buchstabentasten des *iPhones* mittels Vibration haptisch erlebbar. So würde ein
klassischer Touchscreen zu etwas Ähnlichem wie dem Tangible User Interface. Zur
Installierung der Software ist es allerdings erforderlich das *iPhone* durch einen so
genannten ›jailbreak‹ frei zu schalten. Das *iPhone* lässt ein Installieren von Fremd-
software nur über die *iTunes*-Software zu und gewährt ab Werk keinen Zugriff auf
die Ordnerstruktur. Mit dem jailbreak-Vorgang lässt sich dies ändern. Er könnte
aber eventuell zum Verlust der Garantie führen.

Abb. 246
Bei dem Multi-Touch-Interface
des *iPhones* lassen sich Abbildungen durch das Aufspannen
bzw. das Zusammenschieben
zweier Markierungspunkte mit
zwei Fingern vergrößern oder
verkleinern.

Textkorrekturen können
vorgenommen werden, indem
mit einem Finger auf der zu
ändernden Textstelle für kurze
Zeit verweilt wird, bis eine Lupe
erscheint. Mit ihr kann die
Textstelle angesteuert werden,
die korrigiert oder ergänzt
werden soll. Nach der Auswahl
erscheint ein Menü zum Auswählen, Kopieren und Einsetzen.

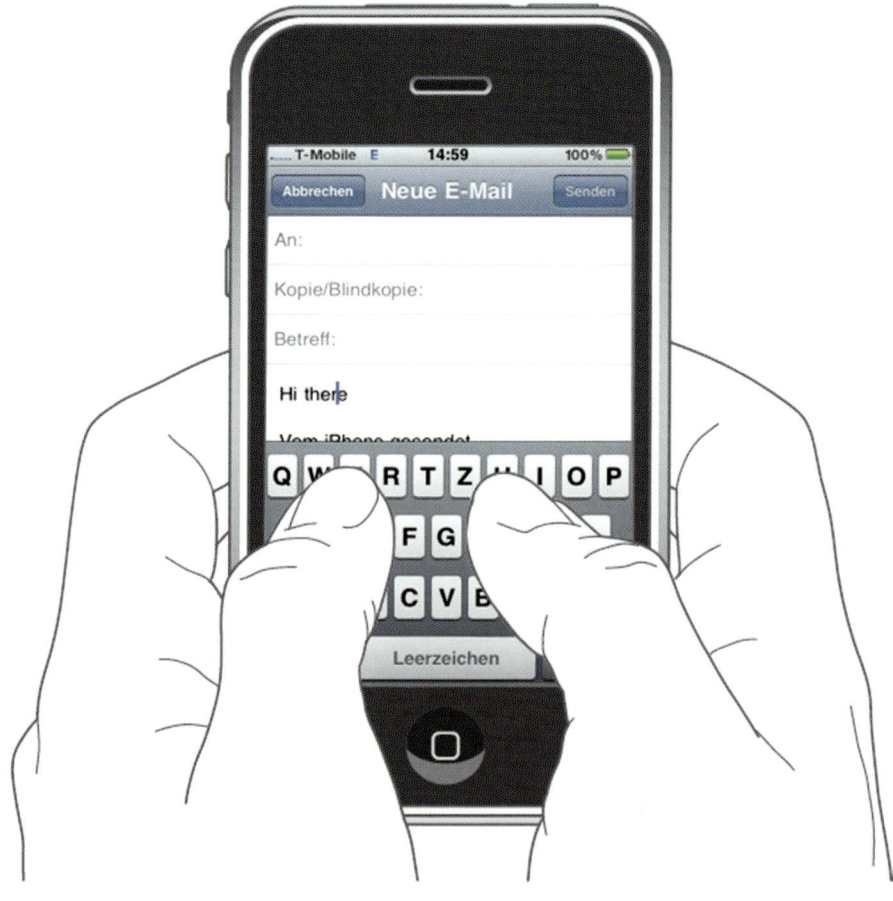

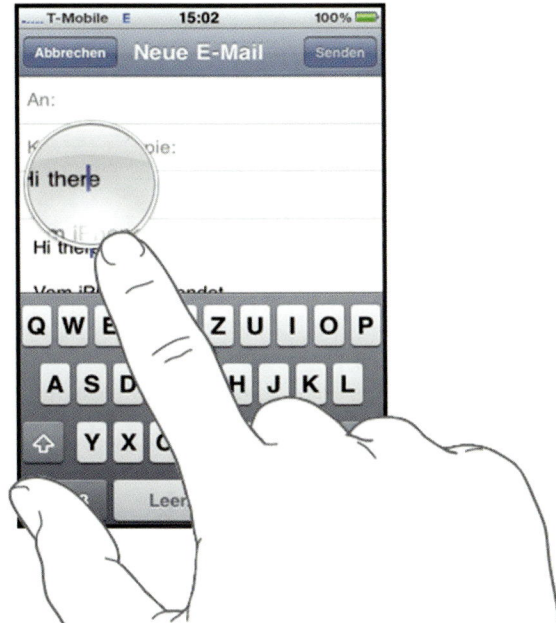

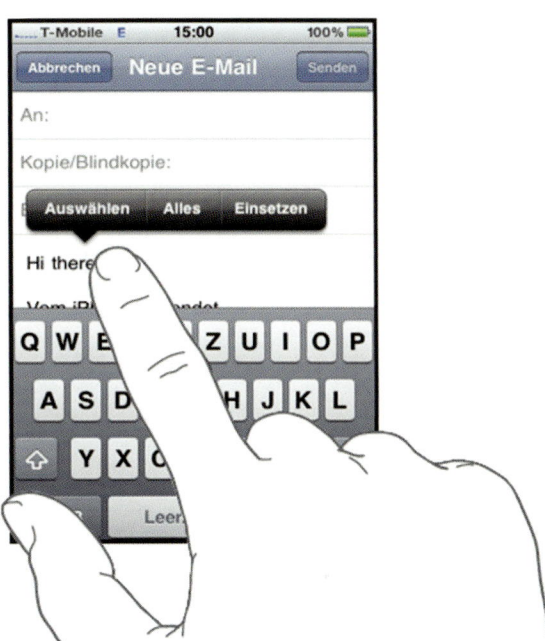

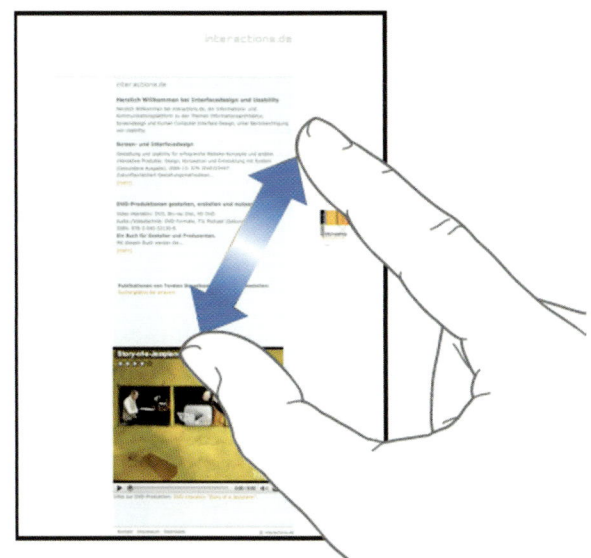

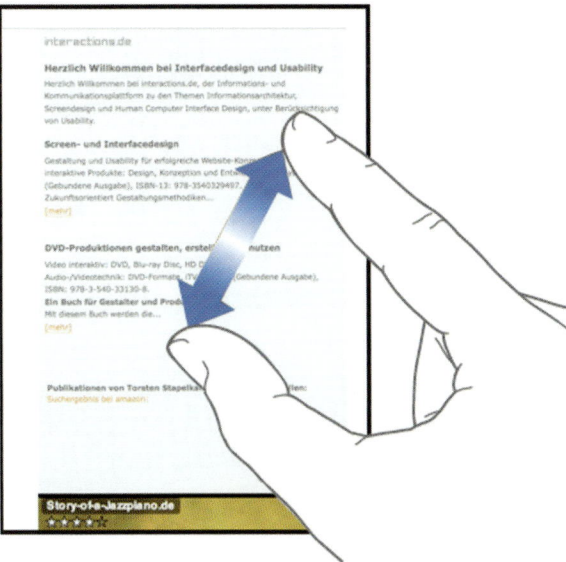

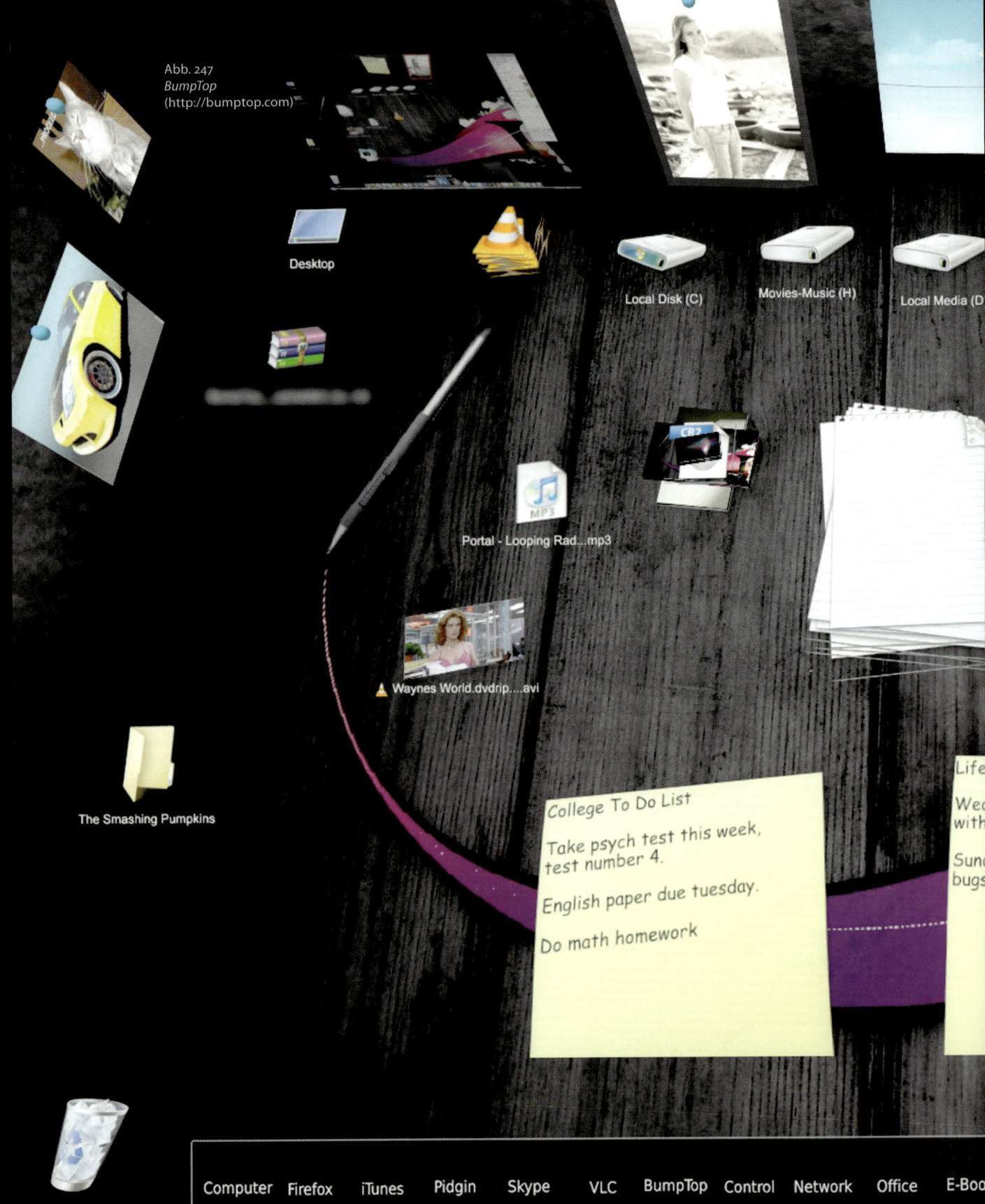

Desktop

Local Disk (C)

Movies-Music (H)

Local Media (D

Portal - Looping Rad...mp3

Waynes World.dvdrip,...avi

The Smashing Pumpkins

Life

Wed
with

Sund
bugs

College To Do List

Take psych test this week,
test number 4.

English paper due tuesday.

Do math homework

Computer   Firefox   iTunes   Pidgin   Skype   VLC   BumpTop   Control   Network   Office   E-Boo

Recycle Bin

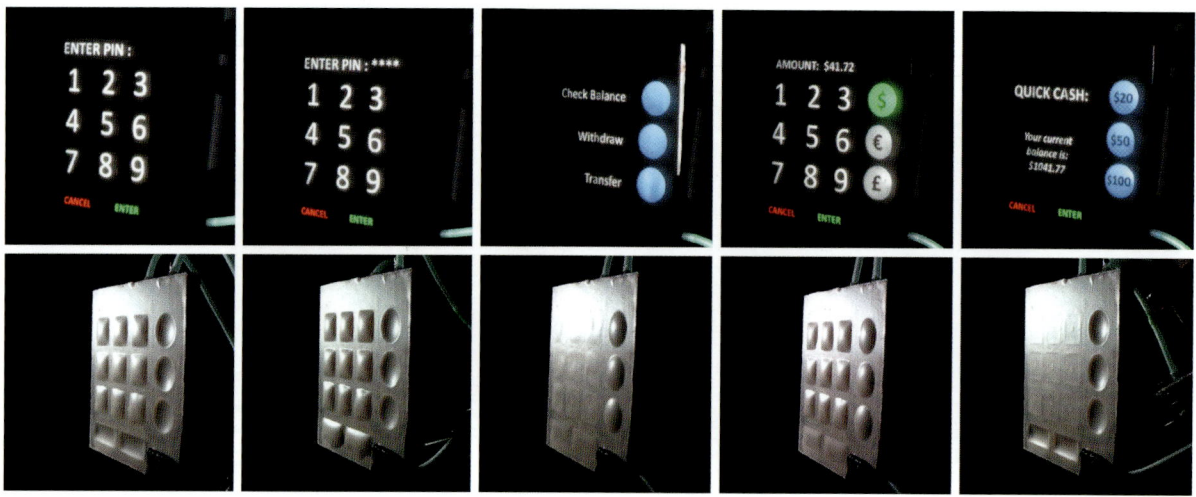

Abb. 248
Die Buttons können, je nach
Bedarf durch Luftüberdruck
nach außen oder durch
Luftunterdruck nach innen
gewölbt werden.

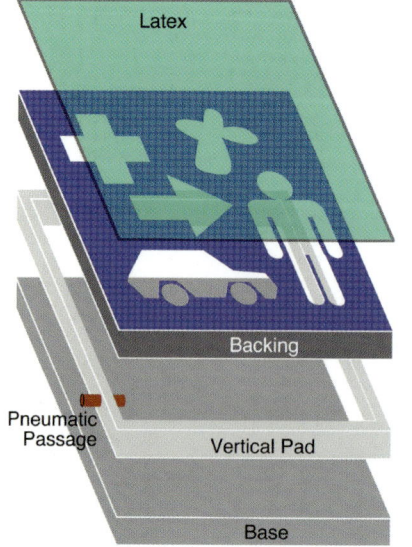

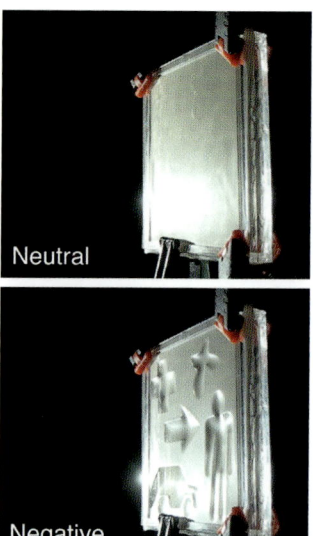

Tangible User Interfaces (TUI) stellen eine besondere Art von taktilen Interfaces dar. Während ›taktil‹ ausschließlich für etwas Fühlbares steht, repräsentiert das Wort ›tangible‹ nicht nur etwas Fühlbares, sondern auch etwas Greifbares. Ursprünglich wurde daher die Bezeichnung **Graspable User Interfaces** verwendet. Die Computermaus, eine Erfindung von Doug Engelbart (siehe S. 226), kann als eine Mischung aus Taktilem- und Graspable User Interface und wohl auch als das erste Tangible User Interface angesehen werden. Mit der Computermaus lässt sich die Absicht eines Tangible User Interfaces gut darstellen, da sie vielen Anwendern vertraut ist. Es geht beim TUI, ebenso wie bei Computermaus, um die Möglichkeit einer direkten Manipulation, aber auch darum, sich als Anwender körperlich einbringen zu können. So kann die Computermaus inklusive des Computermauspfeils als Verlängerung der eigenen Hand empfunden werden. Die Bewegung einer Computermaus führt allerdings nur sehr bedingt zu einer direkten Manipulation. Insbesondere dann, wenn sie angehoben wird, wird ihre Bewegung nicht mehr auf den Computermauspfeil übertragen. Somit ist die Computermaus zumindest ein Graspable User Interface. Denn ›graspable‹ steht nur für ›greifbar‹ im Sinne von ›verständlich‹ und drückt so nicht gänzlich die beabsichtigte Möglichkeit aus, das Erleben eines Interfaces zu erweitern. ›Tangible‹ hingegen betont auch das sinnlich Erfahrbare. Beim Tangible User Interface steht nicht die Effizienz, sondern das Erlebnis mit und am Interface im Vordergrund. Mit dem TUI können nicht nur taktile Eigenschaften, sondern auch das Greifen, das Erleben von Objekt und Raum zusammen mit digitalen Eigenschaften kombiniert erfahrbar werden, um so das interaktive Erlebnis zwischen Mensch und Maschine zu erweitern.

Aktuelle Tendenzen zum Tangible User Interface sind jährlich auf dem Kongress *Tangible and Embedded Interaction* zu erfahren:
• www.tei-conf.org

Durch ein TUI wird dem Anwender ermöglicht, mit Hilfe von physisch anfassbaren Objekten Veränderungen in der Eingabe (Input) und Ausgabe (Output) bei Maschinen zu bewirken. Dabei können die Positionen oder die Eigenschaften (Form, Farbe, Größe, Muster etc.) dieser Objekte zu unterschiedlichen Veränderungen bzw. Kombination der vorgegebenen digitalen Daten führen. Die Objekte können entweder digitale Informationen (Texte, Bilder, Video, Sound, gesprochene Informationen etc.) repräsentieren, die der Anwender direkt verwerten und nutzen kann oder auch einfach nur Daten, die erst noch interpretiert werden müssen. Ob die bei der Manipulation durch den Anwender neu entstehenden Konstellationen der Eigenschaften und der daraus repräsentierten Daten für ihn zu interpretierbaren oder für ihn zu sinnvoll verwertbaren Informationen führen, ist nicht zwangsläufig sichergestellt. Gerade der Umstand, dass der Anwender durch Zugreifen, Einfügen und Verschieben von physischen Objekten Einfluss nehmen kann, führt bei jenen Anwendern, die solch ein Tangible User Interface zum ersten Mal nutzen können, nicht selten zu einem übereifrigen Manipulieren und Ausprobieren der Möglichkeiten – bis hin zum Versuch, die technischen Grenzen und Reaktionszeiten solch eines Systems ausreizen zu wollen. Dies zeigt sich insbesondere dann, wenn durch ein Tangible User Interface Musik erzeugt oder wenn eine Installation innerhalb einer Ausstellung durch ein TUI gesteuert werden kann.

Exemplarisch für solch eine eher positive Verführung zur Interaktion wird hier *reacTable* vorgestellt. **reacTable** (Abb. 249) ist ein electro-akustisches Musikinstrument. Es wurde von einem Team (Sergi Jordà, Martin Kaltenbrunner, Günter Geiger, Marcos Alonso) der Music Technology Group an der Universitat Pompeu Fabra in Barcelona erdacht und gebaut.

Abb. 249
reacTable: Kombination aus Live
Music Performance und Table-
top Tangible User Interfaces
(www.reactable.com). *reacTable*
Video: http://de.youtube.com/
watch?v=oh-RhyopUmc

Die isländische Musikerin Björk nutzte 2007 den *reacTable* für ihre Konzerte:
• www.youtube.com/ watch?v=Ni_x_74VKU0

Es können sich mehrere Spieler gleichzeitig die Kontrolle über das Instrument teilen. Mehrere Objekte stehen zur Verfügung, die man auf dem Tisch platzieren kann. Weder die Objekte (Tangibles) noch deren Zeichen (Fiducials) sind selbsterklärend, weshalb sich der Anwender zum Ausprobieren aufgefordert fühlen kann, oder einfach nur aus Verzweiflung mehrere Objekte auf den Tisch platziert. Die Objekte haben unterschiedliche Formen und tragen unterschiedliche Zeichen. Diese werden von einer Digitalkamera unter der Tischplatte, die aus einer diffus-transparenten Platte besteht, identifiziert und es werden entsprechende musikalische Phrasen abgespielt. Die Digitalkamera nimmt nur im infraroten Lichtbereich auf, so dass die Bilderkennung durch Fremdlichteinwirkung nicht beeinflusst wird. Aber nicht nur durch die Fiducials und die Form der Objekte, sondern auch durch Rotation der Objekte können Funktionen ausgelöst werden. Außerdem kann unmittelbar um ein Objekt herum durch Berühren und Ziehen des Fingers auf der Tischplatte eine Steuerung ausgelöst werden. Durch die Nähe bzw. Distanz bestimmter Objekte können die akustischen Reaktionen ebenso gesteuert werden wie durch die Rotation der Objekte. Der Spieltisch wird von unten von einem Beamer bestrahlt. Dadurch können die akustischen Reaktionen durch visuelle Ereignisse ergänzt bzw. die Objekte in ihrem Gebrauch visuell unterstützt werden. Objekte, die sich ergänzen und miteinander agieren, werden z. B. durch digital generierte gerade Linien oder durch Sinuskurven verbunden, die sich je nach Lautstärke verdichten oder ausweiten. Die Software, mit der die Erkennung der Objekte bzw. der Fiducials und ebenso die der Fingergesten erfolgt, wird als Open Source unter dem Namen **reacTIVision** veröffentlicht.

Tangible User Interfaces widersprechen bisweilen einerseits der üblichen Forderung, ein Interface solle leicht durchschaubar und erlernbar sein. Aber andererseits finden sie ausschließlich dort Anwendung, wo bereits das Benutzen den Weg zum Ziel darstellt. Wenn der Anwender selbst Einfluss nimmt, hat er zumindest den Eindruck, für das Ergebnis auch selbst verantwortlich zu sein und relativiert entsprechend die Erwartungen ans System und am Resultat der Interaktion mit ihm. Und weil der Anwender die Objekte, mit denen er die Ereignisse manipuliert, berühren kann, wird für ihn diese Interaktion mit einem Computer direkt wahrnehmbar und man könnte vermuten, dass sich der Anwender weniger fremdbestimmt fühlt, als bei jenen Eingabeformen, die auf ihn abstrakter wirken oder ausschließlich virtuell sind. Durch TUIs wird das Erlebnis für den Anwender zumindest im wahrsten Sinne des Wortes greifbarer und wirkt bisweilen weniger virtuell, obwohl es ebenso um das Auswählen und das Steuern digitaler Daten geht. Zudem sind in der Regel die Daten vorgegeben bzw. die Abfolgen vorbestimmt. Lediglich deren Kombination und Wiedergabereihenfolge oder Geschwindigkeit können vom Anwender manipuliert werden. Die Art, wie der Computer die Objekteigenschaften interpretiert, und die daraus resultierenden digitalen Reaktionen bzw. Abfolgen sind durch die jeweilige Programmierung festgelegt. Visuelle Eigenschaften (Farbe, Form, Muster, Barcode etc.) können z. B. mittels einer Fotozelle oder Kamera erfasst und mit einem Computer entsprechend ausgewertet werden. Die Objekte, mit denen der Anwender den In- und Output des Systems manipuliert, können aber auch Sende- und Empfangseinheiten (z. B. RFID) oder andere Eigenschaften des Trackings beinhalten bzw. unterstützen. Mit Hilfe von Trackingverfahren können die Positionen der Objekte und der Anwender ermittelt werden, so dass die virtuellen Projektionen jeweils proportional ausgerichtet und korrekt in das Sichtfeld des Anwenders eingeblendet werden können.

Mit **Trackingsystemen** werden ähnliche Abläufe gesteuert wie man sie von der Computermaus und dem Pfeilcursor her kennt. Das heißt, es werden Positionen und die Funktionen ›Anklicken‹, ›Anfassen‹ und ›Verschieben‹ identifiziert und bei Bedarf simuliert. Zusätzlich kann noch ein ›Berühren‹ und ›Überlagern‹ der realen mit den virtuellen Objekten erkannt werden. Einige Trackingsysteme können die realen Objekte, die sich auf der Arbeitsfläche befinden und auf die zugleich projiziert wird, individuell durch ihre Form bzw. durch Erkennungsmerkmale (z. B. Farbe, Icon, Barcode) identifizieren und im jeweiligen Nutzungsszenario entsprechend zuordnen. Diese identifizierten Objekte können sogar vordefinierbare Eigenschaften (z. B. Magnetismus, Abstoßungskraft, Ordner- oder Papierkorbeigenschaften) erhalten. Mit solchen, sogenannten Augmented Realty-Verfahren können z. B. Mediziner Operationen simuliert durchführen. Ingenieure und Chemiker nutzen solche Verfahren, um Werkstücke und deren Beschaffenheiten virtuell zu erproben. Für das Tracken und Identifizieren der Objekte gibt es verschiedene Verfahren. Farb- und Formerkennung und auch RFID wurden bereits erwähnt. Ein optisches Erfassen kann dabei bereits durch einfache 2D-Codes erfolgen. **2D-Codes** können Muster sein, deren Identifikation vordefiniert und dementsprechend nur für das jeweilige System genutzt werden kann, oder auf Standards wie dem QR-Barcode basieren (siehe *2D Barcode* auf S. 138).

Ein **RFID**-Chip (**R**adio **F**requency **Id**entification)[25] kann im Gegensatz zum 2D-Code, der Daten lediglich in unveränderbarer Form repräsentiert, veränderbare Daten in sich tragen, benötigt dafür allerdings selbst keine eigene Stromversorgung. Erst wenn ein RFID-Lesegerät eine Anfrage ausstrahlt, erzeugen seine Sendestrahlen mit der im RFID-Chip eingebauten Spirale durch Induktion gerade genug Strom, um die Daten im Chip auszulesen und an das Lesegerät zu senden. Supermärkte und Großmärkte wie z. B. die deutsche Metro mit ihren Future-Stores testen die Nutzung der Chips für den Warenhandel.[26] In Warenwirtschaftssystemen, aber auch zur Identifizierung und zum Abspeichern von Impfdaten von Zucht- und Haustieren wird der RFID-Chip bereits im Alltag eingesetzt. Der RFID-Chip kann so klein sein, so dass man ihn unter die Haut spritzen kann.

Der Einsatz von RFID-Chips steht sehr eng mit dem Begriff **Pervasive Computing** (lateinisch: pervadere, durchdringen) in Verbindung. Mit Pervasive Computing wird die Vernetzung des Alltags durch den Einsatz ›intelligenter‹ Gegenstände (smart objects) bezeichnet, der ein automatisiertes Sammeln und Auswerten von Daten ermöglicht. Solch ein Sammeln und Auswerten von Daten kann sich entweder auf einem kleinen Bereich wie dem *metaDESK* (siehe weiter unten) konzentrieren oder aber auf große Gebiete ausgeweitet werden. Je nach Eigenschaft und Position der Objekte, die mit einem RFID-Chip ausgestattet sind, können unterschiedliche Auswirkungen ausgelöst werden. Dies können akustische oder visuell/grafische Signale sein, die ein Computer über entsprechende Ausgabegeräte (Lautsprecher, Monitor, Beamer etc.) wiedergeben kann, nachdem er die Eigenschaften der Objekte interpretiert hat. Dabei ist das jeweils steuernde Computerprogramm in der Regel dazu in der Lage, nicht nur die unterschiedlichen Eigenschaften der Objekte, sondern auch deren Kombination und Abstände zueinander zu identifizieren. Im Sinne des Pervasive Computing können die Objekte selbst auch Daten beinhalten und sie nicht nur repräsentieren. So könnte das System um ergänzende Daten und sogar Funktionen erweitert werden, wenn ein neues Objekt hinzugefügt wird. Je nach Komplexität des Programms können alle diese zusätzlichen Eigenschaften zu nahezu unendlich vielen Konstellationen und entsprechend vielen Interpretationen führen.

25 www.info-rfid.de
www.rfid-journal.de
www.violet.net
(Anwendungsbeispiel)

26 www.future-store.org

27 Hiroshi Ishii und Brygg Ullmer: *Tangible Bits: Towards Seamless Interfaces between People, Bits and Atoms* (http://sigchi.org/chi97/proceedings/paper/hi.htm). Veröffentlicht in Proceedings of Human Factors in Computing Systems: CHI 97 (http://sigchi.org/chi97/), Denver (Colorado)

Pioniere in der Entwicklung von Tangible User Interfaces (TUI) sind **Prof. Hiroshi Ishii** und **Brygg Ullmer** vom Massachusetts Institute of Technology Media Lab. Ishii stellte seine Entwürfe eines Tangible User Interface erstmals 1997 als Konferenzbeitrag zur CHI 97 vor.[27] Mit dem **metaDESK** (S. 269) versuchten Hiroshi Ishii und Brygg Ullmer die Eigenschaften der Schreibtischmetapher vom Graphic-User-Interface (GUI) des Computers in die physisch reale Welt zu übertragen. Sogenannte **Phicons** (physical icons) sind dabei frei zu platzierende Objekte, die die Icons der Schreibtischmetapher ersetzen. Diese und andere vom System interpretierbare Gegenstände können innerhalb von **Trays** bewegt werden, die so wie Menüs eines Computerbetriebssystems für vorbestimmte Funktionen und Auswahlmöglichkeiten fungieren. Und mit sogenannten **Instruments** lassen sich Werte proportional skalieren. Prinzipiell bietet der metaDesk ähnliche Interaktionsmöglichkeiten wie das GUI von Computer-Betriebssystemen, benötigt allerdings physisch mehr Platz und eine komplexe Projektions- und Aufnahmeeinheit für die optische Wiedergabe und das Tracken der Objekte. Bedingt durch die Eigenschaften dieses Systems und durch die Art der Interaktion ist es in der Eingabe erheblich ungenauer als die klassische Schreibtischmetapher der Computerbetriebssysteme. Das Interface wird greifbarer, aber auch gröber. Die Eingabe von Texten und Werten ist zudem nicht möglich, weshalb der scheinbar naheliegende Versuch, Tangible User Interfaces mit den Prinzipien des Graphic User Interface von Computerbetriebssystemen zu vergleichen, bestenfalls dazu geeignet ist, die jeweiligen Grenzen der beiden Interfacearten aufzuzeigen.

Mit dem **ambientROOM** erweiterten Hiroshi Ishii und Brygg Ullmer die durch ein Interface erfahrbaren Impulse und Reize noch um weitere Aspekte. Umgebungslicht, Schatten, Geräusche und Wind sollten den Erlebnischarakter komplettieren. Die Überlegung dabei ist, dass Menschen sie umgebende Eindrücke filtern können, ohne deren Wahrnehmung komplett ausklammern zu müssen. So kann man sich z. B. innerhalb eines Cafés zwar auf einen Dialog mit seinem Gegenüber konzentrieren, aber dennoch in der Umgebung feststellen, wer und was sich sonst noch im Café befindet und auch die vorhandenen Geräusche und Stimmungen wahrnehmen und zuordnen. Dieses Wahrnehmungspotenzial des Menschen diente zur Anregung des ambientRoom. So wurde im ambientRoom z. B. Licht auf eine Wasseroberfläche gelenkt, deren Wellen unterschiedliche Lichtmuster auf eine Wand projizierten, je nachdem wie sich der Input der jeweiligen Informationsart, die durch die Wellen und deren Intensität repräsentiert werden sollte, veränderte. Je intensiver die Wellenreflexionen, umso beruhigender, größer oder besorgniserregender könnten z. B. die Veränderungen aktueller Stände von Aktienwerten sein. Der ambientRoom erweitert ein Interface somit eher mit umgebenden Medien (ambient media), stellt selbst aber kein Tangible User Interface (anfassbare Benutzerschnittstelle) dar.

Abb. 250
metaDESK von Prof. Hiroshi Ishii
und Brygg Ullmer.

Mit **Tangible Geospace** zeigten Prof. Hiroshi Ishii und Brygg Ullmer allerdings ein Anwendungsbeispiel, mit dem die Vorzüge des TUIs in jeder Hinsicht genutzt werden. Eine auf einem Tisch (metaDesk) projizierte Landkarte verändert je nach Bewegung oder Rotation eines Objektes (Phicon), der ein Gebäude repräsentiert, ihre Ausrichtung. Wird ein weiteres Phicon (hier: Gebäuderepräsentant) auf der projizierten Karte platziert, so verändert die Karte ihren Maßstab proportional zum Abstand der jeweiligen Gebäuderepräsentanten im Verhältnis zum realen Abstand der echten Gebäude. Dadurch kann z. B. der Maßstab der Karte durch das Verschieben der Gebäude zueinander verändert und der Ausschnitt der Karte entsprechend skaliert werden.

Mit der sogenannten **passiveLENS** lassen sich Informationen von den Bereichen auf der Karte anzeigen, über die die passiveLENS gehalten wird. Die sogenannte **activeLENS** ermöglicht z. B. eine dreidimensionale Darstellung eines Bereiches des metaDesks.

Abb. 251
Passive Lense und Phiton
des *metaDESK*.

Abb. 252
Active Lense des *metaDESK*.

Abb. 253
Rotations-Constraint-
Instrument des *metaDESK*.

28 *Marble-Answering-Machine*, Crampton Smith, G.: The Hand That Rocks the Cradle. In: *I.D.* Mai/Juni 1995, S. 60–65

Das sich Tangible User Interfaces auch für den zielgerichteten, ergebnisorientierten Einsatz nutzen lassen, wird dann deutlich, wenn die Kombinationsmöglichkeiten der Manipulationsgegenstände für den Anwender überschaubar bleiben. Dies zeigt z. B. der Entwurf eines Anrufbeantworters von Durrell Bishop aus dem Jahr 1992.[28] Die *Marble-Answering-Machine* entstand im Rahmen der Arbeit für sein Magister of Arts in Interaction Design an der Royal College of Art in London. Jeder eingegangene Anruf wird bei ihr durch eine Kugel repräsentiert, die nach der Aufzeichnung einer Meldung aus einem im Gehäuse des Anrufbeantworters verborgenen Behälter heraus in eine dafür vorgesehene Schiene befördert wird. Der Anwender muss diese Kugeln zum Abspielen der jeweiligen Aufzeichnung in eine Öffnung im Gehäuse werfen. Die Kugel wird interpretiert und der zu ihr korrespondierende Anruf abgespielt. Es wäre denkbar, dass für bestimmte Anrufe vordefinierbare Kugeln ausgewählt werden. Private und geschäftliche Anrufe könnten z. B. durch unterschiedlich farbige Kugeln gekennzeichnet werden und die Anrufe einer bestimmten Person bzw. von einer bestimmten Rufnummer könnten mit einer nur dafür bestimmten Kugelsorte repräsentiert werden.

Die *Marble-Answering-Machine* zeigt noch einmal sehr deutlich, dass mit Tangible User Interfaces das Taktile, das Berührbare im Vordergrund steht, die Auswirkungen der Manipulationen allerdings nicht nur mechanischer, sondern auch oder insbesondere digitaler Art sind. Diese Eigenschaften lassen vermuten, dass sich die Tangible User Interfaces auch dem Forschungsthema Augmented Reality zuordnen lassen. Die Übergänge sind tatsächlich nicht immer eindeutig und bisweilen fließend. Aber mit TUIs werden in erster Linie Interfaces beschrieben, mit denen sich eine Umwelt lediglich steuern lässt.

Mit Augmented Reality ist beabsichtigt, die Verschmelzung von physisch realen und virtuellen Anteilen zu einer kompletten Umgebung zu beschreiben. Im Gegensatz zur **virtuellen Realität**, die die reale Welt durch eine rein künstliche Realität ersetzen will und in die der Anwender mit seiner Wahrnehmung in einen Bewußtseinszustand hineintaucht, der zumindest für einen Augenblick eine Trennung der realen und der virtuellen Welten nicht mehr spüren lassen soll, reichert die Augmented Reality die Wahrnehmung des Anwenders in der realen Welt um virtuelle Anteile an, ohne die reale Welt leugnen zu wollen.

Dass beim Erleben virtueller Welten von erlebbaren **immersiven** Möglichkeiten gesprochen wird, lässt vermuten, dass man für die nun verlorene, subjektiv wahrgenommene Vorstellungswelt einen beschreibbaren Ersatz sucht. So wie Fantasy-Geschichten Kindern und Jugendlichen nicht selten die Phantasie rauben bzw. gar nicht erst in Gang setzen lassen, weil zahlreiche Fantasy-Geschichten so wirken, als wäre in ihnen bereit alles zu Ende gedacht, anstatt zu eigenen Interpretationen anzuregen, so gaukeln 3D-Infrastrukturen den Nutzern vor, sich mit und in ihnen kreativ entfalten zu können. Fantasy-Geschichten und 3D-Infrastrukturen können in direktem Zusammenhang besprochen werden, da in beiden Genres Ideenvielfalt hineininterpretiert und Virtualität mit Kreativität gleichgesetzt bzw. verwechselt wird. Verallgemeinerungen helfen gewiss nicht weiter, aber dennoch ist es erschreckend feststellen zu müssen, dass sich die Veröffentlichungen in diesen Genres sehr stark ähneln und bei weitem nicht die Kreativität und Entfaltungsmöglichkeiten bieten, die sie vorgeben zu haben bzw. die von Seiten der Nutzer in sie hineininterpretiert und von ihnen erhofft werden.

29 Béla Balázs: Zur Kunstphilosophie des Films (1938). In: F.-J. Albersmeier (Hrsg.): *Theorie des Films*. Stuttgart: Reclam 1995, ISBN 3-15-009943-9, S. 204–226, hier S. 215.

Die Auseinandersetzung mit der **Immersion** geht auf einen Text von **Béla Balázs** aus dem Jahr 1938 zurück.[29] Béla Balázs ging von den damaligen Medienerlebnissen Film, Theater und Oper aus und beschrieb das Eintreten in einen Raum als ein Eintauchen in eine künstliche Welt. Das Beruhigende am Immersiven ist, dass von einem Eintauchen von der einen, der realen, in die virtuelle Welt die Rede ist und somit eingestanden wird, dass es zumindest diese beiden unterschiedlichen Welten gibt. Dennoch meint das Immersive weniger das bewusst wahrgenommene Trennen von real und virtuell, sondern einen Bewusstseinszustand, in dem man in eine Szene hineintaucht und zumindest für einen Augenblick keine Trennung der Welten verspürt. Dies kennt man z. B. aus dem Kinoerlebnis, wenn man in der subjektiven Wahrnehmung die Position der Kamera einnimmt und die Kamerafahrt virtuell miterlebt, indem man z. B. den 360-Grad-Kameraschwenk des deutschen Kameramanns Michael Ballhaus so nachempfindet, als wurde man selbst diesen Kreis ziehen, obwohl man fest im Kinosessel sitzt.

30 http://slcreativity.org/wiki/index.php?title=Augmentation_vs_Immersion

Die klare und bewusste Trennung zwischen realer und virtueller Welt und somit die Absicht, ganz bewusst die reale Welt zu verlassen, um sich in eine virtuelle zu begeben, wird mit **Immersionismus** bezeichnet bzw. je nach Debatte werden Immersion und Immersionismus entweder wie oben beschrieben oder eben als identisch interpretiert. Lesen Sie dazu auch das Essay *Augmentation vs. Immersion* von Henrik Bennetsen aus dem Jahr 2006.[30] Nach den Definitionen von Immersion und Augmented Reality lassen sich zumindest zwei Nutzergruppen in den virtuellen bzw. angereicherten Realitäten grob identifizieren: die **Immersionisten** und die **Augmentionisten**. Bei den **Immersionisten** ist erheblich weniger Innovationsbereitschaft festzustellen als bei den **Augmentionisten**. Die Immersionisten sind eher diejenigen, die in der realen Welt nach Ausreden suchen, wohingegen die

Augmentionisten eher dazu neigen Alternativen und Lösungen zu finden. Die Immersionisten sind dem **Eskapismus** zugeneigt. Sie nutzen die virtuelle Realität, z. B. Metaversen wie Second Life oder There.com, entweder direkt zur Realitätsflucht oder als Experimentierfeld, weil sie sich noch im Selbstfindungsprozess befinden und an ihrem zweiten oder dritten Ego arbeiten.

Wer von Augmented Reality spricht, meint die trennungsfreie Einheit von realer und dreidimensional virtueller Welt, wobei das Virtuelle als anreichernd (augmented) für die reale Welt beschrieben wird, als lohnende Erweiterung, die die reale Welt nicht zu bieten hat. Dadurch wird die reale Welt im Vergleich zur virtuellen zwar als unvollkommen reduziert, aber zumindest wird erkannt, dass es hilfreich sein kann, die jeweiligen Eigenschaften der realen und der virtuellen Welt getrennt voneinander zu identifizieren und bei Bedarf zum jeweils individuellen Vorteil kombiniert zu nutzen. Die Eigenschaften werden also nicht als unveränderbare Vorgaben gesehen, sondern nur als Grundlage für eigene Veränderungswünsche wahrgenommen. Häufig wird dabei die Realität mit visuellen Elementen überlagert. Dies geschieht entweder durch Projektion oder mit Hilfe des Einsatzes von sogenannten Head-mounted Displays. Diese werden wie Brillen getragen und beinhalten anstelle der Gläser Monitore bzw. Projektionseinheiten. Ein sehr wesentliches Problem der Augmented Reality ist die Darstellung der virtuellen dreidimensionalen Anteile in Echtzeit. Schließlich müssen alle 3D-Objekte jederzeit und umgehend in jeder beliebigen Position darstellbar sein und dazu jedes Mal erneut gerendert werden, je nachdem, wo sich das zu trackende Objekt bzw. der Anwender befindet. Die Render-Ergebnisse sind bereits vielversprechend und die virtuellen 3D-Objekte müssen auch nicht mehr ganz so einfach modelliert sein, wie noch vor wenigen Jahren. Dennoch macht die Absicht, mit der virtuellen Realität die physisch reale Welt zu imitieren, sehr viel Aufwand an Computerperformance und Softwareleistung erforderlich.

Dieser Tendenz entziehen sich immer mehr Entwickler, um alltagstaugliche und damit preiswertere Produkte anbieten zu können. Als Beispiele für eine kollaborative Mischform von realer und virtueller Welt im Alltag sind z. B. die **Wii**-Konsole[31] von **Nintendo** und das stationäre Fahrradtrainingsgerät **VR Trainer**[32] von **Tacx** zu nennen, die per Monitor und Tempoübertragung die Fahrstrecken simuliert. Interessant ist auch die Kombination des **ARToolKit**[33] mit dem *iPhone*,[34] bei der die Kamera und das Multi-Touch-Interface des *iPhones* gut zum Einsatz kommt. Noch ist die Darstellung mit dem *iPhone* extrem langsam. Dies wird sich aber ändern, sobald Apple die Videofunktionen am *iPhone* für Entwickler freigibt. Das ARToolKit von AR Toolworks lässt sich vielseitig auch mit Head-Mounted-Display und in vielen Einsatzgebieten der Visualisierung und des Trackings nutzen.[35] Bei den drei Beispielen werden reale Interfaces mit virtuellen Ereignissen verknüpft.

Die Wii-Konsole ist eine Entwicklung, mit der sich Spiele durch aktiven Körpereinsatz und Bewegung der Spieler in ihren Funktionen und Abläufen beeinflussen lassen. Das Gerät, welches man in der Hand hält, ist nicht größer als der Griff eines Tennisschlägers und besitzt Bewegungssensoren, so dass z. B. mit einer simulierten Tennisschlägerbewegung im abgebildeten Spiel ein virtueller Tennisschläger bewegt werden kann. Passend zu anderen Spielen gibt es ein drucksensitives Brett mit Sensoren, über die z. B. die Bewegungen beim Surfen, beim Joggen oder für Gymnastik simuliert gesteuert werden können. Nintendo gelang es, mit diesen Interfaces neue Zielgruppen innerhalb aller Altersstufen für computergesteuerte Spiele zu gewinnen.

31 www.wii.com
32 www.tacx.com/producten.php?language=EN&fl=true&lvlMain=16
33 www.artoolworks.com/ARToolKit_iPhone.html
34 www.youtube.com/watch?v=5M-oAmBDcZk&feature=player_embedded

35 www.artoolworks.com/ARToolKit_Professional.html

Ein weiteres Beispiel bietet der Baseballkarten-Hersteller Topps:
• www.toppstown.com/User-Site/TotalImmersion/Info.aspx
Ein Bericht über dieses Spiel ist bei der New York Times online zu finden:
• www.nytimes.com/2009/03/09/technology/09topps.html?_r=1&ref=technology

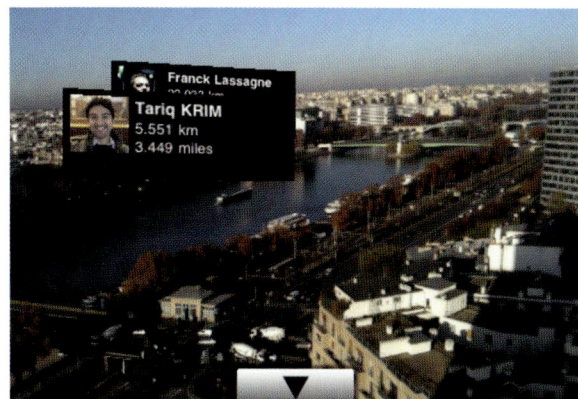

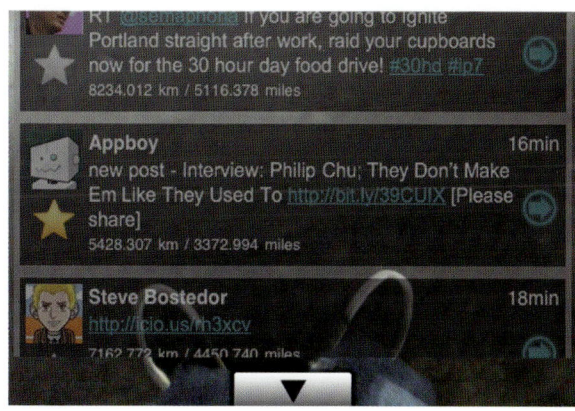

Durch Anbieter wie **www.twitter-360. com** wird Augmented Reality weit über Computerspielanwendungen hinaus in den Alltag übertragen. Ursprünglich diente Augmented Reality dazu, komplexe Zusammenhänge visualisieren oder steuern zu können. Nun stellt sich heraus, dass sich Computertechnologie mit Hilfe der Augmented Reality als selbstverständlicher Bestandteil der greifbaren Realität integrieren lässt. *Twitter 360* ist eine *iPhone* Applikation, die Twitter‹s Geotagging Feature nutzt. So lassen sich Tweets als verortete Information in der direkt sichtbaren Umwelt visualisieren. Informationen erhalten dadurch einen erweiterten Bezugspunkt und werden in einer Weise erfahrbar, die Text allein nicht vermag, zumindest nicht, wenn es darum geht, Information kollektiv als Interaktion mehrerer Akteure gleichzeitig erlebbar zu machen.

Abb. 254 a–e
www.twitter-360.com

Abb. 255
www.acrossair.com/
apps_nearesttube.htm

Der iPhone-Entwickler AcrossAir
(www.acrossair.com) stellt mit
The Nearest Tube eine Applikation
bereit, mit der man nicht nur die
nächst erreichbare U-Bahn findet.
Diese Applikation visualisiert in
Abhängigkeit von der eigenen geografischen Position und dem Blick-
punkt der im *iPhone* eingebauten Kamera den Weg auf sehr interessante
Weise. Die App nenn Distanzen,
Abfahrtzeiten und zeigt ergänzende
lokale Informationen (sehenswürdigkeiten, Bars, Restaurants etc.).
Wegweiser werden wie Projektionen
virtuell in das reale Echtzeitbild
eingefügt.

Abb. 256 a–b
www.markstechnologynews.com
/2009/07/nearest-tube-iphone-
app-augments-reality-under-
ground-style.html#more-2188

Das Media Interaction Lab der University of Applied Science in Oberösterreich hat mit dem **CRISTAL** (**C**ontrol of **R**emotely **I**nterfaced **S**ystems using **T**ouch-based **A**ctions in **L**iving spaces) eine Augmented Reality geschaffen, mit der alle Geräte eines Raumes zusammengefasst und per Gestensteuerung genutzt werden können. Ein Foto des Raumes aus der Deckenperspektive zeigt den gesamten Raum und alle in ihm befindlichen Geräte und stellt so ein Interface dar. Daraus ergibt sich der angenehme Umstand, dass die zu steuernde Umgebung und die Gegenstände exakt wiedergegeben sind und nicht über ein Software-Interface gestalterisch verfremdet und so nur simuliert und interpretiert werden. Das Foto wird auf eine Tischfläche projiziert und die Positionen des Fingers werden wie bei einem Touchscreen ermittelt. Nun können DVDs aus dem abgebildeten Regal virtuell entnommen werden, um sich die Cover anzuschauen, Informationen zum Film lesen zu können und sie direkt in Richtung des abgebildeten Fernsehers zu schieben, damit diese abgespielt werden. Ebenso können andere Dateien (Fotos, Texte) ausgewählt und so im Fernseher oder auf der Projektionsfläche abgebildet werden. Ein Controllinginterface wird umgehend auf den Tisch projiziert, um die dargestellten Dateien zu steuern. Zudem lassen sich auch die Lampen im Raum per CRISTEL einzeln ein- und ausschalten. CRISTAL dient zunächst vordergründig nur der Bequemlichkeit, da man nun von einem Platz aus alle Geräte steuern kann, ohne aufstehen zu müssen. In erster Linie geht es aber darum, nur noch ein einziges Interface an Stelle von zahlreichen Fernbedienungen aller elektronischen Geräte (z. B. TV, DVD-Player, Lichtdimmer) in einem Raum steuern zu müssen.

Abb. 257 a–b
CRISTAL, entwickelt vom
Media Interaction Lab.
(www.mi-lab.org)

36 www.ubiq.com/hypertext/ weiser/SciAmDraft3.html

Mark Weiser, Informatiker am Computer Science Lab von Xerox PARC, stellte 1991 in *The Computer for the 21st Century*[36] die berechtigte Frage, warum mit Virtual Reality der Versuch unternommen wird, die physisch reale Welt zu simulieren, anstatt die bestehende Welt unsichtbar zu erweitern. Damit beschrieb er die Absicht des Ubiquitous Computing, eine Bezeichnung, die er bereits 1988 am Computer Science Lab von Xerox PARC prägte.[37] Eine Allgegenwärtigkeit des Computers kann heute als selbstverständlich gelten, obwohl dessen Realität kaum spürbar ist. Schließlich soll das Ubiquitous Computing das Leben erleichtern und diverse Dienste wie selbstverständlich geschehen lassen.

37 http://sandbox.xerox.com/ ubicomp

Eine oft unbemerkte aber alltägliche Allgegenwärtigkeit des Computers stellt der Einsatz von Fuzzy Logic da. Mit ihrer Hilfe werden z. B. Klimaanlagen oder Waschmaschinen gesteuert. So werden z. B. durch Sensoren in der Verschlussklappe der Waschmaschine die Eigenschaften der Wäsche ermittelt, um das passende Waschprogramm automatisch wählen zu können, und die Klimaanlage richtet ihren Betrieb automatisch an der Außen- und Innentemperatur aus. Inzwischen gingen die Entwicklungen weiter und es sind nicht mehr nur Klimaanlagen oder Waschmaschinen, die dank Fuzzy Logic mit integrierten Computern ausgestattet sind. So gibt es z. B. auch Kühlschränke, die die Vorratshaltung und die Haltbarkeit der Kühlprodukte selbstständig beurteilen und bei Bedarf die Produkte neu bestellen können. Zudem gibt es Kleidungsstücke, in die GPS-Gerät, MP3-Player und Lawinenmelder eingebaut sind. Die Bordelektronik eines Autos passt nicht nur das Fahrwerk der jeweiligen Straßenlage und Fahrgeschwindigkeit an, sondern regelt dazu ebenso die Lautstärke des Radios und die individuellen Einzeleinstellungen des Fahrersitzes voll automatisch. All dies vermittelt nur einen kleinen Eindruck der Möglichkeiten des Ubiquitous Computing. Der erwähnte Kühlschrank ist selbstverständlich am Internet angeschlossen, um die Bestellungen vorzunehmen, und sogenannte **Functional Clothes**[38], die die so genannten **Wearable Technologies**[39] in sich tragen, senden und empfangen mit ihren Geräten GPS- und Wetterdaten, Routeninformationen, Musikdaten, Telefonie und eventuell sogar Videodaten. In den Jacken einiger Modelabels befindet sich neben dem GPS-Gerät u. a. auch ein Bildschirm am Ärmel und Lautsprecher in der Kapuze. Die Kombination von Gebrauchsgegenständen mit Medienequipment lässt sich selbstverständlich erweitern. Ein Computer kann auch in Möbeln integriert werden, was sich dann unter der Bezeichnung **Functional Furniture** zusammenfassen lässt. Die Firma Sinua[40] entwickelte z. B. ein Sitzmöbel, mit dem sich Computerspiele steuern lassen, indem man seine Sitzposition ändert. Dies erinnert an die Möglichkeiten von Wii, eine Entwicklung von Nintendo.

38 www.ipexl.com (Patentsuche: dort nach »Functional Clothes« suchen)
39 www.wearable-technologies-conference.de
http://interactive-wear.de (Produktbeispiele)

40 www.sinua.de
41 Rekimoto, J.; Saitoh, M.: Augmented Surfaces: A Spatially Continuous Work Space for Hybrid Computing Environments. In: *Proceedings of the SIGCHI conference on Human factors in computing systems*, S. 378–385, Pittsburgh, Pennsylvania, USA, Mai 1999, ACM Press.
Streitz, N.; Geißler, J.; Holmer, T.: Roomware for Cooperative Buildings: Integrated Design of Architectural Spaces and Information Spaces. In: Streitz, N.; Konomi, S.; Burkhardt, H.: *Proceedings of the First International Workshop on Cooperative Buildings*, Darmstadt, Deutschland, Februar 1998, Springer.

Functional Furniture könnten ein komplettes Büro repräsentieren, wenn die Möglichkeiten der Augmented Reality direkt auf sie übertragen würden. **Cooperative Buildings**[41] stellt so eine Vision des Büros der Zukunft dar. Das Prinzip des Cooperative Buildings ist eine Variante der Augmented Reality und sieht vor, dass die komplette Umgebung eines Büros oder eines Bürogebäudes zum Interface wird. Dabei könnten die Eigenschaften des Tangible User Interface und die der Augmented Reality verschmolzen werden. Hier zeigt sich, dass der Übergang von Ubiquitous Computing zur Augmented Reality fließend ist.

Mark Weisers Vision des Ubiquitous Computing sah zwar eher eine Kritik an dem Einsatz der virtuellen Realität vor. Am Beispiel des Cooperative Buildings zeigt sich aber, dass sich die Vorstellungen von Augmented Reality und Ubiquitous Computing durchaus ergänzend nutzen lassen.

Am Institut für Integrierte Publikations- und Informationssysteme (GMD-IPSI, heute Fraunhofer IPSI) wurde 1997–1998 im Rahmen der Forschungsgruppe ›AMBIENTE – Workspaces of the Future‹ und anschließend im Konsortium ›Future Office Dynamics‹ (FOD) zusammen mit dem Designteam WIEGE der Möbelfirma Wilkhahn ein sehr interessantes Büromöbelkonzept entwickelt, welches die Eigenschaften der Augmented Reality und des Ubiquitous Computing gleichermaßen vereint.[42] Im Rahmen dieser Forschung wurden die **roomware®-components** (DynaWall®, CommChair®,ConnecTable®, InteracTable®) entwickelt. Die erste Publizierung erfolgte 1999 im Kontext des EXPO 2000 Projekts *The future of work in the field between humankind, nature, technology and the market.*

Ein aktuelleres Möbel aus dem Jahr 2007, bei dem ebenso beabsichtigt ist, mit den Mitteln des Ubiquitous Computing und der Augmented Reality die Kommunikation zwischen Menschen zu erleichtern und Informationen erlebbarer werden zu lassen, ist der **Interactive Table**[43]. Er bietet eine interaktive Multitouch-Oberfläche, auf der mehrere Anwender gleichzeitig mit der Hand Dateien, Bilder und Videos bewegen, steuern und austauschen können. Daten können per Bluetooth direkt auf ein mobiles Gerät übertragen werden (**Abb. 258**).

Ganz im Sinne des Tangible User Interface lassen sich reale, physisch greifbare Objekte zur Steuerung des Bildschirminhaltes verwenden. Sie werden so selbst Bestandteil der Projektion. Der Interactive Table basiert auf einem von Studierenden der Medieninformatik an der der Ludwig Maximilians Universität (LMU) entwickelten Prototyp, und resultiert aus einem Seminar[44] und aus der Forschung von Prof. Dr. Andreas Butz.[45] In einer Koproduktion der Unternehmen foresee[46] und Werk5[47] wurde er für die Marktreife vorbereitet und wurde nach Aussage der Unternehmen nun »speziell für den Einsatz in repräsentativen Umgebungen wie Showrooms, Flagshipstores, Brand Academies oder Science Centern entwickelt«.

42 www.ipsi.fraunhofer.de/ ambiente/english/projekte/ projekte/roomware.html

43 www.interactive-table.de

44 www.medien.ifi.lmu.de/ lehre/ws0607/hs
45 www.butz.org
46 www.foresee.biz
47 www.werk5.de

Abb. 258
Interactive-Table.
(www.interactive-table.de)

Sonifikation: "A mapping of numerically represented relations in some domaine under study to relations in an acoustic domain for the purpose of interpreting, understanding or communicating relations in the domain under study."

Scaletti, C. 1994: *Sound Synthesis Algorithms for Auditory Data Representations*.

Bei der Thematik dieses Buches ist es nur selbstverständlich, nicht auf alle Aspekte im Detail eingehen zu können. Dennoch soll hier das Sound-Interface als Teil des Brandings, der Markenprägung, zumindest erwähnt werden. Corporate Sound soll der Marke einen Klang und eine unverwechselbare und widererkennbare Identität verleihen. Dies geht so weit, dass selbst ein Keks beim Zubeißen ein bestimmtes, berechenbares Knuspergeräusch haben soll. Dass ein Fahrzeug, insbesondere ein Sportwagen, bestimmte Klänge von sich geben soll, ist ja hinlänglich bekannt. Schalter geben Klickgeräusche von sich, um die beabsichtigte Funktion zu bestätigen, was als absolute Selbstverständlichkeit erwartet wird. All diese Geräusche werden zu Sound-Interfaces, sobald mit ihnen eine Bedeutung verbunden ist oder eine unverwechselbare Zuordnung möglich wird.

Zusätzlich zu diesem Bereich ist der Sound aber über eine Informationsvermittlung hinaus auch als mögliche Komponente der Steuerung zu verstehen. Töne, Klänge und Geräusche spielen bereits eine wichtige Rolle bei der Orientierung. Wir lassen uns von ihnen wecken, warnen oder in gute Laune versetzen. Eines der bekanntesten Anwendungen der **Sonifikation** ist wohl das Geiger-Müller-Zählrohr, auch Geigerzähler genannt, mit dem die Intensität radioaktiver Strahlen gemessen und deren Menge per Häufigkeit von Knackgeräuschen übermittelt wird. Von medizinischen Geräten her kennt man zudem die akustischen Bestätigungen der wesentlichen Vitalfunktionen, die sowohl grafisch als auch auditiv dargestellt werden. Der Puls wird durch einen der Pulsfrequenz entsprechenden Sinuston dargestellt und die Sauerstoffkonzentration im Blut durch die Tonhöhe wiedergegeben. Unregelmäßigkeiten können so bereits am Ton erkannt werden, ohne dass sich der behandelnde Arzt auf das Darstellungsgerät konzentrieren müsste.

Auch bei weniger spektakulären Situationen spielt das Auditive eine entscheidende Rolle. Die Geräusche einer Festplatte oder die Klänge mancher Software und Betriebssysteme signalisieren dem Anwender Zustände oder Fehler. Bei gezieltem Einsatz der Sonifikation bei Software, z. B. zur Signalisierung von Zuständen bzw. Fehlern, wird der erklingende Ton, Klang oder das Geräusch in Anlehnung an das Wort Icon auch als **Earcon** bezeichnet. Zur Unterscheidung solcher Klänge, die erst erlernt werden müssen, gibt es noch die **Auditory Icons**, die nicht abstrakt sind, sondern aus natürlichen bzw. alltäglichen Geräuschen bestehen. W. Gaver experimentierte mit Auditory Icons, indem er z. B. das Greifen einer Datei mit der Computer-Maus mit einem hölzernen Sound belegte, wobei die Tonhöhe die Größe der Datei wiedergab. Der Kopiervorgang wurde durch das Eingießen von Flüssigkeit in ein Gefäß dargestellt, wobei das Ansteigen der Klanghöhe das allmähliche Füllen des Gefäßes nachvollziehbar machte.[48]

Die Gestaltgesetze für die visuelle Wahrnehmung können im Wesentlichen auch auf die akustische Wahrnehmung übertragen werden. Diesbezüglich ist der Artikel *Perceptual Principles in Sound Grouping* von Sheila M. Williams zu empfehlen.[49] Geräusche können, je nach Situation, wichtige Botschaften transportieren. Je nach Erfahrung können Geräusche einem Fahrer während der Fahrt mit einem PKW z. B. wichtige Informationen über den Zustand des Motors geben. Geräuschisolierte Fahrzeuge sichern zwar angenehme Ruhe und somit einen hohen Komfort, können in diesem Zusammenhang aber auch wichtige Informationen verbergen, die dann wieder mit optischen Interfaces dargestellt werden müssen. Das Thema des Soundinterface ist vielfältig und es würde sich lohnen, dieser Thematik ein eigenes Buch zu widmen. Dass die Nutzung des Sounds als Interface eine nicht ganz

48 Gaver, W. W.: Auditory Icons: Using sound in computer interfaces, 1986. In: Kramer, G. (Hrsg.): *Auditory Display: Sonification, Audification and Auditory Interfaces, SFI Studies in the Sciences of Complexity, Proceedings*. Volume XVIII. Reading MA: Addison-Wesley Publishing Company, 1994.

49 Williams, Sheila M.: Perceptual Principles in Sound Grouping, 1992. In: Ebd.

unbeachtete Variante darstellt, zeigt der Umstand, dass es seit 1992 eine Konferenz für Sonifikationsexperten gibt, die ICAD, International Community for Auditory Display (www.icad.org).

Sonifikationsexperten am Lehrstuhl für Neuroinformatik der Universität Bielefeld versuchen z. B. herauszufinden, ob man die Bewegungen des Geldes an den Börsenmärkten akustisch nachvollziehbar machen könnte. Grundsätzlich untersuchen sie die Möglichkeiten, Sound als Interface nutzbar zu machen. Bei seiner Diplomarbeit setzte z. B. der Neuroinformatikers Timo Thomas am Lehrstuhl von Professor Helge Ritter in Bielefeld Börsendaten in Töne um: ›Da klingt ein Kurssturz wie ein Erdrutsch, und im leisen Gemurmel der kleinen Transaktionen macht sich ein großer Deal durch einen lauten Ton bemerkbar.‹ Dies ist nur ein Beispiel, es stammt aus dem Jahr 2000. Im medizinischen Bereich ist es bereits üblich, dass bestimmte Messergebnisse bzw. das Auftreten bestimmter Stoffe und Ereignisse, die sich in einem definierten Messbereich ergeben, mit jeweils festgelegten Sounds hörbar gemacht werden, ähnlich wie beim Geigerzähler. Der Umgang mit akustischen Display-Methoden muss allerdings erst einmal gelernt und trainiert werden.

Der Medien- und Kommunikationstheoretiker Dr. Norbert Bolz, Professor an der Technischen Universität Berlin,[50] sieht die Stimme als das Interaktionstool der Zukunft.[51] Er ist der Ansicht, dass es in Zukunft immer mehr Produkte geben wird, die per Spracheingabe, also per **Voice-Interface**, gesteuert werden. Hier stellt sich die Frage, ob man nicht zuviel Aufwand betreiben muss, damit die Maschine den Menschen versteht. Mit dem Gebrauch der Stimme steuern wir zwar unser Sozialleben, aber wie schwer es sein kann, etwas mit der eigenen Stimme bzw. Sprache in Gang zu setzen, wird dann deutlich, wenn man sich in einem Umfeld befindet, in dem man mit den eigenen Sprachkenntnissen nicht weiterkommt. Menschen unterschiedlicher Kulturen können sich trotz unterschiedlicher Sprachkenntnisse durch Gestik, Mimik und Zeichen zumindest noch verständlich machen. Aber die sprachliche Kommunikation mit einer Maschine stellt schon eine besondere Herausforderung dar. Eine Maschine kann nicht hinreichend individuell reagieren. Sie muss in der Regel auf bestimmte Eingaben vorbereitet werden, um mit passenden Reaktionen antworten zu können. Der Anwender muss zudem eine besondere Art der Eingabeform lernen, damit die Maschine nicht bei jeder beliebigen akustischen Eingabe reagiert. Das sprachliche Zusammenspiel von Mensch und Maschine ist dadurch dermaßen strukturiert, dass von der Behauptung von Herrn Bolz, »die Stimme ist das ultimative Interface«[52] nicht mehr viel übrig bleibt. Zudem ist zu berücksichtigen, dass ein Mensch mit seiner Stimme nicht nur den gesprochenen Inhalt als Daten zur Maschine übermittelt, sondern ebenso in gefühlsbedingten oder akzentbedingten Betonungsvarianten spricht. Voice-Interfaces werden diese Vielfalt so bald nicht identifizieren können. Zudem kann dies die Fehlerquote bei der Interpretation durch die Maschine ungünstig erhöhen. Wer seine sprachliche Eingabe mehrfach wiederholen muss, wird in Zukunft lieber gleich einen Schalter oder ein Menü bedienen. Das Bedienen durch Berührung liefert ohnehin viel umfangreichere Feedbacks als es ein Voice-Interface je bieten könnte. Herr Bolz geht davon aus, dass Anwender mit Technik nichts zu tun haben wollen und daher ein Voice-Interface bevorzugen würden. Es ist viel eher so, dass Anwender nicht mit komplizierten Abläufen belastet werden wollen. Dass sie es mit Technik zu tun haben, wird sie so lange nicht stören, solange diese funktioniert und vom Anwender

50 www.medienberatung. tu-berlin.de

51 http://gunnarsohn.word-press.com/2007/11/; Eintrag vom 27. 11. 2007.

52 http://gunnarsohn.word-press.com/2007/11/; Eintrag vom 27. 11. 2007.

gut bedient werden kann. Das Berühren eines Produktes ist dabei Teil der Hoffnung, Illusion, aber auch Erlebnis, den Prozess des Bedienens im wahrsten Sinne des Wortes begreifen zu können. Ein Voice-Interface könnte die Distanz zwischen Mensch und Maschine daher eher vergrößern.

Sprachdiagnosesysteme von Callcentern sind z. B. allgemein unbeliebt. Allerdings in den Bereichen, bei denen der Anwender die Hände nicht frei hat (z. B. beim Autofahren), kann es durchaus hilfreich sein, ein Produkt per Voice-Interface zu bedienen. In solchen gebundenen Situationen werden bzw. müssen die Umstände, die sich mit dem Voice-Interface ergeben können, hingenommen werden, solange es an Alternativen fehlt.

Voice-Interfaces machen immer dann Sinn, wenn es um überschaubare Prozesse geht. So kann die Software *Midomi*[53] für das *iPhone* z. B. eine gesummte Melodie identifizieren und so den Namen des Interpreten und den Titel des Stücks nennen. Ähnlich kurze Abläufe können oft schneller durch das Nennen eines kurzen akustischen Befehls ausgeführt werden, als durch die Steuerung durch mehrere Ebenen eines Menüs. So wäre es z. B. hilfreich, wenn man per Stimmeneingabe die 3G-Aktivierung des *iPhone* ein- und ausschalten könnte. Eingeschaltet hält der Akku keinen Tag. Nun benötigt man 3G aber nur während bestimmter Funktionen, weshalb man bisher über 5 Klicks das Ein- bzw. Ausschalten bewerkstelligen muss. Über **Voice-Search** lässt sich nicht nur bei Audio-Suchprogrammen, sondern auch bei mobilen Stadtführern und Navigationsgeräten die Abfrage von Inhalten steuern. Auch hier geht es nie um komplexe Abläufe, dennoch zeigen sich gerade dort die Grenzen des Voice-Interfaces. Spätestens dann, wenn ein Produkt komplexe Inhalte übermitteln soll, können diese nicht akustisch, sondern müssen per Grafik übermittelt werden. Der Traum von einer akkustischen Kommunikation zwischen Mensch und Computer ist wohl weniger von einem echten Bedarf, sondern eher von Sciencefictionfilmen und der *Enterprise*-Serie geprägt. Das Interesse am Thema Voice-Search – auch von Seiten großer Konzerne wie IBM, Google, AT&T etc. – ist ungebrochen. Sie treffen sich regelmäßig zur Voice-Search-Conference.[54]

Im reinen Dialogbetrieb, bei dem ein Computer mittels Identifizierung von Sprachinhalten nur für eine geeignete Weiterleitung von Daten oder Kundenanfragen sorgen soll, gibt es bereits entscheidende Fortschritte. Insbesondere Callcenter versprechen sich durch gute Sprachdialogsysteme mehr Kundenzufriedenheit. Einige setzen die Sprachdialogsysteme aber auch gezielt dafür ein, den Kunden vom Berater fernzuhalten oder vielleicht sogar, um ihn möglichst lange in der kostenpflichtigen Leitung zu halten. Hier ist zu empfehlen, mehrmals bewusst überflüssige Spracheingaben vorzunehmen bzw. das Wort ›Berater‹ zu nennen. Die meisten Systeme leiten den Anrufer dann umgehend zu einem echten Berater aus Fleisch und Blut weiter.

53 www.midomi.com

54 www.voicesearch
conference.com

Exemplarische Interaktionsformen zwischen Empfänger und dem Wissensvermittlungssystem

Fragestellungen bezüglich der Gestaltung von Interfaces	• Wie soll der Benutzer die Interaktivität wahrnehmen? • Welche Rolle spielt das Interface, welche Rolle der Inhalt? • Welche Erlebnisqualität bietet das Interface? • Inwiefern wird eine Geschichte bzw. eine Dramaturgie wahrgenommen? • Wieviel Freiheit soll (und will) der Benutzer haben? • Ist es ein gutes, angenehmes, spannendes Interface? • Wodurch kommt eine Erlebnisqualität zustande? • Wann entscheidet sich der Benutzer wofür? • Ist eine Dramaturgie immer narrativ? • Ist eine Dramaturgie immer zeitbasiert? • Ist Dramaturgie immer das Ergebnis sensibel aufeinander abgestimmter Ereignisse?
Formen der Interaktion	• Konversation als ideale Form der Interaktion. • Wechsel der Perspektive (Person, Erzählung, Einblick, Ausblick, Vogel- und Froschperspektive etc.). • Änderung des Detaillierungsgrades, Wechsel der Informationsebene. • Direktes Beeinflussen der Handlung (Tempo, Überspringen, Löschen, Verknüpfen etc.). • Selektion, Änderung des Gesamtablaufes. • Offene Dramaturgie (Dialog, Konversation, Zufall etc.). • Angebot mehrerer Erzählstränge. • Kein Zwang zur (Inter-) Aktion. • Manipulation. • (Un-) Vorhersehbarkeit.
Navigation bedeutet, dass	• nächste Schritte und Optionen angezeigt werden. • der bisherige Weg verlassen wird. • Orientierung erforderlich ist. • die Aufmerksamkeit geteilt ist. • das Interface reagiert. • der Zuschauer zum Benutzer wird. • der Zuschauer zum Mitspieler wird und somit zum Bestandteil des interaktiven Produkts.

Gebote und Kriterien für Interfacedesign

Interfaces sollten:

1. in ihrer Struktur und Gestaltung konsistent sein. Darstellungsarten und Eigenschaften sollten in allen Kapiteln gleich oder wiedererkennbar ähnlich sein.

2. bereits bei der ersten Begegnung mit dem Betrachter Interesse wecken.

3. den Betrachter informieren, um ihn zum Anwender zu machen.

4. anpassungsfähig sein. Basierend auf den Aktionen des Anwenders sollten sich die Werkzeuge und Inhalte dem Anwenderverhalten anpassen.

5. so beschaffen sein, dass deren Nutzung keine Gebrauchsanleitung erfordert. Dies ist eine Ideal-vorstellung, die sich gerade bei komplexen Interaktionsangeboten nicht immer erfüllen lässt. Mit dem Interfacedesign sollte angestrebt werden, dass eine Gebrauchsanweisung erst gar nicht erforderlich wird, sondern quasi inherent ist. Das Benutzen bzw. die Beantwortung der Fragen, was das Produkt anbietet und wie es zu benutzen ist, sollte selbsterklärend durch das Interface erfahrbar sein.

6. skalierbar sein. Basierend auf den Kompetenzen und der Lernfähigkeit des Anwenders sollten sich die Werkzeuge und Inhalte durch den Anwender seinem Bedarf anpassen lassen können.

7. früh in die Funktion und Anwendung der Navigationselemente einführen. Die Navigations-elemente sollten durch direktes Lernen in der Aktion erfahrbar sein. Dadurch wird ein selbst-bestimmter Umgang und somit ein selbstbestimmtes Lernen ermöglicht.

8. motivierend sein. Gerade bei selbst bestimmten Lernprozessen ist der Aufbau und die Aufrecht-erhaltung der Motivation von entscheidender Bedeutung. Verliert der Anwender die Lust, sich weiter mit der Applikation auseinanderzusetzen, wird er sie beenden, bevor eine Wissens-vermittlung stattfinden konnte.
   Die Motivation des Anwenders wird gefährdet, wenn
   a) zu viele und unübersichtliche Auswahlmöglichkeiten verwirren.
   b) vorhersehbare Strukturen langweilen.
   c) missverständliche Anweisungen frustrieren.

9. den Anwender mit mehreren Perspektiven und Kontexten eines Sachverhalts konfrontieren. Der Anwender sollte in authentische und komplexe Situationen versetzt werden, in die der Lerngegenstand eingebettet ist und mit dem der Anwender interagieren kann.

10. beim Anwender stets eine Ahnung erwecken, was ihn erwarten könnte (Antizipation ermög-lichen), um Eigeninitiative zum explorativen und assoziativen Entdecken der Inhalte zu fördern. Die zu erwartenden Inhalte müssen überschaubar bleiben.

11. durch vereinfachte Prozeduren, verständliche Anzeigen und schnelles, informatives Feedback beim Anwender ständig ein Gefühl von Kompetenz und Kontrolle über das System vermitteln. Dies setzt voraus, dass der Anwender sich keine komplizierten Benutzungsregeln bzw. komplexe Verzweigungsstrukturen merken muss. Ausnahmen bestätigen auch hier die Regel, die zum Zwecke der Unterhaltung z. B. bei Adventure Games durchaus gebrochen werden sollten.

12. es dem Anwender erlauben, Fehler machen zu dürfen. Dies bedeutet auch, dass er jederzeit die Möglichkeit erhalten sollte, zum Ausgangspunkt zurückkehren zu können.

13. dem Anwender das Tempo und die Richtung der Vorgehensweise selbst bestimmen lassen können.

14. dem Anwender die Möglichkeit eröffnen, eigene Inhalte und Notizen anfügen zu können.

15. es dem Anwender ermöglichen, die Inhalte aktualisieren zu können.

16. durch ein entsprechendes Interactiondesign die Vorgänge des Navigierens für den Anwender gut nachvollziehbar und die Struktur der interaktiven Eigenschaften und Möglichkeiten des Produkts durchschaubar machen. Der Anwender kann nur dann navigieren, wenn er sich zuvor orientieren konnte. Kann der Anwender sich eine eigene Vorstellung von den Möglichkeiten machen, so kann er auch selbstständig und somit zufriedener mit dem Produkt interagieren.

17. kulturelle und landestypische Unterschiede respektieren. So sollten z. B. Formulare, in die u. a. die Adresse eines Anwender eingetragen wird, darauf ausgerichtet sein, dass es Länder mit bzw. ohne Bundesländer gibt. Bei Adressenformularen auf deutschen bzw. auf amerikanischen Internetseiten befindet sich z. B. häufig ein Eingabefeld für Bundesländer bzw. Bundesstaaten. Am besten lässt man den Anwender zunächst sein Land auswählen, worauf ein entsprechend angepasstes Adressformular erscheinen kann. Bei dem Auswahlfeld zur Angabe des Landes bzw. Sprache (z. B. mit Pulldown-Menü) sollte der Anwender in seiner Sprache und den für sein Land typischen Schriftzeichen angesprochen werden. Außerdem sollte darauf geachtet werden, dass landestypische Dezimalsystem-Seperatoren (mit/ohne Komma oder Punkt), Maßeinheit (Kilo, Pfund, Unce, Inch, cm, Liter, Pint, US Gallone, UK Gallone etc.) oder Währung korrekt angezeigt werden.

Je nach Absicht müssen Interfaces bestimmten Kriterien entsprechen. Dabei lässt sich nicht exakt bestimmen, welche Kriterien ausschließlich für welche Absicht bestimmt sind. Dafür sind die Kombinationsmöglichkeiten von Erzählformen, Wissensvermittlung, Unterhaltung und weiteren Absichten zu vielseitig. Auch hier gilt es, Ihre Kreativität anzuregen und nicht die Illusion zu vermitteln, es gäbe nur einen Weg zum Ziel bzw. ein einziges Schema zur Erstellung interaktiver Produkte.

4 Servicedesign – User Experience Design, Joy of Use

Bei der **User Experience (UX)** geht es nicht nur um eine effiziente Nutzung von Applikationen, sondern darum, wie ein Anwender die Auseinandersetzung mit der Applikation erlebt. Mit dem **Experience Design** wird sichergestellt, dass zwischen Anwender und **User Interface (UI)** ein Dialog entsteht, der dem Anwender im Idealfall Freude oder zumindest Zufriedenheit bereitet. Mit der Bezeichnung **Human Computer Interaction Design (HCID)** wird insbesondere der Umstand zum Ausdruck gebracht, dass es darum geht, eine Beziehung zwischen Computer und Anwender aufzubauen. Da der Anwender die sich ihm allgegenwärtig umgebenden Computer nicht mehr als solche wahrnimmt, wäre folgende Bezeichnung umso passender: Human Application Interaction Design (HAID) bzw. **Human Service Interaction Design (HSID)**. Da solche Bezeichnungen allerdings der Absicht entgegenwirken könnten, Technik weniger technisch erscheinen zu lassen, eignet sich eher die Bezeichnung User Experience Design. Um dann noch sowohl die Gestaltung der Hardware und der Software als auch die Gestaltung der Dienstleistungen und Wertschöpfungsketten unter einem Begriff zusammenfassen zu können, eignet sich am besten die Bezeichnung **Servicedesign**. Alternativ verwendete Begriffe wie User Experience bzw. Experience Design sind nicht ganz so gut geeignet. Sie beschreiben weniger ein Produkt als vielmehr die Eigenschaften eines Produktes, die einen Gebrauchswert (Utility), eine Bedienbarkeit (Usability) (siehe auch *Usability – mehr als nur ›use‹ und ›utility‹*, S. 304) und zudem eine Anwenderfreude (Joy of Use) ermöglichen. Sie betonen aber nicht in gleicher Weise, dass das Image eines Unternehmens mitberücksichtigt wird. Sie lassen zudem eher vermuten, dass es ausschließlich um die Gestaltung einer Internetseite oder eines Interfaces geht, zumal Bezeichnungen wie ›User‹ und ›Experience‹ bevorzugt der Softwarentwicklung und dem Mediendesign zugeordnet werden.

55 www.stanford.edu/group/dschool
56 www.hpi.uni-potsdam.de/d-school
57 www.sap.de

58 www.ideo.com
59 Ein Buch von William Moggridge: *Designing Interactions*, MIT Press, 2006

Zehn Grundregeln des Design Thinking (Quelle: IDEO)

1. Schauen Sie über den Tellerrand des eigenen Unternehmens hinaus
2. Fördern Sie den Austausch zwischen den Abteilungen
3. Sprechen Sie mit Ihren potenziellen Kunden
4. Sehen Sie mit den Augen Ihrer potenziellen Kunden
5. Entwickeln Sie schnell und viel im Wechsel von Brainstorming und Prototyping
6. Binden Sie Feedback-Schleifen mit ein
7. Fassen Sie in vielen Synthesephasen das Problem immer wieder enger
8. Stellen Sie den Menschen in den Mittelpunkt Ihres Handelns
9. Arbeiten Sie über die fachlichen Disziplinen hinaus eng zusammen
10. Lassen Sie Fehler zu

Bisweilen wird an Stelle von Servicedesign auch der Begriff **Design Thinking** angewandt. Design Thinking wird z. B. an der d.school an der Stanford University in Palo Alto gelehrt[55] und ebenso im Schwesterinstitut der d.school am Hasso Plattner Institut an der Universität Potsdam.[56] Durch die Initiative von Hasso Plattner, Mitgründer des Softwareentwicklerkonzerns SAP,[57] ist ein großes Service Design Team darum bemüht, Design Thinking auch in die SAP-Projektteams einzuführen.

Der Begriff ›Design Thinking‹ fand bereits 1991 Anwendung im Titel des Symposiums *Research in Design Thinking* an der Technischen Universität Delft, organisiert von Nigel Cross, Kees Dorst und Norbert Roozenburg. IDEO war eines der ersten Design- und Beratungsbüros, die Design Thinking gezielt anwandten. Bei IDEO[58] wurde es durch William Moggridge[59] eingeführt und zusammen mit David Kelly, dem Gründer von IDEO, als Innovations- und Entwicklungs-Strategie ausformuliert. Die Lehre des Design Thinking ist von einem fächerübergreifenden Ansatz und der engen Zusammenarbeit der Studienrichtungen Wirtschaft, Design, Informatik, Ingenieurwesen, Geistes- und Naturwissenschaften geprägt und von der Überzeugung, dass ein Prototyping mit permanenten Feedback-Schleifen innerhalb des Entwicklerteams ein zusätzliches Potenzial an Innovation freisetzen kann.

Mit Design Thinking wird in erster Linie eine Methodik des interdisziplinären Zusammenarbeitens im Designprozess beschrieben und nicht etwa ein konkret zu gestaltender Themenbereich. Design Thinking lässt sich auf alle Designthemen anwenden. Es ist beabsichtigt, mit Design Thinking Möglichkeitsfelder für Innovationen offenzulegen. Und selbstverständlich steht der Mensch im Mittelpunkt aller Überlegungen. Durch ein akribisches Hinterfragen der vorliegenden Aufgabenstellung werden erste Lösungsansätze vorgeschlagen. Daraufhin folgt ein Prototyping, um sich nicht nur auf Beschreibungen von Ideen und auf angefertigte Skizzen verlassen zu müssen, sondern auch erste Ansätze im wahrsten Sinne des Wortes begreifbar zu machen. Daraufhin werden die Anforderungen an- hand der ersten Lösungen enger gefasst, die Ideen werden Schritt für Schritt konkretisiert und durch ständiges Brainstorming immer wieder von neuem hinterfragt. Dadurch ergibt sich die erwähnte Feedback-Schleife aus Brainstorming, Prototyping, Brainstorming, Prototyping etc. Beim Design Thinking steht zwar die Methodik im Vordergrund, dennoch geht es nicht nur darum, Lösungen zu erdenken, sondern auch darum, praktikable Ergebnisse zu schaffen. Design Thinking bietet daher eine geeignete Methodik, um sich den Herausforderungen im Design allgemein und somit auch im Servicedesign zu stellen und innovative Ideen zu entwickeln.

Die Auseinandersetzung mit Servicedesign macht deutlich, dass eigentlich jede Produktidee, die den Menschen in den Mittelpunkt stellt, eine Dienstleistung darstellt. Servicedesign dient dazu, Prozesse des Konsums und des Nutzens zu gestalten. Somit werden mit dem Servicedesign bereits wesentliche Bestandteile des Interaction- und des Interfacedesigns beschrieben. Lediglich dann, wenn es beim Kommunikationsdesign oder Produktdesign konkret um gegenständliche Aspekte geht, lassen sich diese mit den Mitteln des Servicedesigns nicht hinreichend vermitteln. Servicedesign beschreibt das, was sich nicht anfassen und besitzen lässt. Servicedesign steht für die Entwicklung kundenorientierter Strategien. Dabei geht es aber nicht nur um die Erarbeitung effizienter Systeme, funktionaler Strukturen und um Ordnung und Überschaubarkeit in Abläufen, sondern es geht in erster Linie um das kreative Eröffnen von Kontaktpunkten zwischen Angebot und Kunde. Servicedesign steht an der Schnittstelle von kreativer Gestaltung und Profitabilität.

Beim Servicedesign geht es darum, sich in die Bedürfnisse und Gefühle der Kunden hineinzuversetzen und auf Basis der dabei gewonnenen Erkenntnisse Rahmenbedingungen zu schaffen, die einerseits beim Kunden Zufriedenheit, Freude und eventuell Leidenschaft bewirken und andererseits für den Anbieter das Ansehen und den Umsatz steigern.

Mit Servicedesign werden alle Strategien zusammengefasst, die das Auftreten, das Erleben, den Konsum und das Image eines Produktes bzw. einer Dienstleistung ermöglichen und repräsentieren. Ein Designer, der sich mit der Konzeption und Entwicklung von Servicedesign befasst, ist zwangsläufig als Unternehmensberater tätig. Er entwickelt Strategien und setzt zudem deren gestalterische Repräsentanz um und prägt so gleichermaßen strategische Entscheidungen, die **Corporate Identity**, das **Branding** und das **Corporate Design** eines Unternehmens.

Wenn der Anwender sich einem Interface ausgeliefert fühlt, liegt dies oft daran, dass vom Produkt bzw. von der vermeintlichen Dienstleistung eher Anforderungen bzw. Aufforderungen an den Anwender gerichtet werden, anstatt ihm dienend oder zumindest unterstützend behilflich zu sein. Solch eine monologische Kommunikation steht im Widerspruch zur eigentlichen Aufgabe eines Interfaces und eines Servicedesigns, nämlich einen Dialog zu ermöglichen, bei dem der Anwender nicht bedienen muss, sondern bedient wird oder zumindest im Prozess einer Funktionsdurchführung bzw. Informations- und Kommunikationsabfolge involviert oder dabei begleitet wird. Im Idealfall wird es ihm Freude bereiten, zusammen mit dem Produkt eine Absicht oder Funktionen durchzuführen. Mit **Joy of Use** ist nicht in erster Linie Spielspaß gemeint, sondern eine Zufriedenheit beim Anwenden eines Produktes. Wenn der Anwender das Gefühl erhält, der Auseinandersetzung mit einem Interface gewachsen zu sein bzw. sich für ihn der Eindruck bestätigt, dass das Interface auf seine Bedürfnisse und seinen Kompetenzgrad einzugehen scheint, kann ein Joy of Use auch bei solchen Produkten und Dienstleistungen eintreten, bei denen es der Anwender am wenigsten erwartet hätte.

Häufig befürchtet ein Anwender, einer Software bzw. einem Interface unterlegen zu sein, und unterdrückt daher seine Erwartungen. Dadurch beschränkt er nicht selten die Auseinandersetzung mit den Möglichkeiten eines Produktes auf das gerade eben Erforderliche. Dabei wäre es die Aufgabe eines jeden Produktes, den Anwender aufzufordern, das Potenzial eines Produktes herauszufinden und die Lust an der Entdeckung der Möglichkeiten zu wecken. Zum Joy of Use gehört es daher auch, den Anwender herauszufordern. Produkte, die über Eigenschaften verfügen, die den Nutzer in der Art herausfordern, dass er sich im positiven Sinn anregend herausgefordert aber nicht etwa überfordert fühlt, können dazu beitragen für das Produkt selber aber auch für den Hersteller bzw. Vertrieb einen Status im Markt zu manifestieren, der sich zum einen gegenüber den konkurrierenden Anbietern mit Eigenschaften darstellt, die eine qualitative Unterscheidbarkeit erkennen lässt und sich zum anderen in Folge als Standard der jeweiligen entwickeln könnte. So kann durch innovative Interfaces die Basis für Freude und Besitzerstolz beim Anwender geschaffen werden. Das wohl bekannteste Beispiel für Joy of Use sind die Gebrauchsfunktionen des Multitouch-Interfaces beim *iPhone* von Apple.

Die Firma Apple zeigt mit ihren Produkten auf sehr beeindruckende Weise wie Joy of Use, User Experience bzw. Servicedesign nicht als zu implementierende Elemente missverstanden, sondern als Philosophie und Identität eines kompletten Unternehmens genutzt werden. Ein Produkt wird erst dann als besonders gut be-

Servicedesign kann folgende Bereiche umfassen:
- Joy of Use
- Usability
- Informationsdesign
- Informationarchitektur
- Interfacedesign
- Interactiondesign
- Corporate Design

Links zum Thema Servicedesign:
· www.service-design-
  network.org
· www.service-design.de
· http://kisd.de/
  subject_sd.html
· www.design-hof.de
· www.designismakingsense.de

funden, wenn es den Eindruck vermittelt, dass von ihm eine Geschichte ausgeht oder dass der Anwender mit ihm eine Geschichte erleben kann. Dies kann ein konkretes Image sein oder auch nur das Auslösen von Assoziationen. Eigentlich kann man bei immer mehr Produkten und Dienstleistungen davon ausgehen, dass es um die Konzeption und Gestaltung von Erlebniswelten geht. So handelt es sich auch bei digitalen Dienstleistungen nicht mehr nur um den Inhalt und um Informationsarchitektur, sondern ebenso um Erlebnisarchitektur.

Servicedesign berücksichtigt dabei die Interessen und Bedürfnisse des Kunden vor, während und auch nach dem Kauf bzw. nach der Nutzung eines Produkts oder einer Dienstleistung. Wichtig zu beachten ist, dass Service erlebt wird, man kann ihn aber nicht besitzen.

Die Schwierigkeit bei jeder Produktentwicklung besteht darin, dass ein Produkt bzw. eine Dienstleistung viele Aufgaben zu erfüllen hat. Es sollte dem Anwender trotzdem ermöglichen, diese im Rahmen seiner individuellen Möglichkeiten und Kenntnisse erkennen und lösen zu können. Ein Produkt bzw. eine Dienstleistung muss Erwartungen wecken und diese je nach Kompetenzgrad des Anwenders unterschiedlich erfüllen. Je nachdem wie gut diese Aufgaben erfüllt und dargeboten werden, erhöht sich das Ansehen eines Unternehmens, das jene Produkte oder Dienstleistungen anbietet. Die Güte des Servicedesigns hat somit direkte Auswirkungen auf das Ansehen eines Unternehmens, weshalb Servicedesign – wie bereits erwähnt – im direkten Zusammenhang mit Branding, Corporate Design bzw. Corporate Identity steht. Noch kann sich die Qualität von Servicedesign nicht mit der des Produktdesigns messen. Aber je mehr das Thema Servicedesign von Designern und Unternehmen als Alleinstellungsmerkmal erkannt wird, desto mehr können Designer den Markt der Unternehmensberater neu beleben. Denn in der Strategieentwicklung und der Marktanalyse steht Servicedesign als analysierende und veranschaulichende Disziplin gleichbedeutend für Marktforschung und Marketing.

4.2 Der Designer als Unternehmensberater für Strategien

»Der intuitive Geist
ist ein heiliges Geschenk
und der rationale Geist
sein treuer Diener.«

Albert Einstein

Die elementare Bedeutung des Designs für den Erfolg eines Unternehmens haben längst nicht alle Unternehmen erkannt. Dabei ist es offensichtlich, dass viele Länder als einzigen nachhaltigen Rohstoff nur Dienstleistung zu bieten haben. Rund 69 Prozent des deutschen Bruttoinlandsprodukts wurden 2008 durch Dienstleistungen und Service-Angebote erwirtschaftet. Im selben Jahr ist Deutschland zum weltweit drittgrößten Exporteur von Dienstleistungen aufgestiegen.[60] Hier besteht ein enormer Bedarf an Unternehmensberatung und die Chance für Designer, sich so einen Anteil im Geschäft der Unternehmensberatung zu sichern. Im Bereich der Strategieentwicklung können sich Designer mit den Themen Servicedesign, Corporate Design und Designmanagement neue Aufgabenfelder erschließen.

Die Auseinandersetzung mit Servicedesign macht deutlich, dass die Kompetenzen eines Designers zu komplex sind, als dass er nur als Entwurfslieferant zu verstehen wäre. Er muss analytisch arbeiten, Probleme erkennen und Kenner der Unternehmens-, Produkt- und Dienstleistungseigenschaften sein, sich in die Zusammenhänge hineinversetzen und in Konzepten denken können. Gestalterische Fähigkeiten stellen dabei gerade einmal die Grundkompetenz dar.

Die Wirtschaftsleistung des Designs wird in Zukunft durch die seit 2008 gestartete *Initiative Kultur- und Kreativwirtschaft* der Bundesregierung zumindest in Deutschland deutlich besser messbar werden und dadurch an Aufmerksamkeit gewinnen. Gerade die angehenden Designer sollten sich der Verpflichtung und der wachsenden Bedeutung der **Creative Industries** bewusst werden und ihre Rolle als zukünftige Unternehmensberater wahrnehmen. Design ist ein wesentlicher Differenzierungsfaktor für Produkte und Dienstleistungen und damit ein wichtiger Wertschöpfungsfaktor. Das Thema Servicedesign bietet den Designern ein sehr großes Potenzial insbesondere auch als Unternehmensberater aktiv zu werden. Design ist der Wachstumsmotor der Creative Industries, die – der Wirtschaftskrise 2008/2009 zum Trotz – steigende Wachstumsraten aufzuweisen hat.[61] Die Designbranche ist auf dem besten Wege, sich von einem Berufszweig zu einem eigenständigen Wirtschaftszweig zu entwickeln.

Insbesondere Servicedesign macht deutlich, dass Design nicht der Dekoration dient, sondern eine komplexe schöpferische und strategische Leistung darstellt. Das Thema Servicedesign bietet genug Anlass, darüber nachzudenken, nach welchen Kriterien in Zukunft einerseits Studierende für Wirtschaftsstudiengänge auszuwählen sind, damit die dort zu vermittelnden Themen von kreativen Personen behandelt werden, und anderseits, welche Themen am besten direkt in der Designausbildung übernommen und z. B. im Bereich des Servicedesign gelehrt werden sollten. Fehlendes Abstraktionsvermögen und fehlende Kreativität können eine Ursache dafür sein, dass an einmal erlernten Strategien auch dann noch festgehalten wird, wenn sich diese längst als fehlerhaft oder zumindest als bedenklich herausgestellt haben.

Ein Designer ist es gewohnt, ein umfassendes Konzept zu entwickeln. Er ist von der Analyse über die Gestaltung und Umsetzung bis hin zur Übermittlung der Produktvorzüge entscheidend am Erfolg eines Produktes oder einer Dienstleistung beteiligt, weshalb sich seine umfassende und folgenreiche Tätigkeit auch nicht mit Dienstleistung, sondern ausschließlich mit den Begriffen Unternehmensberatung, Konzeption und Kreation bezeichnen lässt. Schließlich ist es der Designer, der bei der Entwicklung einer Corporate Identity sowohl die relevante Beratung bietet, wie sich ein Unternehmen von seiner Konkurrenz unterscheiden könnte, als auch die Ideen einbringt und zugleich die Realisierung der aus dieser Unternehmensbera-

60 Statistisches Bundesamt: *Deutsche Wirtschaft – 1. Quartal 2009; Entwicklung des Brutto-inlandprodukts preisbereinigt* (www.destatis.de).

61 www.agd.de/fileadmin/bildmaterial/Designwirtschaft_S_ndermann-Michael_Hardt.pdf (21.08.2009)
www.dstgb.de/homepage kommunalreport/forum_der_ wirtschaftsfoerderer/soendermann_creative_industries_ein_ serioeses_wirtschaftsfeld/7_hp_soendermann.pdf (21.08.2009)

Designagenturen, die Servicedesign als Unternehmens-
beratung anbieten:
· **IDEO** www.ideo.com
· **Design Continuum**
www.dcontinuum.com
· **Ziba Design** www.ziba.com
· **Insight Product Development**
www.insightpd.com

tung resultierenden Erfordernisse ermöglicht. Er ist es schließlich, der das Corporate Design inklusive der Interaktions- und Branding-Strategien plant und zudem gestalterisch umsetzt.

Wenn es nicht nur um schöne Worte, sondern in erster Linie um eigenständige Ideen, Markenidentität und die Entwicklung von Alleinstellungsmerkmalen geht, werden Designer mit der eigentlichen Aufgabe, der Gestaltung bzw. Neuerfindung der Identität eines Unternehmens, eines Produktes oder einer Dienstleistung erforderlich. Anschließend sind es auch die Designer, die die Werbung entwickeln und so ein Image des Produktes und des Unternehmens erst möglich machen und auch für die Zukunft prägen.

Die klassischen Unternehmensberater gelten in der Regel als rein betriebswirtschaftlich geprägte Kalkulationsprofis, die für Statistiken und Kostenpläne zuständig sind. Ihnen wird nicht selten unterstellt, für kreative und gestalterische Aufgaben nicht geschaffen zu sein. Dass zahlreichen Beratern aber auch für strategische Aufgaben die notwendige Kreativität fehlt und sie offensichtlich vorgefertigte Strategien bisweilen unreflektiert an ihren Kunden ausprobieren, kann seit der weltweiten Wirtschaftskrise 2008/2009 zumindest vermutet werden. Spätestens seitdem wurde sehr deutlich, dass man die endgültigen Entscheidungen den Ökonomen nicht allein überlassen sollte.

Unternehmensberatung, Produkt- und Serviceentwicklungen, die Finanzwelt und deren Zusammenwirken sind einfach zu komplex, als dass man Entscheidungen nur von denen erwarten sollte, die es in ihrem Studium lediglich gelernt haben, nach den Regeln, Modellen und Vorgaben anderer zu denken und zu handeln. Die wesentlichen Anteile der Lehre vieler Wirtschaftsstudiengänge an den Hochschulen beschränken sich auf einige wenige Fachbücher. Dort werden verschiedene Modelle wirtschaftlicher Zusammenhänge vorgestellt und beschrieben, wie und womit man auf sie Einfluss nehmen kann. Die Strategien sind dabei oft sehr ähnlich, was zunächst auch verständlich ist. Man kann schließlich auf Erkenntnisse und Erfahrungen aus der Vergangenheit zurückgreifen, und die Absicht des Handels, Umsätze zu generieren, diese zu steigern und Ausgaben gering zu halten, ist grundsätzlich vergleichbar. Modelle sollten aber auch nur als Modelle und somit als Beispiele, bestenfalls als wahrscheinliche Möglichkeiten, aber nicht als unumstößliche Wahrheiten verstanden werden. Dennoch werden diese in den Hausarbeiten oft unreflektiert rezitiert und für die Klausuren auswendig gelernt und exakt so wiedergegeben, wie sie in den Lehrbüchern beschrieben stehen.[62] Diese Litanei fordert nicht gerade dazu heraus, Fragen zu stellen, eingetretene Pfade und Lehrmeinungen zu hinterfragen und nach ergänzenden Lösungen oder eigenen Kombinationsstrategien zu suchen, um sich so selbstständig mit dem vermittelten Wissen auseinandersetzen zu können. Selbstständige Konzeptentwicklung oder gar innovatives Denken können in solchen Zuständen zu Floskeln verkommen.

Die Wirtschaftsbranche wird rational betrieben und ist auf Effektivität und Effizienz ausgerichtet. Es geht ihr darum, Prozesse zu generieren, die hierarchisch geordnet Kontrollierbarkeit, Verfügbarkeit und Wiederholbarkeit garantieren. Sie glaubt und hofft, den Zufall ausschließen zu können und stützt ihre Entscheidungen gerne auf Statistiken, die sich rühmen, repräsentativ und nachprüfbar zu sein. Intuition und Kreativität sind dabei weder vorgesehen noch könnten sie sich in solch einem Umfeld entfalten. Flexibilität, Überraschung, Improvisation und das

62 Mintzberg, Henry: *Manager statt MBAs. Eine kritische Analyse*, Campus Verlag, 2005.

Unerwartete werden so durch die Standardisierung der formalisierten und validierbaren Denk- und Handelsprozesse in der Wirtschaftswelt teilweise unbemerkt und manchmal zwar ungewollt, aber unweigerlich ausgeschlossen.

Den Ökonomen fehlt in der Lehre die Bereitschaft das eigenständige Erdenken von Strategien mit Hilfe kreativer Methodiken zu lehren und zu lernen. Den Designern fehlen hingegen Kenntnisse im Selbst- und Projektmanagement, in den Grundlagen des Marketings und der Projektkalkulation. Dabei sollte das Thema Design als ein sehr wichtiges Element im Marketing und Kreativität allgemein aber insbesondere auch für die Wirtschaft als Grundlagenkompetenz für Innovation vermittelt werden. Die Designausbildung sollte nicht nur als künstlerisch/gestalterische Vorbereitung für Informations- und Kommunikationskonzepte betrachtet, sondern ebenso als Basis für Innovation und als Unterstützung zur Entwicklung kreativer, nachhaltiger Strategien innerhalb wirtschaftlicher Entscheidungsprozesse vermittelt werden. Es wird Zeit, dass die Bedeutung des Designs als eines der wichtigsten Marketinginstrumente erkannt und in der Designlehre entsprechend gelehrt wird. Obwohl die Creative Industrie direkt nach der Automobilindustrie die drittumsatzstärkste Branche[63] in Deutschland ist, gibt es in der Regel keine Designausbildung in Deutschland, die betriebswirtschaftliche Lehren und Marketing als wichtige Bestandteile in den Prozessen der Designlehre berücksichtigt. Die rasante Weiterentwicklung der Medien fordert aber eine Generation von Designern, die kreativ sind, strategisch denken können und wirtschaftliche Zusammenhänge verstehen. Die stärkere Individualisierung der Gesellschaft verlangt eine größere visuelle Vielfalt der entstehenden Kommunikationsmedien und Dienstleistungen, die insbesondere durch Interfacedesign und Servicedesign innovativ, Sinn stiftend und nachhaltig realisiert werden können.

63   *Endbericht zur Kultur- und Kreativwirtschaft*, Bundesministerium für Wirtschaft und Technologie, 2009.

»Das Künstlerische am Management kann man nicht erlernen; entweder hat man es oder nicht. Gerade das zeichnet den schöpferischen, kreativen, innovativen, aber auch risikobereiten Unternehmer aus. […] Auf dieser Ebene werden Visionen geboren, Ideen entwickelt und konkretisiert.«

Prof. Dr. Jörn Altmann; *Starthilfe BWL*; Teubner, Stuttgart; 1999 (Seite 24)

Die Designausbildung in Deutschschland ist noch weit davon entfernt, ihre Studierenden auf die tatsächlichen Aufgaben in der Designbranche vorzubereiten. Dies zeigt eine Studie im Internet (www.edti.eu). Die folgenden Auszüge aus dieser Internet-Umfrage zeigen sehr deutlich, dass Designer nach der Ausbildung offensichtlich den Eindruck gewinnen, im Designstudium nicht hinreichend auf die wirtschaftlichen und strategischen Aspekte ihrer Tätigkeit als Designer vorbereitet worden zu sein. Hier rächt sich, dass die meisten Design-Hochschulen ihre Ausbildung nur auf künstlerische Aspekte ausrichten und nicht erkannt haben, dass ein Designer eine strategische, die Wirtschaft prägende Rolle spielt und das Kreativität ihren Ursprung nicht in der Kunst hat und kein künstlerisches Talent, sondern ein rein menschliches Talent ist.

Die Förderung der Intuition und des kreativen Denkens, Wahrnehmens und Darstellen bleibt selbstverständlich das vorrangige Ziel einer Designausbildung. Dennoch sollte eine Designausbildung nicht nur für darstellende Talente offen sein, sondern auch für jene Talente, die zwar offen für kreative Prozesse sind, aber ihre Talente verstärkt in strategischen (z. B. wirtschaftlichen) oder funktionalen (z. B. Konstruktion, Informatik) Kompetenzen sehen. Die Bewerber für ein Designstudium müssen ohne Zweifel kreative Kompetenzen aufweisen und auch schon eine ausgeprägte Persönlichkeitsentwicklung vorweisen können. Aber ein breit interpretierter Ansatz, welche Kreativität in den Aufnahmeprüfungen zum Designstudium verlangt wird, würde den Design-Studiengängen zu mehr Vielfalt verhelfen und auch unter den Studierenden ein vielseitigeres Angebot an gegenseitigen Impulsen ermöglichen. Es würde zudem ein Umfeld schaffen, in dem sich eine Lehre, die auf den tatsächlichen Bedarf im Berufsleben eines Designers vorbereitet, gut entfalten könnte.

Noch werden die in der Tabelle genannten und auf www.edti.eu publizierten Ergebnisse kaum diskutiert. Eine Ausnahme ist der Studiengang Mediendesign (www.design-hof.de) an der Hochschule Hof (www.fh-hof.de). Er startete im Oktober 2010 mit einer neuen Studien- und Prüfungsordnung. Mit ihr soll Servicedesign und Interfacedesign als Synergiethemen von Design und Marketing und die Hochschule selber als wichtiger Ausbildungsstandort für die Creative Industries etabliert werden. Neben den klassischen Methoden der gestalterischen Ausbildung und Entwicklung wird Design an der Hochschule Hof in Lehre und Forschung als ein wichtiges Element des Marketings und Kreativität insbesondere für die Wirtschaft als Grundlagenkompetenz für Innovation behandelt. Dadurch sind die Absolventen für gestalterische, strategische und unternehmerische Aufgabenstellungen gleichermaßen hervorragend vorbereitet. Die Integration des Studiengangs Mediendesign in die Fakultät Wirtschaftswissenschaften wird an der Hochschule Hof daher als strategische Entscheidung verstanden.

Ergebnisse einer Umfrage an ausgebildete Designer

Wie gut hat Sie Ihre Ausbildung für Ihren Start ins Berufsleben vorbereitet?

- 68% empfinden ihre Ausbildung als ausreichende bis schwache Vorbereitung für den Start ins Berufsleben.
- keine Angabe: 6%; sehr gut: 3%; gut: 23%; ausreichend: 21%; schwach: 47%

Wie präsentiere ich mich selber, meine Kompetenz und mein eigenes Portfolio?

- 51% empfinden ihre Ausbildung in diese Spezialisierung als ausreichend bis schwach.
- keine Angabe: 4%; sehr gut: 4%; gut: 41%; ausreichend: 31%; schwach: 20%

Wie gründe und wie führe ich mein eigenes Design-Büro?

- 81% empfinden ihre Ausbildung in diese Spezialisierung als ausreichend bis schwach.
- keine Angabe: 6%; sehr gut: 4%; gut: 8%; ausreichend: 18%; schwach: 63%

Vorbereitung zum Management eines Design-Büros.

- 47% empfinden ihre Ausbildung in diese Spezialisierung als ausreichend bis schwach.
- keine Angabe: 7%; sehr gut: 17%; gut: 29%; ausreichend: 25%; schwach: 22%

Vorbereitung für Administration und Organisation.

- 63% empfinden ihre Ausbildung in diese Spezialisierung als ausreichend bis schwach.
- keine Angabe: 5%; sehr gut: 7%; gut: 25%; ausreichend: 27%; schwach: 36%

Kenntnisse in Marketing.

- 67% empfinden ihre Ausbildung in diese Spezialisierung als ausreichend bis schwach.
- keine Angabe: 4%; sehr gut: 0%; gut: 29%; ausreichend: 19%; schwach: 48%

Erstellen eines Briefings.

- 45% empfinden ihre Ausbildung in diese Spezialisierung als ausreichend bis schwach.
- keine Angabe: 4%; sehr gut: 23%; gut: 28%; ausreichend: 26%; schwach: 19%

Zusammenarbeit mit einem Unternehmen.

- 55% empfinden ihre Ausbildung in diese Spezialisierung als ausreichend bis schwach.
- keine Angabe: 4%; sehr gut: 14%; gut: 27%; ausreichend: 32%; schwach: 23%

Kreatives und Design Denken.

- 25% empfinden ihre Ausbildung in diese Spezialisierung als ausreichend bis schwach.
- keine Angabe: 0%; sehr gut: 40%; gut: 35%; ausreichend: 23%; schwach: 2%

Planung und Entwicklung von Szenarien.

- 42% empfinden ihre Ausbildung in diese Spezialisierung als ausreichend bis schwach.
- keine Angabe: 5%; sehr gut: 20%; gut: 33%; ausreichend: 20%; schwach: 22%

Produktionsprozesse.

- 52% empfinden ihre Ausbildung in diese Spezialisierung als ausreichend bis schwach.
- keine Angabe: 5%; sehr gut: 15%; gut: 28%; ausreichend: 28%; schwach: 24%

(über 400 Teilnehmer, stand: September 2009, http://de.edti.eu)

Servicedesign bildet als innovative Disziplin eine Schnittstelle zwischen kreativer Konzeption und Entwicklung und umsatzorientiertem Denken und Handeln.Prof. Birgit Mager lehrt Servicedesign an der Köln International School of Design bereits seit 1995 und fasst die Ziele des Servicedesigns wie folgt zusammen: »*Das gestalterische Credo von Servicedesign ist, Dienstleistungen zu gestalten, die nützlich sind, nutzbar und begehrenswert aus der Perspektive der Kunden und effektiv und effizient aus der Perspektive der Unternehmen.*«

Es ist zu befürchten, dass es noch zu wenige Hochschulen gibt, die ihre Wirtschafts-Studierenden hinreichend in Methoden des kreativen Denkens lehren und zu wenige Hochschulen existieren, die ihre Design-Studierenden hinreichend auf ein Verständnis für wirtschaftliche Zusammenhänge vorbereiten. Es kann aber durchaus behauptet werden, dass es einfacher sein wird, in einem Designstudium Seminare für Management und Kalkulation unterzubringen und sinnvoll und erfolgreich zu lehren, als in einem Wirtschaftsstudium ein Verständnis dafür entstehen zu lassen, das Kreativität die Grundlage für die Entwicklung eigener Strategien darstellt und erst durch eigene Strategien Innovationen möglich werden. Erst wenn auch in einem Wirtschafts-Studium Seminare fest im Curriculum verankert sind, die Methoden kreativen Denkens und das Entwickeln eigener Strategien lehren, kann es dort auch nachhaltig eine Lehre für Servicedesign geben.

Absolventen von Wirtschaftsstudiengängen sind in der Regel für finanzkalkulatorische Themen vorbereitet und unter anderem für die Planung von Logistik und Vertrieb und für das Controlling ausgebildet. Für die Entwicklung von Strategien sind unter ihnen aber nur jene besonders gut geeignet, denen ein kreatives Potenzial, ein entsprechendes Talent von Natur aus mitgegeben wurde. Wie wichtig gerade diese Talente insbesondere für die wirtschaftliche Entwicklung ist, zeigte die Weltwirtschaftskrise 2008/2009.

Strategische Entscheidungen sind dadurch gekennzeichnet, dass mit ihnen längerfristige Ziele verfolgt werden. Das heißt, es müssen Tendenzen antizipiert, Ziele und Strategien definiert und eigenständige Ideen entwickelt werden, mit denen das Unternehmen flexibel in die Zukunft geführt werden kann. Dies setzt Kreativität und die Bereitschaft voraus, auch einmal eigenverantwortlich zu entscheiden und sich nicht nur aus dem Katalog der bisher zahlreich vorhandenen Strategien zu bedienen. Eine Strategie kann man dann am besten vertreten und flexibel durchführen, wenn sie selbst erdacht oder zumindest durch eine gut durchdachte Kombination eigenständig konstruiert wurde. Durch das Berücksichtigen antizipierter Entwicklungen bzw. durch kreatives Vorbereiten von Absichten und Vorhaben wird diese Strategie zwangsläufig Abweichungen von der Regel beinhalten. Entsprechend der Herleitung des Strategiebegriffs aus dem Griechischen (stratos: Heer, agos: Führer) erhält man so im Idealfall einen ›Schlachtplan‹, der flexibel bleibt, Innovationen vorsieht, aber nicht unbedingt leicht durchschaubar ist. Carl von Clausewitz (1780–1831)[64] zog als erster Parallelen zwischen Militär und Wirtschaft, was nicht heißt, dass jeder, der Wirtschaft studiert hat, tatsächlich strategisch denken und handeln kann und im übertragenen Sinne die ›Kunst der Heeresführung‹ bzw. die Kunst zu managen bzw. die Kunst der Strategieentwicklung beherrscht.

Dr. Henry Mintzberg, Ökonom an der McGill University in Montreal und Autor[65] äußert sich über die klassische Ausbildung von Managern sehr kritisch. Er vertritt die Ansicht, dass die Finanzkrise ihre Ursache in der Ausbildung der Elite

64 Clausewitz, Carl von; *Strategie* (1804–1809); Eberhard Kessel (Hrsg.); Hamburg 1937.

65 Mintzberg, Henry: *Manager statt MBAs. Eine kritische Analyse*, Campus Verlag, 2005.

66 www.henrymintzberg.com

67 Kommentar *Der soziale Stillstand Amerikas* von Henry Mintzberg im Magazin WirtschaftsWoche am 18. 2. 2009.

Business Schools hat. Er hält es für eine Illusion anzunehmen, durch Vorlesungen Manager ausbilden zu können, und meint, Management sei Praxis, die man nur durch Projektarbeit erlernen kann. In seiner Studie *Getting Past Smith and Marx: Toward a Balanced Society*[66] belegte er unter anderem, dass über 50% der berühmten Absolventen der Harvard Business School in ihrem Berufsleben als Manager komplett versagten. In einem Kommentar[67] schreibt Henry Mintzberg rückblickend zur Weltwirtschaftskrise 2008/2009:

»*Wie konnten diese Hypotheken überhaupt entstehen und – schlimmer noch – wie konnten sie bei so vielen großen Finanzinstitutionen landen? Die Antworten darauf sind offensichtlich: Die Manager, die den Verkauf der Hypotheken förderten, taten dies mit Blick auf ihre eigenen Boni. Aber warum haben so viele seriöse Finanzinstitutionen diesen Müll gekauft – oder genauer: Warum haben sie eine Kultur der Bequemlichkeit oder des Desinteresses toleriert? Es ist ganz einfach: Diese Unternehmen wurden nicht gemanagt, sie wurden geführt, ohne Zweifel kurzfristig mit einer spektakulären Performance, aber eben nicht gemanagt.*«

Henry Mintzberg nennt dies legale Korrumpierung im Management. Er stellt fest, dass sich viele Manager darauf spezialisierten, Geschäfts- und Strategiepläne zu erstellen, ohne diese je umsetzen zu können. Einerseits weil das Wissen und die Erfahrung dazu fehlte, andererseits, weil sie wussten, dass sie nie umgesetzt würden und nur benötigt wurden, um weitere Investoren und mit ihnen weitere Boni zu gewinnen. Die Ursache dieses Vorgehens sieht er in der Ausbildung der Manager. Seiner Ansicht nach lernt man die Tätigkeit eines Managers nicht im Hörsaal, sondern nur in der Praxis.

Dies sollte als Anregung verstanden werden, Wirtschaft mehr projektbezogen und mit Planspielen zu lehren und zu lernen. Hier böte sich eine hervorragende Kooperationsmöglichkeit von Design- und Wirtschaftsstudierenden an, die z. B. in einem Servicedesign-Seminar ihre jeweiligen Kompetenzen gemeinschaftlich einsetzen und sich gegenseitig inspirieren und bereichern könnten. In solch einem Seminar würde allen Teilnehmern deutlich, dass Kreativität kein künstlerisches Phänomen darstellt, sondern eine Kompetenz des freien Denkens darstellt und nicht nur von Designern und Künstlern praktiziert werden kann, sondern von jedem, der sich darauf einlässt, aber auch bestimmte Vorraussetzungen mitbringt.

68 Magazin: *Scientific American Mind*, 7. 3. 2005, Seite 22

Prof. Dr. Shelley H. Carson, amerikanische Neurowissenschaftlerin und Psychologin an der Harvard University, widmet sich seit vielen Jahren dem Phänomen kreativer Menschen. Sie fand im Jahr 2003 durch ihre Untersuchungen bestätigt, was bereits von Hans Eysenck in den 1970er Jahren vermutet worden war.[68] Kreative sind offensichtlich deshalb kreativ, weil ihr Gehirn Sinnesreize aller Art erheblich intensiver wahrnehmen und auf diese sehr offen reagiert. Durch die »latente Hemmung«, einem Mechanismus im Gehirn, wird geregelt, ob und in welcher Menge Reize zugelassen werden. Menschen mit latenter Hemmung sind in ihren Abläufen und Arbeitsvorgängen nicht abzulenken. Alles Neue und von ihren Vorstellungen und Kenntnissen Abweichende wird konsequent ignoriert. Bei Kreativen funktioniert die latente Hemmung hingegen nur sehr unzureichend. Das Gehirn muss viel mehr Reize verarbeiten und lässt mehr Sinne aus allen Richtungen zu, weshalb sich Kreative erheblich leichter in ihrer Konzentration gestört fühlen, Veränderungen aber auch bewusster wahrnehmen und auf diese viel offener und interessierter reagieren. Dadurch ergibt sich die Fähigkeit zu ungewöhnlichen Assoziationen, zu einer offenen Art des Denkens, die weniger von Vordefiniertem geprägt bzw. offener für Korrekturen der eigenen ursprünglichen Vorstellungen ist.

Diejenigen mit latenter Hemmung eignen sich zwar weniger für die Entwicklung eigener Strategien und Ideen, dafür aber z. B. besonders gut für die Erstellung von Kostenkalkulationen oder Statistiken. Neue, selbstständig entwickelte Strategien sind von ihnen allerdings nicht unbedingt zu erwarten, eher, dass sie Strategien anderer anwenden und von deren Vorgaben nicht gerne abweichen wollen. Eine denkbar ungünstige Ausgangslage für eine erfolgreiche Produkt- oder Dienstleistungsentwicklung. Der Umstand, dass 8 von 10 Produkteinführungen scheitern,[69] kann wohl auf die fehlenden kreativen Kompetenzen bzw. auf die latente Hemmung zurückgeführt werden.

Kreativität und bester Service muss aber gewährleistet sein, um beste Leistung zu ermöglichen. Gutes Servicedesign hilft auch, Fehler zu vermeiden, da mit Servicedesign alle Vorgänge identifiziert und untersucht werden, die sich sowohl zwischen Kunden und Produkt bzw. Dienstleistung als auch bei der Herstellung bzw. Umsetzung oder im Dialog zwischen Kunden und Berater ergeben. Servicedesign umfasst in seiner Analyse sowohl die komplette Wertschöpfungskette, als auch Nutzerbedürfnisse und schafft so erst die Basis für eine innovative aber auch nachhaltige Entwicklung von Produkten bzw. Dienstleistungen. Servicedesign bzw. Experience Design stellt die vom Anwender erlebten Eigenschaften einer Marke dar. Dieses Erleben konzentriert sich allerdings nicht nur auf den Anwender, sondern macht sich auch für die Angestellten eines Unternehmens positiv wie negativ bemerkbar.

Wenn die gesamte Wertschöpfungskette eines Angebotes im Sinne eines guten Servicedesigns durchdacht ist, schließt dies nicht nur die Benutzungsabfolgen eines Interfaces und die Kommunikation mit dem Anwender (Kunden, Auftraggeber) ein, sondern beinhaltet auch die Information für die Angestellten. So wie der Kunde z. B. nach einer Bestellung darüber informiert sein möchte, ob und wie der Vorgang nun weitergeht, will auch der Angestellte auf leicht nachvollziehbare Weise im Kundenkontakt und im Kunden-Beziehungs-Prozess (z. B. Bestellung, Produktbeschreibung, Anfragen zum Produkt, Außenwirkung von Produkt und Hersteller bzw. Vertrieb, Dialogmarketing etc.) involviert werden und die Steuerung dieses Prozesses (z. B. durch Software) leicht bedienen können. Für Anfänger wie für erfahrene Anwender gilt hier dasselbe.

Servicedesign fasst die Gestaltung der Struktur und der Prozesse (Informationsarchitektur) und die Gestaltung, wie die Struktur und die Prozesse wahrgenommen werden (Experience Design), zusammen. Je nach dem wie gut dies gelingt, wird ein ›Joy of Use‹ möglich bzw. wird dadurch das Ansehen eines Unternehmens positiv bestimmt (Branding / Corporate Identity / Corporate Design).

Design bedeutet grundsätzlich, eine gegebene Situation in eine bevorzugte zu überführen und stellt sich so als Interface zwischen Artefakten und ihren Kontexten dar. Dies macht deutlich, dass jede Designertätigkeit und insbesondere das Interfacedesign zwangsläufig das Image eines Produktes bzw. des Herstellers prägt.

An der Hochschule Hof beginnt der Studiengang Mediendesign ab Oktober 2010 mit einer neuen Studienordnung, in der Servicedesign ein hoher Stellenwert eingeräumt wird. Ein wesentliches Ziel dieses Studiengangs ist es, die Designausbildung als künstlerisch/gestalterische Vorbereitung für Informations- und Kommunikati-

69 Madakom GmbH: *Innovationsreport*, Neuwied, 2002; Dittmer, Gonde: *Projektmanagement*, Skript der Fachhochschule Kiel, 2003; Strecker, Otto: *Erfolgsstrategien für Lebensmittel*, 2004; Studie: *Big Ideas erkennen und Flops vermeiden*, Institut für angewandte Innovationsforschung, Bochum, 2007; Kuhn, Jutta: *Markteinführung neuer Produkte*, 2007.

onskonzepte zu betreiben, aber ebenso als Basis für Innovation und als Unterstützung zur Entwicklung kreativer, nachhaltiger Strategien innerhalb wirtschaftlicher Entscheidungsprozesse zu vermitteln. Die Lehre kreativer Kompetenz steht dabei im Vordergrund, aber es wird auch gelehrt, die hohe wirtschaftliche Bedeutung von Design besser in ökonomische Abläufe einbringen zu können.

Auch wenn Designmanagement in der Kreativebranche oft als zu betriebswirtschaftlich interpretiert wird, müssen sich Designer zunehmend mit strategischen Fragestellungen auseinandersetzen. Der Anteil der beratenden Tätigkeit hat deutlich zugenommen. Immer mehr Designagenturen betreiben auch Consulting und die Lehre von Servicedesign bereitet kreativ und zielorientiert darauf vor. Ein weiteres Ziel ist es, die Bedeutung des Designs als eines der wichtigsten Marketinginstrumente zu propagieren, Servicedesign und Interfacedesign an der Hochschule Hof als Synergiethemen von Design und Marketing und die Hochschule selber als wichtigen Ausbildungsstandort für die Creative Industries zu etablieren. Interessante Projektbeispiele werden in Zukunft auf der Internetseite des Studiengangs Mediendesign der Hochschule Hof publiziert: www.design-hof.de

5 Usability

Da es wünschenswert ist, dass jedes Produkt die Ansprüche und Bedürfnisse seiner Anwender befriedigt und auch die Inbetriebnahme und Nutzung dieser Produkte keine Herausforderung, sondern im Idealfall eine Erleichterung und Bereicherung darstellen sollte, spielt Usability für die Entwicklung von allen Produkten eine entscheidende Rolle. Man könnte annehmen, Usability wäre nur für komplexe Produkte relevant. Aber ab wann beginnt ein Produkt komplex zu sein?

Geht es aber tatsächlich nur um das Vermeiden von Komplexität und die Erleichterung des Gebrauchswertes? Helfen die Fakten, die sich aus Usability-Tests ergeben, wirklich dabei, die Interessen der Anwender zu erkennen und zu verstehen? Gilt es bei der Entwicklung von Produkten nicht auch darum, eine Bereicherung für den Anwender zu erzielen, die über eine rein funktionale Qualität hinausgeht?

Nicht selten werden ausschließlich nur die Ergebnisse formalisierter Usability-Tests für eine vermeintliche Verbesserung des Gebrauchswerts von Produkten oder Dienstleistungen herangezogen, anstatt zu berücksichtigen, dass das Benutzen und das Besitzen eines Produktes auch Freude bereiten kann. Freude, Spaß und individuelle Interessen lassen sich allerdings nicht in Normen fassen und auch kaum durch normierte Untersuchungen eindeutig ermitteln. Dennoch können diese Faktoren bei der Kaufentscheidung und für das Image eines Produktes sehr wichtig sein. Die Freude am Gebrauch – **Joy of Use** – und das Erleben der Auseinandersetzung, die Interaktion mit dem Produkt – **User Experience (UX)** – müssen bei der Gestaltung von Produkten ebenso berücksichtigt werden, wie die Konsistenz und Zuverlässigkeit von Funktionen. Mit dem **Experience Design** bzw. dem **Servicedesign** werden entsprechende Erlebniseigenschaften parallel zur klassischen Usability ermittelt und gestaltet.

Die stetig anschwellende Datenflut und die knapper werdenden Zeitbudgets machen es erforderlich, Interfaces zu entwickeln, die den Anwender in den Mittelpunkt stellen. Benutzbarkeit und Inhalt müssen gleichermaßen sinnvoll präsentiert werden, so dass beide vom Anwender schnell erfasst und für seine individuellen Bedürfnisse wahrgenommen und Daten überhaupt zu Informationen transformiert werden können. Hier drängt sich gleich die Frage auf, was eine gute Benutzbarkeit und eine sinnvolle Informationsvisualisierung ausmacht und wie diese Qualitäten zu messen sind. Zudem müssen Interfaces eigentlich auch noch individuell justierbar sein, damit die Informationen überhaupt nach individuellen Bedürfnissen wahrnehmbar werden. Neben der Frage nach dem Sinnvollen in der Informationsflut gesellen sich dann aber auch noch die Fragen, welche individuellen Justierungen sich der Anwender wünscht und welche dieser Justierungsformen von welchen Anwendergruppen überhaupt nachvollzogen werden können oder vielleicht sogar als Überforderung erfahren werden.

Bereits das Stellen solcher Fragen ist Bestandteil von Usability. In der Bezeichnung ›Usability‹ finden sich die englischen Worte ›use‹ (gebrauchen, verwenden, benutzen) und ›*utility*‹ (der Nutzen, die Nützlichkeit). Usability beabsichtigt somit die Benutzerfreundlichkeit eines Produktes oder einer Dienstleistung bzw. eine noch näher zu definierende Gebrauchsqualität. Die Absicht von Usability geht allerdings über eine reine Einfachheit bzw. Vereinfachung des Gebrauchs hinaus. Usability bezieht sich immer auf eine bestimmte Aufgabe. Dies kann das Benutzen eines beliebigen Gebrauchsgegenstandes sein oder das Arbeiten am Computer, das Inbetriebnehmen eines DVD-Players bzw. die Nutzung der Inhalte oder Funktionen eines interaktiven Angebots oder einer Software oder gar selbst der Kauf eines Produkts. Es geht demnach nicht nur um die Einfachheit im Gebrauch des Produkts selbst, sondern auch um den Aufwand, der erbracht werden muss, das mit dem jeweiligen Produkt bzw. Nutzungsablauf beabsichtigte Ziel zu erreichen. Somit geht es auch um Fragen der Effektivität und Effizienz, mit der eine Aufgabe und der Weg zu ihr erledigt werden kann. Bezogen auf ein Interface bedeutet dies, dass der Anwender sofort erkennen möchte, welchen Zweck das Produkt hat, wo die Bedienfelder sind, wie sie funktionieren, welche Auswirkungen sie haben und ob es sich lohnt, sie auszuwählen. Außerdem geht es für einen Hersteller bzw. einen Produzenten darum, herauszufinden, ob es ein produkt- oder, genauer gesagt, ein markenspezifisches Verhalten des Anwenders gibt bzw. ob man ein solches entwickeln kann, um eine Kundenbindung bereits auf dem Weg der Nutzung eines Produktes markengerecht zu ermöglichen und zu fördern. Es geht dabei auch um die Differenzierung von individuellen und allgemeinen Bedürfnissen. Eine Individualisierung ist aber nur mit markenorientiertem Design möglich.

Die Themen ›Interface‹ und ›Usability‹ sind somit feste Bestandteile des *Branding* und der *Corporate Identity* und bilden gemeinsam das, was als ›Interfacedesign‹ bezeichnet wird. (siehe Kapitel *Interfacedesign*, S. 150).

Und gerade im Consumer-Bereich (z. B. *iPhone*) und bei Internetseiten, insbesondere bei den Internetseiten, die einzelne Produkte vorstellen (z. B. www.jaegermeister.de), ist der Faktor Joy of Use ein entscheidendes Wettbewerbsmerkmal, weshalb dieser bei der Gestaltung parallel und vor allem gleichwertig zu den Usability-Tests berücksichtigt werden sollte. Den scheinbaren Widerspruch von der Gebrauchstauglichkeit und Einfachheit zur individuellen Freude am Gebrauch und Besitz von Produkten ist auch Donald Norman mittlerweile aufgefallen. Er gilt mit

70   Norman, Donald A.; *Dinge des Alltags – Gutes Design und Psychologie für Gebrauchsgegenstände*, Campus, Frankfurt, 1988.
71   Norman, Donald A.; *Emotional Design: Why We Love (or Hate) Everyday Things*, Basic Books, 2003.

seinem Buch *Dinge des Alltags*[70] seit über 20 Jahren als ein Verfechter der Einfachheit und Verständlichkeit. Seit 2003 bekennt er im Buch *Emotional Design*,[71] dass es Wichtigeres geben kann als reine Gebrauchstauglichkeit.

Wie bereits beschrieben, genügt es eben nicht, sich sklavisch an ISO-Normen und die faktischen Ergebnisse von Usability-Tests zu halten. Nur eine Kombination aus Servicedesign und Usability-Tests kann den tatsächlichen Bedürfnissen des Anwenders auf den Grund gehen und diese durch angemessene Gestaltung befriedigen. Servicedesign bzw. **User Experience Design** beschreibt und gestaltet alle Gebrauchsetappen und Erfahrungen, die ein Anwender an einem Produkt oder an einer Dienstleistung erleben kann, bis hin zur sortenreinen, umweltbewussten Entsorgung. Dazu werden Eyetracking-Untersuchungen ebenso erforderlich wie Tagebücher und begleitende Beobachtungen, um Abläufe nicht nur für den Moment einer Benutzung berücksichtigen, sondern den gesamten Zusammenhang von z. B. Bedarf, Anfrage, Antwort, Rückfrage, Interesse, Freude, Gefühle, Anmutung und Funktionsablauf erfassen zu können. Diese Etappen nicht im Labor, sondern am tatsächlichen Ort des Bedarfs zu ermitteln, zu beschreiben und zu gestalten erfordert aufwändige Untersuchungen und eine Bemessungs- und Überprüfungsweise, die weit über das Ermitteln einer Gebrauchstauglichkeit hinausgeht. Große Unternehmen wie IBM, Nokia und SAP haben daher längst eigene User Experience Teams gebildet. Sie taten dies nicht zuletzt deswegen, weil von Anwendern in der Laborumgebung klassischer Usability-Tests die funktional vorteilhafteren Produkte zwar als die besseren beurteilt wurden, aber gekauft wurden eher die Produkte, die durch ihre Gestaltung einen höheren Grad an Individualität bzw. Persönlichkeit aufwiesen und so mehr Freude am Benutzen und Besitzen versprachen. Dies bedeutet aber nicht, dass klassische Usability-Tests nun überflüssig sind. Sie beschreiben leider nur nicht alles, was erforderlich ist, um Produkte und Dienstleistungen zu entwickeln, die tatsächlich die Interessen der Anwender berücksichtigen. Es bleibt demnach wichtig, sich mit Usability zu beschäftigen.

Mit ›Branding‹ (engl.: brandmarken) wurde ursprünglich das Markieren von Herdenvieh in der Zucht mit Brandmarken bezeichnet. Im Marketing wird der Begriff für eine Verknüpfung von Produkten bzw. Dienstleistungen mit einem Image verwendet, das sich ähnlich wie ein heißes Eisen in die Haut des Herdenviehs in die Erinnerung und Vorstellung der Konsumenten einbrennen soll. Brandings können alle Sinne ansprechen. Ein Prozessorhersteller bzw. ein deutscher Telefondienstleister verbinden ihre Marke z. B. stets mit einem akustischen Branding. Oder ein Bulettenbräter verwendet einen einprägsamen Slogan, bestehend aus drei Worten und begleitet mit musikalischer Untermalung. Eine bekannte Creme begnügt sich mit den Farben Blau und Weiß oder ein Parfüm mit einer vierstelligen Zahl, der Hausnummer des Herstellergebäudes in Köln. Bei den Marken, die ein erfolgreiches Branding haben, ist es schon gar nicht mehr nötig, die Markennamen zu nennen.

Mit ›Corporate Identity‹ (CI) wird das Erscheinungsbild eines Unternehmens definiert. Es beschreibt die Außenwirkung, das Image eines Unternehmens, das z. B. auf der Vergangenheit bzw. auf Traditionen, die mit dem Unternehmen in Verbindung stehen, beruht oder durch Werbekampagnen geprägt wurde. ›Corporate Identity‹ wird häufig mit ›Corporate Design‹ (CD) gleichgesetzt. ›Corporate Design‹ ist allerdings nur ein Teilbereich der ›Corporate Identity‹ und beschreibt nur das visuelle Erscheinungsbild eines Unternehmens (z. B. Produktdesign, Logo, Geschäftspapiere etc.) mit dessen Hilfe ein bereits existierendes Image (Corporate Identity) getragen oder ein neues geprägt werden soll.

Unternehmen sind gut beraten, neben dem Inhalt und dem grafisch gestalterischen Erscheinungsbild, Interfacedesign als festen Bestandteil einer Gesamtgestaltung und somit als Teil des Brandings wahrzunehmen. Usability sollte zudem in gleichem Umfang und in derselben Bedeutung als Maßnahme begriffen werden, die dazu beitragen kann, für den Anwender ein markenkonformes Verhalten zu definieren, mit dem er an die Marke herangeführt werden und auf diesem Wege sowohl deren ideellen und funktionalen Nutzen, als auch deren offensichtlichen und verborgenen Vorteile erkennen kann.

Usability ist eben doch mehr als nur die Kombination aus ›use‹ und ›utility‹ und gerade interaktive Medien bieten zahlreiche Möglichkeiten der Marken-Inszenierung und Dramaturgie. Wie wichtig diese Themen für eine markengerechten Platzierung sind, erlebt man bei Verkaufsräumen, die nicht ohne Grund Showrooms genannt werden. Dort wird akribisch auf das Einhalten der Corporate Identity und des Corporate Designs geachtet. In diesem Fall besteht das Corporate Design aus der Dramaturgie des Raums, der Produktpräsentation und des Leitens und Informierens des Anwenders. Was mit solchen Showrooms beabsichtigt wird, gilt eigentlich für jedes Produkt. Es ist wichtig, dass sich bei der Interaktion zwischen Anwender und Produkt eine Beziehung aufbaut. Diese wird aber nicht nur durch das Interface selbst und dessen Usability bestimmt, sondern ebenso durch die Inszenierung der Usability, auch Interactiondesign genannt (siehe Kapitel *Interactiondesign*, S. 18). Erst das ausgewogene Zusammenspiel von Interfacedesign, Interactiondesign und Screendesign ergeben ein überzeugendes Produkt. Usability und ihre Inszenierung nimmt dabei eine Kernposition ein.

Der Zustand intensiv involviert zu sein und als Anwender den Eindruck gewinnen zu dürfen, die eigene Auffassung über das Produkt sei in erster Linie durch seinen Gebrauch und sein darauf folgendes Verhalten geprägt, ist für jedes Produkt erstrebenswert, ob es nun ideellen oder rein kommerziellen Absichten dient. In jedem Fall würde der Anwender dann zu jemandem, der sich als involvierter Mitspieler empfinden kann – das höchste zu erreichende Ziel eines Produkts. Ist dies erreicht, will der Anwender das Produkt näher kennenlernen, schon fast wie beim Kennenlernen einer zuvor fremden Person, bei der die äußere Form nun nicht mehr ganz so wichtig ist, sobald ihr Verhalten beeindruckt.

Zusammenfassend lässt sich sagen, dass Klarheit (nicht etwa Einfachheit), Zielerreichung und ein günstiges Verhältnis von Aufwand und Nutzen dem Anwender das Gefühl vermitteln wird, berücksichtigt worden zu sein. Wird dies zudem in einer visuellen Sprache kommuniziert, die überdurchschnittlich ist, wird sich der Anwender nicht nur berücksichtigt, sondern geschmeichelt fühlen. Mit der Qualität des Interfacedesigns, und somit mit der Qualität der Eigenschaften des Interfaces und seiner Usability, bestimmt man wesentlich die Qualität eines Pravodukts. Damit werden stets auch die Ziele und Strategien eines Unternehmens vermittelt, weshalb Interfacedesign automatisch Bestandteil des Brandings ist, auch dann, wenn es im Rahmen der Überlegungen zum Branding gar nicht zur Kenntnis genommen und gar nicht bewusst mit eingeplant wurde. Um Qualitäten eines Produkts zu ermöglichen und diese zu sichern, sollte daher die Usability bereits während der Entwicklung des Produktes Berücksichtigung finden und durch Usability-Tests, die im weiteren näher erläutert werden, überprüft werden.

Usability-Tests beginnen im Idealfall zeitgleich mit der Designentwicklung eines Produkts. Sie sollten fester Bestandteil des Designprozesses sein. Denn vom Design wird mehr erwartet, als nur eine visuelle Sprache zu definieren, grafische Elemente zu entwickeln und deren Farbe und Platzierung festzulegen. Design dient nicht dem ›hübsch‹ machen, sondern es bestimmt die Form und die Funktion eines Produkts, weshalb Usability einen wesentlichen Bestandteil des Designs eines Produkts ausmacht. Gerade das Design multimedialer, interaktiver Produkte beinhaltet zu einem wesentlichen Teil die Entwicklung einer logischen und modular aufeinander abgestimmten Informationsstruktur, deren qualitative Eigenschaften und Strukturierungen erst durch Usability-Tests ermittelt und sichergestellt werden können.

Obwohl es bei einem Designprozess selbstverständlich sein sollte, dass Form und Funktion gleichermaßen zu berücksichtigen sind, vernachlässigen viele Designer die Gestaltung der Funktion, indem sie ihr eigenes, subjektives Wissen bzw. ihre professionelle Anwenderkompetenz auf die spätere Zielgruppe des Produktes projizieren. Die Anwenderkompetenzen, die Bedürfnisse und die Art, mit Informationen umzugehen, sind aber bei jedem Menschen sehr unterschiedlich. Usability-Tests helfen, diese Kompetenzen und Bedürfnisse zu analysieren und helfen, diese Erkenntnisse rechtzeitig für das Design nutzbar zu machen. Je früher man Usability im Produktionsprozess berücksichtigt, umso früher entdeckt man Fehler und vermeidet deren kostenintensive Beseitigung während einer laufenden Produktion.

5.3.1 Auf Barrierefreiheit achten

Barrierefreiheit schafft Vorteile nicht nur für Behinderte, sondern je nach Situation auch für jene Anwender, die auf Grund einer altersbedingten oder situationsbedingten Einschränkung nicht unbedingt zu behinderten Anwendern zu zählen sind, z. B. bei altersbedingten Sehschwächen oder altersbedingten motorischen Einschränkungen oder auch für Radfahrer, die ebenso die Rampe für Rollstuhlfahrer nutzen können. Barrierefreiheit bedeutet aber auch, keine neuen Barrieren aufzustellen, weshalb alle anzusprechenden Zielgruppen Kompromisse eingehen sollten. Oft macht es aber Sinn, sich der Unterschiede bewusst zu sein und dementsprechend zielgruppenzentrierte Angebote zu erstellen, anstatt um jeden Preis ein Angebot für alle nur erdenklichen Bedürfnisse und Notwendigkeiten konstruieren zu wollen (siehe oben den Text ›Barrierefreiheit – eine erweiterte Form der Usability‹). Entscheidend ist, dass niemand ausgeschlossen wird. Dies kann zur Folge haben, dass man Angebote mehrfach in der für die Zielgruppen jeweils erforderlichen Variante anbietet und dass bereits bei der Farbwahl Farbenfehlsichtigkeiten berücksichtigt werden.

5.3.2 Den einzig richtigen oder gegebenenfalls mehrere Zugänge bieten

Im Idealfall sollte es stets nur einen Weg zum Ziel geben. Aber da jeder Anwender unterschiedlich ist und er demnach Ziele für sich individuell definiert, kann es sinnvoll sein, mehrere unterschiedliche Zugänge zu Inhalten bzw. Funktionsangeboten anzubieten. Dies gilt aber in der Regel nicht für Hardware-Produkte, sondern nahezu ausschließlich für Software-Produkte, bei denen eine solche Skalierbarkeit möglich ist.

Es gibt drei wesentliche Kompetenzgrade:
- Anfänger
- Fortgeschrittene
- Experten

Zu den drei Kompetenzgraden kommen aber noch Anwenderkategorien, die themenbezogene Anwender berücksichtigen, und jene, die ihre Auswahl nach emotionalen, beschaulichen bzw. ästhetischen Kriterien treffen (siehe unter *Benutzergruppen – Kompetenzgrade* im Kapitel *Zielgruppenanalyse und -ansprache*, S. 336).

Die sich daraus ergebende Mischung an Anwender-Bedürfnissen lässt sich bisweilen schwer in nur einem einzigen Navigationsangebot zufriedenstellend abdecken. Man sollte sich aber auch darüber im Klaren sein, dass das gleichzeitige Anbieten mehrerer Navigationswege zwangsläufig zu einem Überangebot an Möglichkeiten führen kann. Dies könnte die Nutzung eines Produkts zusätzlich erschweren, da sich jede Zielgruppe zunächst den für sie extra geschaffenen Zugang suchen muss, mit der Ungewissheit, ob sie überhaupt berücksichtigt worden ist. Hier sind Enttäuschungen vorprogrammiert (siehe auch unter *Enttäuschungen vermeiden* hier im Kapitel, S. 314).

Theoretisch klingt es gut und nachvollziehbar, mehrere Zugänge anzubieten. Dies aber praktisch umzusetzen bzw. tatsächlich in diesem (Über-) Angebot an Navigationsformen zurechtzukommen, ist zumindest für alle Beteiligten, Gestalter wie Anwender, eine echte Herausforderung. Was nützen mehrere Navigationsformen, wenn der Anwender vor lauter Angebot kaum die für ihn bestimmte Navigation finden kann?

Die wesentliche Empfehlung ist, die Zielgruppe genau zu definieren und Usability-Tests durchzuführen, um den Bedarf zu erkennen, die Zugänge korrekt anzubieten und somit die Anzahl der Navigationsformen gezielt minimieren zu können. Eine pauschale Empfehlung kann es hier aber nicht geben, nur den Hinweis, dass entweder der Gestalter einen Fehler gemacht hat, wenn ein Usability-Test ergibt, dass mehrere Navigationswege erforderlich werden, oder dass das Angebot so vielseitig und die Zahl der anzusprechenden Anwenderkategorien so hoch ist, dass dieser Vielseitigkeit tatsächlich nur mit mehreren Zugängen begegnet werden kann. Bedenken Sie aber, wenn ein Anwender z. B. eine Suchfunktion als erforderlich erachtet, kann dies auch ein Indiz dafür sein, dass das Interface schlecht ist und der Anwender sich dessen Gebrauch ersparen möchte.

Eine Ausnahme stellen, unabhängig vom Träger- bzw. Darstellungsmedium (Print, CD, DVD-Video; DVD-ROM; BLU-ray DISC, Terminal, Web), all jene Angeboten dar, die wie Nachschlagewerke aufgebaut sein müssen.

Dies sind z. B.:
- Lexika
- Informationsdienstleistungen
- Internet-Shops
- Verkaufskataloge
- Firmenportale
- Websites von Hochschulen

Solche Angebote lassen sich pauschal keiner konkreten Zielgruppe zuordnen und werden auch nicht als Erlebnis, sondern in der Regel nur aus praktischen Erwägungen genutzt. Oft sind diese Angebote äußerst vielseitig an Inhalt und Struktur, so dass es erforderlich ist, entsprechend komplexe Zugänge zu ermöglichen. Dies gilt für einen großen Teil der Angebote im Internet, wobei aber zu berücksichtigen ist, dass z. B. auch Printerzeugnisse unterschiedliche zielgruppenspezifische Zugänge und Navigationsarten in Form von Inhaltsverzeichnissen, Glossaren, Stichwortverzeichnissen, Namensregistern, Fußnoten, Abbildungsverzeichnissen und Seitenzahlen bieten. Zumindest dort ist ein Angebot von mehreren Zugängen üblich und vom Anwender auch akzeptiert. Der wesentliche Grund, weshalb dieses scheinbare Überangebot an Navigationsformen beim Anwender nicht zu Verwirrungen führt, liegt daran, dass sie im Gegensatz zu vielen digitalen Informationsangeboten nicht komplett auf einer Seite, sondern in verschiedenen Abschnitten angeboten werden. Aus diesem Grunde kann es sinnvoll sein, dem Anwender von komplexen Produkten direkt zu Anfang ein Interface anzubieten, dass ihm einen Zugang nach themenspezifischen, zielgruppenspezifischen und kompetenzspezifischen Kriterien ermöglicht. All diese Navigationsvarianten lassen sich in drei Funktions- und vier Zugangskategorien zusammenfassen:

A   Primärfunktion, macht den Sinn des Produktes aus.
B   Sekundärfunktion, erweitert den Sinn des Produktes und kann fast so wichtig
    sein wie die Primärfunktion.
C   Tertiärfunktion, erweitert das Angebot des Produktes, ohne zwingend
    notwendig zu sein.

Die folgenden vier Zugangskategorien beschreiben die von den Anwendern
bevorzugten Arten des Zugangs:
    1. Der methodische Zugang
    2. Der geleitete Zugang
    3. Der beschauliche Zugang
    4. Der Experten- bzw. Schnellzugang

Will man die vier Zugangskategorien den drei Funktionskategorien zuordnen,
ergibt sich folgendes Schema:
A   Primärfunktion
    1. Der methodische Zugang
    2. Der geleitete Zugang
    3. Der beschauliche Zugang
B   Sekundärfunktion
    4. Der Experten- bzw. Schnellzugang
C   Tertiärfunktion

Detaillierte Informationen zu den Kompetenzgraden, den Zugangsformen und den
Funktionsarten sind unter *Benutzergruppen – Funktions- und Zugangskategorien*
im Kapitel *Zielgruppenanalyse und -ansprache* nachzulesen (S. 336). Dort befindet sich
auch eine Abbildung.

5.3.3 Orientierung erfordert Ordnung

Das Angebot und die oben in Punkt 5.3.2 beschriebenen Kompetenzgrade, Zugangs-
und Funktionskategorien sollten dazu genutzt werden, Zonen zu definieren, um
das Angebot und den Zugang übersichtlich zu gestalten. Dabei ist ebenso darauf zu
achten, dass dem Anwender die zusammenhängenden Bereiche z. B. durch Farbken-
nung, Nähe, Textauszeichnung oder weitere Stilelemente wie z. B. Pulldown-Menü,
Rahmen etc. deutlich gemacht werden.

5.3.4 Antizipierbare Menü-Kennungen anbieten

Verwenden Sie im Menü klar nachvollziehbare Bezeichnungen. Der Anwender
möchte Ihre Menü-Kennungen nicht interpretieren, sondern erwartet klare Hinweise und nutzerbezogene Empfehlungen. Die hinter den Menü-Kennungen lie-
genden Inhalte müssen antizipierbar sein und der Erwartung entsprechend. Fachbegriffe oder solche, die als firmenspezifisch zu bezeichnen sind, sollten dabei
vermieden werden. Suchen Sie nach Analogien, die sowohl aus dem Alltag bekannt
sind, aber dennoch zum Inhalt bzw. zu den Zielgruppen passen.

5.3.5 Übersichtliche Verzeichnisstruktur anbieten

Minimieren Sie die Anzahl der Menü-Punkte. Wenn Sie mehr als sieben Menü-Punkte anbieten, werden Sie es den meisten Anwendern erschweren, sich orientieren zu können. Entscheiden Sie sich für eine übersichtliche Inhaltsstruktur und gliedern Sie Ihre Hauptverzeichnisse in sinnvolle Unterverzeichnisse. Außerdem sollten sich die Navigationselemente in Darstellung und Positionierung auch in tieferen Strukturen des Verzeichnisses nicht verändern.

5.3.6 Aufmerksamkeitsstarke Elemente sinnvoll einsetzen

Vermeiden Sie Animationen im Randbereich. Sie wirken in der Regel störend und irritierend, da sie den biologischen Alarmreflex des Anwenders wecken und ihn stets aus dem Fokus seines Interesses lenken. Der Anwender wird sich gestört fühlen, wenn ihm nicht eingeräumt wird, diesen Störfaktor ausschalten zu können. Wenn Sie aufmerksamkeitsstarke Elemente, auch Eyecatcher genannt, nutzen möchten, sollten sie nicht mehr als einen Eyecatcher pro Screen einsetzen und ihn ins Zentrum platzieren. Alle umgebenen Details sollten sich zurücknehmen oder formal auf den Eyecatcher im Zentrum verweisen. Außerdem sollte er den Anwender direkt zum dargestellten Inhalt bzw. Angebot führen.

5.3.7 Textinhalte und Textmengen mediengerecht formulieren

Texte werden am Monitor häufig nur überflogen. Oft versuchen Anwender den groben Textinhalt durch das Springen von Überschrift zu Überschrift und von Schlüsselwort zu Schlüsselwort zu erfassen. Wenn Texte am Monitor gezeigt werden, sollten Überschriften im Gegensatz zur Anwendung bei Printprodukten nicht nur die Aufmerksamkeit erhöhen, sondern bereits möglichst viel Hinweis auf den folgenden Textinhalt geben. Markierte Schlüsselworte könnten helfen, den Kern des Textes schneller zu erfassen. Diese Schlüsselworte sollten daher keine Fachbegriffe oder Marketingbegriffe sein. Texte sollten eine bestimmte Zeilenbreite und Zeilenanzahl nicht überschreiten. Neben der Schriftgröße sind noch der Zeilenabstand und die Laufweite zu beachten. Genaue Angaben hängen vom Darstellungsmedium (Handy-Display oder PDA; TV-Monitor; Computermonitor; TFT-Display), vom Trägermedium (Website; CD-rom; DVD; Blu-ray Disc) und vom Nutzungsverhalten des Anwenders mit den jeweiligen Eingabeformen des Darstellungsmediums ab (Tastatur des Handy; Computer-Maus und Tastatur; Fernbedienung eines TV; Fernbedienung eines DVD-Players).

Die oft genannten Behauptungen, die Anwender würden es gerne vermeiden, Text scrollen zu müssen, kann nicht grundsätzlich bestätigt werden. Ausschlaggebend ist die Qualität des Textes in Hinblick auf Schreibstil, Gliederung und Inhalt. Ist ein hohes Maß an Textqualität gegeben, ist der Anwender auch bereit, mehr am Computer zu lesen und den Text zu scrollen. Alternativ kann auch ein Durchblättern angeboten werden, was aber in der Regel als störender empfunden wird, da es einer Unterbrechung gleichkommt. Schließlich müssen die Augen dann stets vom Ende eines Textes an den Anfang des Textes der nächsten Seite wandern. Außerdem lässt sich ein scrollbarer Text einfacher in voller Länge markieren und kopieren oder ausdrucken (z. B. bei einer Internetseite).

Pauschal lässt sich daher nur die Anzahl der Zeichen pro Zeile von Texten beziffern, die am Computermonitor gelesen werden und die 70 Zeichen (inkl. Leerzeichen) nicht überschreiten sollte. Die Schriftgröße dieser Texte sollte mindestens 12 Punkt haben (Vergleichs-Font: Verdana). Außerdem sollten Sie grundsätzlich darauf achten, dass die Schrift, wenn technisch möglich, für den Anwender skalierbar ist oder der gesamte Text in mehreren Schriftgrößen angeboten wird (siehe ›Barrierefreiheit – eine erweiterte Form der Usability‹ hier im Kapitel). Die Anzahl der Zeichen in einer Zeile sollten trotz solcher Skalierungen unverändert bleiben, aber ab einer Schriftgröße von 21 Punkt auf maximal 60 minimiert werden.

Wenn die oben genannten Qualitätsbedingungen berücksichtigt sind und die Darstellungsmedien es zulassen, kann die Textlänge durchaus 4000 Zeichen (inkl. Leerzeichen) und die Textabsätze dürften 500 Zeichen erreichen, ohne dass der Anwender abgeschreckt würde. Dies gilt für die Darstellung von Internetseiten und CD-ROM-Produktionen, die am Computer-Monitor betrachtet werden, aber selbstverständlich nicht für Mobiltelefone, PDAs, DVD-Video-Produktionen oder andere Darstellungen auf gering auflösenden Displays oder TV-Monitoren.

Texte, die am TV-Monitor gelesen werden (DVD-Video; Blu-ray Disc; interaktives Fernsehen; Bildschirmtext; Texttafeln oder Bauchbinder im Fernseher) sollten eine Schriftgröße von mindestens 21 Punkt haben, eine Anzahl von 60 Zeichen (inkl. Leerzeichen) pro Zeile und 11 Zeilen pro Texttafeln nicht überschreiten und aus nicht mehr als zwei bis drei Texttafeln pro Thema bestehen, da das Weiterblättern grundsätzlich als lästig und als störende Unterbrechung empfunden wird. Das Lesen am TV-Monitor oder anderen geringauflösenden Displays ist zudem erheblich anstrengender als an einem hochauflösenden Computer-Monitor.

5.3.8 Werbung sollte sich, wenn möglich, unterordnen

Werbung ist eine Last für den Anwender, sie ist aber auch notwendig. Umso wichtiger ist es, dass Werbung den Anwender nicht zu sehr stört. Sie sollte der Situation entsprechend inhaltlich und auch gestalterisch zum Thema des abgebildeten Inhalts, dem eigentlichen Grund der Nutzung, passen und der Zielgruppe des Inhalts entsprechen. Aber dennoch muss die Trennung von redaktionellem und werbendem Teil deutlich sichtbar bleiben. Außerdem sollte Werbung nicht mehr Platz als der Inhalt einnehmen. Vermeiden Sie zudem Töne jeglicher Art, wenn sie nicht sinnfällig und für den Konsumenten gewinnbringend sind. Sie ziehen sonst nicht nur die Aufmerksamkeit auf sich, sondern irritieren und stören in der Folge auch den Anwender. Wer z. B. über seinen Computer Musik hört, während er an ihm arbeitet, will nicht durch plötzlich auftretende Werbemelodien gestört werden. Je penetranter solch eine Störung ist, umso höher kann der Imageverlust für das werbende Unternehmen sein.

5.3.9 Medienadäquaten Mehrwert bieten, aber Aufwand für den Anwender vermeiden

Es trifft zwar zu, dass der Anwender von interaktiven Medien mehr erwartet als das, was ihm bereits der Fernseher bietet. Aber dennoch sollte man den Behauptungen, man müsse stets komplexe Navigationsangebote mit Animation und ständiger Herausforderung für den Anwender bieten, nicht unkritisch übernehmen. Oft ist es die Verfügbarkeit und der jeweilige Inhalt bzw. die Aktualität, die zur Wahl des Mediums führen – nicht unbedingt die Interaktionsvielfalt. Wenn z. B. die Möglichkeiten von Flash, die direkte Anbindung an das Internet und die damit verbundene Dynamik eine zusätzliche Software-Installation oder lange Ladezeiten erfordern, wird sich so mancher Anwender in seiner Entscheidungsfreiheit und seinem Wunsch nach einem direkten Zugang gehindert sehen. Und wenn sich der versprochene medienadäquate Mehrwert in der Bedienung als zu kompliziert herausstellen sollte und nicht erzielt werden kann, bleibt vom Wunsch, ein medienadäquates Angebot bieten bzw. nutzen zu wollen, nicht mehr viel übrig. Unterschätzen Sie nicht die Möglichkeiten und den Reiz einer einfachen Navigation. Oft entscheiden nur der Inhalt, die Erscheinungsform oder die Schnelligkeit, mit der die Anfrage bzw. der Bedarf des Anwenders erfüllt wurde. Interaktive Raffinessen werden bisweilen nicht honoriert.

Folgende Medien bzw. Interaktionsformen sind simpel im Gebrauch, aber dennoch sehr beliebt:

- **Weblog:** Klicken von Menüpunkten in einfacher Baumstruktur. Hierarchische Verlinkungsstrukturen werden grundsätzlich den netzwerkartigen vorgezogen.
- **SMS-Dienste:** Nutzung des SMS-Angebots über eine Handy-Tastatur.
- **Interaktives Fernsehen:** gesteuert z. B. über eine spezielle Fernbedienung, die in Verbindung mit einem Telefondecoder über einen Rückkanal und daher auch über vordefinierte Tasten für Bestellungen und Autorisierung verfügt (wurde bisher in Belgien getestet, mit der Fernbedienung ›Betty‹).
- **Zappen am Fernseher** über die Fernbedienung.
- Alle Angebote, die über Pfeiltasten oder Zahlen am Telefon oder einer Fernbedienung gesteuert werden:
  - Interaktive Angebote auf DVD, betrachtet am Fernseher.
  - Telespiele über den Fernseher.
  - Handy-Games, Jump n' Run Games, etc.
  - Alle Spiele, die über einen Joystick gesteuert werden.

Entscheiden Sie sich stets für das Medium und die Intertaktionsform, die dem zu vermittelnden Inhalt bzw. der Absicht des interaktiven Produkts gerecht werden. Und sollten Sie, über den Standard hinaus, die Möglichkeiten der entsprechenden Medien ausloten wollen, dann bieten Sie ein nachvollziehbares und medienadäquates Interface an, damit der beabsichtigte Mehrwert auch tatsächlich ein Mehrwert für den Anwender wird.

5.3.10 Enttäuschungen vermeiden

Erwartungen, die mit Menüpunkten, Überschriften, aufmerksamkeitsstarken Elementen oder Texten geweckt werden, sollten auch erfüllt werden. Vermeiden Sie es, Anwender zu enttäuschen. Bewahren Sie sich Ihre Glaubwürdigkeit, indem Sie die Menüpunkte so benennen, dass sie korrekt antizipiert werden können. Aufmerksamkeitsstarke Elemente wie Bilder und Animationen sollten konform mit dem resultierenden Inhalt sein, den man nach Anklicken der Elemente erhält. Bewerben Sie ihre Produkte nicht mit Feature-Listen, wenn Sie mehr bieten wollen als technische Spielereien. Verwenden Sie technische Möglichkeiten nachvollziehbar, sinnstiftend und medienadäquat.

Weiterführende Informationen im Internet	
Usability	
www.w3.org/TR/WCAG20	WCAG 2.0 (Web Content Accessibility Guidelines)
www.einfach-fuer-alle.de/blog/id/2461	Erläuterung und Stellungnahme zum WCAG 2.0
www.einfach-fuer-alle.de	Herausgeber: Deutsche Behindertenhilfe – Aktion Mensch e.V.
www.fit-fuer-usability.de	Tipps und Hinweise zum Thema Usability. Das Usability Kompetenzzentrum des Fraunhofer-Instituts für Angewandte Informationstechnik (FIT) stellt Informationen zur freien Verfügung. Das FIT ist Mitglied der Usability-Gremien von DIN und DATech.

Usability ist kein Zustand der sich ergibt, sondern er muss erarbeitet werden. Dies wird erreicht, indem für die Funktionen und Absichten eines Produkts Zielgruppen definiert, gestalterische Absichten formuliert und die Verhaltensmuster und Bedürfnisse der jeweiligen Zielgruppe ermittelt und analysiert werden. Dies sind entscheidende Faktoren, die bei der Gestaltung von Benutzeroberflächen zu berücksichtigen sind, damit das Interface zur Dialogoberfläche werden kann.

Versäumen Sie nicht die Handlungsabläufe der einzelnen Nutzungs- bzw. Interaktionsszenarien jener Anwender zu analysieren, die Sie mit Ihrem Produkt ansprechen wollen. Planen Sie jede Interaktion zwischen Anwender und Produkt wie eine Inszenierung, die den Anwender als Hauptdarsteller innerhalb eines Nutzungsszenarios mit einbezieht. Beachten Sie dabei auch, dass Sie für die Bezeichnungen in den Menüs sinnfällige Begriffe wählen, die sowohl dem entsprechend verlinkten Inhalt gerecht werden, als auch vom Anwender verstanden und im richtigen Zusammenhang gesehen werden können. Dabei ist Barrierefreiheit genauso wie auch eventuell verschiedene kulturelle Interpretationsmöglichkeiten zu berücksichtigen .

Glauben Sie nicht, es würde genügen, nur in einfachen Prinzipien von Bildschirmmasken zu denken. ISO-Normen (siehe hier im Kapitel weiter unten) und der Erfolg des Quasimonopolisten Microsoft lassen zwar die Vermutung aufkommen, eine gute Usability ließe sich allgemeingültig in Rastern definieren und auf alle Bedürfnisse übertragen. Aber haben sie jemals einen Anwender angetroffen, der je seine eigenen Vorstellungen von Qualität z. B. in der Usability von Microsoft-Produkten zufriedenstellend verwirklicht sah? Nur weil ein einmal entwickeltes Interfacekonzept auf mehrere Applikationen übertragen und somit für die Anwender eine Wiedererkennung ermöglicht wurde, hat man noch längst keine auf alles übertragbare Lösung gefunden. Auch ist eine Lösung, an die man sich gewöhnt haben mag, noch lange keine gute Lösung, nur weil man sich an sie gewöhnt hat.

Mit dem Argument der weiten Verbreitung rechtfertigen immer noch einige Entwickler die Adaptierung der Menüleisten von Microsofts Office-Softwareprodukten für zukünftige Softwareentwicklungen. Diese Rechtfertigungen resultieren wohl eher aus der Hilflosigkeit heraus, keine adäquaten Alternativen erkennen bzw. erdenken zu können. Oder fehlt es gar am Interesse, im Sinne des Anwenders nach optimalen Lösungen suchen zu wollen? Wer auf solch einer Basis Produktentwicklung betreibt und glaubt, durch Usability-Tests das fehlende kreative Potenzial mit reproduzierbaren Fakten ausgleichen zu können, wird bei Produktentwicklungen langfristig zum Scheitern verurteilt sein. Immer mehr Unternehmen erkennen, dass sich der langfristige Erfolg nicht durch Zahlen, Fakten und Tests herbeiführen lässt, sondern in erster Linie durch Kreativität bzw. durch Angebote der Creative Industries. Das Ermitteln von validen Geschäftszahlen und formalisierbaren Anwenderuntersuchungen sind wichtige Faktoren, flankieren und stützen aber bestenfalls den Erfolg. Sie können ihn bei komplexen Produkten aber nicht herbeiführen. Die Bedeutung der Creative Industries bei der Entwicklung von Produkten und Dienstleistungen und für die Gewährleistung nachhaltiger Erfolge wird im Kapitel *Servicedesign* (siehe S. 288) näher beschrieben.

Gerade bei Produkten, für die eine relativ hohe Einarbeitungszeit erforderlich ist bzw. die mit vielseitigen Nutzungsszenarien ausgestattet sind, ist dem Anwender wichtig, dass es ihm in seinen Bedürfnissen und Kenntnissen entgegenkommt und seinen Interessen und Erwartungen gerecht wird. Je komplexer der Vorgang eines Prozesses oder die Angebotsabsicht eines Produktes ist, umso höher ist die Erwartung des Anwenders, dass das Produkt ihm möglichst individuell entspricht. Dies bezieht sich auf rein praktische, funktionale Eigenschaften, aber auch auf Eigenschaften, die dem Produkt einen individuellen Charakter ermöglichen. Ob ein Produkt oder eine Dienstleistung erfolgreich angenommen wird, liegt häufig daran, inwiefern diese von den Anwendern – teilweise bewusst, teilweise unbewusst – erwarteten Qualitätseigenschaften erfüllt wurden. Hierbei ist insbesondere die Vielzahl an möglichen Erwartungen und Eigenschaften zu beachten. Diese lassen sich mit standardisierten Abfrage- und Usabilitystrategien nur unzureichend ermitteln. Ein kreatives Potenzial ist somit sowohl bereits bei der Antizipierung von Erwartungen, als auch bei der Planung der Frage- und Untersuchungsstrategien und -möglichkeiten erforderlich. Solch eine kreative Evaluierung ist wesentlicher Bestandteil von Servicedesign.

Das Ansehen eines Unternehmens hängt direkt von der Qualität des Interfaces bzw. des Dialogs zwischen Produkt und Anwender ab. Sowohl seine Entwicklung als auch seine Evaluierung sollte daher nicht durch Personen erfolgen, die es gewohnt sind, nur vorgefertigten Strategien zu folgen. Was als gute oder weniger gute Usability wahrgenommen wird, hängt, wie bereis erwähnt, nicht nur von reproduzierbaren Überlegungen und Fakten ab.

Die Produkte von Apple zeigen, dass gute Gebrauchsqualität nicht nur das Ergebnis von Fakten ist, die abgehandelt und erfüllt wurden. Gute Gebrauchsqualität im Sinne der Erfüllung von Zufriedenheit beim Anwender kann zum Teil auch durch die gefühlte Erfüllung von Benutzerbedürfnissen erfolgen. So wird z. B. das *iPhone* von vielen Anwendern als die absolute Erfüllung an Benutzerfreude und Zweckdienlichkeit empfunden, obwohl das Interface einige nicht unbeträchtliche Mängel aufweist. Die Untersuchungen von **createwithcontext.com** zeigen sehr deutlich, dass das Interfacedesign des *iPhones* noch diverse Usabilitymängel aufweist. Die Beliebtheit des *iPhones* belegt aber auch, dass das Image eines Unternehmens nicht nur durch Forschungsfakten von Usability-Test bestimmt werden kann, sondern ebenso durch den Spaß am Gebrauch und dem Erleben des Anwenders mit einem Produkt. Ergänzend zur Usability ist daher Joy of Use und dic User Experience zu beachten, was sich in dem Begriff Servicedesign (siehe Kapitel *Servicedesign*, S. 288) treffend zusammenfassen lässt.

Die Qualität einer Entwicklung beruht – insbesondere bei komplexen Produkten und Dienstleistungen – stets auf den Ideen und den Intuitionen kreativer Menschen, die allerdings durch die Dienstleistungen von Usability-Testern optimiert werden können. So wie ein Statiker als Spezialist gebucht wird, um die kreativen Ideen eines Architekten abschließend auf Stabilität zu prüfen, so kann es hilfreich sein, die Entwicklung von Designern durch die Unterstützung von Evaluierungsspezialisten und Finanzbuchhaltern zu optimieren. Die kreative Leistung, eine Idee oder ein Konzept ist aber stets die Voraussetzung (siehe z. B. das Kapitel *Projektentwicklung – Workflow* im Buch *Web X.0* von Torsten Stapelkamp, Springer, Heidelberg, 2009).

Haben Sie den Mut, neue Lösungen zu entwickeln, indem Sie bedenken, dass ein Usability-Test kein Widerspruch zur freiheitlichen Kreativität einer Gestaltung, sondern Teil der Gestaltung selbst ist. Usability-Tests ermöglichen, die Fehler eingetretener Pfade zu entlarven und auf neue Wege zu verweisen. Zudem bieten diese Tests die Möglichkeit, wissenschaftliche und gestalterische Kompetenz zu kombinieren. Bei den nun folgenden Beschreibungen von Usability-Tests sind die Hinweise übertragbar auf jede Form von Interfaces (von Internetseiten, DVD-Video; DVD-ROM; Blu-ray Disc, CD-ROM, Betriebssystem, Handheld, Mobiltelefon, Gebrauchsgegenstände etc.), eben auf alles, was nicht nur betrachtet, sondern auch benutzt werden soll.

Geeignete Software für die Aufzeichnung und Dokumentation der Tests sind:
- **Silverback** http://silverbackapp.com
- **Camtasia Studio** www.techsmith.de/camtasia.asp
- **Morae** www.techsmith.de/morea.asp

Abb. 259 a–b
Bill Westerman von createwith-context.com beschäftigte sich in seiner Untersuchung *How people really use the iPhone* vom Oktober 2008 mit dem Interface des *iPhones* und fand einige Mängel im Umgang heraus, die hier mit einem kleinen Ausschnitt näher beschrieben werden. Er entdeckte dabei einige irreführende Icons und fehlende Hinweise.

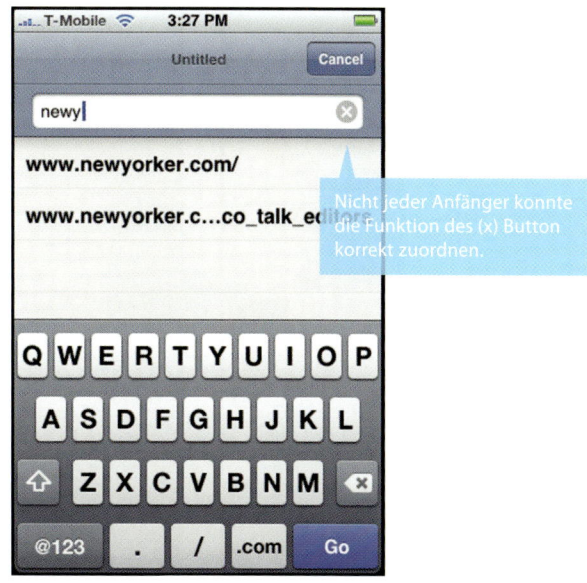

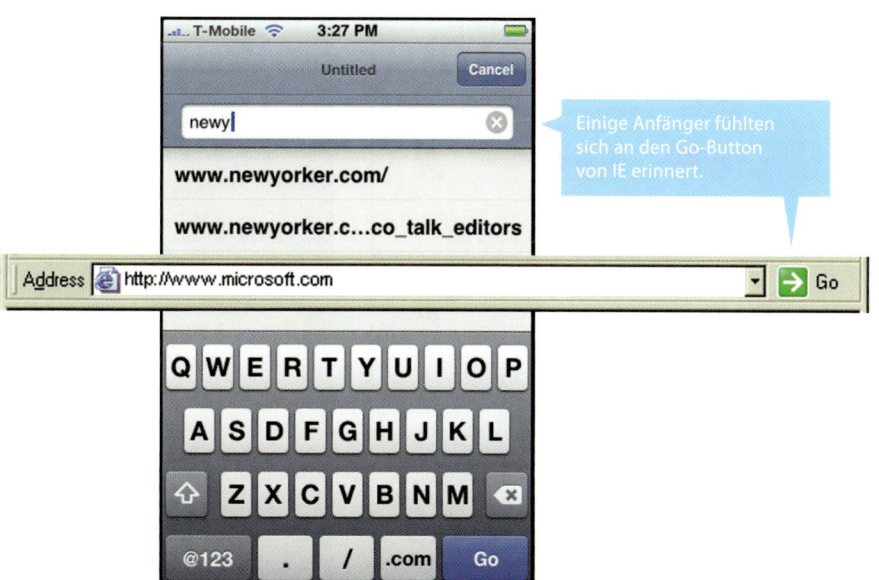

Abb. 260 a–d

Die resultierende Ebene war nicht für jeden Anwender sofort nutzbar.

Dieses Icon könnte ebenso eine Zoom-Funktion anzeigen.

Welche Bedeutung wohl das Buch hat. Kann ich dort etwas lesen?

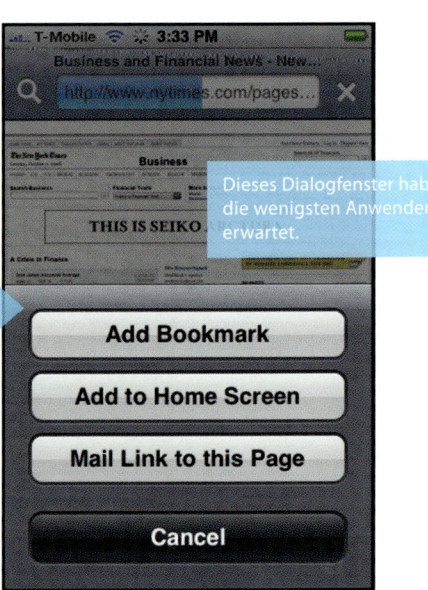

Nicht jeder Proband wusste, wie man beim *iPhone* die Website vergrößert.

Das Plus-Zeichen könnte zum Vergrößern oder zum Hinzufügen beabsichtigt sein.

Dieses Dialogfenster haben die wenigsten Anwender erwartet.

Abb. 261a–b

Als Einträge des Adress-
buchs erschienen,
glaubten einige Anwender,
eine falsche Funktion
gewählt zu haben.

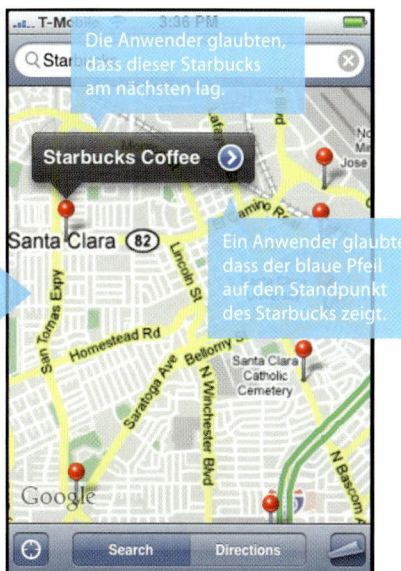

Die Anwender glaubten,
dass dieser Starbucks
am nächsten lag.

Ein Anwender glaubte,
dass der blaue Pfeil
auf den Standpunkt
des Starbucks zeigt.

Abb. 262a–b

Anwender probierten
diesen Button per
Trial and Error aus,
nicht auf Grund seiner
Gestaltung.

Ein Anwender vergaß
die Funktion dieses
Buttons und glaubte,
dies sei ein Zurück-
Button.

5.4.1 Quantitative und qualitative Verfahren

Unter folgendem Link finden Sie einen exemplarischen Fragebogen zur ›Beurteilung von Software auf Grundlage der Internationalen Ergonomie-Norm ISO 9241/10‹ als Datei mit der Bezeichnung ›Fragebogen, isonorm.doc‹. Da er über 11 Seiten umfasst wurde er nicht im Buch mit aufgenommen.
• www.designismakingsense.de /Daten_Interfacedesign.zip

Es wird zwischen zwei Forschungsmethoden unterschieden, dem quantitativen und dem qualitativen Verfahren. Mit dem quantitativen Verfahren werden Zustände und Erkenntnisse mit präzise formulierten Fragestellungen statistisch erfasst (z. B. mit folgenden Fragen: »Würden Sie für eine e-Learning-Anwendung zum Thema Usability bis zu 99,– Euro bezahlen?«, »Würden Sie eine rein englischsprachige Version kaufen?« etc.). Weitere in einem quantitativen Verfahren zu erfassende Daten sind die Messwerte, die sich aus Untersuchungen mit Tracking-Verfahren, wie z. B. Eye-Tracking-Systemen (S. 323 f.) ergeben. Die statistische Auswertung all dieser Daten ermöglicht eine präzise Aussage über Vermutungen, ob z. B. auch ältere Menschen bereit sind, z. B. interaktive DVD-Produktionen als Lehr/Lernmedium zu nutzen und wie viel Prozent der zuvor näher zu definierenden Zielgruppe, diese Möglichkeiten nutzen würden.

Der Nachteil der quantitativen Forschung besteht darin, dass man kaum neue Erkenntnisse gewinnt, da nur zuvor definierte Vermutungen überprüft werden. Bisweilen werden Usability-Tests auch nur dazu missbraucht, subjektive Absichten des Herstellers bestätigen zu lassen. Die tatsächlichen Vorteile für den Anwender lassen sich mit einem quantitativen Verfahren kaum erforschen. Aus diesem Grund werden bei Usability-Tests zusätzlich qualitative Verfahren angewandt, durch die in Einzelgesprächen oder in Gruppendiskussionen mit spezifisch ausgewählten Probanden deren Einschätzungen bzw. bewusste und unbewusste Gefühle hinsichtlich des zu testenden Produkts ermittelt werden können. Solche Interviews bzw. Gespräche bieten ähnliche Vorteile wie ein Brainstorming und können jene, die die Untersuchungen durchführen, unter Umständen auf ganz neue Ideen bringen. Das qualitative Verfahren bietet somit die Möglichkeit, Fehler nicht nur aufzudecken, sondern auch deren Ursache zu ermitteln und darüber hinaus neue Lösungsstrategien und sogar neue Ideen zu entwickeln.

5.4.2 Heuristische Evaluation – Inspektionsmethoden

Die Usability eines Produkts (z. B. Internetseite, DVD-Video; DVD-ROM; Blu-ray Disc, CD, Betriebssystem, Handheld, Telefon, Haushaltsgeräte, Produktionsmaschinen, etc.) lässt sich mit Hilfe von potentiellen Anwendern überprüfen oder auch im Rahmen einer heuristischen Evaluation, die ohne ›echte‹ Testpersonen auskommt. Usability-Experten übernehmen bei einer heuristischen Evaluation deren Aufgaben und wenden eine Liste von bewährten Usability-Prinzipien auf das zu testende Produkt an. Die heuristische Evaluation eignet sich allerdings nur für Tests mit geringer Aussagekraft über einen benutzer-spezifischen Gebrauch des Produkts. Sie gibt keine Auskunft über die Bedürfnisse und Nutzungsprobleme der tatsächlichen späteren Anwender, da die Usability-Experten Expertenanwender sind und gerade im Gebrauch von Benutzeroberflächen sehr erfahren.

Eine heuristische Evaluation sollte einem Usability-Test vorausgehen, damit die offensichtlichen Probleme vor dem Test behoben sind. Mit ihr findet man allerdings auch solche Inkonsistenzen und Probleme, die durch Usability-Tests nicht offensichtlich werden können. Diese Tests werden in der Regel nämlich aufgabenzentriert und zielgruppenorientiert durchgeführt und sollen in Abhängigkeit davon, nur die gestellten Fragen beantworten bzw. nur die Nutzungsprobleme der individuell ausgewählten Probanden aufdecken. Deshalb kann die heuristische Evaluation zwar die Usability-Tests nicht ersetzen, sie ergänzt diese allerdings sinnvoll um die Erfahrung der Usability-Experten. Weitere Untersuchungen, die über einen Usability-Test hinausgehen und besser durch Usability-Experten und nicht durch Probanden durchgeführt werden könnten, sind: Cognitive Walkthrough, Pluralistic Walkthrough, Feature Inspection, Standards Inspection und Consistency Inspection. Auf diese so genannten Inspektionstests wird hier im Buch allerdings nicht näher eingegangen.

5.4.3 Allgemeine Usability-Untersuchungsmethoden

Im Folgenden werden die wesentlichen Methoden von Usability-Tests aufgelistet und erläutert. Wichtig ist, dass die Untersuchungsmethoden streng wissenschaftlich erfolgen und dass alle Probanden nach demselben Schema vorbereitet und behandelt werden. Bevor die Usability eines Produktes getestet werden kann, muss selbstverständlich die Zielgruppe für dieses Produkt bekannt sein. Produktspezifische Interessen dieser Zielgruppe können insbesondere in Fragebögen Verwendung finden (siehe ›Fragebögen‹ weiter unten). Die Probanden müssen zielgruppenorientiert und repräsentativ ausgewählt werden. Je nach Produkt sind die anvisierten Zielgruppen mal uneinheitlich, mal können sie aber auch sehr spezifisch sein (z. B. Hausfrauen; Rentner; Jugendliche mit speziellen Interessen; Autofahrer eines bestimmten Alters mit bestimmtem Fahrzeugtypinteresse; Manager etc.). Hierbei ist es bisweilen schwierig, die geeigneten Probanden zu finden. Aber bereits an der korrekten Auswahl der Testpersonen äußert sich die Qualität eines Usability-Tests. Davon und auch von der Anzahl der Testpersonen hängt es ab, ob die ermittelten Daten überhaupt wissenschaftlichen Standards genügen und verwertbar sind. Bei einer inhomogenen Zielgruppe sind manchmal bis zu 100 Probanden erforderlich. Richtet sich das Produkt an eine konkret zu definierende Zielgruppe, ähneln sich Testergebnisse manchmal bereits ab den ersten fünf Probanden.

Im Folgenden werden die wesentlichen Usability-Test-Methoden beschrieben, die im Idealfall auch in der genannten Reihenfolge angewandt werden. Im Anschluss der Erhebungen werden alle ermittelten Ergebnisse miteinander in Beziehung gesetzt und mit Hilfe statistischer Verfahren analysiert und aufbereitet.

a) Handlungsschemata
Die für das geplante Produkt typischen Handlungsschemata sollten individuell ermittelt und analysiert werden. Was macht z. B. ein Anwender, wenn er bestimmte Inhalte sucht? Welche Benutzungsreihenfolge sollte angeboten werden? Was muss vorgegeben sein und was sollte individuell zur Verfügung gestellt werden? Mit solchen Handlungsschemata werden situationsspezifische Verhaltensabläufe einer Anwendergruppe akribisch ermittelt und dienen dann zur Erstellung erster Skizzen von Interfaces. Dies macht deutlich, dass Usability-Tests bereits zeitgleich mit dem Beginn einer Produktgestaltung einsetzen bzw. Bestandteil der Produktentwicklung sein sollten. Dank der Usability-Tests können die Handlungsschemata dann so lange präzisiert werden, bis sich eine fehlerfreie, benutzerzentrierte Interaktion

ergibt. Anforderungskataloge von Auftraggebern oder DIN-Normen wie DIN EN ISO 9241 (DIN: Deutschen Instituts für Normung e. V.) werden mit diesem Verfahren auf ihre Realisierbarkeit und Eignung überprüft und können bei Bedarf den ermittelten Umständen angepasst werden.

b) Beobachten und Verfolgen (Aufmerksamkeitsanalyse)

Es gibt verschiedene Techniken, mit denen man die Probanden bei der Nutzung eines Produktes beobachten kann. Die wesentlichen sind Videoaufzeichnung, ›lautes Denken‹ (Thinking aloud) und Interaktionsaufzeichnung (Eye- und Computermaus-Tracking). Um zu vergleichbaren Ergebnissen zu kommen, ist es erforderlich, sich für die Probanden gleichbleibende Aufgaben zu überlegen, die sie am zu testenden Produkt durchführen sollen.

Ein interessantes Beispiel zum Eyetracking bietet Google mit einer Studie (Abb. 263). Die Studie aus dem April 2008 zeigt, wie die Positionierung von Suchergebnissen auf der Internetseite von Google die Wahrnehmung der Nutzer beeinflusst. In erster Linie findet die Aufmerksamkeit in der oberen, linken Ecke statt und der Blick wandert einem F-förmigen Verlauf folgend. Die Nutzer verbringen die Hälfte ihrer Verweilzeit in diesem Bereich und kaum ein Nutzer ruft eine zweite Ergebnisseite zum Suchbegriff auf.

Videoaufzeichnung   Es genügt nicht, nur die Blickbewegungen des Probanden auf Video aufzuzeichnen, man sollte sein gesamtes Verhalten, seine Gestik und Mimik mit aufzeichnen. Diese große Ansammlung an Verhaltensweisen vermittelt zahlreiche subjektive Eindrücke über Zufriedenheit oder Unbehagen. Eine Videobeobachtung kann sehr aufwändig erfolgen, da der Monitor und somit die gesamte Nutzungsabfolge und Computermausbewegung aufgenommen und mit der Beobachtung der Gestik und Mimik des Probanden mit Hilfe eines Monitorsplittings kombiniert abgebildet wird.

Lautes Denken (Thinking aloud)   Die Probanden müssen entsprechend instruiert werden, sich möglichst spontan und differenziert über ihr eigenes Denken und Handeln zu äußern. Diese Methode ist die am meisten verbreitete Usability-Testmethode. Aus den spontanen Äußerungen kann nachvollzogen werden, wie die Probanden mit einem Produkt interagieren. Die Beobachtung sollte unter Laborbedingungen, unterstützt durch Ton- und Videoaufzeichnung, erfolgen. Für Schnelltests kann es ausreichen, wenn sich ein Testleiter Notizen macht. Um Beeinflussungen der Probanden zu vermeiden, sollten diese Notizen aber nicht in der direkten Nähe der Probanden, sondern außerhalb des Testraums erfolgen. Es gibt noch erweiterte Verfahren, bei denen parallel zum Test Fragen zu beantworten sind. Diese Variante des lauten Denkens, bei dem ein verschriftlichter Anteil eine nicht unwesentliche Rolle spielt, wird abweichend von ›Thinking Aloud‹ ›Write-along‹-Verfahren genannt.

Die 21seitige Studie *Wie die Positionierung in den Ergebnissen die Wahrnehmung beeinflusst* steht zum Herunterladen bereit:
• www.full-value-of-search.de/ studies

Abb. 263
Eyetracking-Studie *Wie die Positionierung in den Ergebnissen die Wahrnehmung beeinflusst* von Google, April 2008, www.full-value-of-search.de/studies.

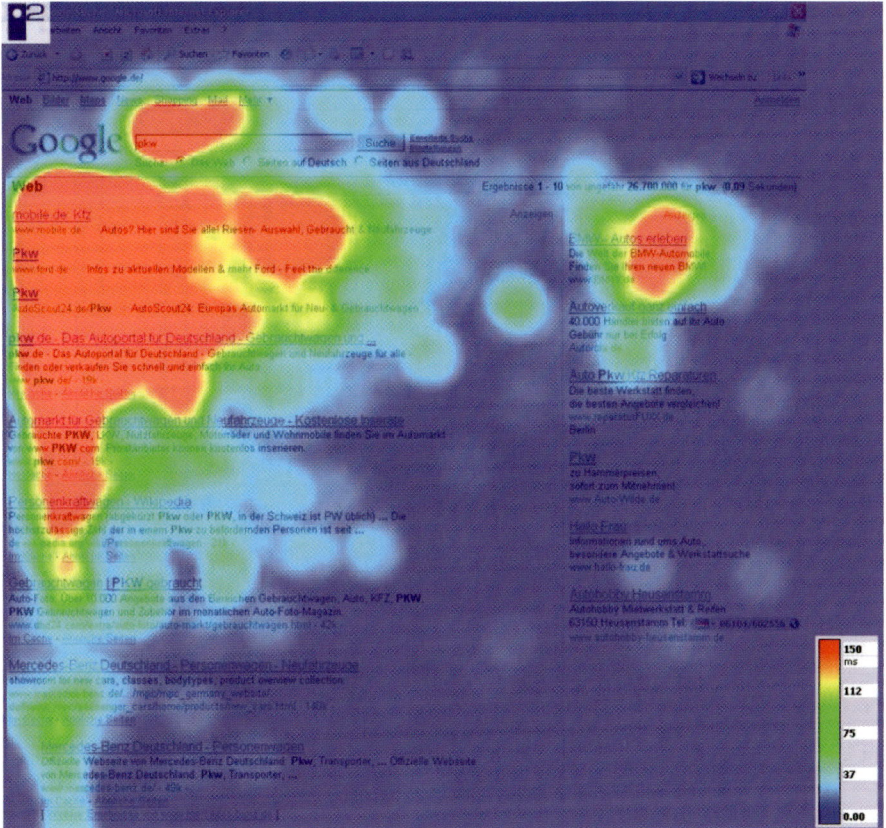

Interaktionsaufzeichnung (Tracking) Hierbei werden die Eingaben des Probanden aufgezeichnet, die er am Computer über die Computermaus und der Tastatur vornimmt und die sich in der Monitordarstellung entsprechend abbilden. Es werden Mausbewegungen, Verweilzeiten des Maus-Cursors, Klickhäufigkeit und Klickkoordinaten aufgezeichnet. Weitere Parametereigenschaften können auf Basis der Blickbewegungen des Probanden aufgezeichnet werden, wenn eine entsprechende Blickverfolgungseinrichtung (Eye-Tracking-Verfahren) eingesetzt wird. Mit einer solchen Einrichtung können die Augenbewegungen des Probanden und somit seine Blickrichtung und Blickhäufigkeit und -dauer registriert werden. In Kombination mit den anderen Aufzeichnungen kann sehr genau ermittelt werden, wie schnell eine Aufgabe gelöst werden konnte, wo der Proband gezögert oder lange verweilt hat, welche Button er gesehen und welche er gedrückt hat und ob er bestimmte Bereiche erst gar nicht wahrgenommen hat.

Die sich am Monitor auf dem zu testenden Interface abzeichnenden Verhaltensmuster werden mithilfe einer Software grafisch dargestellt und können synchron zur aufgezeichneten Maus-Cursor- bzw. Blickbewegung abgebildet werden. Als Ergebnis erhält man ein digitales Video, dass das Interface während der Bearbeitung der Testaufgabe durch den Probanden zeigt, inklusive der Daten, die sich durch sein Anwenderverhalten ergeben haben. Dem Probanden werden diese grafischen

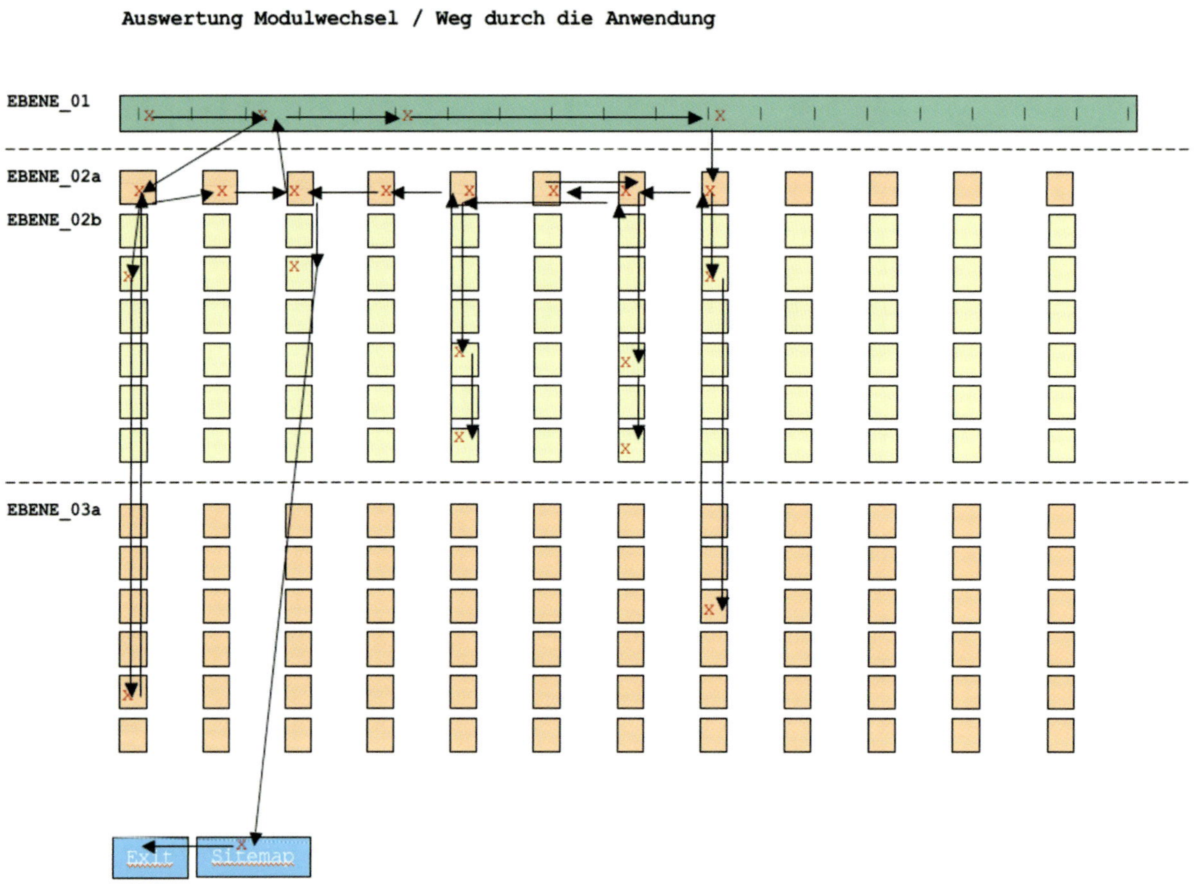

Auswertung Modulwechsel / Weg durch die Anwendung

EBENE_01

EBENE_02a

EBENE_02b

EBENE_03a

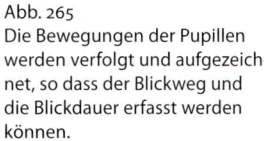

Abb. 264
Dieses Diagramm zeigt in einem
Flowchart alle Kapitel und
Unterverzeichnisse und stellt
den Weg dar, den der Proband
gegangen ist, welche Kapitel
er besucht und wie lange er sich
dort aufgehalten hat.

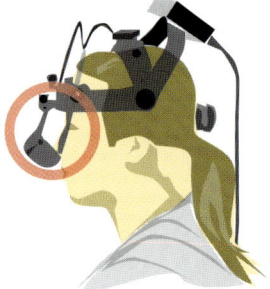

Abb. 265
Die Bewegungen der Pupillen
werden verfolgt und aufgezeichnet, so dass der Blickweg und
die Blickdauer erfasst werden
können.

Abb. 266
Anhand der DVD *Antizipation
– Die Ursache liegt in der Zukunft*
wird mit dieser und den folgenden Abbildungen das Verhalten
eines Anwenders dieser DVD
abgebildet. Hier ist zu erkennen,
wie oft und in welchem Plan-
quadrat ein Proband mit der
Computermaus geklickt hat.

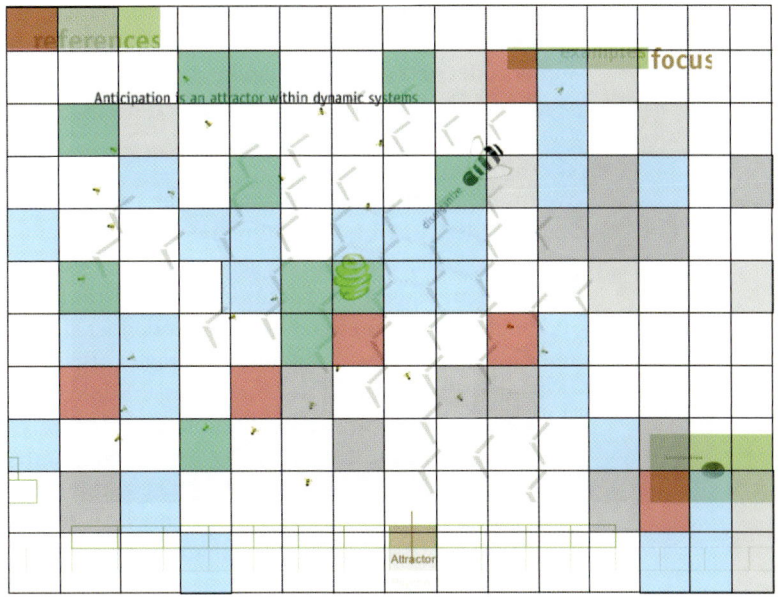

Abb. 267
Wird die Computer-Maus länger
als eine halbe Sekunde nicht
bewegt, wird eine Marke gesetzt. Die Marken geben somit
die Position in Pixeln an (›x‹)
und auf den Pfeilen wird die
Wegstrecke festgehalten (›Zeit‹).

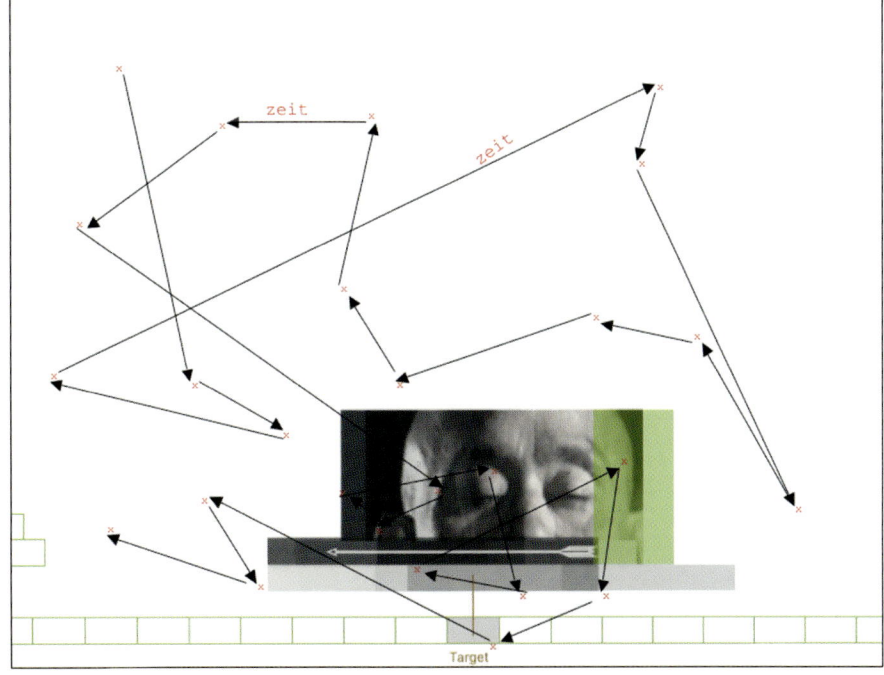

Aufzeichnungen während des Tests allerdings nicht angezeigt. Die Verfahren des Computermaus-Tracking und des Eye-Tracking lassen sich je nach Equipment kombiniert oder getrennt voneinander einsetzen.

c) Fragebögen

Wenn die Eindrücke noch unmittelbar sind, werden potentiellen Anwendern im Rahmen des Usability-Tests direkt nach der Nutzung des Testprodukts Fragebögen vorgelegt. Selbstverständlich genügt es nicht, einen allgemeingültigen Fragebogen zu erstellen. Es gibt zwar immer wiederkehrende Fragen, die auf die meisten Produkte gleichermaßen anzuwenden sind, aber dennoch muss der Fragebogen darüber hinaus stets mit individuellen Fragen ergänzt werden, die dem jeweiligen zu testenden Produkt und der für dieses Produkt bevorzugt anvisierten Zielgruppe angemessen sind. Zusätzlich zu immer wiederkehrenden Fragen werden individuell jene gestellt, die Themenfelder behandeln, zu denen der Proband zuvor keine Aussage getroffen hat oder bei denen er auffallende Verhaltensmuster zeigte (Zustimmung, Ablehnung, besonders schnell oder gar nicht gelöste Aufgaben etc.). Hier wird beabsichtigt, vergleichbare Aussagen zu ausgewählten Situationen bzw. Anwenderverhalten zu erzielen.

d) Tiefeninterview

Im Anschluss an die Durchführung des ›lauten Denkens‹ sollte möglichst zeitnah ein leitfadengestütztes Tiefeninterview mit den Probanden erfolgen. Damit ist beabsichtigt, vertiefende Informationen über die eventuell neu entdeckten oder besonders interessierenden Faktoren zu erfahren. Die Notizen, die sich der Testleiter während der vorangegangenen Untersuchungen machte, werden nun dazu verwandt, einen Leitfaden für den Interviewfragebogen zu erstellen, der dazu geeignet ist, Vermutungen oder zuvor in den Usability-Tests erlangte Erkenntnisse durch das Interview verifizieren bzw. hinterfragen zu können. Das Interview sollte einem Gespräch ähneln. Hierbei ist allerdings zu vermeiden, dass der Testleiter seine eigenen Vorlieben erkennen lässt, will man doch gerade durch das Interview vom Probanden nicht nur erfahren, welche Funktionalitäten oder Eigenschaften er für richtig oder falsch hält, sondern welche Vorschläge er selbst anregen würde und welche Aspekte seiner Ansicht nach noch nicht berücksichtigt wurden. Wird dieses Vorgehen dann noch mit gezielten Fragen kombiniert, läuft man weniger Gefahr, eine beliebige Endaussage zu erhalten. Das Interview sollte als Tondokument aufgezeichnet werden.

Für die Entwicklung von Software-Interfaces liegen ISO-Normen vor, mit denen versucht wird, die Gebrauchstauglichkeit nachvollziehbar zu definieren und entsprechende Vorgaben bzw. Empfehlungen zu geben. ISO (International Organization for Standardization) arbeitet als weltweite Organisation mehrerer Standardisierungsgremien. Sie arbeitet dabei die unterschiedlichsten Themen aus und versucht einen allgemeinen Standard zu finden, um die Arbeit zu erleichtern und dafür Richtlinien zu schaffen. Die Themen werden von einzelnen Komitees erarbeitet.

Die ISO-Norm 9241 besteht aus 17 Teilen. Sie ist unterteilt in Punkte wie Bildschirmanforderungen, Tastaturanforderungen, Anforderungen für andere Eingabegeräte, Präsentation von Informationen, Menü-Dialoge und Formular-Dialoge. Normierungen können sehr hilfreich und anregend sein, auch wenn sie den Vorstellungen eines kreativen Prozesses grundsätzlich widersprechen bzw. widerstreben mögen. Sehen Sie die Normen hier dementsprechend als Stütze. Wobei deren Autoren behaupten, die Gebrauchstauglichkeit von Software könne nur dann gewährleistet werden, wenn ein benutzerorientierter Softwaregestaltungsprozess, wie er in dem Normentwurf ab dem Jahre 1998 mit der DIN EN ISO 13407 (bzw. als internationale Norm ISO 13407 seit 1999) beschrieben ist, eingehalten wird und die Prinzipien und Gestaltungsrichtlinien der DIN EN ISO 9241 bei der Gestaltung berücksichtigt werden.

Man sollte allerdings dabei nicht annehmen, man würde bereits ausschließlich durch die Einhaltung der DIN-Normen ein angemessenes Ergebnis erzielen. Auch wenn bei diesen Normen stets der Begriff Gestaltung vorkommt, so können nicht messbare Werte wie Intuition, Kreativität und Ausdrucksform in Bild, Ton und Schrift selbstverständlich nicht im Rahmen von Normierungen gemessen, berücksichtigt oder gar beschrieben werden. Normierungen können selbstverständlich nur als exemplarisches Raster dienen, mit dem die kreativen Absichten auf ihre allgemeine Anwendbarkeit im Rahmen konkreter Nutzungsrahmen überprüft werden können. Betrachten Sie Normierungen daher besser nicht als Lösung, sondern eher als Herausforderung. Die ISO-Normen helfen zwar bei grundsätzlichen Fragen, geben aber zu detaillierten Teilfragen überhaupt keine Antwort. Dennoch dienen sie dem Konsensprozess und unterstützen bei der Bewusstseinsbildung für die Absichten einer Usability. Sie ermöglichen zudem, ein gemeinsames Vokabular nutzen zu können.

Detaillierte Informationen zum Fragebogen finden Sie unter der Internetseite:
· www.sozialnetz-hessen.de/ca/pq/meb/AbisZ/yes

Exemplarischer Fragebogen von Prof. Dr. Jochen Prümper:
· www.designismakingsense.de/Daten_Interfacedesign.zip

Mit einem Fragebogen, der sich auf die Absichten der Normierungen bezieht, können Sie Ihre Produktion auf ergonomische Inkonsistenzen hin überprüfen. Unter www.designismakingsense.de/Daten_Interfacedesign.zip finden Sie einen exemplarischen Fragebogen von Prof. Dr. Jochen Prümper (FHTW-Berlin, Fachgebiet Wirtschaftspsychologie) zur ›Beurteilung von Software auf Grundlage der Internationalen Ergonomie-Norm ISO 9241/10‹ als Datei mit der Bezeichnung ›Fragebogen ISONORM 9241_10.doc‹. Dieser Fragebogen eignet sich zur Beurteilung bereits eingesetzter Software ebenso wie zur Beurteilung von Prototypen. Er ist dazu konzipiert, von den Anwendern einer Software, nicht von besonders ausgebildeten Ergonomiespezialisten, ausgefüllt zu werden und lehnt sich eng an die Software-Ergonomie-Norm DIN EN ISO 9241 Teil 10 an. Jeder der sieben Gestaltungsgrundsätze wurde in fünf Einzelfragen umgesetzt. Obwohl dieser Fragebogen aus dem Jahr 1993 stammt, sind die relevanten Fragen stets dieselben geblieben. Eigentlich nicht verwunderlich. Bei der Usability geht es schließlich um die Optimierung von Gebrauchsqualität. Dass dieselben Fragen auch heute noch relevant sind und auch nach wie vor gestellt werden müssen, kann ein Indiz dafür sein, wie sehr die Usability bis heute unzureichend berücksichtigt wurde.

5.5.1 Software-relevante ISO-Norm

Die für eine benutzerorientierte Software-Interfacegestaltung relevanten DIN-Normen sind:

DIN EN ISO 9241 (Teil 8; Teil 10–17)
Ergonomische Anforderungen für Bürotätigkeiten mit Bildschirmgeräten (Teil 10–17)

- Teil 8: Anforderungen an Farbdarstellung
- Teil 10: Grundsätze der Dialoggestaltung
- Teil 11: Anforderungen an die Gebrauchstauglichkeit
- Teil 12: Informationsdarstellung
- Teil 13: Benutzerführung
- Teil 14: Dialogführung mittels Menüs
- Teil 15: Dialogführung mittels Kommandosprachen
- Teil 16: Dialogführung mittels direkter Manipulation
- Teil 17: Dialogführung mittels Bildschirmformularen

Der Teil 10 ›Grundsätze der Dialoggestaltung‹ der DIN EN ISO 9241 wird hier exemplarisch in Kurzform wiedergegeben. Dieser Teil ist für die in diesem Buch genannten Aspekte am relevantesten. Alle angegeben Teile sind aus urheberechtlichen Gründen nur auszugsweise wiedergegeben und können in ISO Norm 9241 Teil 10 komplett nachgelesen werden.

Aufgabenangemessenheit
- Der Dialog sollte dem Benutzer nur das zeigen, was gerade in Bezug auf die Aufgabe relevant ist und nicht irgendwelche anderen Informationen.
- Die angebotene Hilfe sollte kontextabhängig sein.
- Operationen, die das System intern durchführt und nicht im Zusammenhang mit der aktuellen Aufgabe des Benutzers stehen, sollten unsichtbar gemacht werden.
- Beim Design eines Dialoges darf der Inhalt nicht außer Acht gelassen werden. Bei einem falschen Design könnten Informationen falsch interpretiert werden oder die Verständlichkeit eines Dialoges verloren gehen.

Selbstbeschreibungsfähigkeit
- Nach jeder Eingabe sollte der Benutzer eine Rückkopplung von dem bekommen, was er gerade eingegeben hat.
- Hinweise können helfen, nicht wieder rückgängig zu machende Eingaben zu vermeiden.
- Erklärungen und Rückkopplungen sollten dem Wissensstand des Benutzers angepasst werden.
- Der Sinn von speziellen Eingaben sollte dem Benutzer nicht verborgen bleiben.

Steuerbarkeit

- Die Geschwindigkeit der Interaktion sollte vom Benutzer ausgehen und nicht vom System.
- Interaktionen sollten rückgängig gemacht werden können.
- Der Benutzer sollte die Möglichkeit haben, selbst zu entscheiden, wie er fortfahren möchte.
- Der Anwender hat die Kontrolle, nicht das System.

Erwartungskonformität

- Aussehen und Erscheinung innerhalb eines Systems sollten immer gleich sein.
- Die Anwendung sollte die Sprache des Anwenders sprechen und nicht die des Systems.
- Die Darstellung innerhalb eines Systems sollte auch bei unterschiedlichen Anwendungen immer gleich sein.

Fehlerrobustheit

- Die Anwendung sollte den Benutzer vor Fehlern bewahren.
- Falsche Eingaben sollten erklärt werden, um dem Benutzer eine Korrektur zu ermöglichen.
- Fehlermeldungen sollten wertfrei sein und nur objektiv aufklären.

Individualisierbarkeit

- Es sollte die Möglichkeit für jeden Anwender bestehen, das Dialogsystem nach seinen persönlichen Präferenzen und Vorstellungen, zu gestalten.
- Die Informationsgenauigkeit sollte der Benutzer abhängig von seinem Wissensstand einstellen können.
- Eingabesequenzen sollten abgespeichert und Objekte nach eigenen Vorstellungen benannt werden können.

Erlernbarkeit

- Das Konzept eines Dialogsystems sollte offen gelegt werden, um dem Benutzer den Einblick zu erleichtern und ihn schneller verstehen zu lassen, was er eigentlich macht.
- Lernstrategien und eine ständig verfügbare Hilfe sollten angeboten werden.

Die Texte von DIN-Normen kann ich aus urheberrechtlichen Gründen hier nicht vollständig abbilden. Um die vollständigen Normtexte zu erhalten, wenden Sie sich bitte an den Beuth-Verlag, der die DIN-Normen vertreibt.[72] Unter www.beuth.de erhalten Sie zwar keinen Zugang zu den Normtexten, aber einen Nachweis aller gültigen Normen mit Preisinformationen.

72 Beuth Verlag GmbH
Burggrafenstraße 6
10787 Berlin
Telefon: 030 2601-0
Telefax: 030 2601-1260
E-Mail: postmaster@beuth.de
Internet: www.beuth.de

5.5.2 Hardware-relevante ISO-Norm

Die für eine benutzerorientierte Hardware-Interfacegestaltung relevanten DIN-Normen sind:

DIN EN ISO 9241 (Teil 1–9)
- Teil 1: Allgemeine Einleitung (General Introduction)
- Teil 2: Aufgabenanforderungen (Guidance on task requirements)
- Teil 3: Bildschirmanforderungen (Visual display requirements)
- Teil 4: Tastaturanforderungen (Keyboard requirements)
- Teil 5: Arbeitsplatzgestaltung und Haltungsanforderungen
        (Workstation layout and postural requirements)
- Teil 6: Umgebungsanforderungen (Environmental requirements)
- Teil 7: Bildschrimreflexion (Display requirements with reflections)
- Teil 8: Anforderungen für Farbanzeige (Requirements for displayed colours)
- Teil 9: Anforderungen für Eingabegeräte (außer Tastatur);
        (Requirements for non-keyboard input devices)

5.5.3 Weitere ISO-Normen

DIN EN ISO 13407
Benutzerorientierte Gestaltung interaktiver Systeme

DIN EN ISO 14915
Software-Ergonomie für Multimedia-Benutzerschnittstellen
- Teil 1: Gestaltungsgrundsätze und Rahmenbedingungen
- Teil 2: Multimedia-Navigation und Steuerung
- Teil 3: Auswahl und Kombination von Medien

DIN 33455
Barrierefreie Produkte
siehe auch:
- Bundesgleichstellungsgesetz (BGG)
- Barrierefreie Informationstechnik-Verordnung (BITV).

Barrierefreie Interaktive Multimedia Kioske, BIMK 4712/04-A
Diese Richtlinie für Interaktive Multimediakioske gibt es seit September 2005. Sie ist allerdings kein juristisch verbindlicher Branchenstandard. Erstellt wurde die Richtlinie durch die Werkstation GmbH in Besigheim in Zusammenarbeit mit dem Kompetenz- und Referenzzentrum ›barrierefrei kommunizieren!‹ auf Basis des Behindertengleichstellungsgesetzes (BGG).

VDI/VDE 3850 Blatt 3
Anwendergerechte Gestaltung von Bediensystemen für Maschinen – Dialoggestaltung für Touchscreens.

Eine offizielle Version der BITV im PDF-Format können Sie direkt vom Server des Bundestags herunterladen, unter:
- http://217.160.60.235/BGBL/bgbl1f/bgbl102s2654.pdf

Die Verordnung, erläutert in 14 handlichen, leicht verständlichen Schritten finden Sie unter:
- www.einfach-fuer-alle.de/artikel/bitvfueralle

6 Zielgruppenanalyse und -ansprache

Bereits bei der Planung eines Projekts stellt sich die Frage, an wen es sich richtet bzw. für wen es einen Sinn erfüllen soll. Die Projektabsicht muss dabei nicht unbedingt den bisher bekannten Bedürfnissen und Vorstellungen zuvor definierter Zielgruppen entsprechen. Mit neuen Absichten können auch neue, bisher nie gekannte Bedürfnisse geweckt bzw. neue Sichtweisen ausgelöst werden. Bedürfnisse können sich situations- und produktbedingt ändern, weshalb es stets zu empfehlen ist, individuelle, der Projektabsicht entsprechende Zielgruppenanalysen vorzunehmen. Dabei ist zwischen ›Zielgruppe‹ und ›Benutzergruppe‹ zu unterscheiden. Mit Benutzergruppen definiert man die drei Kompetenzgrade ›Anfänger‹, ›Fortgeschrittener‹ und ›Experte‹. Zielgruppendefinitionen sehen hingegen eine differenzierte Erfassung von Merkmalen vor. Mit Polaritätsprofilen und Moodboards kann man zudem Gestaltungsmöglichkeiten, und Gestaltungsabsichten und den Bedarf der Anwender analysieren und sich der gestalterischen Anmutung des Projekts nähern. Im Folgenden werden die einzelnen Begriffe und Aspekte näher erläutert.

Zielgruppen-Merkmale

Sozio-demographische
Merkmale:
- Geschlecht
- Alter
- Familienstand
- sozialer Status, Einkommen
- Bildungsniveau, Beruf
- Freizeitverhalten (Sport, Kultur, Lifestyle etc.)
- Kulturkreis (politische, geografische, ethnische, sprachliche Ausrichtung)
- moralische Wertesysteme

Psychologische Merkmale
- Vorlieben, und Gewohnheiten
- Motivation (Suche nach Unterhaltung, Spiel, Suche nach Vorteilen etc.)

Persönlichkeitsmerkmale
- Progressives oder konservatives Weltbild
- Emotional oder sachlich
- Genügsam, ausdauernd oder ungeduldig
- Risikobetont oder vorsichtig
- Neugierig
- Humoreigenschaften (kulturelle, religiöse Interessen und Gefühle berücksichtigen)

Gebrauchsspezifische Merkmale
- In welchem Bereich wird das Produkt genutzt? (Schule, Privat, Beruf)
- Bevorzugte Wahrnehmungsform (visuell, akustisch)
- Bevorzugte Darstellungsart und Darreichungsform (Barrierefreiheit beachten)
- Bevorzugte Informationstiefe und -breite

Wünsche und Vorstellungen einer Zielgruppe, aber auch die Vermutungen, die man in sie projiziert, bestimmen maßgeblich die Darreichungsform, den Stil, die Informationstiefe und viele andere Eigenschaften des Inhalts und der visuellen, auditiven und funktionalen Gestaltung eines Produkts. Nur wer seine Zielgruppe kennt, kann mit ihr kommunizieren und mit ihr gemeinsame Ziele erreichen. Dazu ist es wichtig zu klären, welche Zielgruppe man erreichen möchte, welche Erwartungen sie an das Produkt richtet und wie die Zielgruppe mit ihm umgeht bzw. umgehen möchte. Um die Interessen, Vorlieben, Eigenarten und Besonderheiten einer Zielgruppe zu ermitteln und auch zu erfahren, ob man die Erwartungen mit dem eigenen Produkt erfüllt, sollte man die anvisierte Zielgruppe an der Entwicklung des Projektes teilhaben lassen. Vor und parallel zur Projektentwicklung und -erstellung sollte man stets so genannte Usability-Tests durchführen (siehe Kapitel *Usability*, S. 302)), um festzustellen, wie sehr man vom Ziel des Projektes noch entfernt ist und was man noch berücksichtigen und ändern sollte. Will man mehrere Zielgruppen gleichermaßen erreichen, ist dies durchaus möglich. Es erfordert allerdings komplexere Untersuchungen bezüglich der Merkmale der verschiedenen Zielgruppen und auch einer dynamischen Ansprache, die sich je nach Wunsch der jeweiligen Zielgruppe entsprechend verändern lassen sollte. So könnte man z. B. bei interaktiven Medien direkt im ersten Menü eine zielgruppenspezifische Auswahlmöglichkeit anbieten. Je nach Auswahl könnten dann auf die jeweilige Zielgruppe ausgerichtete Eigenschaften abgebildet werden.

Die Absicht eines Projekts
kann sein:
- Werbung
- Verkauf
- Lernen
- Lehren
- Spiel, Spaß, Spannung, Unterhaltung
- Genuss
- Visualisierung (komplexe Inhalte nachvollziehbar machen; nicht (mehr) existierende Welten erlebbar machen etc.)
- Assoziationen freisetzen, Denkanstöße geben
- Produkt- oder Dienstleistungsinformationen
- Sachinformation (Lexika, Wissensvermittlung)
- Kunst, Kultur
- Kommunikation, individueller Informationsaustausch (Chat, E-mail, Foren, Weblog etc.)

Je nachdem woher die Ambition herrührt, ein Projekt, welcher Art auch immer, zu erstellen, ist entweder die Absicht eines Projekts bekannt oder der Personenkreis, den man erreichen will. Selbstverständlich haben die Eigenschaften eines Projekts ebenso wie die Zielgruppe einen wesentlichen Einfluss auf die Erfüllung der Absicht des Projekts. Die Absichten von Projekten lassen sich aber auch global definieren.

Die Projektabsicht kann innerhalb eines Lastenhefts vom Auftraggeber vorgegeben werden. Nach DIN 69901:2009-01 (früher DIN 69905)[16] wird mit dem Lastenheft die Forderung festgelegt, die der Auftraggeber stellt. Dies sind die Anforderungen, die ein Projekt/Produkt erfüllen soll. Und mit dem Pflichtenheft formuliert der Auftragnehmer, was er gestaltet bzw. produziert, mit welchen Mitteln er dies umsetzt und welche Prozesse er dabei anwendet. Mit dem Pflichtenheft werden in Abhängigkeit von zuvor festgestellten Zusammenhängen hinsichtlich Projektabsicht, Assets, Form, Funktion und Zielgruppe die organisatorischen und technischen Wünsche und Vorgaben erkannt, festgehalten bzw. vorgegeben. Das Erstellen des Pflichtenheftes ist einerseits eine Dienstleistung, aber andererseits auch ein Kontrollinstrument sowohl für den Auftraggeber als auch für den Auftragnehmer. Die Projektabsicht kann so konkretisiert werden bzw. es können durch den Dialog innerhalb des Produktionsteams und zwischen Auftraggeber und Auftragnehmer neue Absichten identifiziert werden.

Benutzergruppen können
in drei Kompetenzgrade
unterteilt werden:
· Anfänger
· Fortgeschrittene
· Experten

Jeder Anwender zeichnet sich durch seinen individuellen Kompetenzgrad aus. Verschiedene Kompetenzgrade stuft man in entsprechende Benutzergruppen ein. Diese weisen jeweils individuelle Benutzerprofile auf, die es zu ermitteln und zu berücksichtigen gilt, um auf die entsprechenden Bedürfnisse und Kompetenzen eingehen zu können. Die zu beurteilenden Kompetenzen beziehen sich sowohl auf den Inhalt als auch auf die Erfahrung im Umgang mit jenen Medien, die die Inhalte transportieren bzw. zugänglich machen. Dabei ist zu berücksichtigen, dass jene, die sich bereits umfangreich mit den entsprechenden Inhalten auskennen, nicht unbedingt eine gleich hohe Kompetenz im Gebrauch des jeweiligen Präsentationsmediums haben werden. Dies gilt selbstverständlich auch für den umgekehrten Fall. Nur wenn man den Anwender richtig einschätzt, kann man ihm jene Inhalte und jene Orientierung bieten, nach der er gerade sucht oder die er zu erhalten wünscht, um sich überhaupt angesprochen zu fühlen bzw. Interesse an einer Dienstleistung, an einem Inhalt oder an der Darbietung des Inhaltes zu entwickeln (siehe auch unter *Den einzig richtigen oder gegebenenfalls mehrere Zugänge bieten* im Kapitel *Usability*, S. 308).

6.3.1 Der Anfänger

Als ›Anfänger‹ werden hier jene benannt, die bisher kaum oder noch nie mit den Möglichkeiten interaktiver Produkte konfrontiert wurden. Anfängern fällt es häufig schwer, komplexen Sachverhalten, die ihnen nur bedingt vertraut sind, zu folgen. Dasselbe gilt für aufwändige Interaktionsformen und Navigationsangebote bei interaktiven Produkten. Anfänger verfügen im Gebrauch von interaktiven Medien noch nicht über eigene Verhaltens- und Nutzungsschemata. Sie sind darauf angewiesen, dass ihnen Strukturen oder zumindest die Hilfe zum Erkennen von Strukturen und möglichen Handlungsschemata bereitgestellt werden. Zudem formulieren Anfänger ihre Probleme in der Regel anders, als es ein Experte tun würde. Bereits die Beschreibung dessen, was ihnen gerade Schwierigkeiten bereitet, fällt vielen Anfängern schwer, entweder weil ihnen Fachbegriffe nicht vertraut sind, weil ihnen die Umgebung, in der sie sich bewegen, zu neu und zu fremd ist, oder weil sie ihre Unsicherheit und Unkenntnis nicht offen zeigen wollen. Anfänger erkennen die Möglichkeiten und den Nutzen von interaktiven Strukturen kaum, da sie noch weitgehend linear denken und wenig dynamisch, d.h. sie werden ohne Anstoß von außen nicht dazu motiviert, vernetzt zu denken. Gerade den Anfängern genügt es nicht, die Möglichkeit von Interaktivität angeboten zu bekommen. Ihnen muss auch der Sinn und die Notwendigkeit erläutert werden. Anfänger lassen sich oft auf interaktive Medien nicht unvoreingenommen ein. Sie sind wenig flexibel und halten sich an das Bekannte. Die Bereitschaft zu entwickeln, das bereits Bekannte mit neuen Erfahrungen zur Bildung weiterer Erkenntnisse zu kombinieren, ist für Anfänger eine große Herausforderung. Anfänger leiten Ziele oft aus vorangegangenen Erfahrungen ab. Sie neigen bisweilen dazu, aus ihrer Laienperspektive heraus zu generalisieren und bisher praktizierte Vorgehensweisen in für sie neue Situationen kopieren und direkt übertragen zu wollen. Der bisherige Wissenshorizont dient dabei als Maßstab und Anfänger versuchen diese Erkenntnisse auch an interaktiven Produkten anzuwenden. Dadurch dass Anfänger häufig weniger vernetzt denken, neigen sie dazu, nicht das Detail im Umfeld eines Ganzen (eines vernetzten Systems) zu sehen, sondern sich nur auf das Detail zu konzentrieren und dieses

Häufig stellen sich Anfänger beim Gebrauch von interaktiven Medien folgende Fragen, denen man als Autor/Gestalter dieser Medien mit entsprechenden Antworten bzw. Lösungen begegnen sollte:

- Lohnt es sich für mich, das Produkt zu nutzen, seine interaktive Welt zu betreten, mich den dort gebotenen Möglichkeiten, aber auch Problemen auszusetzen?
- Was erwartet mich?
- Worin bestehen der Sinn und der Inhalt des Produkts? Was sind seine Eigenschaften und worin besteht der Sinn der Darbietungsform?
- Wie wird es bedient? Welche Funktionsweisen und Folgen löse ich durch mein Handeln aus?
- Wird es schwer für mich? Kann ich mich blamieren?
- Welche Konsequenzen haben mein Handeln?
- Was bringt es mir an Vorteilen?
- Wird es interessant sein?
- Wird es mir Spaß bereiten?
- Woran kann ich mich orientieren? Was ist mir bekannt oder ist mit dem vergleichbar, das mir bekannt ist? Wo erhalte ich einen Überblick?
- Genügen meine Kenntnisse? Wo kann ich fehlende Kenntnisse erfragen?
- Wen kann ich nach dem Weg fragen?

isoliert zu betrachten. Interaktivität wird dann zwangsläufig als undurchschaubares Überangebot wahrgenommen und nicht mehr als eine Möglichkeit, verschiedene Medienformen, Inhalte und Zusammenhänge kombiniert und somit differenziert oder gar aus ganz neuer Perspektive betrachten zu können. Diesem Erfahrungsdefizit und den daraus resultierenden Folgen gilt es entgegenzuwirken. Anfänger haben ihr Wissen bisher aus Büchern und anderen linearen Medien, wie dem Fernsehen und dem Film bezogen und verfügen in der Regel noch nicht über die Erfahrung, was alles durch Interaktivität möglich ist, dass sie für Erzählformen und zur Wissensvermittlung bedeutsam sein kann und wie man sich in einer durch Interaktivität und Virtualität gebildeten Umgebung verhält. Ein Anfänger benötigt entweder den direkten Kontakt zu einer Betreuungsperson oder eine Benutzerumgebung, die ihnen Vertrautheit und Sicherheit vermittelt. Mit Betreuungsperson ist natürlich eine Hilfefunktion gemeint, die dem Anwender sowohl bezüglich des Inhalts als auch des Umgangs mit dem Darstellungs- bzw. Nutzungsmedium weiterführende Auskünfte gibt. Diese Hilfefunktionen bieten entwder Hilfe zur Selbsthilfe, indem in einem gesonderten Kapitel häufig gestellte Fragen oder zu vermutende Unklarheiten mit den jeweiligen Antworten oder Beispielen geklärt werden, oder sie bringen den Anwender mit einem Experten zusammen, einer virtuellen Begleitung, die dem Anfänger zunächst alle relevanten Stationen nennt und dann gegebenenfalls individuell beschreibt. Für einen Anfänger kann es z. B. auch hilfreich sein, eine Umgebung angeboten zu bekommen, in der er erste Versuche mit den dort zur Verfügung gestellten Möglichkeiten unternehmen kann, um jene Fertigkeiten zu trainieren und zu entwickeln, die ihm den Status eines Fortgeschrittenen näher bringen könnte.

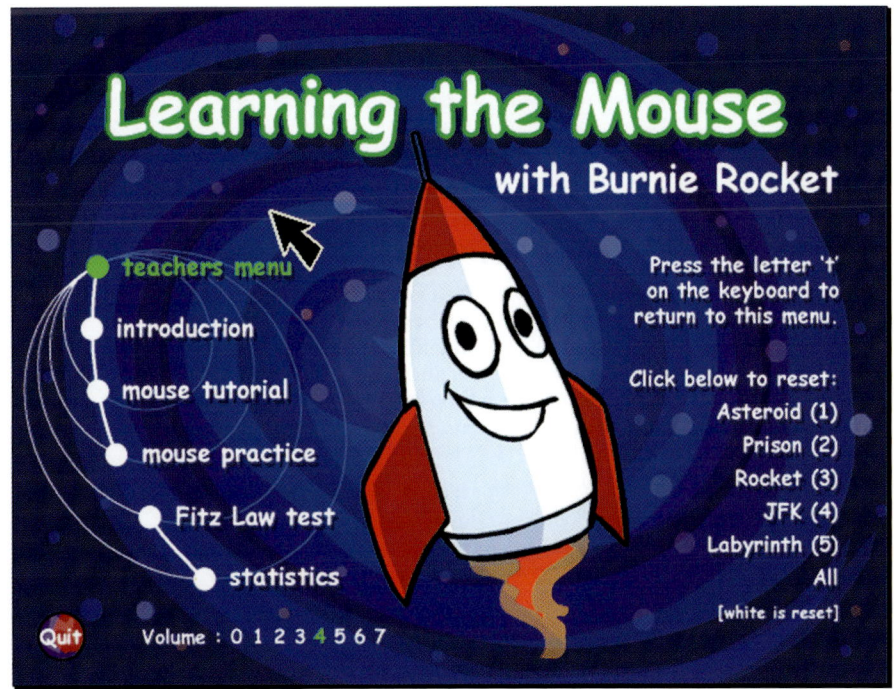

Abb. 268
Learning the Mouse with Burnie Rocket ist eine Flash-Produktion, mit der Kinder die Anwendung der Computer-Maus erlernen können. Diese Arbeit ist präzise auf die Zielgruppe abgestimmt. Sie entstand an der University of Sunderland, England (Design: Graham Mitchell; Musik: Michael Porter; Betreuung: Gurpreet Singh, Manny Ling).

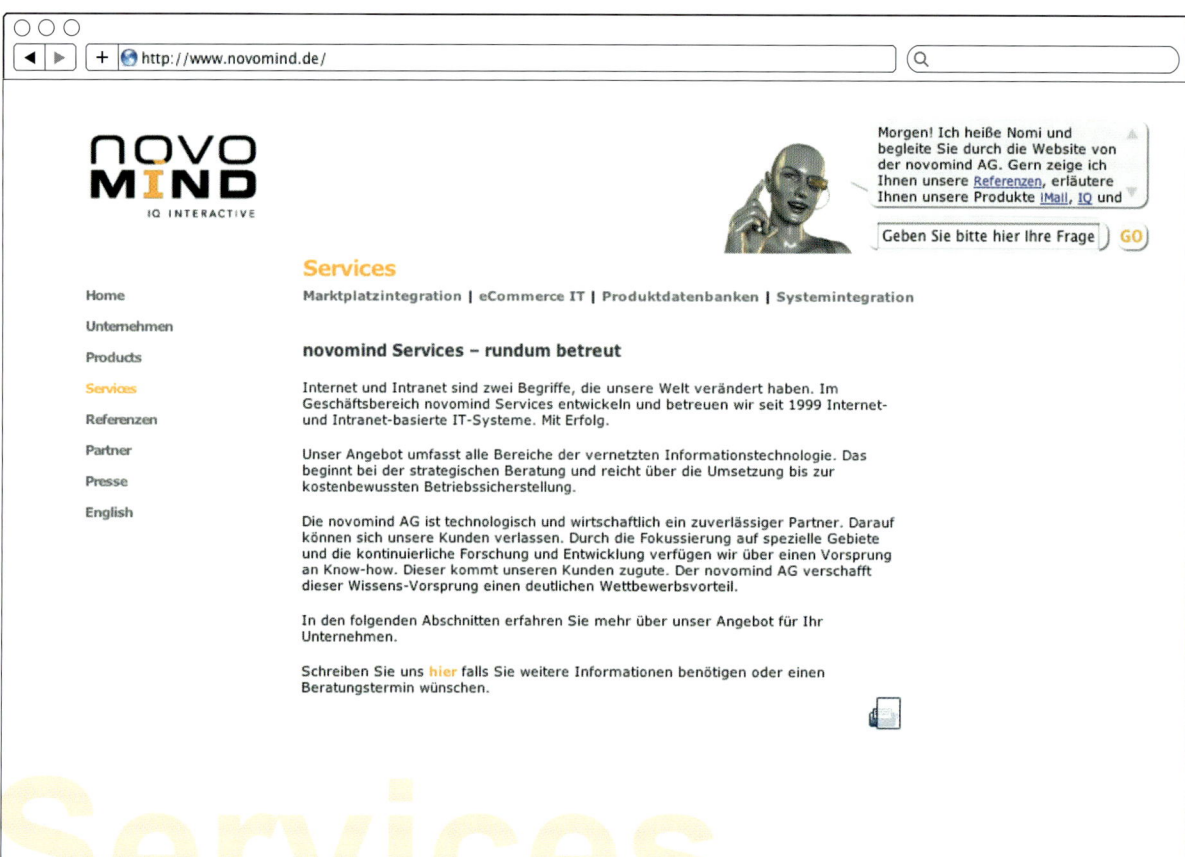

Abb. 269
Internetseite der Novomind AG
(www.novomind.de)

Auf der Internetseite der **Novomind AG** kann sich der Anwender durch die virtuelle ›Nomi‹ auf sehr interaktive und dadurch auch unterhaltsame Weise über die Angebote des Unternehmens informieren lassen.

Entscheidend hierbei ist, dass der Anwender nicht nur Zuhörer ist, sondern im Eingabefeld direkt Fragen formulieren kann, woraufhin ein dreidimensionaler Frauenkopf mit Mimik, Gestik und Sprache reagiert und sogar sinnfällig oder zumindest humorvoll antwortet.

Inspiriert sind solche interaktiven Kommunikationsangebote durch *Portrait No. 1*, eine interaktive Medienkunst-Arbeit von Luc Courchesne aus dem Jahr 1995. Näheres zu *Portrait No. 1* können Sie im Kapitel *Interactiondesign* und dort unter *c) Vorgetäuschte Interaktion – ›echte‹ und ›falsche‹ Interaktion*, S. 110 nachlesen.

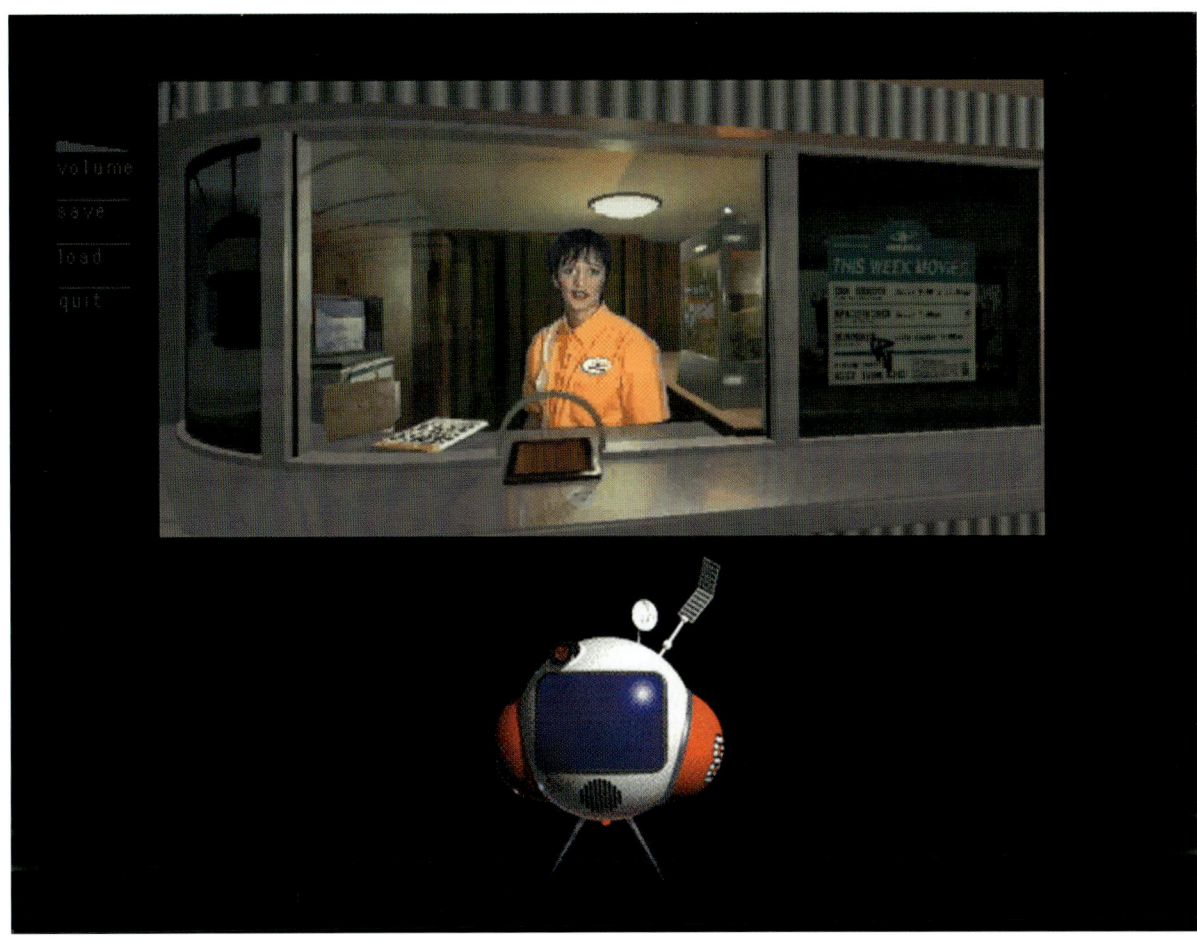

Abb. 270
Personifizierte Hilfefunktion
als Betreuungsperson
(Copyright, Philip Morris).

Bei der CD-ROM **Virtual Creative Party**
von Chesterfield kann ein begleitender
Roboter angewählt werden, der die
Möglichkeiten dieser interaktiven
Publikation erläutert und auch unaufgefordert auf Inhalte hinweist, die den
Anwender weiterführen. Zusätzlich
begegnen dem Anwender einzelne
Protagonisten, die Teil der Erzählung
sind und ihm Hinweise geben oder
ihm den Weg weisen.

6.3.2 **Der Fortgeschrittene**

Dem Fortgeschrittenen stellen sich infolge seiner bisherigen Erfahrung mit interaktiven Produkten folgende Fragen:

- Worum geht es? Was wird mir geboten? Was kann ich erfahren?
- Was gibt es über das bisher bereits Erfahrene hinaus noch Neues zu entdecken?
- Welche Details bieten die einzelnen Angebote? Gibt es eine Übersicht?
- Welche Bereiche kann ich selbstständig begehen?
- Wie kann ich weitere Erfahrungen sammeln?
- Wie ist der Inhalt strukturiert?
- Welche Ordnungsformen werden angeboten, vorgegeben oder sind selbst bestimmbar?
- Wie funktionieren die Verknüpfungen?
- Sind die Funktionsweisen neuartig? Was kann ich Neues erfahren und erleben?

Im Gegensatz zum Anfänger hat der Fortgeschrittene gelernt, Situationen mit einzubeziehen. Er kann umfassender analysieren, da er auf ein höheres Erfahrungspotential zurückgreifen kann, auch wenn er noch kein Experte ist. Fortgeschrittene sind auf dem Weg, Probleme zu erkennen und bereits relevante und der Situation angemessene Lösungsvorschläge erarbeiten zu können. Sie beherrschen den Umgang mit einem interaktiven System zwar noch nicht gänzlich, wissen sich aber bereits zu helfen, um intelligent mit ihm umzugehen. Da ein Fortgeschrittener bereits Erfahrungen im Gebrauch mit interaktiven Medien gesammelt hat, kann der bei ihm stattfindende Lernprozess, alte mit neuen Erfahrungen zu vergleichen und zu kombinieren, für Bereiche genutzt werden, bei denen die Bereitschaft zu einer analytischen Vorgehensweise erforderlich ist. Dem Fortgeschrittenen können und müssen dabei Verknüpfungen, Wegweiser und Navigationsweisen angeboten werden, die seinen bisher gesammelten Erfahrungen nicht widersprechen oder gar den Eindruck erwecken, seine Kompetenz würde angezweifelt. Es muss alles so angelegt sein, dass die bisher erworbenen Kompetenzen des Fortgeschrittenen gefestigt werden und er sich zum Experten entwickeln kann. So wie sich der Anfänger über eine klare Strukturierung freut, so fordert der Fortgeschrittene bereits eine größere Herausforderung. Er will sich in jeder Situation neu für die erfolgreichste Herangehensweise entscheiden können und nimmt dabei vereinzelt auch das Prinzip von trial and error in Kauf, vorausgesetzt, er kann damit rechnen oder es dient sichtbar dazu, sich auf diesem Wege neue Erfahrungen erarbeiten zu können. Dies kann aber bedeuten, dass der Fortgeschrittene im Gegensatz zum Anfänger erwartet, je nach Art und Inhalt des interaktiven Produkts von der Bevormundung durch dessen Autor/Gestalter zunehmend befreit zu werden. Ein Fortgeschrittener möchte Details erfahren und sie auch selbst herausfinden. Ein Fortgeschrittener praktiziert bereits eine bewusste Planung seines Handelns, möchte daher in einem engen Verhältnis zum Ergebnis stehen und sich für den Ausgang seines Handelns verantwortlich fühlen können. Er ist sich bereits darüber im Klaren, dass ihm ein interaktives Medium ergänzende Möglichkeiten bieten kann bis hin zur selbst bestimmten Aufbereitung und Darbietung von Inhalten und Erzählweisen, die so angelegt sein können, dass der Anwender diese mit Hilfe verschiedener Ordnungsformen strukturieren kann.

6.3.3 Der Experte

Dem Experten stellen sich über den Umgang mit Produkten kaum mehr Fragen, sondern er hat Erwartungen:

- Wo gibt es das Expertenwissen? Kann das bereits fundierte Wissen erweitert werden?
- Wo befinden sich Links zu weiterführenden Informationen? Wie kann das Wissensnetz erweitert werden? Wo und wie kann man die vorgefundenen Informationen archivieren?
- Welche Ordnungsformen werden angeboten? Welche Auswahl kann getroffen werden und wie können die Kriterien kombiniert werden?
- Wie und womit wird es dem Anwender ermöglicht, wichtige Aspekte schnell erkennen, klassifizieren und einordnen zu können? Gibt es Sortierungsfunktionen?
- Gibt es Suchfunktionen mit erweiterten Suchkriterien?

Experten handeln auf der Grundlage eines umfassenden Verständnisses der Möglichkeiten und Angebote, die im Rahmen interaktiver Produkte zur Verfügung stehen bzw. entwickelt werden können. Sie sind nicht mehr darauf angewiesen, die Situation bis ins Detail zu analysieren, um angemessen handeln zu können. Ein Experte hat die Erfahrung, zuvor erworbenes Wissen auch für situationsfremde Aufgaben anzuwenden. Er ist synthesefähig und kann unter Einbeziehung verschiedener Erfahrungsbereiche aus Informationen neue Erkenntnisse transformieren. Bei Experten ist der Denkprozess nicht mehr linear. Den Experten zeichnet die Fähigkeit aus, eine Herausforderung bzw. einen Sachverhalt aus verschiedenen Perspektiven betrachten und somit in verschiedenen Handlungsalternativen denken zu können. Wissen und Erfahrung werden nicht nur kognitiv, sondern auch intuitiv eingesetzt. Experten nutzen interaktive Produkte mit klar definierten Zielen. Die angeeigneten Erfahrungen ermöglichen ihnen, die Prinzipien zahlreicher Handlungsvarianten abzurufen und dadurch einen intuitiven Umgang mit den Eigenschaften zu praktizieren, die interaktive Medien und komplexe Produkte bereitstellen. Erfahrungen werden flexibel in Denk-, Urteils- und Handlungssysteme integriert, woraus der Experte neue Erkenntnisse gewinnt, mit denen er – entsprechend aktualisiert – auf die vorgefundenen Zustände reagieren kann. Für ihn steht ausschließlich der Erwerb neuer Erkenntnisse im Vordergrund. Wer in diesen Freiheitsgraden denkt, erwartet von einem Produkt entsprechend schnelle Zugangswege und eine entsprechende Informationstiefe und -vernetzung.

Abb. 271
Mit dieser Eingabematrix können Projekte gezielt nach Thema und Medientyp ausgewählt werden. Es handelt sich hierbei um eine DVD über die Hochschule der Medien Stuttgart, HdM Stuttgart. Erstellt wurde die DVD von Group Of Pictures, Köln. (www.groupofpictures.de)

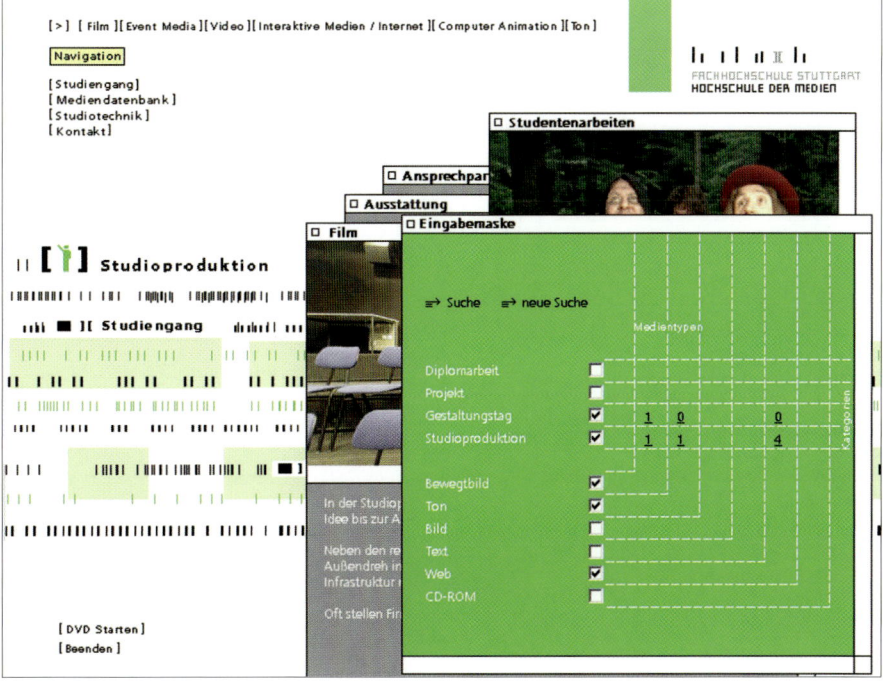

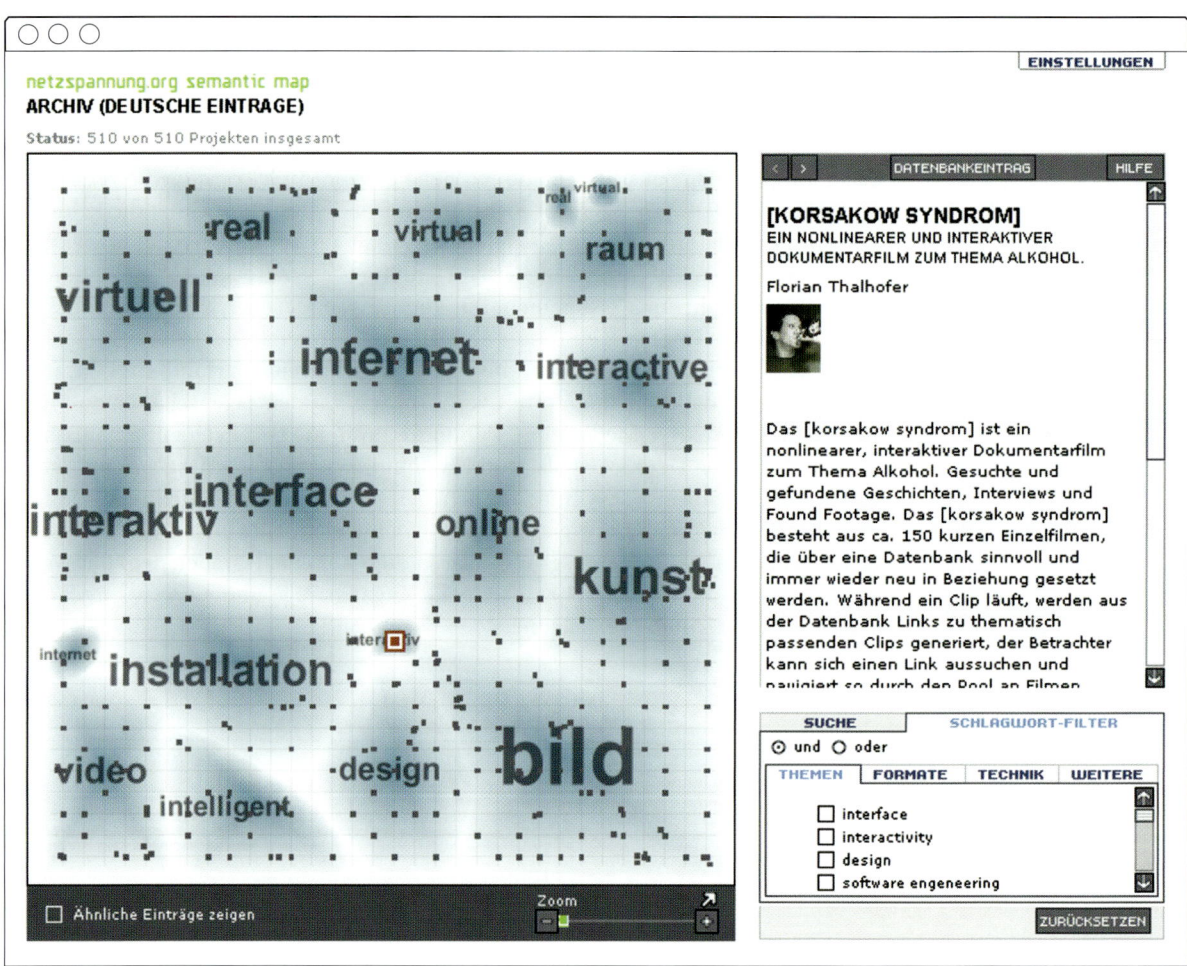

Abb. 272 a–b
Die *Semantic Map* von netz-
spannung.org dient zur
Erschließung und Verwaltung
von archivierten Informationen
und bietet sowohl Anfängern
als auch Experten alle erforderlichen Werkzeuge zur Katego-
risierung.

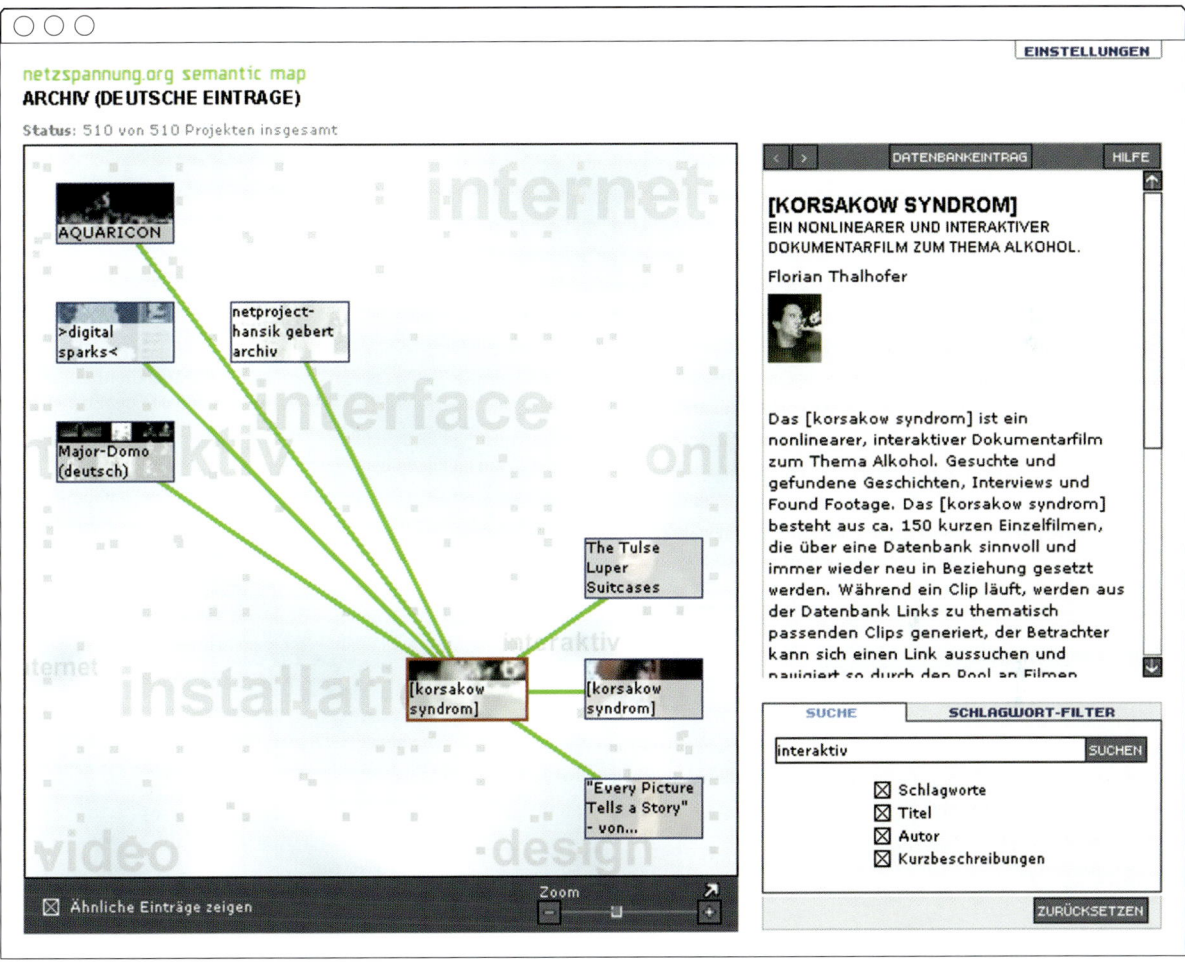

6.4 Benutzergruppen – Funktions- und Zugangskategorien

Zu den oben beschriebenen drei Kompetenzgraden kommen noch die Funktions- und Zugangskategorien hinzu, die das Interaktionsangebot gliedern bzw. die themenorientierten Anwender berücksichtigen, und jene, die sich bei der Interaktion mit dem Produkt bzw. den Inhalten nach emotionalen, beschaulichen bzw. ästhetischen Kriterien leiten lassen wollen. Alle Navigationsvarianten lassen sich in drei Funktions- und vier Zugangskategorien zusammenfassen.

Funktionskategorien

A Primärfunktion   macht den Sinn des Produktes aus.

B Sekundärfunktion   erweitert den Sinn des Produktes
                          und kann fast so wichtig sein
                          wie die Primärfunktion.

C Tertiärfunktion   erweitert das Angebot des Produktes,
                          ohne zwingend notwendig zu sein.

Zugangskategorien

1. Der methodische Zugang

2. Der geleitete Zugang

3. Der beschauliche Zugang

4. Der Experten- bzw. Schnellzugang

Schema aus Zugangskategorien und Funktionskategorien

A Primärfunktion
1. Der methodische Zugang
2. Der geleitete Zugang
3. Der beschauliche Zugang

B Sekundärfunktion
4. Der Experten- bzw. Schnellzugang

C Tertiärfunktion

Abb. 273 ▶
Die unterschiedlichen Zugänge und Anwenderzuordnungen auf der Website der FH Bielefeld. Die Zahlen stehen für die jeweiligen Zugangskategorien (1.–4.) und die Buchstaben für die Funktionskategorien (A–C).

Im Bereich der Hardware-Interfaces wäre zum Beispiel übertragen auf ein Autoradio die:

A Primärfunktion
- der Drehschalter zum Einschalten und zur Regelung der Lautstärke
- der Drehschalter zum Wählen des Senders

B Sekundärfunktion
- vorprogrammierbare Senderkanalwahl
- automatische Sendersuchfunktion

C Tertiär-Funktion
- Klangjustierung (Bässe, Höhen, Loudness)
- automatisches Einschalten des Verkehrsfunks

Am Beispiel der Website der FH Bielefeld sind die unterschiedlichen Zugänge und deren Notwendigkeiten und Anwenderzuordnungen im Detail erkennbar.

A Primärfunktion

1. Der methodische Zugang
- Home
- Studium
- Forschung
- Internationales
- Fachbereiche
- Über uns (hier bezogen auf das Hauptverzeichnis)
- Presse
- Service (hier bezogen auf das Hauptverzeichnis)

2. Der geleitete Zugang
a) Zielgruppenbezogener Zugang im Hauptverzeichnis
- Studienbewerber
- Studierende
- Alumni
- Stellenbewerber
- Beschäftigte
- International Students

b) Zielgruppenbezogener Zugang im Unterverzeichnis (mögliche Inhalte)
- Studium
- Forschung und Entwicklung
- Projekte und Diplomarbeiten
- Service (hier bezogen auf das Unterverzeichnis)
- Über uns (hier bezogen auf das Unterverzeichnis)

c) Interessenbezogener Zugang (hier: Schnellzugang für Mitglieder der Hochschule bzw. Firma)
- Bibliothek
- Hochschuldidaktik
- Personen
- Prüfungsamt
- Speisepläne
- Transfer-OWL
- Unterstützungsmöglichkeiten
- Virtueller Campus
- Vorlesungsinformationen

3. Der beschauliche Zugang Zugang über Abbildung oder Animationen, die die jeweiligen Themen illustrieren und auf sie aufmerksam machen.

B Sekundärfunktion

4. Der Experten- bzw. Schnellzugang
- Such-Funktionen
- Sitemap (Inhalts- und Strukturverzeichnis, Flowchart)
- Newsletter
- Aktuelles
- Index A–Z

C Tertiärfunktion
- Kontakt
- Impressum
- Haftungsausschluss
- Datenschutzerklärung

Das Polaritätsprofil, auch ›Semantisches Differential‹ genannt, ist ein Assoziationsverfahren zur Bedeutungsanalyse von Begriffen und Vorstellungen. Es geht darum, mit gegensätzlichen Eigenschaftspaaren (sicher – unsicher; schön – hässlich; gut – schlecht; etc.) möglichst alle Dimensionen eines Begriffs zu messen. Auf einer Skala mit sieben Feldern müssen die Testpersonen ihre Einschätzung ankreuzen. Die Verbindung dieser Punkte bzw. der Mittelwerte der Markierungen ergibt das Profil.[73]

Ziel eines Polaritätsprofils ist es, mehrere Alternativen bezüglich der Erfüllung ihrer Kriterien darzustellen. Es werden bestimmte Eigenschaften und Kriterien nach einem Notenschlüssel beurteilt und die Ergebnisse auf einer Skala eingetragen. Aus dem ausgefüllten Beurteilungsbogen ergibt sich ein Profil, dessen Lösungsalternativen visuell leicht verglichen werden können. Es hilft dabei, sich darüber im Klaren zu werden, welche Absichten man selbst mit einer Gestaltung verfolgt bzw. was der potentielle Anwender erwartet. Zu diesem Zweck sollten möglichst viele Teilnehmer des Gestaltungsprozesses, aber auch potentielle Anwender den Beurteilungsbogen ausfüllen. Ein Polaritätsprofil kann auf jedes Produkt angewandt werden. So kann z. B. auch zur Unterstützung für die Gestaltung eines Buches ein Polaritätsprofil erstellt.

73 Das semantische Differential wurde von Charles E. Osgood, einem amerikanischer Psychologen und Kommunikationswissenschaftler, im Jahre 1957 entwickelt und hat seit seiner Einführung als Polaritätsprofil durch Peter R. Hofstätter auch im deutschsprachigen Raum weite Verbreitung gefunden.

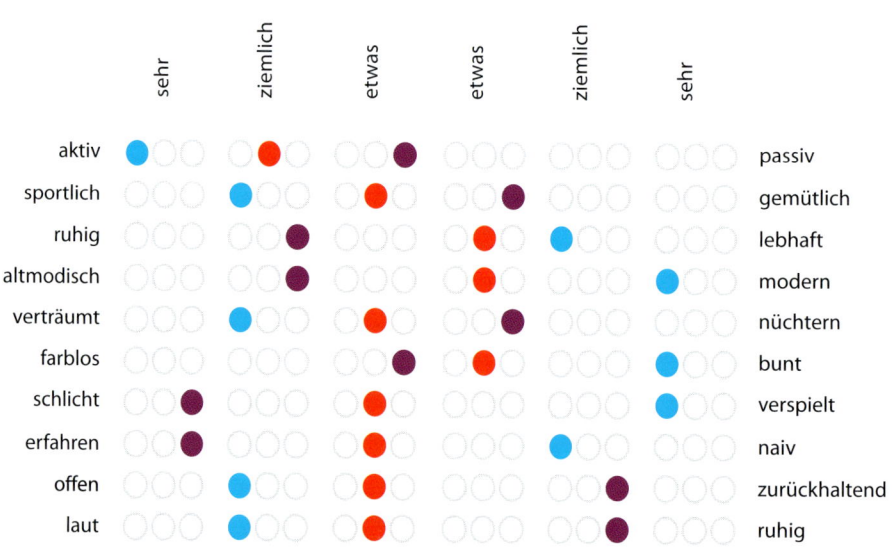

Abb. 274
Polaritätsprofil zum Projekt *Compath*. Es wurde innerhalb der Zielgruppenkategorien ›jung‹ (blau), ›aktiv‹ (rot) und ›klassisch‹ (violett) differenziert erstellt. Es blieb dem Anwender überlassen, welcher Kategorie er sich selbst zuordnet. Entsprechende Anteile dieses Projekts finden Sie unter S. 83, S. 351.

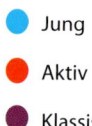 Jung

Aktiv

Klassisch

Abb. 275
Polaritätsprofil für ein Buch. Das Buch hat den Titel *DVD-Produktionen gestalten, erstellen und nutzen – DVD interaktiv: Erzählformen, Wissensvermittlung und e-Learning mit DVD, Blu-ray Disc und HD DVD* und erschien 2006 bei Springer Science+Business Media. Das Buch richtet sich an Autoren im weitesten Sinne (Designer, Filmer, Fotografen, Künstler, Wissenschaftler) und an DVD-Entwickler mit Interesse an Gestaltung.

allgemeine Werte

#	links	1	2	3	4	5	6	rechts
1	überraschend			●				berechenbar
2	zurückhaltend						●	selbstbewusst
3	visionär		●					traditionell
4	engagiert	●						distanziert
5	oberflächlich						●	verantwortungsvoll
6	phantasievoll		●					rational
7	organisiert	●						planlos
8	ambitoniert	●						indifferent

der Inhalt

#	links	1	2	3	4	5	6	rechts
1	eindeutig					●		kontrovers
2	direkt	●						umschweifig
3	erzählerisch		●					faktisch
4	motivierend	●						verwaltend
5	spezialisiert	●						umfassend
6	zielstrebig	●						planlos
7	verständlich			●				fachspezifisch
8	gradlinig				●			differenziert
9	oberflächlich						●	fundiert
10	pragmatisch			●				intellektuell

visuelle Form und Gestaltung

#	links	1	2	3	4	5	6	rechts
1	abstrakt					●		anschaulich
2	innovativ		●					traditionell
3	lebendig	●						festgelegt
4	transparent / klar		●					vielschichtig
5	zeitlos		●					modisch
6	außergewöhnlich	●						durchschnittlich
7	vielfältig					●		spezialisiert
8	chaotisch						●	übersichtlich
9	konventionell				●			experimentell
10	prägnant	●						unauffällig
11	nüchtern					●		animierend

Abb. 276
Polaritätsprofil Nr.1 für das
Internetportal one9.de, Portal
für ganzheitliches Leben.
»Welche Eigenschaften erwar-
ten Sie von einem Internet-
Portal für ganzheitliches
Leben?«

Mit Hilfe eines zweiteiligen Polaritätsprofils ermittelte der Student Jorek
Lafin für seine Diplomarbeit **one9.de,
Portal für ganzheitliches Leben** im
Fachbereich Gestaltung an der FH
Bielefeld, welche Erwartungen mögliche Mitglieder und Besucher an
ein Portal zum Thema ganzheitliches
Leben richten und mit welchen Eigenschaften sie sich selbst im Internet
präsentieren würden. Daraus ergaben
sich Ansätze und Assoziationen, die
beim Gestaltungsprozess berücksichtigt werden können. Da verschiedene
Altersgruppen angesprochen wurden,
ergaben sich erwartungsgemäß unterschiedliche Ergebnisse. Mit dem ersten
Polaritätsprofil versuchte er folgender
Frage nachzugehen: »Welche Eigenschaften erwarten Sie von einem Inter-
net-Portal für ganzheitliches Leben?«.
Mit dem zweiten Polaritätsprofil versuchte er der Frage nachzugehen: »Wie
würden Sie sich selbst gerne auf einer
Homepage im Internet präsentiert
sehen?«.

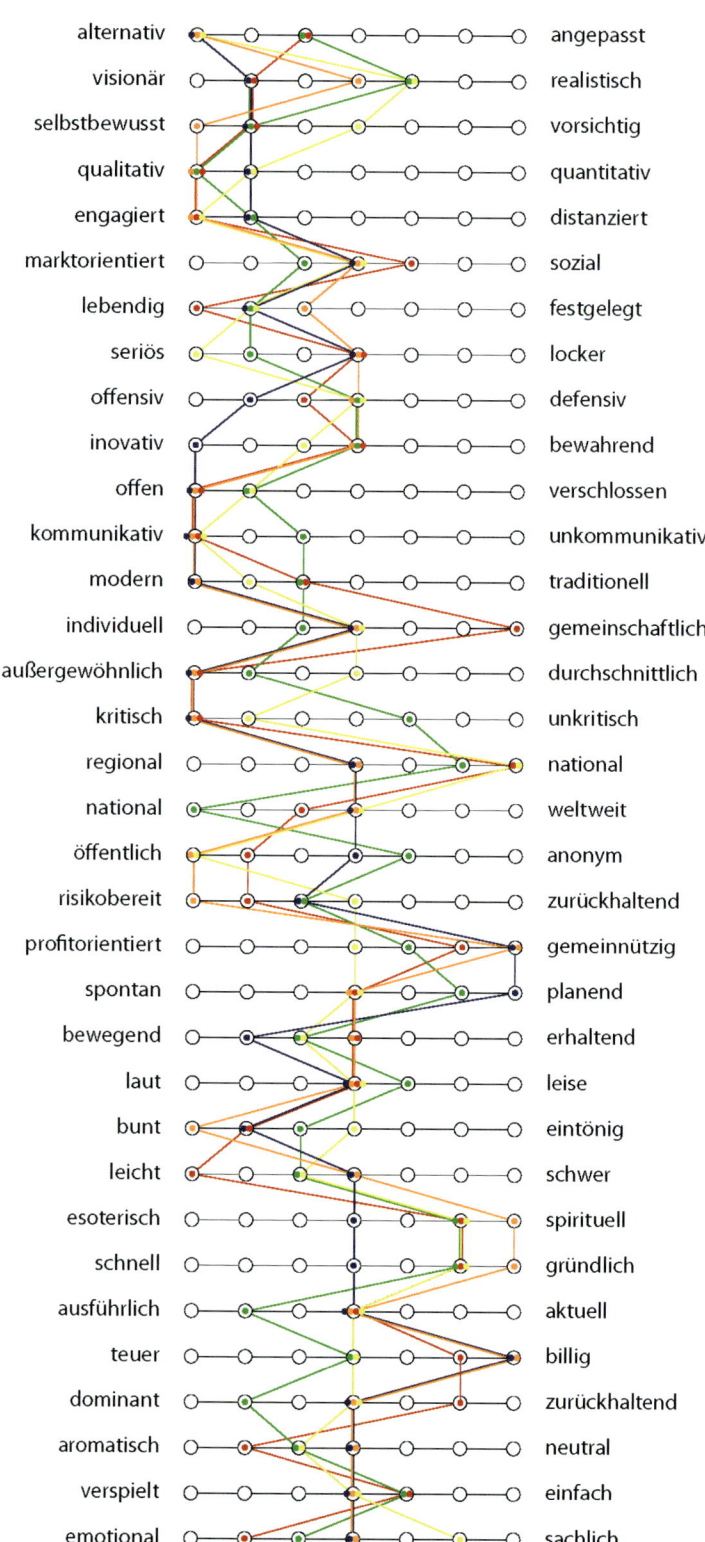

Abb. 277
Polaritätsprofil Nr.2.
»Wie würden Sie sich selbst
gerne auf einer Homepage im
Internet präsentiert sehen?«

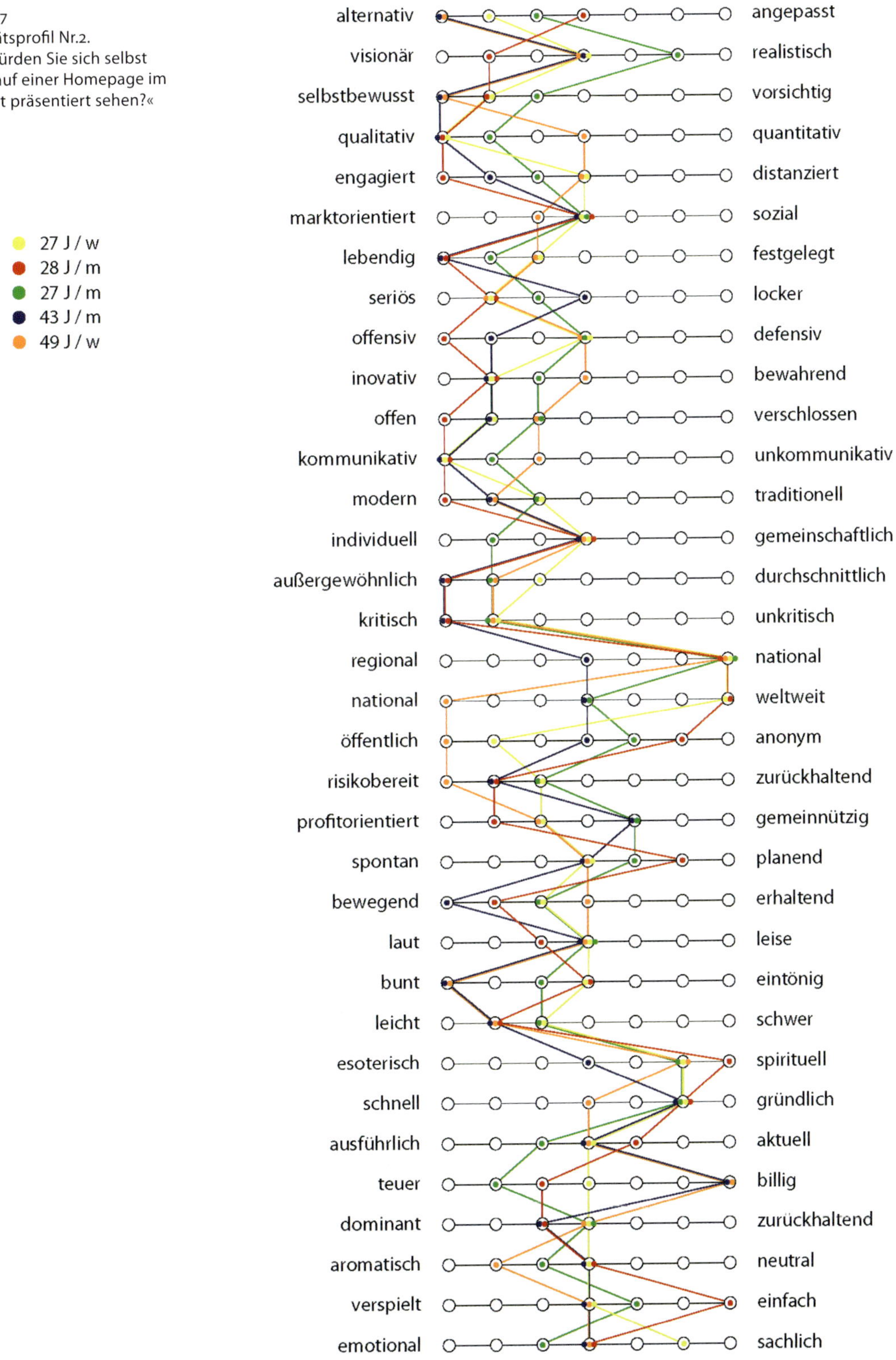

- 27 J / w
- 28 J / m
- 27 J / m
- 43 J / m
- 49 J / w

alternativ	angepasst
visionär	realistisch
selbstbewusst	vorsichtig
qualitativ	quantitativ
engagiert	distanziert
marktorientiert	sozial
lebendig	festgelegt
seriös	locker
offensiv	defensiv
inovativ	bewahrend
offen	verschlossen
kommunikativ	unkommunikativ
modern	traditionell
individuell	gemeinschaftlich
außergewöhnlich	durchschnittlich
kritisch	unkritisch
regional	national
national	weltweit
öffentlich	anonym
risikobereit	zurückhaltend
profitorientiert	gemeinnützig
spontan	planend
bewegend	erhaltend
laut	leise
bunt	eintönig
leicht	schwer
esoterisch	spirituell
schnell	gründlich
ausführlich	aktuell
teuer	billig
dominant	zurückhaltend
aromatisch	neutral
verspielt	einfach
emotional	sachlich

Moodboards dienen der gestalterischen Orientierung. Sie sind hilfreich bei der Visualisierung von Produktwelten oder Zielgruppenassoziationen. Bildcollagen, Farbharmonien und Schlüsselworten stellen atmosphärische Eindrücke her, die eine bestimmte Zielgruppe, ein zu gestaltendes Produkt bzw. das Umfeld, für dass das Produkt oder eine Dienstleistung gestaltet werden soll, charakterisieren. Ein Moodboard bildet die Grundlage für die weitere Gestaltung bzw. zunächst eine Annäherung an die Thematik. Mit Moodboards lassen sich die Ergebnisse des Polaritätsprofils als Stimmungen wiedergeben. Durch ständiges Verändern wird die Anmutung den Bedürfnissen und den individuellen Absichten angepasst.

Die Bestimmung der Anmutung kann durch folgende Moodcards erfolgen:

• Flexibilität	• Mobilität	• Farbigkeit
• Atmosphäre	• Anmutung	• Individualität
• Personen	• Technik	• Bildsprache
• Bewegung	• Spannung	• Stil
• Ordnung	• Raster	• Formensprache
• Originalität	• Dynamik	• Komplexität
• Struktur	• Natur	• Typografie

Ein Moodboard kann nie ganz eindeutig sein. Wenn die Leitidee des Produkts bzw. eine Dienstleistung durch ein so genanntes ›Key Visual‹ getragen wird, einem starkem, die beabsichtigte Aussage auf den Punkt bringendes Bild, so sollte dieses auch auf einem Moodboard gezeigt werden.

Abb. 278 a–c
Für den Cityguide *Compath*
sollten mit Hilfe der Moodboards drei wesentliche Zielgruppen festgelegt und für jede
eine typische Farbe ermittelt
werden. Die Zielgruppenkategorien wurden mit ›jung‹ (jung,
flexibel, 18–25 Jahre), ›aktiv‹
(aktiv bzw. jung geblieben,
25–49 Jahre) und ›klassisch‹
(unauffällig, konservativ, 35–65
Jahre) definiert. Die Altersan-
gaben sind nicht grundsätzlich
zutreffend, sondern nur eine
mögliche Einordnung. Es ist
dem Anwender selbst überlassen, welcher Kategorie er sich
zuordnet.

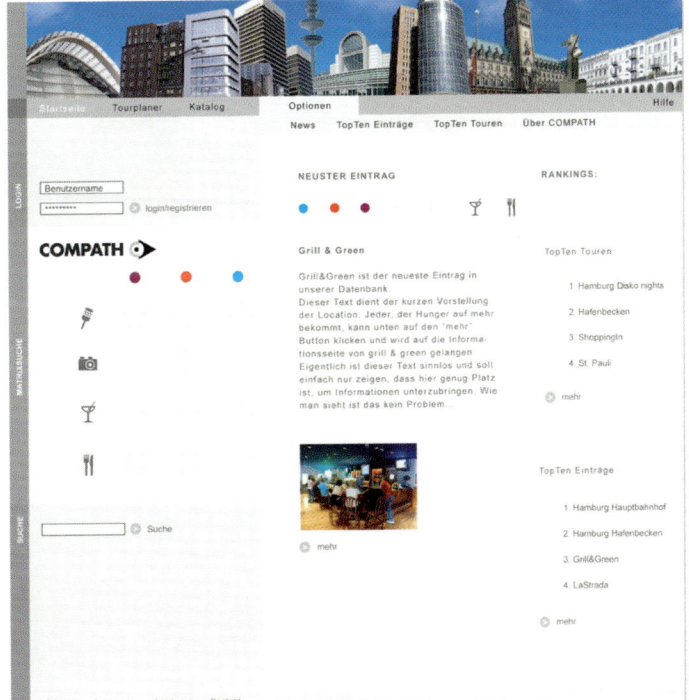

Abb. 279
Über eine Matrix und mit Hilfe
der drei Farbmarkierungen
kann ein Suchprofil erstellt
werden. Diese Internetseite ist
Teil des studentischen Projekts
Compath von Jochen Braun
und Daniel Rieber, betreut von
Torsten Stapelkamp, FH Bielefeld. Entsprechende Anteile
dieses Projekts finden Sie unter
S. 83, S. 346.

Abb. 280 a–d
Dieses Moodboard wurde für
das Projekt *Passepartout* erstellt,
um die Stimmung und Farben
von Urlaub, Reisen und Fernweh
zu vermitteln. Mit dem Vergrö-
berungsfilter ›Mosaikeffekt‹
von Adobe *Photoshop* wurde
die Collage gerastert und so die
Schnittmenge der wesentlichen
Farben ermittelt.

RGB: 149-105-057
CMYK: 38-55-81-20

RGB: 206-188-164
CMYK: 23-26-36-00

RGB: 146-126-105
CMYK: 31-37-48-30

RGB: 188-161-132
CMYK: 31-37-48-01

RGB: 000-000-000
CMYK: 00-00-00-100

Abb. 281 a–b
Mit den Farben des Mood-
boards wurde die Internetseite
gestaltet. Sie ist Teil des studentischen Projekts Passepartout
von Andreas Nickel, betreut von
Torsten Stapelkamp, FH Bielefeld. Entsprechende Anteile
dieses Projekts werden auf S. 86 f.
vorgestellt.

Mit Benutzerprofilen lassen sich Wissenstiefe bzw. Verhaltensmuster definieren bzw. ermitteln. Ein Benutzerprofil kann unabhängig von der Benutzergruppe individuellere Informationen über einen Anwender beinhalten.

Die Eigenschaften sind entweder explizit vom Anwender selbst spezifiziert oder aus dem Benutzerverhalten abgeleitet worden. Der Lernverlauf des Anwenders oder seine Interaktionsweise und Interaktionsreihenfolge könnten z. B. automatisch verfolgt und gespeichert werden, oder der Anwender macht auf einem Fragebogen vorab selbst Angaben. Die eingegebenen Daten ergeben ein Profil, das analysiert werden kann, um benutzerspezifische Inhalte oder Interaktions- bzw. Erzählformen bereitzustellen. Ein Benutzerprofil wird nach sehr ähnlichen Kriterien klassifiziert und auch auf ähnlichen Wegen ermittelt wie das Anwenderverhalten, nämlich mit einem Usability-Test, den man stets parallel zur Gestaltung interaktiver Produkte durchführen sollte. Wer demnach bereits den Usability-Test zur Verifizierung der Gestaltung einsetzt, wird auch gleich alle wesentlichen Benutzerprofile erhalten, allerdings nur jene, die man abgefragt hat. Das Tracking des Benutzerverhaltens nach der Publizierung des Produkts dient ausschließlich der Ermittlung von bisher nicht bekannten Benutzerprofilen. Diese dient aber nicht immer der Qualität des Produkts bzw. den Interessen des potentiellen Anwenders, sondern häufig auch nur dem Sammeln von Verbraucherdaten in Hinsicht auf das Kaufverhalten und die Gewohnheiten und Vorlieben.

Erwähnt werden sollte auch das A.I.D.A – Prinzip, ein von E. St. Elmo Lewis 1898 entwickeltes Modell, welches aus Verkäufersicht den wunschgemäßen Verlauf einer Kundenvereinnahmung beschreibt. Es ist das älteste, bekannteste und am meisten umstrittene Stufenmodell der Werbewirkung. Für Werbeträger mit großen Reichweiten eignet sich nach wie vor das A.I.D.A. – Prinzip. Aber für aktuelle Nutzungsszenarien in sozialen Netzen wäre eher ein A.I.D.E. - Prinzip geeignet (Attention, Interest, Dialog, Engagement).[73]

74 Studie »Online- und Offline-Verhalten der Web 2.0 Generation« von *Tomorrow Publishing*, 2010.

A = Attention (Aufmerksamkeit erregen)
Aufmerksamkeit erreicht man z. B. durch eine entsprechende Überschrift oder einen Eyecatcher. Folgendes sollte erreicht werden:
- das Problem schildern, dass das beworbene Produkt löst
- den Hauptnutzen deutlich machen, den das Produkt hat
- oder einfach neugierig machen

I = Interest (Interessieren)
Nachdem Neugierde geweckt wurde, müssen nun die Vorteile weiter erläutert werden, um ein erstes Interesse zu wecken und Zweifel erst gar nicht aufkommen zu lassen oder sie zumindest in den Hintergrund zu drängen.

D = Desire (Bedürfnisse wecken)
Wenn Interesse geweckt und Zweifel beseitigt wurden, wird es möglich, auch Bedürfnisse zu wecken, mitunter sogar solche, die es zuvor noch nicht gab.

A = Action (Zur Handlung auffordern)
Die geweckten Bedürfnisse sollen ein Handeln auslösen, entweder weitere Informationen anzufordern oder gleich zum Kauf überzugehen.

7 Anhang

Ich danke allen, die an der Entstehung dieses Buches unterstützend mitwirkten, indem sie Bild- und Informationsmaterial zur Verfügung stellten, und all jenen, die mich motivierend und geduldig begleiteten.

Vielen Dank an Frank Hegel für die Gestaltung zahlreicher Grafiken und an Martin Mellen für seinen unermüdlichen Einsatz bei der Gestaltung und Umsetzung des Layouts und der Fertigstellung der Druckdateien. Sabine Brand danke ich für die Unterstützung bei der Einpflege der Textkorrekturen.

Ein besonderer Dank gilt den Studierenden aus meinen Seminaren im Fachbereich Gestaltung an der Fachhochschule Bielefeld, im Studiengang ›Medieninformatik und Gestaltung‹ der Universität Bielefeld, den Studierenden der MHMK und den Studierenden meiner Seminare in den Studienrichtungen ›Kommunikationsdesign‹ und ›Industrial Design‹ an der Universität Wuppertal. Mit den studentischen Seminarergebnissen wurde das Buch enorm bereichert.

Außerdem danke ich den Mitarbeitern des Verlags, insbesondere Herrn Hermann Engesser, Frau Gabriele Fischer und Dorothea Glaunsinger, für ihre Unterstützung und Geduld.

Alle in diesem Buch, unter www.designismakingsense.de/Daten_Interfacedesign. zip und http://vimeo.com/interfacedesign enthaltenen Angaben und Informationen wurden nach bestem Wissen sorgfältig recherchiert und geprüft. Dennoch sind Fehler nicht ganz auszuschließen. Daher sind die im vorliegenden Buch und unter www.designismakingsense.de/Daten_Interfacedesign.zip und http://vimeo.com/ interfacedesign enthaltenen Informationen mit keiner Verpflichtung oder Garantie irgendeiner Art verbunden.

Haftungsansprüche gegen den Autor oder gegen den Verlag, welche sich auf Schäden materieller oder ideeller Art beziehen, die durch die Nutzung oder Nichtnutzung der dargebotenen Informationen bzw. durch die Nutzung fehlerhafter und unvollständiger Informationen verursacht wurden, sind grundsätzlich ausgeschlossen. Dies gilt auch für die Verletzung von Patentrechten, die dadurch resultieren könnten. Autor und Verlag übernehmen zudem nicht die Gewähr, dass die beschriebenen Beispiele, Vorgänge und Strategien usw. frei von Schutzrechten Dritter sind.

Alle innerhalb des Buches, unter www.designismakingsense.de/Daten_Interfacedesign.zip und http://vimeo.com/interfacedesign genannten und ggf. durch Dritte geschützten Handelsnamen, Marken- und Warenzeichen unterliegen uneingeschränkt den Bestimmungen des jeweils gültigen Kennzeichenrechts und den Besitzrechten der jeweiligen eingetragenen Eigentümer. Allein aufgrund der bloßen Nennung ist nicht der Schluss zu ziehen, dass solche Namen im Sinne der Warenzeichen- und Markenschutz-Gesetzgebung nicht durch Rechte Dritter geschützt sind!

7.2.1 Haftungsausschluss für Dateien und Programme

Eventuell über www.designismakingsense.de/Daten_Interfacedesign.zip und http:// vimeo.com/interfacedesign herunterladbare bzw. nutzbare Dateien und Programme wurden einer sorgfältigen Virusprüfung unterzogen und sind nach bestem Wissen und Gewissen des Überprüfers virenfrei, funktionstüchtig und enthalten keine schädlichen Teile. Dennoch kann keinerlei Haftung für jedweden eventuell direkt oder indirekt aus der Benutzung oder Nichtbenutzung der Dateien oder Programme entstandenen Schaden übernommen werden. Die Dateien und Programme werden ohne jegliche Gewährleistung, Zusicherungen von Eigenschaften oder Haftung angeboten, gleichgültig ob ausdrücklich oder stillschweigend. Das gesamte Risiko bezüglich der Ergebnisse oder Leistungen der Dateien und Programme wird vom Anwender getragen. Weder der Autor noch der Verlag haften gegenüber dem Anwender, dem Benutzer oder einer sonstigen natürlichen oder juristischen Person für Schäden jeglicher Art, einschließlich entgangener Einnahmen oder entgangenen Gewinns, verlorener oder beschädigter Daten oder sonstiger geschäftlicher oder wirtschaftlicher Schäden, die mittelbar oder als Folgeschäden durch die Nutzung dieser Dateien bzw. Programme entstehen.

7.2.2 Verweise und Links

Bei direkten oder indirekten Verweisen auf Internetseiten (›Links‹), Zeitschriften, Bücher, Bilder, Video- oder Audiodaten, Fernseh- oder Radiosendungen oder jede sonstige Art von Publikationen, ist eine Haftungsverpflichtung ausgeschlossen.

Der Autor erklärt hiermit ausdrücklich, dass zum Zeitpunkt der Link-Nennung keine illegalen Inhalte auf den zu verlinkenden Seiten erkennbar waren. Auf die aktuelle und zukünftige Gestaltung, die Inhalte oder die Urheberschaft der gelinkten/verknüpften Seiten hat weder der Autor noch der Verlag Einfluss. Deshalb distanzieren sich der Autor und der Verlag hiermit ausdrücklich von allen Inhalten aller genannten Internetseiten bzw. der empfohlenen Publikationen, die nach der Link-Bekanntgabe verändert wurden. Für illegale, fehlerhafte, unvollständige, qualitativ minderwertige oder missverständliche Inhalte und insbesondere für Schäden, die aus der Nutzung oder Nichtnutzung solcherart dargebotener Informationen entstehen, haftet allein der Anbieter der Inhalte, auf welche verwiesen wurde, nicht derjenige, der über Links oder Hinweise auf die jeweilige Veröffentlichung lediglich verweist. Diese Feststellung gilt für alle innerhalb dieses Buches und unter Daten_Interfacedesign.zip und http://vimeo.com/interfacedesign gesetzten bzw. genannten Links, Verweise und Empfehlungen.

Alle Autoren und Rechteinhaber werden ausdrücklich im Text bzw. direkt bei den Abbildungen genannt.

Der Autor ist bestrebt, in diesem Buch und auf www.designismakingsense.de/Daten_Interfacedesign.zip und http://vimeo.com/interfacedesign die Urheberrechte Dritter zu achten. Sollte sich aber dennoch trotz aufwändiger Recherche, unzähligen Gesprächen mit Rechteinhabern, zahlreichen Übersetzungen und Studium der Rechtslage ein Rechteinhaber nicht ausreichend informiert fühlen, bittet der Autor das zu entschuldigen. Sollte solch ein Ausnahmefall eintreten, bittet der Autor darum, sich an der Veröffentlichung in diesem Buch zu erfreuen und sich in bester Gesellschaft der international interessantesten und wichtigsten Teilnehmer im Themenbereich ›Screen- und Interfacedesign‹ gut aufgehoben zu fühlen. Alle Mitwirkenden verzichteten auf Honorare, Freiexemplare oder andere Formen der Vergütung. Anders wäre solch ein aufwändiges Buch auch gar nicht realisierbar.

Sollten Änderungen oder Ergänzungen in den Angaben zu den Bildnachweisen gewünscht sein, die in den Folgeauflagen berücksichtigt werden können, mögen die Betroffenen bitte Kontakt mit dem Autor aufnehmen: stapelkamp@interactions.de

Corporate Identity / Corporate Design

BIRKIGT, K.; STADLER, M.; FUNCK, H.J.: *Corporate Identity. Grundlagen – Funktionen – Fallstudien.* 11. Aufl., Landsberg, Lech, 2003.

BUCK, ALEX: *Markenästhetik 2000; Brand aesthetics 2000.* Birkhäuser, 2000.

DALDROP, NORBERT W. (Hrsg.): Kompendium *Corporate Identity und Corporate Design.* 2. Aufl. Av Edition, Stuttgart, 2004.

DÜLLO, THOMAS; LIEBL, FRANZ: *Cultural Hacking. Kunst des strategischen Handelns.* Springer, 2005.

STEFFEN, DAGMAR (Hrsg.); BÜRDEK, BERNHARD E.; FISCHER, VOLKER; GROS, JOCHEN: *Design als Produktsprache.* Birkhäuser, Frankfurt/M, 2000.

Farben, Farbwirkung, Farbbedeutung

BRAEM, HARALD: *Die Macht der Farben.* Wirtschaftsverlag Langen Müller/Herbig, München, 1998.

HELLER, EVA, *Wie Farben wirken.* Rowohlt, 2004.

HUNT, R. W. G.: *Measuring Colour.* Ellis Horwood Ltd, Chichester, 1987.

JAN-PETER HOMANN: *Praxis Digitales Colormanagement.* Springer, Berlin, 2006.

KÜPPERS, HARALD: *Harmonielehre der Farben. Theoretische Grundlagen der Farbgestaltung.* DuMont, Köln, 1999.

KÜPPERS, HARALD: Schule der Farben. *Grundzüge der Farbentheorie für Computeranwender und andere.* DuMont, Köln, 2001.

KÜTHE, ERICH; VENN, AXEL: *Marketing mit Farben.* DuMont, Köln, 1996.

NEES, GEORG: *Formel, Farbe, Form – Computerästhetik für Medien und Design.* Springer, Berlin, Auflage 1, 1995.

SMITH, WANDA; THORELL, LISA; THORELL, L. G.; SMITH, W. J.: *Using Computer Color Effectively: An Illustrated Reference to Computer Color Interface.* Prentice Hall, Inc., 1990.

Interactiondesign, Interaktivität

BÜRDEK, BERNHARD E.: Künstler und Navigator. Der Designer als Führer durch Raum und Zeit. In: *Frankfurter Allgemeine Magazin* (14. Juni 1996) Nr. 850.

BUURMAN, GERHARD M. (Hrsg.): *Total Interaction, Theory and Practice of a New Paradigm for the Design Disciplines.* Birkhäuser, 2005.

COOPER, ALAN: *About Face 2.0. The Essentials of Interaction Design.* 1. Aufl., John Wiley & Sons, 2003.

HAGEBÖLLING, HEIDE: *Interactive Dramaturgies. New Approaches in Multimedia Content and Design.* Springer, 2004.

KERRES, M.: *Multimediale und telematische Lernumgebungen.* 2. Aufl., Oldenbourg, München, 2001.

KRACKE, BERND: *Crossmedia-Strategien. Dialog über alle Medien.* Gabler Verlag, 2001.

LISSITZKY, EL: Topographie der Typographie. In: *El Lissitzky Maler Architekt Typograf Fotograf.* Dresden, VEB Verlag der Kunst, 1976 (1923), S. 360.

MAY, J.; BARNARD, P.J.: Modelling Multimodal Interaction. A theory-based technique for design analysis and support. In: S. HOWARD; J. HAMMOND; G. LINDEGAARD (Hrsg.): *Human-Computer Interaction INTERACT '97*. Chapman & Hall, London, 1997, S. 667–668.

SHEDROFF, NATHAN: Information Interaction Design. A Unified Field Theory of Design. In: JACOBSON, BOB (Hrsg.): *Information Design*. MIT Press, 2000.

SALM, CHRISTIANE ZU: *Zaubermaschine interaktives Fernsehen? TV-Zukunft zwischen Blütenträumen und Businessmodellen*. Gabler, 2004.

SCHWABE, GERHARD: Theorien zur Mediennutzung bei der Gruppenarbeit. In: SCHWABE, GERHARD; STREITZ, NORBERT; UNLAND, RAINER (Hrsg.): *CSCW-Kompendium. Lehr- und Handbuch zum computerunterstützten kooperativen Arbeiten*. Berlin/Heidelberg, Springer, S. 54–65, 2001.

SHARP, HELLEN: *Interaction Design: Beyond Human Computer Interaction*. John Wiley and Sons Ltd, 2006.

SHEDROFF, NATHAN: *Experience Design 1*, New Riders, 2001

STAPELKAMP, TORSTEN: *DVD-Produktionen: gestalten, erstellen und nutzen, DVD interaktiv: Erzählformen, Wissensvermittlung und e-Learning mit DVD, Blu-ray Disc und HD DVD*. Springer, 2006.

TROGEMANN, GEORG; VIEHOFF, JOCHEN: *CodeArt. Eine elementare Einführung in die Programmierung als künstlerische Praktik*. Springer, Wien, 2004.

WINOGRAD, TERRY: The Design of Interaction. In: DENNING, PETER J.; METCALFE, ROBERT, M.: *Beyond Calculation. The Next Fifty Years of Computing*. New York, Copernicus, Springer, 1997.

Interfacedesign

BONSIEPE, GUI: *Interface – An Approach to Design*. Jan Van Eyck Akad. Maastricht, 1999.

BÜRDEK, BERNHARD E.: *Design. Geschichte, Theorie und Praxis der Produktgestaltung*. DuMont, Köln, 1991.

BÜRDEK, BERNHARD E.: Human Interface Design. In: *form 142 II*. Zeitschrift, Birkhäuser, 1993.

BÜRDEK, BERNHARD E.: *Der digitale Wahn*. Suhrkamp, 2001.

BUSH, VANNEVAR: As We May Think. In: *Interactions* 3 (März 1996), Nr. 2, S. 35–46. Nachdruck von Atlantic Monthly 176, Juli 1945.

BUSH, VANNEVAR: *From Memex to Hypertext*. Academic Press, 1992.

CRAWFORD, CHRIS: *Understanding Interactivity*. Eigenpublikation, 2000.

FISHER, SCOTT S.: Wenn das Interface im Virtuellen verschwindet. 1991. In: WAFFENDER, MANFRED (Hrsg.): *Cyberspace*. Rowohlt Taschenbuch Verlag, Hamburg, 1991, S. 35 – 51

GAVER, W. W.: Auditory Icons: Using sound in computer interfaces, 1986. In: KRAMER, G. (Hrsg.): *Auditory Display: Sonification, Audification and Auditory Interfaces*. Santa Fe Institute Studies in the Sciences of Complexity, Proceedings Volume XVIII. Reading MA: Addison-Wesley Publishing Company, 1994.

GORNY, PETER: GUIs für Blinde – die Umsetzung der interaktiven grafischen Elemente von Webseiten in eine auditive Virtual Reality. In: *IM. Die Fachzeitschrift für Information Management & Consulting* 14. Jahrgang (August 1999).

HESSE, FRIEDRICH W.; GARSOFFKY, BÄRBEL; HRON, AEMILIAN: Interface-Design für computerunterstütztes kooperatives Lernen. In: ISSING, LUDWIG J.; KLIMSA, PAUL (Hg.): *Information und Lernen mit Multimedia*. 2. überarb. Aufl. Weinheim, Psychologie Verlags Union, 1997.

ISHII, HIROSHI; ULLMER, BRYGG: Tangible Bits: Towards Seamless Interfaces between People, Bits and Atoms. In: *Proceedings of CHI '97*. 1997, ACM

ISHII, HIROSHI; ULLMER, BRYGG; JACOB, ROBERT J. K.: Token + Constraint Systems for Tangible Interaction with Digital Information. In: *ACM Transactions on Computer – Human Interaction*. Vol. 12, No. 1, März 2005, Seite 81–118

KRACKE, BERND: *Crossmedia-Strategien. Dialog über alle Medien*. Gabler Verlag, 2001.

KRAMER, GREGORY: *Auditory Display: Sonification, Audification, and Auditory Interfaces* (Proceedings Volume 18, Santa Fe Institute Studies in the Sciences of Complexity, Proceedings Volume XVIII), Perseus Books, 1994.

LAUREL, BRENDA (Hrsg.): *The art of human-computer interface design*. Reading, MA: Addison-Wesley, 1990.

LIEBOWITZ, STAN; MARGOLIS, STEPHEN: *The Fable of the Keys*. Journal of Law & Economics vol. XXXIII, April 1990.

MULLET, KEVIN; SANO, DARRELL: *Designing visual interfaces. Communication oriented techniques*. Mountain View, CA, SunSoft Press, 1995.

NDIAYE, A.: Ambient Intelligence in Edutainment: Tangible Interaction with Life-Like Exhibit Guides. In: *Proceedings of the First International Conference, INTETAIN 2005*, 2005, Springer

NORMAN, DONALD A.: *The invisible computer*. Cambridge, MA; MIT Press, 1998.

NORMAN, DONALD A.: *The Design of Everyday Things*. Basic Books, Reprint, 2002.

NORMAN, DONALD A.: *Emotional Design. Why We Love (or Hate) Everyday Things*. Basic Books, 2004.

PROJEKTGRUPPE RFID: *Whitepaper RFID – Technologie, Systeme und Anwendungen*. Technical report, BITKOM, Bundesverband Informationswirtschaft, Telekommunikation und neue Medien e.V., 2005.

RASKIN, JEFF: *The Human Interface*. Addison-Wesley, 2000.

REKIMOTO, J.; SAITOH, M.: AUGMENTED SURFACES: A Spatially Continuous Work Space for Hybrid Computing Environments. In: *Proceedings of the SIGCHI conference on Human factors in computing systems*. S. 378–385, Pittsburgh, Pennsylvania, USA, Mai 1999, ACM Press.

SHERMAN, CLAIRE R.: *Writing on Hands: Memory and Knowledge in Early Modern Europe*. Ausstellungskatalog zur gleichnamigen Ausstellung in der Dickinson College's Trout Gallery in Pennsylvania und der Folger Shakespeare Library in Washington, D.C., University of Washington Press, 2001.

SHNEIDERMAN, BEN: *Designing the User Interface: Strategies for Effective Human-Computer Interaction*. 4. Aufl, Allyn & Bacon, 2004.

STEFFEN, DAGMAR (Hrsg.); BÜRDEK, BERNHARD E.; FISCHER, VOLKER; GROS, JOCHEN: *Design als Produktsprache*. Birkhäuser, Frankfurt/M, 2000.

STREITZ, N.; GEISSLER, J.; HOLMER, T.: Roomware for Cooperative Buildings: Integrated Design of Architectural Spaces and Information Spaces. In: STREITZ, N.; KONOMI, S.; BURKHARDT, H.: *Proceedings of the First International Workshop on Cooperative Buildings*. Darmstadt, Deutschland, Februar 1998, Springer.

Weiser, Mark: *A computer for the 21st century*. Scientific Americain, September 1991.

Wenzel, Horst: An fünf Fingern abzulesen. Schriftlichkeit und Mnemotechnik in den Predigten Bertholds von Regensburg. In: Bea Lundt; Helma Reimöller (Hrsg.): *Von Aufbruch und Utopie. Perspektiven einer neuen Gesellschaftsgeschichte des Mittelalters. Für und mit Ferdinand Seibt aus Anlass seines 65. Geburtstages.* Köln/Weimar/Wien 1992, S. 235–247.

Wenzel, Horst; Beck, C. H.: *Hören und Sehen, Schrift und Bild. Kultur und Gedächtnis im Mittelalter.* C. H. Beck, 1995.

Williams, Sheila M.: Perceptual Principles in Sound Grouping, 1992. In: Kramer, G. (Hrsg.): *Auditory Display: Sonification, Audification and Auditory Interfaces.* Santa Fe Institute Studies in the Sciences of Complexity, Proceedings Volume XVIII. Reading MA: Addison-Wesley Publishing Company, 1994.

Winograd, Terry; Flores, Fernando: *Erkenntnis Maschinen Verstehen. Zur Neugestaltung von Computersystemen.* 2. Auflage, Rotbuch Verlag, Berlin, 1989.

Winograd, Terry: *Bringing Design to Software.* Addison Wesley, 1996.

Konzeptentwicklung

Kelley, Tom; Littman, Jonathan: *The Art of Innovation.* Profile Books, 2001.

Pahl, Gerhard; Beitz, Wolfgang: *Konstruktionslehre – Grundlagen erfolgreicher Produktentwicklung.* Springer, 2003

Trogemann, Georg; Viehoff, Jochen: *CodeArt. Eine elementare Einführung in die Programmierung als künstlerische Praktik.* Springer, Wien, 2004.

Weinberg, Gerald M.: *An Introduction to General Systems Thinking.* Dorset House, 2001.

Winograd, Terry; Flores, Fernando: *Erkenntnis Maschinen Verstehen. Zur Neugestaltung von Computersystemen.* 2. Auflage, Rotbuch Verlag, Berlin, 1989.

Lehr-/Lerntheorie

Issing, L. J.; Strzebkowski, R.: Multimedia und Hypermedia – Aktives Lernen mit Spaß. In: S. Aufenanger; R. Schulz-Zander; D. Spanhel (Hrsg.): *Jahrbuch Medienpädagogik 1.* Leske + Budrich, Opladen, 2001, S. 301–316

Kerres, M.: *Multimediale und telematische Lernumgebungen.* 2. Aufl., Oldenbourg, München, 2001.

Riser, U.; Keuneke, J.; Freibichler, H.; Hoffmann, B.: *Konzeption und Entwicklung interaktiver Lernprogramme. Kompendium und multimedialer Workshop.* Springer, Berlin, 2002.

Schulmeister, R.: *Grundlagen hypermedialer Lernsysteme. Theorie – Didaktik – Design.* 3. Aufl., Oldenbourg, München, 2002.

Stapelkamp, Torsten: *DVD-Produktionen: gestalten, erstellen und nutzen, DVD interaktiv: Erzählformen, Wissensvermittlung und e-Learning mit DVD, Blu-ray Disc und HD DVD.* Springer, 2007.

Tergan, S.-O.: Hypertext und Hypermedia. Konzeption, Lernmöglichkeiten, Lernprobleme und Perspektiven. In: Issing, L. J.; Klimsa, P.: *Information und*

Lernen mit Multimedia und Internet. 3. überarb. Aufl., Psychologische Verlags Union, Weinheim, 2002, S. 98 – 112

THISSEN, FRANK: *Lerntheorien und ihre Umsetzung in multimedialen Lernprogrammen – Analyse und Bewertung.* URL: www.frank-thissen.de/lernen.pdf (Stand: 28.10.02).

THISSEN, FRANK: *Das Lernen neu erfinden – Konstruktivistische Grundlagen einer Multimedia-Didaktik.* URL: www.frank-thissen.de/lt97.pdf (Stand: 30.10.02).

WOHLFROMM, ANJA: *Museum als Medium – Neue Medien in Museen – Überlegungen zu Strategien kultureller Repräsentation und ihre Beeinflussung durch digitale Medien.* 2. Aufl., Halem, Köln, 2005.

Marketing

GOLDMANN, HEINZ M.: *Wie man Kunden gewinnt. Das weltweit erfolgreichste Leitbuch moderner Verkaufspraxis.* 14. Aufl., Cornelsen, 2005.

GASSMANN, OLIVER: *Wachstumsmarkt Alter. Innovationen für die Zielgruppe Fünfzig Plus.* Hanser Wirtschaft, 2006.

GRÖPPEL-KLEIN, ANDREA: *Konsumentenverhaltensforschung im 21. Jahrhundert.* Deutscher Universitätsverlag, 2004.

KÜTHE, ERICH; VENN, AXEL: *Marketing mit Farben.* DuMont, Köln, 1996.

OPALKA, RALF: *Kids-Marketing. Grundlagen – Zielgruppe – Kommunikation.* Vdm Verlag Dr. Müller, 2003.

OSSWALD, KERSTIN: *Konzeptmanagement. Interaktive Medien – Interdisziplinäre Projekte.* Springer, X.media.press, Berlin, 2002.

SCHUBERT, PETRA: *Digital erfolgreich. Fallstudien zu strategischen E-Business-Konzepten.* Springer, Berlin, 2002.

WARSCHBURGER, VOLKER: *Nachhaltig erfolgreiches E-Marketing. Online-Marketing als Managementaufgabe: Grundlagen und Realisierung.* Vieweg Verlag, 2001.

WENZLAU, ANDREAS: *KundenProfiling. Die Methode zur Neukundenakquise.* Publicis Mcd, 2003.

ZAJONC, R.B.: *The attutidinal effects of mere exposure. Journal of Personality & Social Psychology.* Monograph Supplement 9 (2, Pt. 2), 1968.

ZOLLONDZ, HANS-DIETER: *Grundlagen Marketing. Von der Vermarktungsidee zum Marketingkonzept.* Cornelsen, 2003.

Medientheorie

BENTELE, GÜNTER; RÜHL, MANFRED: *Theorien öffentlicher Kommunikation.* Ölschläger München, 1993.

BONSIEPE, GUI: Über die unerquickliche Beziehung von Theorie und Praxis. In: *formdiskurs – Zeitschrift für Design und Theorie 2, I/97,* S. 6ff.

BONSIEPE, GUI: Design as a Cognitive Tool: the Role of Design in the Socialisation of Knowldege. In: SILVIA PIZZOCARO, AMILTON ARRUDA, DIJON DE MORAES (Hrsg.): *Design Plus Research – Proceedings of the Politecnico di Milano Conference, May 18–20, 2000,* Mailand, 2000.

ECO, UMBERTO: *Das offene Kunstwerk.* Suhrkamp Frankfurt/M., 1977.

FAULSTICH, WERNER: *Medientheorien.* Vandenhoeck Göttingen, 1991.

FLUSSER, VILÉM: *Die Revolution der Bilder.* Der Flusser-Reader zu Kommunikation, Medien und Design, Bollmann Vlg., Köln 1995.

FLUSSER, VILÉM: *Medienkultur.* 4. Aufl., Fischer (Tb.), Frankfurt, 1997.

FRIELING, RUDOLF: *Medien, Kunst, Aktion. Die 6oer und 7oer Jahre in Deutschland.* Springer, Wien, 1997.

FRIELING, RUDOLF: *Medien Kunst Interaktion. Die 8oer und 9oer Jahre in Deutschland.* Springer, Wien, 2000.

HOLZER, HORST: *Medienkommunikation.* Westdeutscher Verlag Opladen, 1994.

JOHNSON, STEVEN: *Interface Culture: How New Technology Transforms the Way We Create and Communicate.* HarperSanFrancisco, 1997.

MASER, SIEGFRIED: *Grundlagen der allgemeinen Kommunikationstheorie.* Verlag Berliner Union, Stuttgart, 1971.

RÖTZER, FLORIAN (Hrsg.): *Digitaler Schein – Ästhetik der elektronischen Medien.* Suhrkamp, Frankfurt a. M., 1991.

SHANNON, CLAUDE E.; WEAVER, WARREN: *The Mathematical Theory of Communication.* University of Illinois Press Urbana, 1963.

VÖLZ, HORST: *Information 1, 2.* Akademie-Verlag Berlin, 1982.

VÖLZ, HORST: *Grundlagen der Information.* Akademie-Verlag Berlin, 1991.

WINOGRAD, TERRY; FLORES, FERNANDO: *Erkenntnis Maschinen Verstehen. Zur Neugestaltung von Computersystemen.* 2. Auflage, Rotbuch Verlag, Berlin, 1989.

Ontologie

MIKA, PETER: Ontologies Are Us. A Unified Model of Social Networks and Semantics. In: GIL, YOLANDA; MOTTA, ENRICO; BENJAMINS, RICHARD V.; MUSEN, MARK (Eds.). *The Semantic Web – Proceedings of the 4th International Semantic Web Conference.* New York: Springer, 2005.

NOY, N. F. & McGUINNESS, D. L.: *Ontology Development 101: A Guide to Creating Your First Ontology.* 2008

SOWA, J.: *Ontology, Metadata and Semiotics.* 2000.

Projektmanagement

KERRES, M.: *Multimediale und telematische Lernumgebungen.* 2. Aufl., Oldenbourg, München, 2001.

KESSLER, HEINRICH, WINKELHOFER, GEORG: *Projektmanagement, Leitfaden zur Steuerung und Führung von Projekten.* 4., überarbeitete Aufl., Springer, 2004.

MASER, SIEGFRIED: *Zur Planung gestalterischer Projekte.* Verlag Die Blaue Eule, Essen, 1993.

RINZA, PETER: *Projektmanagement. Planung, Überwachung und Steuerung von technischen und nichttechnischen Vorhaben.* 4., neubearb. Aufl., Springer, 1998.

SCHIFMAN, RICHARD S.; HEINRICH, GÜNTHER: *Multimedia-Projektmanagement. Von der Idee zum Produkt.* 3., überarb. Aufl., Springer, X.media.press, 2001.

STAPELKAMP, TORSTEN: *DVD-Produktionen: gestalten, erstellen und nutzen, DVD interaktiv: Erzählformen, Wissensvermittlung und e-Learning mit DVD, Blu-ray Disc und HD DVD*. Springer, 2006.

Screendesign

BRODY, NEVILLE: *Multi Media Graphics*. Schmidt Hermann, Mainz, 1999.

IIIDj INSTITUTE FOR INFORMATION DESIGN JAPAN (Hrsg.): *Information Design Source Book Recent Projects/Anwendungen heute*. Birkhäuser, 2005.

SCHUMANN, HEIDRUN; MÜLLER, WOLFGANG: *Visualisierung. Grundlagen und allgemeine Methoden*. Springer, 2000.

SHNEIDERMAN, BEN: *Designing the User Interface: Strategies for Effective Human-Computer Interaction*. Allyn & Bacon, 4. Aufl, 2004.

THISSEN, FRANK: *Screen-Design. Effektiv informieren und kommunizieren mit Multimedia*. 3., überarb. u. erw. Aufl., Springer, X.media.press, Heidelberg, 2003.

VELTHOVEN, WILLEM: *Website Graphics*. Schmidt (Hermann), Mainz, 2001.

Semantic Web

BERNERS-LEE, T. & HENDLER, J.: *The Semantic Web. A new form of Web content that is meaningful to computers will unleash a revolution of new possibilities*. Scientific American Magazine, 34–43, 2001.

BERNERS-LEE, T. & MILLER, P.: *Sir Tim Berners-Lee Talks with Talis about the Semantic Web* (transcript of an interview on 7 February 2008). 2008.

BIRKENBIHL, K.: Standards für das Semantic Web. In: ANDREAS BLUMAUER & TASSILO PELLEGRINI (Hrsg.): *Semantic Web. Wege zur vernetzten Wissensgesellschaft*. Springer-Verlag, Berlin, Heidelberg, S. 73–88, 2006.

BLUMAUER, A. & FUNDNEIDER, T.: Semantische Technologien in integrierten Wissensmanagement Systemen. In: ANDREAS BLUMAUER & PELLEGRINI TASSILO (Hrsg.): *Semantic Web. Webe zur vernetzten Wissensgesellschaft*. Springer-Verlag, Berlin, Heidelberg, S. 228–239, 2006.

GEYER-HAYDEN, B.: Wissensmodellierung im Semantic Web. In: ANDREAS BLUMAUER & TASSILO PELLEGRINI (Hrsg.): *Social Semantic Web. Web 2.0 – Was nun?*. Springer-Verlag, Berlin, Heidelberg, S. 127–146, 2009.

HAUSENBLAS, M.; HALB, W. & u. a.: *What is the Size of the Semantic Web?*. 2008.

HAUSENBLAS, M.: *Exploiting Linked Data For Building Web Applications*. 2009.

HITZLER, P.; KRÖTSCH, M.; RUDOLPH, S. & SURE, Y.: *Semantic Web. Grundlagen*. Springer Verlag , Berlin, Heidelberg, 2008 .

PELLEGRINI, T.: *Semantic Web Awareness 2009. A Comperative Study on Approaches to Social Software and the Semantic Web*. Technical report, Semantic Web Company Vienna, 2009.

PELLEGRINI, T. & PASCHKE, A.: *Semantic Web Awareness Barometer 2008*. presentation, 2009.

TOCHERMANN, K. & MAURER, H.: Semantic Web – Geschichte und Ausblick einer Vision. In: TASSILO PELLEGRINI & ANDREAS BLUMAUER (Hrsg.): *Semantic Web – Wege zur vernetzten Wissensgesellschaft*. Springer-Verlag, Berlin, Heidelberg, S. 1–6, 2006.

Semiotik

Eco, Umberto: *Semiotik – Entwurf einer Theorie der Zeichen.* München, Fink, 1991.
Eco, Umberto: *Einführung in die Semiotik.* München, Wilhelm Fink, 1994.
Eco, Umberto: *Im Labyrinth der Vernunft. Texte über Kunst und Zeichen.* Reclam, 1999.
Eco, Umberto: *Zeichen: Einführung in einen Begriff und seine Geschichte.* Suhrkamp, 2004.
Jakobson, Roman; Holenstein, Elmar (Hrsg.): *Semiotik: ausgewählte Texte 1919 – 1982.* Frankfurt am Main, Suhrkamp-Taschenbuch-Verl., 1992.
Nadin, Mihai: *Anticipation. The End is Where We Start From.* Lars Müller, 2003.
Nadin, Mihai: *Zeichen und Wert.* Tübingen, Gunter Narr Verlag, 1981.
Nake, Frieder (Hrsg.): *Die erträgliche Leichtigkeit der Zeichen: Ästhetik, Semiotik, Informatik.* Baden-Baden, Agis-Verl., 1993.
Peirce, Charles S.: *Naturordnung und Zeichenprozess: Schriften über Semiotik und Naturphilosophie.* Frankfurt am Main, Suhrkamp, 1991.

Typografie, Layout

Bellatoni, Jeff; Woolman, Matt: *Type in motion.* Schmidt, Mainz, 1999.
Bollwage, Max: *Typografie kompakt. Vom richtigen Umgang mit Schrift am Computer.* 2. Aufl., Springer, X.media.press, 2005.
Böhringer, Joachim; Bühler, Peter; Schlaich, Patrick: *Kompendium der Mediengestaltung für Digital- und Printmedien.* 3., vollst. überarb. u. erw. Aufl., Springer, X.media.press, 2006.
Lupton, Ellen: *thinking with type.* Princeton Architectural Press, New York, 2004.
Müller-Brockmann, Josef: *Rastersysteme für die visuelle Gestaltung.* Niggli AG, 1996.
Spiekermann, Erik: *ÜberSchrift.* Schmidt (Hermann), Mainz, 2004.
Stankowski, Anton: *Visuelle Kommunikation. Ein Design-Handbuch.* 2. Aufl., Reimer, 1994.

Usability

Beier, Markus; Gizycki, Vittoria von (Hrsg.): *Usability. Nutzerfreundliches Web-Design.* Springer, X.media.press, 2002.
Sarodnick, Florian: *Methoden der Usability Evaluation. Wissenschaftliche Grundlagen und praktische Anwendung.* Huber, Bern, 2006.
Stary, Christian: *User-Centered Interaction Paradigms for Universal Access in the Information Society.* Springer, Berlin, 2004.
Nielsen, Jacob: *Usability engineering.* Academic Press, Chestnut Hill, 1993.
Nielsen, Jacob: *Designing Web Usability. The Practice of Simplicity.* New Riders Publishing, 2000.

Visualisierung

CARD, STUART K.; MACKINLAY, JOCK D.; SHNEIDERMAN, BEN (Hrsg.): *Readings in Information Visualization: Using Vision to Think (The Morgan Kaufmann Series in Interactive Technologies)*. Morgan Kaufmann, 1999.

GAEDE, WERNER: *Vom Wort zum Bild: Kreativ-Methoden der Visualisierung*. Langen/Müller; Auflage: 2., verb. A., 1992.

HARTMANN, FRANK; BAUER ERWIN K.: *Bildersprache. Otto Neurath – Visualisierungen*. Facultas Universitätsverlag, 2006.

HORN, ROBERT E.: *Visual Language: Global Communication for the 21st Century*. Macrovu Inc., 1999.

IIIDj INSTITUTE FOR INFORMATION DESIGN JAPAN (Hrsg.): *Information Design Source Book Recent Projects/Anwendungen heute*. Birkhäuser, 2005.

MAEDA, JOHN: *Maeda@Media*. Bangert, 2000.

MAEDA, JOHN: *Creative Code*. Thames & Hudson Ltd, 2004.

SCHUMANN, HEIDRUN; MÜLLER, WOLFGANG: *Visualisierung. Grundlagen und allgemeine Methoden*. Springer, 2000.

WOOLMAN, MATT: *Seeing Sound*. Schmidt, Mainz, 2000.

WARE, COLIN: *Information Visualization: Perception for Design (Morgan Kaufmann Interactive Technologies Series)*. Morgan Kaufmann, 2000.

Wahrnehmung

BRANDES, UTA (Red.): *Welt auf tönernen Füssen: Die Töne und das Hören. Kunst- und Ausstellungshalle der Bundesrepublik Deutschland*. Göttingen: Steidl, 1994.

BRANDES, UTA (Red.): *Sehsucht: über die Veränderung der visuellen Wahrnehmung. Kunst- und Ausstellungshalle der Bundesrepublik Deutschland GmbH*. Göttingen: Steidl, 1995.

DEWITZ, BODO VON; NEKES, WERNER: *Sehmaschinen und Bilderwelten. Die Sammlung Werner Nekes, Ausstellungskatalog zur Ausstellung ›Ich sehe was, was Du nicht siehst – Sehmaschinen und Bilderwelten‹*. Steidl, Göttingen, 2002.

FISHER, SCOTT S.: Wenn das Interface im Virtuellen verschwindet, 1991. In: WAFFENDER, MANFRED (Hrsg.): *Cyberspace*. Rowohlt Taschenbuch Verlag, Hamburg, 1991, S. 35 – 51

FOERSTER, HEINZ VON: Wahrnehmen wahrnehmen, 1990. In: BARCK, KARL-HEINZ; GENTE, PETER; PARIS, HEIDI; RICHTER, STEFAN: *Aisthesis. Wahrnehmung heute oder Perspektiven einer anderen Ästhetik*, Reclam, Leipzig, 1990, S. 197 – 213

HOFFMAN, DONALD D.: *Visuelle Intelligenz. Wie die Welt im Kopf entsteht*. Dtv, 2003.

WARE, COLIN: *Information Visualization: Perception for Design*. 2. Aufl., Morgan Kaufmann Publishers, 2004.

WILLIAMS, SHEILA M.: Perceptual Principles in Sound Grouping, 1992. In: KRAMER, G. (Hrsg.): *Auditory Display: Sonification, Audification and Auditory Interfaces*. Santa Fe Institute Studies in the Sciences of Complexity, Proceedings Volume XVIII. Reading MA: Addison-Wesley Publishing Company, 1994.

WILSON, FRANK R.; PETRUSCHAT, JÖRG; BRUTTEL, TILL: *Wohin mit den Händen? How to Handle Hands?*. 2. Aufl., form+zweck Verlag, 2001.

ZENNER, HANS PETER: *Physiologie der Sinne. Heidelberg Spektrum*. Akad. Verl, 1994.

ZIMMER, H. D.: *Sprache und Bildwahrnehmung. Die Repräsentation sprachlicher und visueller Informationen und deren Interaktion in der Wahrnehmung*. Haag & Herchen, Frankfurt/M., 1983.

Web 2.0

BACK, ANDREA; BAUMGARTNER, HORST; GRONAU, NORBERT; TOCHTERMANN, KLAUS (Hrsg.): *Web 2.0 in der Unternehmenspraxis. Grundlagen, Fallstudien und Trends zum Einsatz von Social Software*. Oldenburg Wissenschaftsverlag, 2008.

DINUCCI, DARCY: *Fragmented Future*. Print 53 (4): 32, 1999.

GSCHEIDLE, C.; FISCH, M.: Onliner 2007: Das »Mitmach-Netz« im Breitbandzeitalter. In: *Media Perspektiven* 8/2007.

HAAS, M. & TRUMP, T.: *Web 2.0: Nutzung und Nutzertypen*. Media Perspektiven (4), 215–222, 2007.

RAABE, A.: *Social Software im Unternehmen. Wikis und Weblogs für Wissensmanagement und Kommunikation*. VDM Verlag Dr. Müller, Saarbrücken, 2007.

STOCKER, ALEXANDER; TOCHTERMANN, KLAUS: (Virtuelle) Communities und soziale Netzwerke. In: BACK, ANDREA u. a. (Hrsg.): *Web 2.0 in der Unternehmenspraxis. Grundlagen, Fallstudien und Trends zum Einsatz von Social Software*. Oldenburg: Wissenschaftsverlag, 2008.

SUROWIECKI, JAMES: *Die Weisheit der Vielen*. C. Bertelsmann Verlag, 2005.

TOCHTERMANN, K. & SCHACHNER, W.: *Corporate Web 2.0. Web 2.0 und Unternehmen Band II – Wie passt das zusammen?*. Vol. II, Shaker Verlag, Aachen, 2008.

ZERFASS, A.; BOELTER, D.: *Die neuen Meinungsmacher: Weblogs als Herausforderung für Kampagnen, Marketing, PR und Medien*. Nausner & Nausner, Graz, 2005.

Web 3.0

BERNERS-LEE, T. & HENDLER, J.: *The Semantic Web. A new form of Web content that is meaningful to computers will unleash a revolution of new possibilities*. Scientific American Magazine, 34–43, 2001.

BERNERS-LEE, T.; HALL, W. & SHADBOLT, N.: The Semantic Web Revisited. *IEEE Intellligent Systems* 21 (3), 96–101, 2004.

BERNERS-LEE, T. & MILLER, P.: *Sir Tim Berners-Lee Talks with Talis about the Semantic Web* (transcript of an interview on 7 February 2008), 2008.

BLUMAUER, A. & TASSILO, P.: Semantic Web und semantische Technologien: Zentrale Begriffe und Unterscheidungen. In: ANDREAS BLUMAUER & PELLEGRINI TASSILO (Hrsg.): *Semantic Web. Webe zur vernetzten Wissensgesellschaft*. Springer Verlag, Berlin, Heidelberg, S. 9–25, 2006.

HITZLER, P.; KRÖTSCH, M.; RUDOLPH, S. & SURE, Y.: *Semantic Web. Grundlagen*. Springer Verlag, Berlin, Heidelberg, 2008.

KHARE, ROHIT: Microformats: The Next (Small) Thing on the Semantic Web. In: *IEEE Web Computing*, Volume 10, Issue 1, January, 2006.

MONTOLA, MARKUS; STRENROS, JAAKKO; WAERN, ANNIKA: *Pervasive Games – Theory and Design*. Morgan Kaufmann, 2009.

Zeichen, Symbole, Icons

FRUTIGER, ADRIAN; HEIDERHOFF, HORST: *Der Mensch und seine Zeichen. Schriften, Symbole, Signete, Signale.* Marixverlag, 2004.

FRUTIGER, ADRIAN; SCHENKEL, RONALD: *Formen und Gegenformen.* Niggli, 1999.

HARTMANN, FRANK; BAUER ERWIN K.: *Bildersprache. Otto Neurath – Visualisierungen.* Facultas Universitätsverlag, 2006.

INTERNATIONALES FORUM FÜR GESTALTUNG ULM (Hrsg.): *Form und Zeichen. Globale Kommunikation.* Birkhäuser, 2003.

JANSEN, ANGELA: *Handbuch der Infografik. Visuelle Information in Publizistik, Werbung und Öffentlichkeitsarbeit.* Springer, Berlin, 1999.

NADIN, MIHAI: *The Civilization of Illiteracy.* Dresden University Press, 1997.

NADIN, MIHAI: *Jenseits der Schriftkultur.* Dresden University Press, 1999.

NEURATH, OTTO: *Graphic Communication through Isotype.* The University of Reading: Reading, 1975.

Prof. Torsten Stapelkamp ist mit einer breiten gestalterischen Ausrichtung in den Bereichen digitale Produkte, Interface Design und Informationsdesign tätig. Er studierte Industrial Design an der Universität Wuppertal und Mediendesign an der Kunsthochschule für Medien Köln.

Er gestaltet Websites und interaktive Dienstleistungen, analysiert dabei die Eigenschaften der analogen und der digitalen Medien und entwickelt mit medienadäquaten Verknüpfungen projekt- und adressatenspezifische Konzepte. Der wesentliche Teil seiner Arbeit ist es, Kommunikation zu gestalten.

Torsten Stapelkamp erstellte eigene Methodiken und Strategien zur Konzeption und Gestaltung interaktiver Medien und wendet seine Erkenntnisse nicht nur unter Einbeziehung aktueller Usability-Strategien an. Er berücksichtigt ebenso das Erleben am Produkt und die Freude beim Benutzen (Joy of Use) und entwickelt so User Experience Design bzw. Servicedesign. Wissenschaftliche Auseinandersetzungen und Analysen sind ihm dabei genauso bedeutsam wie Autorenschaft und angewandte Gestaltung.

Mit seinen Büchern greift Torsten Stapelkamp auf die Erfahrungen und Ergebnisse sowohl aus seinen Agentur-Tätigkeiten, als auch aus seiner Forschung und Lehre an Hochschulen zurück. Zusätzlich stützt und demonstriert er seine Erkenntnisse anhand von zahlreichen erfolgreichen Projekten von Agenturen und Unternehmen.

Torsten Stapelkamp schöpft aus seiner Forschung und Lehre als Professor und aus seiner Tätigkeit als Partner von ›Maas + Co‹ in Köln (Designagentur für Produkt- und Markenentwicklung; Produkt-, Interface-, Corporate Design; www.maas-co.com)

Weitere Informationen zum Autor und zu den Themen dieses Buches: www.designismakingsense.de

Kontakt:
ts@maas-co.com